하

되새김 120일

쉬운 통독 ③

되새김 120일 쉬운 통독 3

저자 이대희

초판 1쇄 발행 2022. 3. 23.

발행처 도서출판 브니엘
발행인 권혁선

책임편집 김지연
책임교정 조은경

등록번호 서울 제2006-50호
등록일자 2006. 9. 11.

서울특별시 송파구 백제고분로28길 25 B101호 (05590)
마케팅부 02)421-3436
편집부 02)421-3487
팩시밀리 02)421-3438

ISBN 979-11-90308-68-7 04230
        979-11-90308-61-8 (세트)

독자의견 02)421-3487
이메일 editorkhs@empal.com

북카페 주소 cafe.naver.com/penielpub.cafe
인스타그램 @peniel_books

도서출판 브니엘은 독자들의 원고를 설레는 마음으로 기다리고 있습니다.
위의 이메일로 간단한 기획 내용 및 원고, 연락처 등을 보내주십시오.

도서출판 브니엘은 갓구운 빵처럼 항상 신선한 책만을 고집합니다.

[드라마틱한 장면 중심의 스토리텔링식 성경 읽기]

되새김 120일
쉬운 통독 ❸

이대희 | 지음

브니엘

그리스도인이 구원받은 이후에 제일 먼저 해야 할 일은 무엇일까? 그 것은 성경을 읽는 일이다. 예수 그리스도를 영접한 후에는 나의 주님이 자 내가 믿는 예수님이 누구인지 제대로 알아야 하고, 그 안에 뿌리를 내 려야 한다. 그래야 믿음이 굳건해지며 감사가 넘치게 된다. "너희가 그리 스도 예수를 주로 받았으니 그 안에서 행하되 그 안에 뿌리를 박으며 세 움을 받아 교훈을 받은 대로 믿음에 굳게 서서 감사함을 넘치게 하라"(골 2:6-7).

성경은 예수님에 관한 책이다. 예수님을 알 수 있게 계시된 책이 성경 이다. 그리스도인이 성경을 읽지 않는다면 예수 그리스도를 배울 수 없 고 예수님의 마음을 알기 어렵다. 성경을 읽지 않으면 내 생각대로 신앙 생활을 하게 된다. 그러면 자기중심적인 신앙이 되어 성장하지 못하고 교회 마당만 밟는 종교인으로 살게 된다. 성경을 읽지 않으면 예수님의 참모습이 내가 그린 잘못된 모습으로 변질될 수도 있다.

이것을 해결하기 위해서라도 하루도 거르지 않고 꼭 성경 통독을 해 야 한다. 물론 나 중심에서 예수님 중심으로 바뀌는 것은 단시간에 이루어지는 일이 아니다. 지속해서 성경을 읽고 주님과의 교제가 끊이지 않을 때 이루어진다. 매일 밥을 먹듯이 성경 통독도 습관처럼 생활화되어야 한다. 그렇게 신앙생활을 하다 보면 어느 날 말씀 속에 흠뻑 빠지는 경험을 하게 되고, 나도 모르게 예수님을 닮아가는 삶을 살게 된다. 그렇기에 성경 읽기는 그리스도인이 쉬지 말고 해야 할 꼭 필요한 수행과제다. 이 일은 하늘나라에 가는 그날까지 평생 지속해야 할 축복된 일이다.

"이 예언의 말씀을 읽는 자와 듣는 자와 그 가운데에 기록한 것을 지키는 자는 복이 있나니 때가 가까움이라"(계 1:3).

성경 읽는 그 시간은 축복을 내려받는 시간이다. 정보나 지식을 쌓기 위해서가 아니라 말씀대로 살기 위해서 성경을 읽는다. 실천이 없는 성경 통독은 죽은 행위다. 성경은 다른 책과 구별된다. 성경은 사람을 구원하고, 혼과 골수를 쪼개며, 마음과 생각을 감찰하고, 사람을 온전하게 하는 생명의 책이다. 구약시대부터 내려오는 성경의 이름은 '미크라'였다. '미크라'는 '읽는다' '선포한다'라는 히브리어다. 성경은 읽을 때 성경이 된다는 의미다. 눈으로 보는 것이 아닌 소리 내어 읽는 책이 성경이다. 읽는 순간 말씀이 선포되면서 듣는 자에게 치료와 창조의 역사가 일어난다.

성경 읽는 시간은 하나님이 직접 말씀하시는 것을 듣고 경청하는 시간이다. 일반 서적은 책을 읽는 것으로 끝나지만 성경은 하나님의 음성을 듣는 것이다. 우리가 성경을 겸허한 마음으로 읽고 듣고 지켜 행하고자 하는 마음을 가질 때 하나님의 뜻이 잘 보인다. 성경은 내가 읽고 싶다고 읽히는 책이 아니다. 하나님이 영으로 마음을 열어주실 때 말씀의 의미를 깨닫게 되고 하나님의 본래 의도를 되새기며 실천하게 된다. 성경을 읽으면서 우리는 말씀에 대한 순종을 배우게 된다.

이 책은 말씀 자체의 놀라운 힘을 경험하는 데 초점을 두고 집필되었다. 오직 성경을 위한 도구가 되길 바라는 마음으로 준비하였다. 성경 본래의 의미를 깨닫고 말씀을 되새기는 역사가 일어나면 좋겠다. 그동안 성경 통독이 지식을 얻는 것에만 그쳤다면 지금부터는 말씀 자체로 들어가 그 말씀이 나를 움직이게 하는 통독이 되었으면 한다. 말씀의 오묘함과 신비가 얼마나 놀라운지 말씀 자체가 가진 위대한 힘을 체험하는 통독이 되기를 바란다.

이 책은 성경을 더욱 정확히 이해하고 좀 더 쉽게 통독할 수 있게 기획된 가이드북이다. 오직 성경만을 드러내기 위한 지침서다. 아무쪼록 이 책을 통하여 그동안 멀게 느껴지고 어렵게 느껴졌던 성경이 친구처럼 가깝게 다가오는 생명의 책이 되길 소망한다. 성경 읽기를 통하여 예수님을 더 잘 알아가고 주님을 깊게 만나는 축복이 모두에게 임하길 기도한다. 이 책을 통해 말씀이 주시는 놀라운 축복을 경험하고, 다른 사람들에게 말씀을 흘려보내는 말씀의 사람이 되기를 바란다. 이 모든 영광을 하나님께 올려드린다.

글쓴이 이대희

신약성경은 구약성경에서 풀지 못한 인간의 죄악에 대해서 해결점을
제시하는 책이다. 하나님의 기준인 율법을 지키지 못하고 하나님을 떠난
인간을 온전하게 하는 방법은 무엇일까? 그것은 우리 힘으로는 안 되고
율법을 온전히 지키신 예수님이 우리 마음에 오셔서 우리를 주장하셔야
한다. 신약성경은 예수님을 영접하고 그 말씀대로 실천하는 내용을 기록
하고 있다. 구약성경이 수천 년 동안 반복된 인간의 문제점에 대해서 깊
게 파헤친 내용이라면, 신약성경은 그에 대한 답으로 예수를 통하여 하
나님을 뜻을 행하는 삶을 말하고 있다. 이런 측면에서 신약성경을 통독
할 때는 매번 장면을 통하여 실천적인 적용 메시지를 마무리로 정리했
다. 우리가 성경을 읽는 것은 듣기만 하고 멈추는 것이 아닌 말씀을 지켜
행하는 데까지 나아가야 한다.

"이 예언의 말씀을 읽는 자와 듣는 자와 그 가운데에 기록한 것을 지키
는 자는 복이 있나니"(계 1:3).

그동안의 통독이 읽고 듣는 데만 그치고 지켜 행하는 데는 부족했다. 일단 성경을 통독하고 몇 독 했다는 성과와 성경 지식을 습득하는 것에 목표를 두는 경우가 많았다. 보통 통독 사경회의 방식을 보면 빠르게 음속을 정해놓고 한 주간에 성경을 다 읽는 데 초점을 두고 성경을 읽다 보니 실천하는 것에는 이르지 못하는 현상이 생겼다. 「되새김 120일 쉬운 통독」은 이것을 보완하는 실천 방법으로 신약의 통독 중에 적용에 대한 부분을 첨가해서 성경 통독이 실천에 이르도록 구성했다. ※ 표시된 부분은 적용과 실천에 관한 내용이다. 구약이 인간의 문제성과 죄악의 모습을 살펴보는 방법이었다면, 신약에서는 말씀을 읽고 듣고 지켜 행하는 데까지 나아가는 실천이 되어야 한다. 그런 의미에서 신약 읽기는 한 차원 더 나아가 실천의 방향을 제시했다.

또 한 가지는 방대한 구약의 내용에 비해 작은 분량의 신약의 내용이다 보니 그동안 쉽고 간단하게 통독하는 경향이 많았다. 하지만 성경의 핵심은 신약에 있다. 결국 신약의 내용을 실천하는 것이라고 보면 통독도 분량에 따른 읽기보다는 중요성에 관심을 두고 통독하는 것이 필요하다. 오히려 구약보다 더 풍성하고 자세하게 읽는 방향으로 통독이 나가야 한다. 특히 복음을 실천하는 의미에서 4복음서와 서신서를 자세히 읽는 것이 중요하다. 간단한 내용 파악으로만 통독을 마치면 지식으로 멈추고 실천하기가 어렵다. 이런 문제를 해결하기 위해서 각 서신서의 내용을 자세하게 설명하여 삶의 변화를 이루는 통독이 되도록 도움을 제시했다.

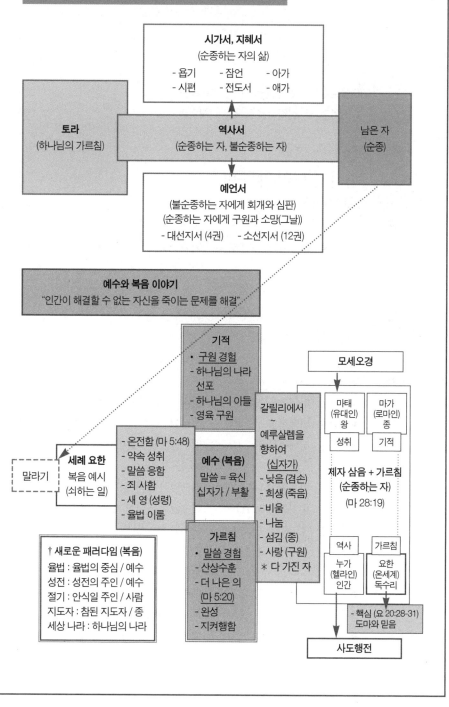

되새김 쉬운 통독 Tip / 구약성경과 복음서와 관계성

PART 03. 하나님 나라의 형성 : 출애굽과 광야시대

▶ 출애굽시대

PART 04. 하나님 나라의 부분 성취 : 정복시대, 사사시대, 통일왕국시대

▶ 정복 · 사사시대

PART 05. 하나님 나라의 모형 실패 : 분열왕국시대, 포로시대, 포로귀환시대

▶ 분열왕국시대

하나님 나라는 온 세상이 구원받는 것이다. 하나님께서 이스라엘 백성을 선택하신 이유는 열방 속에서 제사장 나라가 되며 거룩한 백성이 되게 하려는 것이었다. 이것을 위해서 아브라함을 선택하여 이스라엘 민족을 이루고 약속의 땅 가나안을 정복하게 하셨다. 그렇지만 이스라엘은 하나님 나라 백성으로서의 사명을 감당하지 못하고 하나님의 언약을 버리고 배신했다. 하나님의 거룩한 백성이 되는 특권을 저버리고 이방 나라와 짝하였다. 하나님 나라를 파괴하고 다시 세상 나라로 돌아가는 이스라엘의 실패는 참담하기까지 했다. 이스라엘은 한 번의 실패를 경험했음에도 열방을 구원하는 사명을 저버린 채 하나님의 침묵시대로 들어선다. 결국 그동안 이스라엘을 통해 장엄한 하나님 나라를 건설하려는 드라마는 이렇게 막을 내렸다.

하지만 이것이 끝은 아니었다. 인간은 하나님을 포기했지만 신실한 하나님은 결코 인간을 포기하지 않으셨다. 다시 하나님 나라의 건설을 시작하신다. 이런 준비기간이 중간시대 이야기다. 하나님과 인간이 맺은 언약은 취소되지 않고 영원하다. 인간이 파기한 언약을 하나님이 끝까지 지키신다. 우리는 책임을 저버리지만 하나님은 신실하시기에 그 약속을 지키신다. 이제 그 언약이 어떻게 침묵시대 속에서 이어지는지 하나님의 사랑 이야기로 들어가보자.

하나님 나라

- 준비 -

[하나님 나라의 준비 : 중간시대]

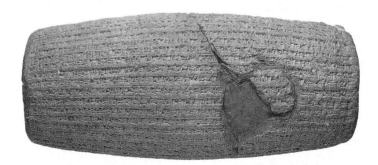

>>> 중간시대
# 400년 침묵기 이야기

✳ 통독 포인트

중간시대는 영적으로는 침묵시대라고 말한다. 하나님의 말씀이 계시하지 않는 시대로 이 시기를 암흑시대라고 말한다. 무려 400년간 지속된다. "왜 이렇게 긴 시간이 필요했을까?" 하는 궁금증이 생긴다. 그것은 이스라엘 백성의 죄와 연관이 있다. 죄를 지은 인간의 심판이 진행되고 있기 때문이다. 이렇게 긴 심판의 시간이 이스라엘에 필요한 이유는 인간의 죄악과 부족함을 더 철저히 느끼고 하나님께 다시 돌아오게 하기 위함이다. 이것은 말라기 마지막 내용에서 분명하게 보여준다.

아들이 아버지에게 돌아오게 하는 그 일을 준비하는 시간이 바로 중간시대다. 물론 일시적인 회개가 아닌 진정한 거듭남이 필요한데 그것을 이루기 위해서는 적어도 400년이 필요했다. 마치 40년 동안 이드로의 양을 치면서 무료하게 보내는 모세와 같은 시간이 우리 모두에게 필요함을 말한다. 이런 마음을 갖고 침묵시대에 이스라엘을 괴롭혔던 주변 이방 나라에 주목해야 한다. 그것은 이스라엘의 하나님이 더 나아가 인류의 하나님이심을 전하는 의도가 있다. 이런 이웃 제국이 역사를 주도하는 것 같은 모습은 그들도 하나님에 의해 움직이고 있다는 메시지를 던져준다.

[장면 1] 바사와 헬라 제국시대

구약성경에서 신약성경 사이에는 400년이라는 중간시대가 존재한다. 우리는 이 시대를 침묵시대 또는 암흑시대라고 말한다. 말라기 선지자 이후에 하나님의 말씀을 전할 예언자가 나타나지 않았다. 하나님의 계시가 주어지지 않는 시대는 곧 암흑시대이다.

1. 페르시아(바사)시대

페르시아는 하나님 말씀대로 70년 후에 이스라엘이 귀환하는 도구가 된다. 페르시아는 고레스로 시작하여 다리오 1세, 아하수에로, 아닥사스다 1세, 다리오 2세, 아닥사스다 2세, 다리오 3세로 이어진다. 당시 이스라엘은 바사의 통치를 약 200여 년 받았고, 이때 일상적 공용어는 아람어와 히브리어였다. 페르시아의 마지막 왕인 다리오 3세와 헬라의 알렉산더는 같은 시기에 왕으로 즉위한다. 후에 다리오 3세는 알렉산더와의 전투에서 패배하고 나중에 죽는다. 결국 페르시아는 멸망한다. 영원할 것 같았던 거대한 제국이 무너질 때는 허무하게 역사에서 사라졌다.

2. 헬라시대

헬라시대는 두 시대로 나눌 수 있다. 알렉산더 대왕이 통치하던 시대와 알렉산더가 죽은 이후에 그의 부하들이 통치하던 시대이다.

- 알렉산더 대왕

알렉산더는 스승이며 정신적 지주였던 아테네의 철학자 아리스토텔레스의 가르침으로 그리스 지식과 문화를 배웠다. 그리고 그가 배운 헬레니즘 문화를 자기 정복 지역에 전파하는 전도사가 되었다. 알렉산더가 마게도냐를 떠나 동방정복에 나선 때가 22세이다. 그는 BC 333년에 이수스 전투에서 다리우스 3세가 이끄는 페르시아 군대를 정복한다. 이어서 두로, 가자, 이집트까지 계속 정복한다. 이스라엘은 헬라의 지배하에 들어가게 된다. 알렉산더는 시리아를 거쳐 남으로 바벨론을 정복하고 동으로 수사를 정복하고 인더스강까지 넓혀간다. 그러나 자기 신격화, 그리스인과 페르시아인의 통혼 정책 실패로 어려움을 겪으면서 지위가 흔들리다가 바벨론에서 33세로 삶을 마친다.

- 알렉산더 대왕의 후계자들

넓은 영토를 지배한 알렉산더가 후계자를 세우지 못하고 갑자기 죽자 그의 부하 장군들의 권력투쟁이 이어진다. 4명의 장군, 즉 시리아는 셀류쿠스, 마게도냐는 카산더, 이집트는 프톨레미, 드라케는 리시마쿠스가 차지하게 된다. 이중에서 프톨레미와 셀류쿠스가 가장 큰 권력을 가진다.

- 이스라엘(팔레스틴)의 지배

• 시리아와 팔레스틴을 통치한 왕조는 온건한 프톨레미 왕조이다. 이들은 팔레스틴을 약 100년 동안 다스린다(BC 321-198). 이런 정치 덕분에 1세기 동안 유대인들은 안정된 삶을 누린다. 지중해 해변에 건설한 알렉산드리아 도시에는 100만 명 가까운 유대인이 살았다. 사도행전에

나오는 아볼로는 알렉산드리아 출신이다(행 18:24). 이때 히브리 구약성경을 헬라어로 번역한 구약성경이 만들어진다. 프톨레미 2세의 명에 의해 번역한 이 성경을 70인역이라고 부른다. 이 성경은 이방세계에 말씀을 전파하고 지금까지 성경을 연구하는 사람들에게 많은 영향을 주고 있다.

• 셀류쿠스 왕조에서 유대인과 관련된 부분을 정리하면 다음과 같다. 셀류쿠스 왕조는 유대인이 사는 땅인 팔레스틴을 프톨레미가 빼앗은 것으로 생각하고 그것을 다시 빼앗으려고 한다. 결국 셀류큐스 안티오쿠스는 이집트 군대를 이겨 그들을 팔레스틴에서 몰아낸다. 세력이 커진 셀류쿠스는 팔레스틴까지 지배하게 된다(BC 198-166). 셀류쿠스 왕국은 예루살렘 성전 제사와 종교적인 행동까지 제약을 가함으로 유대인과 갈등을 빚게 된다.

셀류쿠스 1세는 유대인에게 호의를 갖고 다스렸지만 안티오쿠스 4세(에피파네스)에 이르렀을 때 유대인을 잔혹하게 핍박했다. 당시 안티오쿠스 4세는 정치적으로 코너에 몰려 있었다. 로마와의 싸움에서 패배함으로 로마에 막대한 조공을 바쳐야 했는데 그 피해가 유대인에게도 그대로 미쳤다. 심지어 세금을 뜯어내기 위하여 예루살렘 성전의 금붙이를 가져가는 일까지 생겼다. 또 종교적으로 헬라의 신들을 섬기도록 강요하고 자신을 제우스라고 자칭했다. 심지어 유대인이 가장 중요하게 생각하는 제사를 금지하고 안식일과 절기까지 금지했다. 또 율법 사본을 파기했고 할례를 금지했다. 만약 이 법을 어기면 사형에 처했다. 실제로 여러 곳에 이교의 제단을 만들고 심지어 예루살렘 성전 안에 제우스의 제단을 세우고 돼지고기를 제물로 바치는 행동까지 했다.

"그 후에 얼마 안 되어 안티오코스 왕은 아테네의 원로 한 사람을 유다인에게 보내어 그들에게 조상 때부터 내려오는 율법을 버리고 하나님의 율법을 따르는 생활 규범을 버리라고 강요하였다. 그리고 예루살렘 성전을 더럽히고 그 성전을 올림피아의 제우스신에게 봉헌하게 하고 그리심산의 성소는 그 지방 사람의 소원대로 나그네의 수호신인 제우스에게 봉헌하게 하였다"(마카베오하 6:1-2).

• 이런 잔혹한 핍박과 모욕에 대해 유대인은 가만히 있을 수 없었다. 그동안 종교적인 문제는 그대로 두었는데 이제 종교적인 것을 금하는 상황이 오자 유대인들 사이에는 분노가 폭발했다. 그중에 대표적인 사람이 마카비 가문이다. 결국 제사장 맛다디아라는 사람이 마카비를 비롯한 다섯 아들과 셀류쿠스 왕국에 항거하고 전투에서 승리하여 독립을 획득한다. 그리고 하스몬 왕가를 수립한다. 본격적인 왕정 체계를 수립한 것이다. 생각하면 대단한 일이다. 헬라의 식민지에서 벗어나 독립한다. 수도인 예루살렘을 탈환하고 마카비 가문의 승리로 100여 년 동안 독립을 누린다. 더러워진 예루살렘 성전을 깨끗이 수리하고 BC 165년에 이것을 기념하는 수전절을 지켰다. 이렇게 해서 세워진 하스몬 왕가는 4대까지 내려가고 영토가 확장되어 예루살렘 동남쪽인 이두메(에돔) 지역까지 정복하여 통치하게 된다. 이 지역을 다스리기 위해 총독을 두었는데 그 사람이 본래 에돔 왕이었던 안티파스(대헤롯의 아버지)였다.

당시 세계 정치구도는 헬라에서 로마로 넘어가고 있었다. 이것을 미리 알아차린 안티파스는 하스몬 왕가에 반기를 들고 로마와 손잡는다. 하스몬 왕가를 중심으로 한 이스라엘 부흥은 율법을 중심으로 유다 남은 자들의 공동체였고, 율법은 그들의 최고 상징이었다. 그러다 보니 대제사장이 자연스럽게 유대공동체를 이끌어 가는 실질적 지도자가 되었다. 하지만 BC 63년에 로마 장군 폼페이에 의해 예루살렘은 정복당한다.

이스라엘이 다시 왕정을 시작하는 것 자체가 하나님이 원하시는 방식이 아니다. 하나님 나라의 건설은 그렇게 힘으로 세워지는 것이 아니다. 이것은 사사시대가 이방 나라의 모습을 닮은 것과 같다. 그것은 그만큼 이스라엘이 영적으로 약해져 가고 있다는 것을 의미한다. 왕정 제도는 이미 실패한 통치구조다. 그런데도 누군가 한 인간을 세워 왕정 제도를 추구하는 현실을 본다.

[장면 2] 로마시대 이야기

• 당시 로마는 원로원이 주도하는 공화정이었다. 하지만 로마 공화정은 자체 모순에 부딪히고 말았다. 귀족들의 부귀영화 욕심으로 정치적 부패와 도덕적 타락이 발생했다. 이런 혼란을 해결하기 위해서는 중앙집권적 제도가 필요하고 강력한 통치자가 요구되었다. BC 1세기의 로마를 이끌었던 강력한 통치자들은 폼페이, 율리우스 시저, 안토니우스, 옥타비아누스 등이다. 시저가 암살당한 후에 권력은 옥타비아누스와 안토니우스로 넘어간다. 후에 옥타비아누스는 악티움 해전에서 안토니우스와 이집트 클레오파트라의 연합군을 격파하면서 자연스럽게 일인자가 되고 옥타비아누스가 로마에 돌아오면서 황제가 된다. 원로원이 그에게 '아우구스투스'(존엄한 자)란 칭호를 주면서 로마제국이 새롭게 탄생한다. 아우구스투스가 영을 내려 천하에 있는 사람들은 다 호적하라고 해서 요셉과 마리아가 그의 고향 베들레헴으로 내려가는 기사가 성경이 나온다(눅 2:1). 아우구스투스를 이어 티베리우스(AD 14-37)가 황제에 올랐다.

"그때에 가이사 아구스도가 영을 내려 천하로 다 호적하라 하였으니

이 호적은 구레뇨가 수리아 총독이 되었을 때에 처음 한 것이라"(눅 2:1-2).

이런 로마의 정치 배경을 염두에 두고 팔레스틴 정치를 이해해야 한다. 헤롯이 팔레스틴 통치를 하게 된 배경은 삼두 정치와 관련 있다. 당시 원로원이 임명한 폼페이, 크랏수스가 율리어스 시저를 가입시키면서 원로원을 누르고 이들이 삼두 정치를 한다. 시저는 지금의 프랑스와 이탈리아 지역을 확보한다. 폼페이가 남부 영역을 확보하고 마게도냐와 소아시아 등을 점령하면서 BC 63년 유대의 바리새인과 사두개인의 싸움을 말린다는 명목으로 예루살렘을 정복한다. 이때 에돔 총독이었던 안티파스는 폼페이를 도와 예루살렘을 정복하는 데 일조한다. 폼페이는 헤롯 안티파스의 수고를 인정하여 나중에 안티파스에게 예루살렘 통치를 위임한다. 이렇게 해서 야곱의 후예인 이스라엘은 에서의 후예인 에돔인 안티파스의 통치를 받게 된다. 로마의 지도자들과 줄타기를 하면서 목적을 이루는 헤롯의 놀라운 정치력을 보게 된다.

• 대헤롯이 유대 땅을 로마로부터 얻게 되는 과정은 그의 놀라운 정치력에서 비롯된다. 로마를 통일한 시저는 마카비 가문의 힐카누스를 한 지역 총독 정도로 임명하고 안티파스를 사실상 유대의 행정관으로 임명한다. 후에 안티파스는 그의 작은 아들 헤롯을 갈릴리 총독으로 임명한다. 그런 와중에 시저는 44년에 그의 충신이었던 브루투스에게 암살당하면서 로마의 정치 분위기가 새롭게 바뀐다. 시저가 죽은 후에 로마의 판도는 시저의 양아들인 옥타비아누스와 시저의 신하였던 안토니우스로 넘어간다. 그 와중에 팔레스틴을 지배하던 안티파스는 살해당하고 그의 아들 대헤롯은 고민에 빠지게 된다. 하스몬가의 한 사람인 안티고누스와

합세한 바대가 헤롯을 공격하여 결국 로마로 도망간다. 팔레스틴은 다시 안티고누스를 중심으로 하스몬 왕조가 유다를 통치한다.

• 대부분 정치가 그렇지만 대헤롯 역시 로마로 가서 자기가 유대의 왕이 되게 하면 돈을 대겠다고 말한다. 이런 로비를 통하여 로마는 유대의 왕으로 헤롯을 임명한다. 이때 헤롯은 로마 안토니우스의 도움을 받아 마카비 하스몬가의 마지막 왕인 안티고누스를 죽이고 자신의 세력을 지키기 위해 자기 아내 마리암느와 아들까지 죽이는 잔인함을 보이다. 그리고 예루살렘성을 빼앗는다. 이때가 유대 땅에 예수님이 탄생할 무렵이다. 예수님의 탄생을 시기하여 죄 없는 유아들을 수없이 학살하는 그의 잔인함은 이런 배경을 이해하면 납득이 된다. 자기의 욕망을 위해서라면 가족과 아들까지도 제거하는 잔혹함이 그 속에 있었다. 헤롯은 세상의 나라를 이루는 방식을 그대로 보여주고 있다.

[장면 3] 로마의 팔레스틴 통치시대

1. 대헤롯시대 (BC 37-4)

로마가 통치한 지역은 아주 넓다. 로마가 볼 때 팔레스틴은 수리아 지역의 한 동네 정도였다. 로마는 팔레스틴을 다스릴 때 그 지방의 한 지도자를 선택하여 그에게 권력을 주었다. 그리고 군사적인 보호를 약속하는 조건으로 로마에 대한 충성과 봉사를 다짐받는다. 이렇게 보면 당시에 팔레스틴을 잘 이해하고 로마와 긴밀한 관계였던 대헤롯이 임명되는 것은 적합한 일이었을 것이다. 에돔 족속의 출신인 대헤롯은 2명의 아내와 3명의 자식을 죽일 정도로 잔인했다. 헤롯은 옥타비아누스 황제를 찾아가 탁월한 정치적 술수와 아첨으로 분봉왕이라는 칭호를 받아내는 노련한 정치술을 보이다.

이두메(에돔) 통치자인 안티파스(후에 안디옥으로 불림) 후손으로 이후의 분봉왕과 구별하기 위하여 대헤롯이라 말한다. 37년에 예루살렘을 함락시킨 로마군과 함께 이집트에서 돌아와 유대인의 민심을 얻으려고 노력한다. 30년에는 유대인의 환심을 사기 위하여 헤롯 성전을 중건한다. 또한 모세의 율법대로 우상은 세우지 않음으로 유대인의 마음을 잡으려 애쓴다. 대헤롯은 예수님이 태어난 시점을 중심으로 많은 유아를 살해하는 죄를 범한다. 그리고 얼마 있다 여리고에서 병으로 죽는다. 예수님이 유대인의 왕으로 오시자 그동안 자칭 유대인의 왕으로 통치했던 대헤롯이 죽는 것은 아이러니한 일이다. 그는 죽기 전에 유언을 통해 세 아들에게 영토를 분할한다. 예수님이 공생애를 시작하실 때 그의 아들들이 분봉왕으로 통치한다.

> "이에 헤롯이 박사들에게 속은 줄 알고 심히 노하여 사람을 보내어 베들레헴과 그 모든 지경 안에 있는 사내아이를 박사들에게 자세히 알아본 그때를 기준하여 두 살부터 그 아래로 다 죽이니"(마 2:16).

2. 분봉왕시대 (BC 4-AD 44)

대헤롯은 세 아들에게 그가 지배한 땅을 나누어준다. 이때부터 팔레스틴에는 헤롯 왕가의 분봉왕시대가 열린다. 복음서를 읽을 때는 헤롯의 세 아들인 본봉왕의 관계를 잘 이해해야 정치적인 분위기를 파악할 수 있다.

- 아켈라우스 (BC 4-AD 6)

아켈라우스는 유대, 이두매, 사마리아 등 남부지역을 다스렸다. 아버지의 잔인함을 이어받은 그는 10년이 못 되어 백성의 원성을 사서 AD 6년에 퇴위하고 그가 통치하던 땅은 로마 제국의 직할이 된다. 그리고 5대 총독으로 본디오 빌라도가 임명되어 통치한다. 그러나 빌라도는 유대인의 경건을 고려하지 않고 여러 가지 잘못(황제 초상을 단 로마 군기를 예루살렘으로 들여오고 성전금고 약탈)을 하면서 유대인의 강력한 저항을 받는다. 특히 성전세만 내던 유대인에게 다른 세금 제도를 도입하면서 소요가 일어난다. 성경에 보면 예수님이 태어날 때 로마의 아구스도가 통치하고 수리아의 총독은 구레뇨였다고 기록되어 있다. 그리고 빌라도는 예수님을 십자가에 죽이는 일을 주도한다.

"그러나 아켈라오가 그의 아버지 헤롯을 이어 유대의 임금 됨을 듣고 거기로 가기를 무서워하더니 꿈에 지시하심을 받아 갈릴리 지방으로 떠나가 나사렛이란 동네에 가서 사니 이는 선지자로 하신 말씀에 나사렛 사람이라 칭하리라 하심을 이루려 함이러라"(마 2:22-23).

- 헤롯 안티파스 (BC 4-AD 39)

예수님이 주로 사역했던 갈릴리와 베뢰아를 통치했다. 아켈라우스는 밀려났지만 헤롯 안티파스는 그대로 갈릴리의 분봉왕이 된다. 이복동생의 아내인 헤로디아와 결혼함으로 세례 요한의 책망을 받자 그를 죽인다. 그는 예수까지도 죽이고자 했으나 예수님이 안전하게 피한 이유로(눅 13:31-33) 죽이지 못했다. 안티파스는 BC 4년부터 AD 39년까지 통치한다. 로마에 칼리굴라 황제가 오르면서 권좌에서 쫓겨나자 그의 조카 헤롯 아그립바 1세가 계승하고 글라우디오 황제는 그의 영토를 확대하여 유다와 사마리아를 통치한다. 예수님의 공생애 중에 나오는 헤롯왕은 헤롯 안티파스를 말한다. 헤롯 안티파스 역시 아버지를 닮아 건축광이었고 교활했다. 그래서 예수님은 그를 여우라고 불렀다. 그는 갈릴리 호수 동편에 로마 황제의 영예를 위하여 티베리우스(디베랴)를 건설한다.

"곧 그때에 어떤 바리새인들이 나아와서 이르되 나가서 여기를 떠나소서. 헤롯이 당신을 죽이고자 하나이다. 이르시되 너희는 가서 저 여우에게 이르되 오늘과 내일은 내가 귀신을 쫓아내며 병을 고치다가 제삼일에는 완전하여지리라 하라. 그러나 오늘과 내일과 모레는 내가 갈 길을 가야 하리니 선지자가 예루살렘 밖에서는 죽는 법이 없느니라"(눅 13:31-33).

- 헤롯 빌립 (BC 4- AD 44)
갈릴리 동쪽 지역을 통치했다. 이곳은 주로 이방인들이 살았던 지역으로 흔히 데가볼리 지역이라고 말한다. 로마의 황제 가이사와 자신의 이름을 따서 가이샤라 빌립보에 기념도시를 세웠다. 본래 가이사는 대헤롯이 세웠다. 헤롯 빌립은 헤롯 아들 가운데 가장 온화한 성격으로 평화를 추구했다.

"예수께서 빌립보 가이사랴 지방에 이르러 제자들에게 물어 이르시되 사람들이 인자를 누구라 하느냐"(마 16:13).

"예수께서 빌립보 가이사랴 지방에

이르러 제자들에게 물어 이르시되

사람들이 인자를 누구라 하느냐"

(마 16:13).

P/A/R/T

08

예수 그리스도를 통해 임한 하나님 나라

하나님 나라는 하나님이 꿈꾸는 나라이다. 인간이 타락한 이후에 아브라함부터 다시 시작된 하나님 나라는 이스라엘을 통하여 이루어지는가 했지만 얼마 가지 못해서 이스라엘은 세상 나라의 모습으로 변질하였다. 결국 바벨론과 바사를 통하여 이스라엘이 지배당하면서 하나님 나라의 소망이 사라지는 듯했다. 70년의 포로생활을 마치고 포로귀환을 통하여 하나님 나라의 회복을 꿈꾸었지만 다시 침묵기에 들어서면서 이스라엘에서 소망을 찾기가 힘들어졌다. 이런 반복적인 과정은 인간의 죄가 얼마나 심각한 상황인지를 잘 보여준다. 이제 인간의 노력으로는 불가능한 상황이 되었다. 이스라엘을 통하여 열방을 구원하겠다는 하나님의 꿈도 점점 멀어져만 갔다.

하지만 하나님 나라는 새롭게 움트기 시작했다. 예수 그리스도께서 이 세상에 하나님 나라를 품고 오셨다. 예수님 자신이 곧 하나님 나라였다. 예수님을 영접하는 것이 곧 하나님 나라를 마음에 받아들이는 것과 같았다. 이런 점에서 예수 그리스도께서 세상에 오시는 것은 하나님 나라의 도래를 알리는 것이며, 구약에서 이루지 못한 하나님 나라가 드디어 성취되는 순간이었다. 인간의 힘이 아닌 하나님이 직접 인간이 되어서 성육신하신 예수님은 새로운 시대의 시작점이었다. 세상의 모든 역사는 이제 예수님을 통해서 다시 기록된다는 점에서 예수님은 역사의 중심이 되셨다. 복음서는 그런 예수님을 통하여 이루어지는 하나님 나라의 성취를 그리고 있다. 그것은 누구든지 예수를 믿으면 하나님 나라가 우리 안에 임하는 일이었다.

하나님 나라

- 성취 -

[하나님 나라의 성취 : 메시아의 도래]

복음과 하나님 나라
복음서

[왜 메시아 그리스도가 오셔야만 하는가?]

하나님은 이스라엘을 가나안 땅에 들어오게 하여 하나님의 새로운 역사를 이루려고 하셨다. 말씀을 통하여 이룬 이 세상을 말씀으로 통치하는 그런 나라를 꿈꾸었다. 그러나 이스라엘은 그런 하나님의 꿈을 읽지 못하고 이방 나라와 같은 세상이 되고 말았다. 하나님 왕을 버리고 인간 왕을 세워 자기들의 왕국을 이루었고 하나님은 그들을 멸망시켰다. 이스라엘에 수많은 왕이 있었지만 그들은 하나님을 거역했다. 그중에서 다윗은 하나님 마음에 합한 왕이었다. 그래서 하나님은 다윗 왕을 통하여 하나님의 온전한 왕을 예언했고 그가 통치할 나라를 꿈꾸게 했다. 그분이 예수 그리스도시다. 진정한 만왕의 왕으로 오셔서 우리를 통치하는 예수 그리스도의 오심을 선지자들은 반복하여 예언했다. 그분은 앞으로 오실 메시아이며 이스라엘뿐 아니라 만방을 통치할 분이시다. 이런 메시아에 대한 예언이 선지서에 계속 나타난다.

이사야, 미가, 스가랴, 다니엘, 말라기 선지자는 앞으로 오실 메시아에 대해서 언급했다. 그분은 예수 그리스도이다. 당시는 정확하게 예수 그리스도인지 몰랐지만 결국은 그분이 예수 그리스도임을 신약을 통해서 확인하게 된다. 성경은 이런 면에서 예수 그리스도를 향해 초점이 맞추어져 있다. 구약은 미완성의 모습으로 부족한 인간이 많이 제시된다. 그 해결책으로 온전하신 그리스도를 제시한다. 암흑의 순간일수록 그들은 이런 선지자들을 통해 계시된 메시아 소망을 바라보면서 좌절하지 않고 기다린다. 특히 미가 5장 2절에 나오는 메시아 예언 구절은 앞으로 메시아가 어디서 태어날 것인지를 구체적으로 알려준다. "베들레헴 에브라다야 너는 유다 족속 중에 작을지라도 이스라엘을 다스릴 자가 네게서 내게로 나올 것이라. 그의 근본은 상고에, 영원에 있느니라."

하나님 나라가 임하는 바로 그때

하나님이 원하시는 나라는 이방 나라들이 꿈꾸는 일시적인 나라가 아닌 영원한 나라이다. 세상 나라는 잠시면 없어질 허무한 나라이다. 아무리 강대한 나라라 할지라도 하나님이 없는 나라는 한순간에 사라졌다. 애굽, 앗수르, 바벨론, 바사, 헬라, 로마 등의 나라는 고대, 중세의 대표적인 큰 나라이다. 그러나 이런 나라들은 한결같이 세상의 욕망을 가진 나라였다. 그것으로 사람들을 현혹했지만 화려함은 잠시였다. 역사의 현장으로 모두 사라졌다. 수천 년의 역사를 통해 우리에게 주는 역사적 교훈이다. 그런데도 우리는 사라질 그런 나라에 여전히 소망을 두고 살고 있다. 생각하면 매우 안타까운 일이다.

※ 우리가 꿈꾸는 나라는 하나님 나라이다. 의와 평강과 희락이 가득 찬 그런 나라가 우리 안에 있다. 눈에 보이는 것이 아닌 사람의 마음속에

있는 나라이다. 그 나라의 주인은 인간의 몸으로 오신 예수 그리스도다. 하나님께서 천하의 왕이 되시는 그런 나라이다. 이것은 후에 성령이 우리 각 사람에게 내재하심으로 이루어진 나라이다. 이것이 하나님이 꿈꾸는 하나님 나라의 모습이다. 그런데도 이 세상의 나라에만 관심을 두고 그것에 집중하는 사람이 많다. 눈에 보이는 것은 하나님 나라가 아니다. 하나님 나라는 눈에 보이지 않게 임하는 나라이다. 예수를 믿는 사람들의 마음에 임하는 주님이 중심이 되는 그런 나라이다.

"하나님의 나라는 먹는 것과 마시는 것이 아니요 오직 성령 안에 있는 의와 평강과 희락이라"(롬 14:17).

[왜 네 개의 복음서일까?]

성경 전체적으로 보면 복음서는 89장의 많은 분량을 담고 있다. 성경에서 한 인물에 대해 가장 많은 내용을 할애했다. 그것도 네 명의 저자가 각자 다른 각도에서 예수를 조명한다. "왜 네 개의 복음서일까?"라는 질문을 종종 한다. 그것에 대한 대답 한 가지는 당시 예수님의 책을 필요로 하는 공동체가 여럿이었다는 사실이다. 각자 상황이 다른 신자들에게 예수님을 소개하는 일을 각자 다르게 접근해야 함을 의미한다. 예를 들면 마태복음은 유대인에게, 마가복음은 로마인에게, 누가복음은 헬라인에게, 요한복음은 전 세계인들을 향해서 기록되었다. 당시 복음서를 필요로 하는 사람이 망라된 것이다. 복음은 어느 한 사람만을 위한 것이 아닌 모두를 위한 것이다. 각자 다른 상황에 있는 사람을 위한 복음서가 기록이 되어야 함은 당연하다. 우리는 복음서를 읽을 때 그들의 특성을 이해하고 우리에게 적용하면서 오늘의 상황에 비추어 재진술 할 수 있어야 할 것이다. 예수님이 처한 역사적 상황과 아울러 저자들이 처한 역사적 상황을 고려하면서 네 개의 복음서를 읽는 것이 중요하다.

예수님을 제대로 이해하려면 네 개의 복음서를 모두 읽어야 한다. 어느 하나에 편중하기보다는 네 개의 각각 다른 상황을 염두에 두고 읽는다면 예수님이 총체적으로 다가올 것이다. 왜냐하면 우리도 복음서 기자들이 처한 각자 다른 상황을 조금씩은 다 가지고 있기 때문이다. 어떤 사람에 대해서 소개받는다고 할 때 한 사람의 이야기보다는 다양한 사람의 이야기를 듣고 종합하면 그 사람을 더 바르게 이해할 수 있다. 마찬가지로 네 개의 복음서를 통하여 우리는 예수님을 진실에 가깝게 접근할 수 있는 장점이 있다. 이런 면에서 하나가 아닌 네 개의 복음서가 기록된 것이 참으로 다행한 일이라 할 수 있다.

이스라엘이 핍박과 고난 속에서 그렇게 기다리던 메시아가 세상에 오신다. 이 메시아는 이스라엘뿐 아니라 모든 인류를 구원하는 구원자이다. 그분은 예수 그리스도시다. 복음서는 예수님이 누구이며 무엇을 행하셨는가를 보여주는 책이다. 우리는 복음서를 읽을 때 예수님이 누구인지를 살피고 그가 행한 일을 통하여 주님의 생각과 마음을 찾는 것이 중요하다. 구약은 엄밀히 보면 복음서를 향해 있다. 복음서에 나오는 그리스도를 드러내기 위한 그림자 역할을 하고 있다. 구약은 그리스도를 통해서 내용이 드러나고 본질이 나타난다고 보면 된다.

복음서는 예수 그리스도에 대한 복음의 내용을 담고 있다. 특히 예수 그리스도의 인격에 초점을 두고서 네 명의 저자가 다른 상황과 대상을 목표로 기록하고 있다. 하나님이 4복음서를 우리에게 주신 이유는 무엇일까? 그것은 우리에게 예수 그리스도를 인격적으로 만나게 하기 위함이다. 4복음서를 개관할 때 보통 단권 복음서로 정리하여 예수님의 일대기를 정리하는 방향으로 한다. 그렇게 정리하는 것도 도움이 되지만 더 좋은 방법은 4권의 특징을 살려서 그리스도의 다양한 모습을 발견하게 하는 것이다. 한 권으로 핵심을 정리하는 방향으로 4복음서를 정리하면 각각 담겨 있는 특징을 살리기 어렵다. 오히려 예수님의 모습을 다양한 측면에서 이해하는 데 방해가 될 수 있다. 또 다른 저자가 4권을 요약하며 편집하는 것으로 이해될 수 있기에 본래의 맛이 떨어질 수 있다.

※ 기존의 복음서 통독 방식은 4복음서를 한 권으로 정리하여 예수님의 생애를 정리했다. 비슷한 사건이나 겹치는 부분은 삭제하고 다시 일대기를 정리하여 발자취를 알아보는 성경 통독이었다. 하지만 여기서는 각 권을 특징에 맞게 읽으면서 그것을 통해 주시는 저자의 메시지를 발견하는 데 초점을 두었다. 복음서를 읽는 것은 지식을 얻고자 함이라기보다는 예수님의 인격을 만나는 데 초점이 있다. 조금 복잡한 것 같지만 네 권의 특징을 살려서 개관하는 것이 더 좋은 방법이라고 여겨진다. 그것이 4복음서를 주신 하나님의 의도라 생각한다. 4명의 의견을 다시 종합 정리하는 것보다는 4명의 기자를 만나서 그 사람이 전하고자 하는 예수님의 모습을 살펴보면 실제적인 예수님을 만날 수 있는 강점이 있다. 이런 면에서 4복음서 각각 책의 특징을 살려서 성경을 읽는 것이 중요하다.

＊ 공관 복음서와 관계
– 마태복음 : 유대인의 왕으로서의 그리스도 (유대인 대상)
– 마가복음 : 종으로서의 그리스도 (로마인 대상)
– 누가복음 : 인간으로서의 그리스도 (헬라인 대상)
– 요한복음 : 하나님 아들로서의 그리스도 (전 세계를 대상으로)

※ 복음서 통독 포인트 : 복음서 통독은 하나로 통합하여 읽는 방식이 아닌 각 권의 맛을 경험하는 방식으로 통독하면 유익하다. 성경은 예수 그리스도의 책이기에 예수님에 대해 입체적으로 읽을 때 제대로 예수를 만날 수 있다.

■ 역사와 시대 / 마태복음, 마가복음, 누가복음, 요한복음

복음서시대

* 구약성경 시대의 결론

구약 이야기의 강조점은 인간과 하나님과의 관계가 깨어졌다는 것이다. 인류가 에덴동산에서 죄를 범한 이후로 인간은 하나님을 떠나 계속 죄를 지었다. 하나님은 이스라엘을 선택하셔서 구원하고자 여러 선지자를 보내주셨지만 백성은 여전히 하나님을 거부했다. 하나님은 이스라엘에 특별한 법을 주시고 법을 통하여 이스라엘과 언약을 맺으셨다. 이스라엘이 법을 지킴으로 의로운 관계를 성립하고 하나님과의 관계를 유지하려 하셨다. 법을 마음 가까이 주어서 언제든지 생활 속에서 하나님의 법을 지킬 수 있도록 하셨다(신 30:11-14). 그러나 이스라엘 역사를 살펴보면 실패의 연속이었다. 인간의 죄악으로 그들은 하나님의 법을 지킬 수 없었다. 특별히 선택된 민족임에도 여전히 하나님의 언약을 배반하고 다른 신을 섬기는 일을 쉬지 않았다.

결국 하나님은 예레미야를 통하여 새 언약을 주셨다. 이스라엘의 마

음속에 넣어줌으로 새롭게 하나님과의 관계를 설정했다. 돌판에 새긴 이전의 율법과는 다른 차원이었다. 이제는 마음에 말씀을 두어서 이스라엘 백성에게 하나님의 언약을 지키게 했다(렘 31:31-34). 하나님은 다시 에스겔 선지자를 통하여 이스라엘에 새로운 영을 부어줌으로 굳어진 마음을 부드럽게 만들어 하나님의 법을 지키게 했다(겔 11:19-30).

그러나 이스라엘은 여전히 하나님의 법을 지키지 못하고 세상을 향해 나갔다. 말라기 선지자가 와서 이스라엘 백성의 죄를 책망할 때는 이제 거의 구약이 끝나고 있었다. 이스라엘과 법을 통하여 관계를 맺는 일은 실패하고 말았다. 이렇게 해서 긴 침묵 시간 400년이 지났다. 마태복음 1장에 나오는 족보는 구약의 결론이 예수 그리스도임을 말해주고 있다. "아브라함과 다윗의 자손 예수 그리스도의 계보라"(마 1:1). 아브라함과 다윗에 이르는 구약의 이야기는 예수님에 대한 이야기이다. 이것은 구약에서 해결하지 못했던 문제가 드디어 예수 그리스도에게서 해답을 찾을 수 있음을 말한다.

* 기쁜 소식으로서 예수

때가 차매 여자의 후손에서 아들이 태어났다. 바로 예수님이 세상에 오심이다. 예수님이 세상에 오신 것은 인류를 향한 구원을 이루기 위한 하나님의 행동이다. 하나님 자신이 친히 인간의 육신을 입고 내려오신 사건은 인간의 이해로는 불가능한 일이었다. 하나님은 구약의 실패 이야기를 그대로 끝내지 않고 자신이 직접 성육신하여 처음에 말씀하신 하나님의 약속을 지키셨다. 이것이 복음서 이야기이다. 하나님은 예수님을 통하여 인간의 숙명적인 죄 문제를 해결하시고 구원의 계획을 이루셨다.

그동안 구약에서 하나님은 선지자와 주의 종을 통하는 간접적 방법을 사용하셨다. 그러나 그것은 일시적이고 결국은 실패로 돌아갔다. 그렇다고 하나님 관점에서 그만둘 수 없는 상황이었다. 하나님이 이제 마지막 방법으로 하신 일은 자신이 인간의 몸을 입고 내려와 인간의 죄를 위해 죽는 일이었다.

인간의 구원을 위해 오신 예수님의 이야기를 복음(기쁜 소식)이라고 말한다. 인간이 죄로 인하여 이루지 못한 것을 하나님이 직접 인간의 몸을 입고 내려오셔서 해결하셨다. 이것이 성육신 사건이다. 이렇게 보면 예수님이 오신 것은 분명 인류 최고의 기쁜 소식이다.

구약의 말씀으로는 인간을 구원할 수 없다. 왜냐하면 인간의 힘으로는 더는 구약의 법을 지킬 수 없음이 구약 전체의 이야기를 통하여 증명되었기 때문이었다. 이제 구약의 말씀을 지키는 것은 인간이 아닌 예수님을 통해서만 이루어질 수 있다. 이런 이유로 예수님은 철저히 구약의 말씀을 응하는 일에 자기의 온 생애를 바쳤다. 그리고 그 말씀을 십자가에 죽으심으로 다 이루셨다. 오직 주님만이 구약의 말씀을 완전하게 삶 속에서 이루시고 실천하셨다. 예수님의 일은 구약의 말씀을 폐하는 것이 아닌 완전하게 하는 것이었다. 구약의 예언이 예수님을 통하여 성취되었다. 우리는 신약을 읽을 때 언제나 구약과의 연계성 속에서 예수님과 신약을 읽어야 한다. 구약 없는 신약은 없다.

예수님은 이렇게 반복하여 말씀하셨다. 구약의 말씀(옛사람)에는 이렇게 말했으나 나는 이렇게 말한다고 하신다. 무엇을 의미하는가? 주님이 구약의 말씀을 완성한다는 뜻이다. 우리는 예수님의 말씀을 통해서 구약을 온전히 이해할 수 있다. 예수님은 구약의 말씀을 온전히 이해하고 그것을 지키셨다. 말씀을 성취하신 분은 오직 예수 그리스도이다. 그분만이 말씀을 이루시고 지키신 유일한 분이다. 우리가 예수를 믿어야 하는 것은 그분이 율법의 완성이요 마침이 되기 때문이다.

우리는 말씀을 지킬 수 없고 율법을 이룰 수 없지만 말씀을 온전히 이

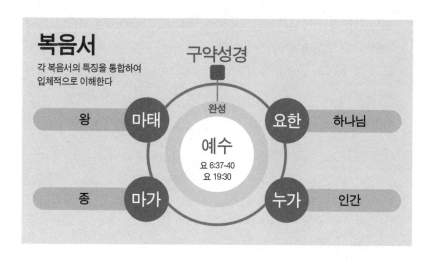

복음서

각 복음서의 특징을 통합하여
입체적으로 이해한다

구약성경

왕 ─ 마태 ── 완성 ── 요한 ─ 하나님

예수
요 6:37-40
요 19:30

종 ─ 마가 ────── 누가 ─ 인간

룬 그분을 믿음으로 우리는 드디어 말씀을 지킬 수 있게 된다. 말씀을 이룬 주님을 믿으면 우리도 주님처럼 말씀을 지킬 수 있다. 주님의 영이 내 안에 거하면 이제 그 영으로 인하여 우리의 죽을 몸이 살게 된다. 말씀을 이해하고 지킬 수 있게 된다. 이것은 내 힘이 아닌 예수님으로 완전히 거듭난 새로운 영에 의해서 일어난 변화이다.

이제부터 우리는 성경을 대할 때 예수님의 시각으로 바라봐야 한다. 예수님의 방법으로 성경을 해석하고 읽어야 한다. 그렇지 못하면 예수님 시대에 성경을 잘못 이해하고 적용했던 서기관과 바리새인들이 될 수 있다. 예수님을 믿음으로 내 안에 예수의 영이 들어올 때만 가능한 일이다. 거듭나지 않으면 성경을 이해할 수 없고 지킬 수도 없다. 이전의 구약성경을 읽는 방법이 아닌 그리스도를 믿음으로 성경을 읽을 때 전혀 새로운 차원이 열린다. 이렇게 보면 예수를 믿지 않고 성경을 읽으면 깨닫기 힘들다는 결론에 이르게 된다. 내 힘으로 아닌 깨닫게 해주시는 하나님의 영이 함께할 때 성경은 훨씬 잘 이해된다.

"내가 하늘에서 내려온 것은 내 뜻을 행하려 함이 아니요 나를 보내신 이의 뜻을 행하려 함이니라. 나를 보내신 이의 뜻은 내게 주신 자 중에 내가 하나도 잃어버리지 아니하고 마지막 날에 다시 살리는 이것이니라. 내 아버지의 뜻은 아들을 보고 믿는 자마다 영생을 얻는 이것이니 마지막 날에 내가 이를 다시 살리리라 하시니라"(요 6:38-40).

Bible

마태복음

【 마태복음의 배경 】

　마태복음은 구약의 배경 속에서 유대인 그리스도인을 위해 기록되었다. 마태복음은 구약시대를 이어서 연결된 책이다. 다윗의 자손으로서 오신 예수 그리스도를 말하고 있다. 마태복음은 구약성경에 대한 해석을 들려주는 좋은 보고이다. 구약성경과 긴밀하게 연결되었고 모세오경의 구조를 따랐다. 특히 마태복음에 나오는 산상수훈은 시내산 율법과 연관하여 완성된 복음이라 말한다. 마태가 전하는 예수의 가르침은 토라의 가르침을 더욱 분명하게 해준다. 우리가 잘 알지 못한 한계를 예수님은 마태복음을 통해서 완성하신다. 유대인들이 그동안 행했던 의보다 더 나은 의를 제시하고 있다. 복음으로 사는 우리는 유대인보다 더 나은 의를 가지고 있다. 마태복음은 구약성경의 인용이 많다. 마태가 즐겨 사용하는 '의' '하늘나라' 라는 단어를 유의하여 읽으면 맥이 잡힌다. 특히 "이는 예수께서 이 말씀을 마치시자 그 일이 일어나리라" 등과 같은 구절이 반복해서 나오는 내용을 유의하면 좋다.

【 특징과 읽기 지침 】

4복음서는 예수님에 대한 이야기이다. 4복음서 중에서 어느 책을 먼저 읽을까? 구약과 연관하여 본다면 마태복음이 성경 전체와 연결하기에는 자연스럽다. 전체 내용이 구약의 말씀을 이루는 것과 연관이 있다. 마태는 모두가 말씀에 응하는 것과 관련을 갖고 기록했다. 마태는 예수님이 구약 예언의 말씀을 이루기 위해서 오신 분임을 알려주고 있다. 또한 마태복음은 예수님을 유대인의 왕으로 묘사하고 있다. 마태는 구약에서 예언된, 유대인의 왕으로 오신 예수님의 관점으로 기록하고 있다. 마태복음은 예수님을 믿지 않는 유대인을 구원하는 일을 한다. 현재도 이스라엘에 사는 유대인이나 흩어져 있는 많은 유대인이 신약성경 중에서 마태복음을 읽고 회심하는 일이 많다. 유대인을 전도하는 데 마태복음만한 책이 없다. 구약을 제대로 아는 사람이라면 누구든지 마태복음을 읽으면 예수를 믿게 된다.

유대인을 위해 기록된 마태복음 1장의 족보는 다분히 구약성경의 관련성을 말한다. 그리고 마태복음은 예수님의 가르침을 체계적인 구조로 배열하였다. 5권의 모세오경 구조로 되어 있다. 특히 왕으로 오신 예수님을 거부하는 유대인의 모습을 그리고 있다. 마태는 바리새인과 율법 선생들을 예수님과 적대관계로 묘사하고 있다. 복음이 유대인뿐 아니라 이방에게로 확장될 것을 말한다. 그런 의미에서 족보에 이방 여자인 다말, 라합, 룻, 우리아의 아내가 포함된 것은 이런 의도가 깊이 깔려 있다. 마지막에는 모든 민족을 제자로 삼으라는 지상 명령이 나온다. 마태복음은 예수님을 율법의 진정한 해석자로 본다. 바리새인이나 율법 학자들과 비교하는 방식을 취한다. 예수님은 바리새인의 가르침을 완전히 초월한 새로운 가르침을 제시한다. 특히 하나님 나라의 도래에 대해 말하면서 제자들에게 하나님 나라에 합당한 자로 살아갈 것을 권면한다. 하나님 나라 건설은 개인과 교회의 삶을 통해서 먹는 것이 아닌 의와 평강과 희락을 이루는 것으로 나타나야 함을 말한다. 또한 마태는 교회에 관심이 있다. 교회라는 구절이 나오는 유일한 복음서이다(마 16:18, 18:17).

▶ 마태복음 안에 있는 예수님의 5가지 강화 교훈

1) 산상설교 (마 5-7장)

2) 열두 제자에게 가르친 선교 교훈 (마 10장)

3) 하나님 나라의 비유 (마 13장)

4) 용서에 관한 교훈 (마 18장)

5) 종말에 관한 교훈 (마 24-25장)

▶ 마태복음 동선 잡기

마태복음은 구약성경을 성취하는 언약의 완성 관점에서 기록되었다. 구약의 언약을 이어가는 제자의 삶과 땅끝까지 이르러 제자 삼는 주님의 명령을 지키는 데 초점을 두고 읽도록 한다.

【 마태복음의 내용 구조 】

1) 준비와 가르침 사역 (마 1-10장)

- 마 1장–4:16   사역 준비
- 마 4:17–10장   복음 선포

2) 도상 제자학교 (마 11–20장)
- 마 11–12장   적대감 고조
- 마 13장   세 번째 말씀 선포
- 마 14장–16:20   베드로의 신앙고백
- 마 16:21–20장   예수님의 마음과 생각

3) 예루살렘에서 일어난 일, 죽음과 부활 (마 21–28장)
- 마 21–22장   예수님 자신의 정체성과 권위
- 마 23장   적대자들의 꾸짖음
- 마 24–25장   제자들의 미래에 대한 준비
- 마 26–28장   고난과 죽음과 부활

되새김 120일 쉬운 통독 타임라인			
하나님 나라	성경 구조	역사와 시대	성경 각 권 소개
성취	복음서 - 복음과 하나님 나라	복음서시대	마태복음

>>> 마태복음 1-10장

준비시기와
가르침 사역

✳ 통독 포인트

예수님이 구약과 어떻게 연결되며 구약의 말씀은 예수님과 어떤 관련이 있는지를 보면서 마태복음을 읽으면 특징이 잘 드러난다. 예수님의 소개와 하나님 나라를 전파하시는 예수님의 말씀에서 하나님의 나라와 권세와 사명을 재확인할 수 있다. 특히 제자들에게 주신 산상수훈은 구약의 율법보다 더 높은 수준의 말씀에 염두를 두고 읽는 것이 중요하다. 무리가 아닌 제자를 대상으로 훈련하는 내용이다.

[장면 1] 예수님의 사역 준비 (마 1장-4:16)

예수님의 오심은 아브라함부터 예언된 내용으로 구약성경의 긴 이야기가 있었다. 그것은 구약에서 반복하여 말한 인간의 힘으로 안 되는 죄 문제를 해결하기 위해서였다. 이 땅에 오신 예수님의 시작도 30년 넘는 준비와 기다림이 있었다. 마태는 예수님의 공생애를 위한 준비로 크게 네 가지 내용을 기록하고 있다. 즉 족보, 탄생, 세례, 시험이다.

• 족보 이야기 : 성경 이야기에서 족보는 중요한 분기점이 된다. 구약에는 40여 개의 족보가 중요한 전환점에서 메시지를 전하는 도구로 사용되었다. 지금까지의 내용을 요약하고 정리하는 의미가 있다. 족보는 사람들의 명단으로 창세기 아담으로부터 시작된다. 성경의 족보는 단순히 이름을 소개하는 것이 아니라 하나님의 메시지가 그 속에 담겨 있다. 족보는 이야기를 이름 속에 압축한 것으로 그것을 풀어내면 족보처럼 흥미로운 말씀이 없다. 이런 점에서 예수님의 족보를 읽다 보면 우리는 몇 가지 교훈을 얻을 수 있다.

구약의 아브라함부터 그리스도까지 족보를 14대로 나누어 소개하고 있는데 중요한 핵심 사항을 다루었다. 14대로 나눈 것은 아마 다윗을 중심으로(다윗의 이름이 히브리어로 14의 뜻이 있다) 마태가 정리한 일종의 구약 개관 방법이다. 언약을 이어온 구약의 인물들을 아주 간단하게 정리한 것으로 마태의 탁월한 지혜가 엿보인다. 특히 다말, 우리아의 아내 밧세바, 룻, 라합, 마리아 등의 여자가 들어간 것은 당시 남자의 이름으로 기록되었던 구약의 족보 방식과는 사뭇 다르다. 여자일 뿐 아니라 이방인과 창녀까지 포함되었다는 점에서 충격적인 족보이다. 유대인의 본래 족보 개념에서는 이해가 안 되는 새로운 역사를 담고 있다. 이방인이 마태복음의 족보에 들어간 것은 새로운 이스라엘로서 출발을 예고하고 있다. 단순한 사람의 이름을 열거한 것이 아니고 족보를 통하여 언약을 믿고 따른 사람이 중요하다는 것을 보여준다. 이것은 예수님의 탄생이 아브라함부터 시작되었지만 이미 모든 열방이 포함되었다는 것을 의미하면서 아울러 성경 전체에 담긴 아버지의 진정한 마음을 보여주고 있다.

※ 마태복음 족보는 오늘날의 그리스도인이 누구인가를 설명하는 데 유익하다. 믿음으로 하나님의 자녀가 된 우리 그리스도인도 이미 아브라함과 다윗과 예수 그리스도의 족보에 함께 연결된 상속자임을 알 수 있다. 모든 그리스도인은 이 족보와 상관이 있다. 주의 뜻을 행하는 자가 내 형제요 자매라고 말씀하신 예수님을 연상하게 한다. 이 족보를 통하여 보는 예수님의 계보는 오늘 믿는 사람의 계보를 다시 정립해보게 된다. 누구라도 예수를 믿는 자는 하나님의 자녀가 되는 권세를 얻는다는 놀라운 축복의 길을 이 족보는 우리에게 말하고 있다.

• **탄생 이야기** : 이 세상에서 가장 위대한 탄생은 바로 예수님의 탄생이다. 이것은 하나님이 인간이 되시는 신비의 순간이다. 예수님은 탄생하는 순간부터 고난을 겪었다. 예수님은 작은 고을 베들레헴에서 아무도 알지 못하는 가운데 소리 없이 태어났다. 별을 연구하는 동방의 박사들에 의해서 예수님의 탄생이 알려진다. 그리고 이방의 박사들에게 경배를 받는다.

반면에 유대 땅 사람들은 자기 왕이 왔지만 알아차리지 못하고 오히려 그것으로 소동하는 일이 벌어진다. 헤롯이 예수를 죽이려 하는 것을 알고 동방의 박사들을 헤롯에게가 아닌 다른 길로 돌아가게 한다. 헤롯이 사람을 보내서 두 살부터 그 아래로 모두 죽이면서 예수를 죽이려 하지만 하나님은 애굽으로 미리 피신하게 하신다. 그리고 헤롯이 죽자 다시 이스라엘로 돌아온다. 그러나 그 아들 헤롯 아켈라오가 유대 땅의 임금이 되므로 다시 꿈의 지시를 받아 갈릴리 지방으로 떠나 나사렛에서 어린 시절을 보낸다. 인간의 생각으로 보면 예수님의 탄생 이야기는 상황에 따라 어쩔 수 없이 일어난 것 같지만 이것은 이미 선지자로 하신 말씀과 연관된 것이다. 즉 나사렛 사람이라고 칭하리라는 말씀과 관련이 있다. 그리고 예수님의 탄생 장소가 구약 미가서 5장 2절의 말씀을 통한 사건이다. 비록 유대 땅 베들레헴의 작은 고을이지만 이곳은 가장 큰 마을이 되었다.

※ 복음은 어둠 속에서 빛난다. 그런 점에서 예수님 탄생의 일련의 사건은 순탄하지 않았다. 예수님이 탄생하신 때가 얼마나 힘들고 어려운 시기였는지 알 수 있다. 오늘도 우리는 힘든 세상에서 살아간다. 이것을 이기는 길은 오직 예수를 만나는 복음밖에 다른 길이 없다. 아울러 가장 낮은 구유에 오신 것은 누구나 만날 수 있고 누구에게나 열려 있는 복음의 특징을 상징적으로 보여주고 있다. 이것은 이렇게 모두에게 열린 은혜의 순간이지만 오직 동방 박사처럼 엎드려 경배하는 겸손한 자만이 주님을 만날 수 있을 보여준다.

• <u>세례 이야기</u> : 예수님이 그 이후에 어린 시절을 어떻게 지냈는지 성경은 자세하게 기록하지 않는다. 아마 우리처럼 평범하게 어린 시절을 가정에서 보내셨을 것이다. 이렇게 예수님은 나사렛에서 어린 시절을 보내신 후에 30세가 되어서 공생애를 시작하기 전에 요한에게 세례를 받으시는 사건이 소개된다. 하나님의 아들 예수님이 왜 인간 세례 요한에게 세례를 받으셔야만 하는가? 그것은 세례를 통하여 하나님의 의를 이루는 것과 관련이 있다. 예수님은 말씀에 순종하는 의미에서 세례를 받으셨다. 지위와 권위는 인간적인 배경이 아닌 말씀을 순종하는 데서 주어진다는 것을 보여준다.

※ "인생의 목적은 무엇인가? 무엇을 위해 일하고 하루를 살아가는가?" 하고 물으면 대답을 잘 못한다. 그것에 대한 답은 예수님을 보면 보

인다. 예수님은 자기 뜻이 아닌 하나님의 뜻을 이루기 위해 오셨다. 하나님의 뜻은 구약의 말씀을 성취하는 일이었다. 세상에서 말씀을 이루는 것보다 더 소중한 것은 없다. 모든 것은 말씀을 이루는 것과 관련이 있다. 예수님의 사역은 모두 말씀을 이루는 것과 연관되어 있다. 우리 인생도 결국은 내 생각이 아닌 하나님의 뜻을 이루는 것과 관련될 때 의미 있는 삶이 된다. 하나님의 영광을 올려드린다는 것은 구체적으로 말씀을 성취한다는 의미다. 이것은 우리의 모든 마지막은 말씀으로 마무리해야 한다는 것을 의미한다.

• **시험 이야기** : 준비한 일을 검증받는 것은 시험을 통해서 이루어진다. 예수님의 30년의 준비 기간을 시험을 통해서 하나님께 인정받는 순간이다. 이런 점에서 시험은 필수다. 시험 없는 사역은 없다. 예수님은 40일 동안 광야에서 시험을 받으신다. 성령에 이끌려 사탄에게 시험을 받으신다. 이것은 사탄이 주도했다는 것이 아닌 하나님의 도구로 사용되었음을 말한다. 사탄이 준 시험의 특징은 하나님의 아들에 대한 정체성의 시험이다. 계속 반복하여 나오는 "하나님의 아들이어든"에서 이것을 잘 보여준다. 이것은 예수님이 십자가에 달리실 때도 같은 유혹으로 다가온다.

예수님은 시험을 통하여 자신을 죽이고 하나님께 인정받아 드디어 예수님의 공생애가 시작되었다. 하나님의 일은 시험을 거치지 못하면 뜻을 이룰 수가 없다. 특히 예수님은 세 번에 걸친 사탄의 시험을 말씀으로 이기셨다. 거짓된 유혹을 이기는 길은 오직 진리를 통해서만 가능하다. 이것은 30년 동안 말씀으로 준비했음을 의미한다. 그리고 그 말씀으로 예수님은 이기셨다. 우리의 싸움은 거짓과의 싸움이다. 이것이 진리로 무장해야만 하는 이유이다.

※ 진리를 전하기 위해서는 자기 안에 있는 비진리를 먼저 걷어내야 한다. 그것은 고난과 광야의 시험을 통하여 이루어진다. 말씀에 확고히 서는 것이야말로 하나님의 사역을 잘 감당하는 비결이다. 하나님의 사역은 자기 뜻이 아닌 하나님의 뜻을 이루는 것이다. 오랫동안 하나님의 말씀 앞에 서는 훈련은 하나님의 뜻을 이루는 일에 필수 불가결한 일이다. 세 번에 걸친 시험을 하나님의 말씀으로 이룬 주님의 모습은 오늘 우리가 시험을 어떻게 이겨야 하는지 말해준다. 우리는 시험을 통하여 연단되고 시험을 통해서 인정된다. 시험은 자기를 죽이고 하나님의 뜻에 복종하게 한다. 이것이 시험을 주는 이유다.

[장면 2] 예수님의 복음 선포 (마 4:17-10장)
: 말과 행동

● 복음 전파와 제자 선택 (마 4:17-25)

신앙은 두 가지가 하나로 일치해야 한다. 그것은 말과 행동이다. 이를 온전히 이룬 분이 예수님이다. 예수님은 말씀이 육신이 되어 세상에 오신 분이다. 예수님은 자신의 말과 행동에서 일치를 이룬 분이다. 예수님의 중요한 사역 두 가지는 말과 행동이다. 말로써 복음을 전하시고 표적과 기사 등 행동을 통해서 복음을 전했다. 예수님은 보이는 행동을 통해 보이지 않는 복음의 진리를 전하셨다. "이때부터"(마 4:17)라는 구절은 예수님이 복음을 전하신 모습을 말해주는 중요 구절이다. 드디어 복음이 드러나게 되었다는 것을 의미한다.

복음이 무엇인가? 복음은 세상을 살리고 인간을 구원하는 기쁜 소식이다. 그렇다면 예수님이 전한 복음의 내용은 무엇일까? 그것은 "회개하

라. 천국이 가까이 왔느니라"(마 4:17)는 말씀이다. 제일 먼저 인간의 죄를 회개하는 일이 필요하다. 죄란 하나님을 믿지 않고 자기 자신을 믿는 것이다. 회개는 자신을 포기하고 하나님에게로 돌아서는 것을 말한다. 그럴 때 천국이 임한다. 천국은 예수님 자신이다. 예수님을 영접하는 것이 천국을 얻는 일이다. 천국을 받아들이기 위해서는 자신으로 가득 찬 악한 것을 버려야 한다. 그것이 해결이 안 되면 하나님의 영이 임하지 않는다. 선과 악이 공존할 수 없다. 복음은 자기를 비우고 하나님을 인정하는 것이다. 하나님을 주인으로 받아들이는 것이 곧 선이다. 하나님을 받아들이기 위해서는 먼저 회개가 필요하다. 자기 부인의 과정이 없으면 하나님은 우리 안에 임하지 않으신다. 회개의 세례를 전한 세례 요한은 이 부분을 감당하여 주님을 받아들이는 준비 작업을 했다.

● 첫 번째 말씀 선포 (마 5-7장) : 산상수훈

예수님이 사역을 시작하신 후에 가장 먼저 한 일은 제자를 선택하시고 그들을 양육하신 것이다. 그 양육의 현장이 작은 산 위에서였다. 거기서 제자의 도를 가르쳤는데 이것은 구약의 말씀에서 예수님까지 내용을 정리한 것이다. 산상수훈의 말씀은 서기관과 바리새인보다 더 나은 것이었다.

제자들에게 전한 하나님 나라 복음의 핵심 메시지는 무엇일까? 그것은 예수님이 곧 복음이요 구약의 말씀을 지키시는 분이라는 것이다. "내가 율법이나 선지자를 폐하러 온 줄로 생각하지 말라. 폐하러 온 것이 아니요 완전하게 하려 함이라"(마 5:17). 예수님은 곧 복음이다. 예수님이 세상에 오신 것은 하나님의 새로운 말씀을 전하기 위함이 아니고 이미 전한 율법(토라), 선지자(선지서)를 완전하게 하기 위한 것이다.

※ 이런 면에서 산상수훈의 말씀은 구약의 말씀을 넘어서 완전하게 하는 성취의 의미를 지니고 있다. 구약과 신약은 서로 떨어질 수 없는 하나 된 말씀이다. 그렇다면 주님의 말씀을 관통하는 핵심 구절은 무엇일까? 우리는 이것을 황금률이라고 말한다. "무엇이든지 남에게 대접을 받고자 하는 대로 너희도 남을 대접하라. 이것이 율법이요 선지자니라"(마 7:12).

이것이 무슨 의미일까? 이것은 내가 하는 모든 것은 이웃을 내 몸처럼 사랑하는 것과 늘 관련 있어야 한다는 것을 말한다. 자신만 생각하는 것은 복음이 아니다. 나에게도 좋고 남에게도 좋은 것이 되어야 한다. 남에게 받고 싶은 대로 남에게 해주면 된다. 그것이 주님이 가르쳐준 하나님 나라의 원리이다. 모든 일을 할 때 이런 마음을 가지고 하면 문제가 없다.

● 행동으로 사역 (마 8장-9:34)

말씀이 살아 있다는 것을 알려면 삶을 보면 된다. 이것을 보여준 것이 주님의 삶이다. 주님의 말씀은 살아 있는 행동이다. 주님의 말씀은 그냥 전해지는 사람의 말과 다르다. 창조의 말씀이고 사람을 살리는 생명의 말씀이다. 이런 주님의 말씀이 실제로 살아 있음을 보여주는 증거로 병자를 고치고 치료하는 능력이 나타난다. 주님이 베푸신 능력은 그가 하신 말씀을 통해 이루어진다. 이것들은 모두 어떤 마술이나 특별한 방법으로 하는 것이 아닌 말씀으로 이루어진 특징을 가지고 있다. 그것은 곧 말씀이 행동임을 드러낸다.

예를 들면 문둥병자를 고친 일, 백부장 하인의 중풍을 고친 일, 베드로 장모의 열병을 고친 일, 귀신을 쫓아내고 병을 고친 일, 바다를 잔잔하게 하신 일, 귀신 들린 두 사람을 고친 일, 침상에 누운 중풍 병자를 고친 일, 혈루증 앓는 여자를 고친 일, 두 맹인을 고친 일, 말 못 하는 자를 고친 일 등의 다양한 치유와 기적이 8~9장에 집중적으로 소개된다. 주님은 이런 다양한 병자를 말씀으로만 고치셨다. 이는 그의 말씀에 위대한 능력이 있음을 보여주는 사건들이다.

● 두 번째 말씀 선포 (마 9:35-10장) : 선교

예수님이 오신 것은 하나님 나라를 이 땅에 세우기 위해서다. 그것을 위해 천국이 가까이 왔다고 각 동네에 다니시면서 전파하셨다. 하나님 나라를 세우는 것이 선교다. 그래서 예수님은 성과 촌과 회당에 두루 다니시면서 말씀을 전파하셨다. 천국 복음을 전파하시고 모든 병과 약한 것을 고치셨다. 여기에서도 말씀과 치유는 같이 간다. 제자들에게도 이런 주님의 능력을 그대로 주셨다.

※ 예수님은 열두 제자를 불러서 더러운 귀신을 쫓아내고 모든 병과 모든 약한 것을 고치는 능력을 주셨다. 주님과 같은 능력을 주님을 따르는 제자들에게 주셨다. 이것은 예수님을 믿는 자들에게도 같이 나타남을 보여준다. 오늘 우리에게도 믿음이 있다면 이런 주님의 능력이 임하게 된다.

되새김 120일 쉬운 통독 타임라인			
하나님 나라	성경 구조	역사와 시대	성경 각 권 소개
성취	복음서 - 복음과 하나님 나라	복음서시대	마태복음

>>> 마태복음 11-20장
# 도상 제자학교

✻ 통독 포인트

예수님의 사역이 점차 확산하면서 의심과 배척이 나타난다. 그러다 보니 자연히 예수님은 고난을 겪으신다. 이것은 이사야의 고난당하는 종으로서의 예언이 성취되는 것으로 해석할 수 있다. 예수님이 전한 하나님 나라 선포는 일곱 가지 비유(마 13:1-52)가 그 핵심을 이루고 있다. 이런 이야기는 도상에서 제자들을 가르치는 것으로 이어진다. 제자도를 이해하지 못하는 제자들에 주목하면서 성경을 읽도록 한다.

[장면 1] 적대감 고조 (마 11-12장)

예수님의 나타나심은 이 땅에서 인간의 나라를 지배한 당시 사람들에게는 거북스러운 일이었다. 하지만 소외된 사람들에게는 기쁜 소식이 되었다. 예수님의 이런 말씀 전파와 병 고치는 사역은 사람들에게 희망과 기쁨을 주었다. 당시 병으로 고통받는 사람에게 하나님의 말씀은 희망이 되었다. 주님의 말씀은 곧 자신을 살리는 생명의 말씀이었다. 실제 주님을 만나 말씀을 들으면 병 고침을 받았기 때문이다. 그러나 이런 일은 예수님에게는 오히려 어려움이 되었다. 적대자가 많아지고 예수님을 시기하게 되었다. 그래서 예수님은 사람들에게 자기를 나타내지 말라고 경계했다. 병을 고치시는 주님을 향해 바리새인들은 귀신의 왕 바알세불을 힘입어 귀신을 쫓아낸다고 비난했다.

※ 세상 사람은 눈에 보이는 것만 추구한다. 그러다 보니 진정한 것을 보지 못하고 다 본 것처럼 이야기한다. 모든 사람의 눈에 보이게 말씀의 역사가 나타남에도 그들은 믿지 못하거나 거부했다. 지금도 복음의 역사가 일어남에도 믿지 않는 사람들이 있다. 보이는 것을 구하지만 그것을 믿음으로 사용하지 않는 악한 사람들이 있다. 표적을 볼수록 믿음이 자라기는커녕 더욱 강퍅해지는 사람들이 있다. 표적을 통해서 말씀을 보지 못하면 이런 현상이 일어난다. 표적을 통해서 말씀이신 예수님을 만나고 믿으려 하기보다는 표적 자체만 보려고 할 때 사람들은 예수님을 거역하는 방향으로 나가게 된다. 그것은 성령을 거역하는 일이다. 그런 이유로 주님은 표적을 사람들에게 드러내기보다는 오히려 숨기시고 가능한 한 말하지 말라고 했다. 말씀을 오해할 수 있기 때문이다.

말씀은 표적만 연관된 것이 아니다. 오히려 말씀의 변화는 병을 고치는 외적인 것보다 사실은 마음의 변화가 더 중요하다. 사람의 변화는 마음의 변화에서 시작된다. 외적인 표적 사건은 사람의 마음을 변화시키기 위한 도구이다.

[장면 2] 세 번째 말씀 선포 (마 13장) : 비유

사람의 상태를 보려면 말씀을 받아들이는 모습을 보면 된다. 그리고 말씀을 전해보면 그들의 영적 상태를 알 수 있다. 마음의 변화가 일어나기 위해서는 말씀을 들어야 한다. 말씀을 잘 받아들이기 위해서는 마음이 겸손해야 한다. 마음의 밭이 좋아야 말씀이 잘 심어진다. 주님은 이런 사람의 마음을 아시기에 쉽게 이해할 수 있는 비유와 이야기로 말씀을 전하셨다.

마태복음 13장에는 비유가 많이 나온다. 비유는 말씀을 쉽게 이해하고 마음으로 받아들일 수 있게 한다. 어린아이들이 비유를 잘 듣는다. 오히려 어른들은 비유를 잘 이해 못 하는 경우가 많다. 이것은 어린아이처럼 마음이 겸손하지 않으면 하나님의 말씀을 들을 수 없다는 것을 보여준다. 마태복음 13장의 씨 뿌리는 비유는 비유 중에 가장 기본이 되는 것이다. 겨자씨와 누룩의 비유, 가라지 비유, 감추인 보화 비유, 좋은 진주 비유, 물고기와 그물 비유 등이 있다. 비유는 천국을 드러내 주는 이야기이다.

※ 눈에 보이지 않는 천국을 인간의 지식으로 이해하는 것은 어렵다. 그러나 비유를 통해서는 가능하다. 비유는 하나님이 만드신 세상의 이야기이다. 그것은 진실이다. 사람이 꾸며낸 허탄한 이야기나 논증과는 다르다. 우리의 마음을 움직이는 놀라운 효과가 있다. 이야기는 하나님이 창조하신 가공되지 않은 원자료다.

[장면 3] 베드로의 신앙고백 (마 14장-16:20)

예수님이 누구인가는 당시 사람들과 제자들에게는 중요한 관심사였다. 예수님의 모든 일은 예수님이 누구인가에 초점이 있다. 우리가 성경을 읽을 때도 이것을 염두에 두어야 한다. 예수님의 말씀과 행동이 하나로 나타나는 대표적인 사건은 4복음서에 모두 기록된 물고기 두 마리와 보리 떡 다섯 개로 오천 명을 먹이신 일이다. 흔히 이 말씀을 5천 명이 음식을 먹은 기적의 사건 정도로 이해한다. 이 내용의 핵심은 "너희가 먹을 것을 주라"(마 14:16)에 있다. 물론 인간의 경험과 생각으로는 도저히 불가능한 일이다. 그러나 주님은 그것을 자신이 본을 보이면서 오천 명을 모두 먹이고 열두 광주리가 남았다. 이것은 예수님이 생명의 떡이요 먹을 것을 줄 수 있는 하나님이시라는 것을 알려주기 위해서다. 이런 일은 제자들도 할 수 있음을 함께 보여주신 것이다.

말씀하신 대로 제자들이 순종하자 제자들은 사람들을 충분하게 먹이는 기적을 체험한다. 이것은 예수님의 정체성을 이해하고 제자들이 누구인가를 알려주는 사건이다. 또 이어서 물 위를 걸으시는 예수님이 베드로가 물 위를 직접 걷게 하는 장면은 말씀을 믿고 따르면 어떤 일이 일어나는지 보여주는 사건이다. 말씀대로 역사가 그대로 일어난다. 베드로가 얼마나 놀랐을까? 직접 말씀의 위력을 체험한 그는 후에 예수님에 대해서 위대한 신앙고백을 한다. "주는 그리스도시요 살아계신 하나님의 아들"이라는 고백은 모든 제자와 오늘날 우리도 같이 고백해야 하는 신앙고백의 모델이 되고 있다. 오늘날에도 이와 같은 고백을 한 사람들을 통해 하나님의 교회가 세워진다.

※ 우리는 어떻게 주님의 자녀가 되는가? 그것은 행함으로 안다. 예

수님이 나의 주인 됨을 믿고 마음으로 받아들이면 그 순간 하나님의 자녀가 된다. 이것은 믿음으로만 주어지는 신비의 역사다. 누구든지 주님을 하나님의 아들로 고백하면 구원을 받는다. 그리고 그를 통하여 교회가 세워진다. 주님의 말씀을 믿고 순종하면 우리도 모두 베드로처럼 놀라운 기적을 경험하고 하나님의 자녀가 된다. 우리가 하나님의 자녀가 되는 것은 표적을 보고서 믿는 것이 아니라 마음으로 말씀을 믿음으로 된다. 표적은 인간의 힘으로 할 수 없는 일을 통해 주님을 믿는 과정이요 도구이다. 표적을 경험하고 눈으로 보아도 예수를 믿지 않으면 헛일이 된다. 실제로 우리는 표적을 보고서 믿는 것이 아닌 말씀을 듣고 믿고 순종하여 하나님의 자녀가 되었다. 하나님 나라는 마음에서 일어나야 한다. 이런 점에서 하나님의 나라는 모두에게 주시는 선물이다.

[장면 4] 예수님의 마음과 생각 (마 16:21-20장)

예수님은 우리가 생각하는 것과 차원이 다르다. 예수님은 사람들에게 자기 마음을 드러내 보이셨다. '이때부터'라는 구절은 마태복음을 이해하는 데 중요하다. 예수님은 말씀을 전하고 표적을 행하면서 많은 병자를 고쳐주셨다. 그것을 통해 자신이 곧 하나님의 아들임을 증거하셨다. 말씀으로 병을 고치고 귀신을 쫓아내고 바다를 잔잔하게 하고 물 위를 건너는 일은 사람의 힘으로는 불가능하다. 그것은 하나님만이 하실 수 있다. 예수님이 이런 일을 행한 것은 그가 진정 하나님의 아들이고 구원자임을 보여주시는 데 목적이 있었다. 인간의 병을 고치는 것이 목적이 아니라 하나님의 아들이신 그리스도를 믿게 하는 것이 핵심이었다.

예수님은 이런 일을 통하여 하나님의 아들 되심을 드러내셨다. 이것을 메시아 비밀이라고 말한다. 세 번에 걸쳐서 예수님은 제자들에게 자신이 하나님의 아들이며 그 하나님의 아들이 인간을 위해 고난을 겪고 죽으신 후에 사흘 만에 부활할 것을 말씀하셨다. 하나님만이 하실 수 있는 기적과 표적을 통해 예수님이 곧 하나님의 아들이심을 제자들에게 보여주셨다. 그리고 이제 그런 하나님의 아들이 인류를 위해 죽으실 것을 말씀하셨다. 그것은 제자들이 이해하기 어려운 일이었다. 그래서 그것이 메시아 비밀이다. 왜 주님이 죽어야 하는지 그것은 당장 이해하기 어려운 일이었다. 당시 주님을 따르는 제자들에게 주님이 죽으시는 일은 생각조차 하지 않는 일이었다. 그들은 메시아의 역할을 이스라엘의 해방자와 정치적인 왕으로서 주님을 이해했다. 제자들 역시 당시 유대인들이 가졌던 메시아관을 갖고 있었다. 그러다 보니 제자들에게 예수님의 메시아 비밀은 들어도 이해 못 하는 이야기였다. 예수님은 생전에 제자들에게 세 번에 걸쳐서 반복하여 말씀하셨지만 제자들은 그 말씀의 의미를 이해하지 못했다. 메시아 비밀은 마태복음 16장 21절, 17장 22~23절, 20장 18~19절에 반복하여 나온다.

※ 왜 예수님이 우리에게 복음이 될 수 있는가? 그것은 세상과 거꾸로이기에 복음이다. 하나님이 인간이 되어 인간을 위해 죽으시는 사건은 사람의 지식과 경험으로는 받아들이기 어려운 이야기다. 다른 사람을 이겨야 하는 세상 구조에서는 복음은 미련한 것이다. 세상 방식은 다른 사람을 살리기 위해서는 어떻게 하든지 내가 살아야 한다. 내 힘을 키워야 한다. 하지만 복음은 그와 정반대이다. 왜 예수님이 십자가에 죽으셔야 하는가? 꼭 죽음을 통해서만 구원을 이룰 수 있는가? 이것은 당시의 제자들이나 오늘날 주님을 따르는 우리에게도 이해가 쉽지 않은 문제다.

사람들은 대부분 그렇게 해서는 구원을 이룰 수 없다고 생각한다. 구원을 이루는 일은 힘으로 남을 이기고 지배할 때 가능한 일이라고 생각한다. 흔히 힘을 갖지 않으면 다른 사람을 구원하는 일은 힘들다고 생각한다. 그러나 주님은 세상과 거꾸로 된 방법을 제시한다. 주님의 십자가를 따르고 제자가 된다는 것의 의미는 다른 사람을 섬기고 남의 종이 되는 것이다. 예수님이 제자들에 가르치신 구원을 이루는 방법은 바로 이런 길이었다. 복음은 이미 모든 것을 가진 것이기에 더는 갖고자 욕심을 내는 것이 아니다. 크고 높아지려 하지 않고, 더 주려 하고 더 섬기려 하는 것이다. 이것이 진정한 복음의 삶이며 예수를 믿은 증거다.

되새김 120일 쉬운 통독 타임라인			
하나님 나라	**성경 구조**	**역사와 시대**	**성경 각 권 소개**
성취	복음서 - 복음과 하나님 나라	복음서시대	마태복음

>>> 마태복음 21-28장

예루살렘에서 일어난 일
: 죽음과 부활

＊ **통독 포인트**

예수님은 분명한 인생의 방향이 정해져 있고 그 동선을 따라 한 걸음씩 달려가고 있다. 예수님은 예루살렘이 목적지였다. 그곳은 인간을 위해 죽는 십자가의 길이었다. 그것이 예수님이 이 세상에 오신 이유였다. 그 길은 인간을 섬기며 남의 종이 되는 길이다. 이것은 예수님이 혼자 가신 길이었지만 주님을 따르는 제자들뿐 아니라 모든 그리스도인에게도 같은 모습이다.

[장면 1] 예수님 자신의 정체성과 권위
(마 21-22장)

당시 예루살렘은 하나님이 보호하시는 구원의 방주였다. 세상을 구원하는 역할을 성전이 한다. 예루살렘에서 가장 거룩하고 귀한 곳은 바로 성전이다. 그런데 지금 그 성전이 악한 강도의 소굴이 되었다. 예수님은 성전 안에 들어가셔서 매매하는 자들을 내쫓으시고 타락한 성전을 청결하게 하셨다. 그리고 예수님은 성전을 향해 내 집은 기도하는 집이라고 하셨다. 성전을 내 집이라고 말한 것은 자신이 곧 하나님이심을 드러내는 말이다.

성전을 청결하게 할 수 있는 분은 성전의 주인뿐이다. 예수님은 자신이 누구인지를 잘 아셨다. 하나님의 집을 자기 집처럼 생각하고 함부로 사용하는 악한 제사장들을 책망하며 성전의 주인이 곧 자신임을 말씀하셨다. 성전을 청결하게 하는 일은 오직 예수님만이 가능하다. 주인만이 강도들을 내쫓으실 수 있다. 이 사건은 주님이 성전의 주인임을 드러내는 시간이었다.

우리가 죄를 짓는 이유는 무지해서다. 무지가 죄다. 예수님을 십자가에 죽이는 것은 예수님이 누구인지 알지 못한 영적 무지 때문이었다. 왜 예수님이 성전에서 사람들을 가르치셨을까? 하나님의 지식을 알지 못하는 사람들이 죄를 짓기 때문이다. 하나님 나라가 무엇인지 가르침을 받지 못했기 때문이다. 서기관과 제사장들이 이런 일을 해야 함에도 그것에 관심을 두지 못했다. 예수님은 그들의 일을 대신하여 하나님 나라 복음을 전하며 가르치는 일을 계속했다. 포도원 농부의 비유와 혼인 잔치 비유와 가이사에게 세 바치는 일과 부활 논쟁 등 예수님의 많은 가르침은 죽음의 순간까지 계속되었다. 그중에서 가장 큰 계명에 대한 가르침은 중요한 핵심이다. 율법 중에 어느 계명이 크냐는 질문에 대해서 예수님은 하나님을 사랑하고 내 이웃을 내 몸과 같이 사랑하는 것이 성경의 핵심임을 가르쳐준다.

※ 모든 것은 사랑하기 위해서이다. 사랑하기 위해서는 상대방에 대

해서 알아야 한다. 우리가 성경을 공부하는 것은 결국은 하나님과 이웃을 사랑하기 위해서다. 모든 일은 사랑 때문에 해야 한다. 그렇지 못하면 많은 일을 하고서도 버림받을 수 있다. 사랑이 빠진 것은 아무 소용이 없다. 예수님의 이런 가르침은 제자들에게 뿐만 아니라 오늘날 우리에게도 소중하다. 지금 예수님이 십자가에 죽는 일은 사랑을 실천하는 일이다. 사랑은 말로 하는 것이 아닌 마음과 정성과 힘을 다해서 하는 일이다. 우리의 모든 삶이 사랑이 되어야 하고 그것이 기준이 되어야 함을 우리에게 보여준다.

[장면 2] 적대자들을 꾸짖음 (마 23장)

예수님은 당시 지도자들에게는 제거해야 할 인물이었다. 그들은 자기 욕망이 가득했기 때문이다. 그러다 보니 서기관과 바리새인들은 말로는 하나님을 잘 믿는다고 하면서도 실제 행동과는 일치하지 않았다. 특히 그들 속에는 사랑이 없었다. 그런 이유로 예수님을 시기하고 십자가에 죽이는 일에 앞장섰다. 사랑이 빠진 열심이 얼마나 무서운지를 보여주는 대목이다. 그런 바리새인과 서기관들에게 예수님은 "화가 있을 것이라" 고 책망했다. 23장에 7번 계속하여 나온다. 그들의 특징은 외식하는 것으로 말과 행동이 달랐다. 예수님이 보실 때 유대인과 예루살렘은 악했다. 특권을 가진 많은 유대인은 세상을 섬기고 열방을 구원할 책임이 있는데 오히려 하나님이 주신 것을 자기 욕심으로 이용하여 자기만족을 누리는 사람이 되었고, 예루살렘성은 이기적인 도성이 되었다. 예수님은 그런 자들을 향해 강하게 저주를 선포하였다.

※ 어떤 사람의 말이 문제가 있는지 무엇으로 알 수 있는가? 그의 삶을 보면 된다. 거짓의 대표적인 모습은 말과 행동이 일치하지 않는 것이다. 그런 사람을 조심해야 한다. 그렇지만 예수님은 말과 행동이 일치했다. 신앙은 말과 행동이 일치하는 것이다. 이것이 제자들이 따라야 할 살아 있는 믿음의 모습이었다. 그런 믿음은 역사가 일어나고 구원을 일으킨다.

[장면 3] 제자들의 미래에 대한 준비 (마 24-25장)

설사 성전이라도 인간의 목적을 위해 사용하면 그것은 성전이 아니다. 모양만 거룩하다고 그것이 거룩해지는 것이 아니다. 그동안 예루살렘의 중심 역할을 한 성전은 이제 더는 의미가 없게 되었다. 성전의 역할보다는 인간의 욕심을 채우는 욕망의 수단이 되었다. 예수님은 이런 성전이 무너질 것을 예언했다. 그것은 진정한 의미에서 성전이 예수님 자신임을 말해주는 이야기이기도 하다.

예수님의 성전 파괴에 대한 예언은 AD 70년에 실제 이루어졌다. 성전에 매여 있는 사람들도 성전이 무너지면서 함께 무너질 것이다. 그리고 열 처녀 비유와 달란트 비유, 그리고 양과 염소 비유를 말씀하시면서 천국에 관해 이야기하신다. 공통적인 내용은 천국에 대한 비유로 마지막에 하나님 앞에 설 때 우리의 모습을 보여주고 있다. 이런 비유의 핵심은 하나님 나라를 받아들이지 않는 사람의 모습이 어떠한지 보여주고 있다. 천국을 소유하는 것은 이 세상에서 사는 인간이 누릴 수 있는 최고의 복이다. 그것은 누구에게나 열려 있다. 하지만 마음을 열고 받아들이는 응답이 있을 때 주어진다.

※ 예수님의 첫 말씀은 천국이 가까이 왔다는 것이다. 그때 천국은 곧 예수님을 의미한다. 예수님은 천국을 소유한 분이었다. 누구든지 예수를 믿으면 천국 가는 이유도 여기에 있다. 하늘에 있는 천국이 이 땅에 임하고 그것을 내 마음에 받아들이면 구원받은 것이다. 누구도 우리 힘으로 노력해서 천국에 올라갈 수 없다. 이것을 아신 주님이 하늘 보좌를 버리고 이 땅에 내려오신 것이다.

예수님은 천국을 갖고 우리에게 다가오신 분이다. 그런데 아주 생각지 않게 조용하게 오셨다. 물론 구약의 약속에 따른 것이지만 그것을 아는 사람은 많지 않았다. 천국은 하나님의 때에 갑작스럽게 찾아온다. 그러므로 늘 준비하고 깨어 있어야 한다. 그리고 천국이 임할 때는 구원이 이루어지지만 아울러 천국을 받아들이지 않으면 그것이 곧 심판이 된다. 양과 염소로 나누어지게 된다. 악한 자는 영벌에 의인은 영생에 들어가게 된다. 우리는 이 세상에 소망을 두지 말고 천국과 하나님 앞에 서는 날을 바라보면서 살아야 한다.

[장면 4] 고난과 죽음 (마 26-27:56)

사람들은 예수님이 자원하여 고통당하신 이유를 잘 몰랐다. 고통 없는 치유 없고 고난 없는 구원 없다. 예수님의 십자가 고난은 우리에게 많은 것을 생각하게 한다. 그중에서 가장 강력한 메시지는 죄에 대한 것이다. 인류가 당하는 고난과 고통은 죄로 인하여 온 것이다. 죄를 해결하는 길은 누군가가 대신하여 고통을 당해야 하고 결국 그것으로 인해 죽음에까지 이르는 대가를 지불해야 한다.

예수님이 당하신 고난은 바로 이런 고난이다. 유대인의 왕으로서 자기 백성을 사랑하시기에 당하는 고난이다. 아는 자만 죽을 수 있다. 죄를 모르면 죽기 어렵다. 진정한 유대인의 왕이 누구인지 모르는 사람들에 의해서 수난당하는 모습은 치욕적이다. 왕을 상징하는 가시 면류관과 홍포는 예수님의 모습을 상징적으로 그리고 있다. 고난을 겪는 왕으로서의 모습이다. 지금 하나님의 진정한 왕이 세상의 왕에게 고통받고 죽임당하고 있다.

유대인의 왕이라는 죄패를 걸고 이스라엘 왕이라고 외치면서 십자가에서 내려오면 믿겠다고 하는 사람들의 소리는 인간이 얼마나 악한지 실제로 보여준다. 물론 그 속에는 사탄의 흉계가 들어 있다. 이런 모욕과 비난은 예수님을 마지막까지 십자가에 죽지 못하게 하려는 사탄의 전략이 숨어 있다.

※ 오늘 주님이 죽으신 것은 어떤 세상 사람의 죽음과는 구별된다. 주님의 죽으심은 의인이 죄인이 되어 죽으시는 사건이다. 그것은 예수의 죽으심을 믿지 않으면 누구도 자기 죄에서 해방될 수 없고 영원히 죽게 되고 심판을 받게 된다는 것을 보여준다. 이런 점에서 예수님이 인간의 모습을 입고 고난 겪고 죽으신 모습은 죄인 된 내가 죽는 모습을 보여주는 사건이다. 죄로 인하여 죽을 인간의 비참한 모습을 그대로 재현한 것이 십자가의 죽음이다. 내가 당할 죗값을 대신 당하시는 예수님의 모습이다.

우리는 자기 죄를 위해 죽지도 못하고 다른 사람의 죄를 위해 죽을 수도 없다. 이대로 죽으면 우리는 자기 죄로 영원히 심판받는다. 그런데 이것을 모르고 지금도 수많은 사람이 죽어간다. 죽음의 문제를 해결할 길이 있는데 그것을 믿지 않고 영원한 고통 속에 살게 된다. 이것을 위해서 예수님이 오셨다. 이런 예수님의 죽으심은 누구든지 십자가에서 죽으신 예수님을 믿으면 하나님께 버림받지 않을 것을 교훈하고 있다. 누구든지 십자가에 버림받은 예수님을 믿지 않으면 자기 스스로가 이런 죄의 형벌을 받게 된다. 물론 이것을 받아들이는 것은 인간의 힘으로는 불가능하다. 하나님이 알려주시고 우리의 실체를 보여줄 때 가능한 일이다.

[장면 5] 부활과 명령 (마 27:57-28장)

예수님의 죽으심과 더불어 중요한 일은 부활이다. 부활은 죽은 자에게 일어나는 일이다. 그런데 그냥 죽으면 이런 일이 일어날 수 없다. 주님을 믿고 주와 함께 죽은 자만이 다시 주님과 같이 부활할 수 있다. 이것을 보여주기 위해서 십자가에 죽으신 예수님은 다시 사흘 만에 부활했다. 무덤에 찾아간 막달라 마리아와 다른 마리아는 부활하신 예수님을 직접 만난다. 그리고 갈릴리로 가서 제자들을 만날 것이라는 말씀을 직접 듣는다.

예수님의 부활은 영의 부활이 아닌 육신의 부활이다. 사람이 직접 만지고 볼 수 있는 그런 몸의 부활이다. 우리도 그런 부활을 맞이하게 될 것이다. 죽은 지 사흘 만에 부활했다는 것은 주님이 하나님의 아들이심을 보여주는 확실한 증거이다. 그리고 주님이 영생이요 부활이요 길이심을 알려주는 사건이다. 아울러 주님을 믿는 사람은 누구든지 죽어도 주님처럼 다시 사는 영원한 부활의 삶을 산다는 것을 보여준다.

부활 이후에 예수님이 제자들에게 나타나 보여주신 것은 말씀을 전하는 일이다. 그런 이유로 부활하신 예수님은 약속하신 대로 갈릴리에서 예수의 명하시던 산에 이르러 최후의 말씀을 하신다. 모든 족속으로 제자로 삼아 세례를 주고 분부한 모든 것을 가르쳐 지키게 하라고 말씀한다. 그런 사명을 감당하는 사람에게 하나님은 늘 함께하실 것을 말씀하신다. 우리에게 부활을 선물로 주신 주님이 말씀하신 것은 이 복음을 알지 못하는 사람들에게 주님이 행하신 것처럼 제자로 삼아 땅끝까지 복음을 전하는 일이다. 마태복음은 하나님의 말씀이 어떻게 역사의 현장에서 실천되고 계속 이루어지는지를 보여주고 있다.

※ 주님을 따르는 제자들은 주님이 주신 마지막 명령인 이 말씀을 마음에 새기고 주님이 행하신 본을 따라 그대로 살았다. 죽기까지 복음을 전하며 가르치고 제자 삼는 일을 했다. 그 결과 온 세상에 복음이 전파되었고 오늘 우리에게까지 복음이 이르게 되었다. 이것은 주님처럼 십자가의 길을 따르는 사람이 가져야 할 인생의 모델이다. 마태복음은 말씀을 전하고 가르치는 일로 시작하고 마무리한다. 오늘도 우리 교회와 그리스도인은 주님이 행하신 그 길을 따라 말씀을 전하는 사람이 되어야 한다. 주님은 그런 제자들과 세상 끝날까지 함께하시고 그런 자에게 능력을 주시어 하나님 나라를 이루고 건설하신다. 우리가 마지막까지 경주해야 할 목표는 때를 얻든지 못 얻든지 복음을 전하는 사람으로서 사는 것이다.

■ 성경 각 권 소개

마가복음

【 마가복음의 배경 】

　　마가복음은 AD 66년경에 기록된 것으로 로마에서는 기독교에 대한 박해가 한창 일어났고, 교회는 네로 황제의 박해로 대학살을 경험하고 있었으며, 이 박해에서 많은 성도가 산 채로 불태워지고 교회의 중요한 두 인물(베드로와 바울)이 처형되었다. 이런 시기에 마가복음은 고난받는 종 예수님의 이야기를 통하여 십자가를 지고 가는 제자도의 삶을 알려주며 순교적 신앙을 격려하기 위하여 기록되었다. 특히 예루살렘의 기간 전체 내용이 수난주간에 일어난 기사에 집중하고 있는 데서 그것을 분명히 알 수 있다.

　　마가복음은 복음서 중에서 가장 먼저 쓰인 책으로 알려졌다. 그런 이유로 마가복음의 분위기는 생동감이 있고 빠르게 진행된다. 예를 들면 "그리고 즉시"라는 구절로 시작하는 경우가 41회, "그리고 다시"로 시작하는 경우가 21회이다. 마가복음은 크게 세 가지 초점을 가지고 진행되고 있기에 이것을 이해하고 성경을 읽으면 마가복음의 맛을 느낄 수 있다. 첫째, 예수님은 왕적인 메시아이다. 둘째, 예수님은 고난당하는 하나님의 종이다. 셋째, 예수님의 정체를 숨기신 메시아 비밀의 내용이다(막 1:25,34, 3:11-12, 1:44, 5:43, 7:36, 8:26,30).

【 특징과 읽기 지침 】

▶ 핵심

마가는 오랫동안 기다린 메시아로서 고난 겪는 예수님을 그리고 있다. 마가복음을 이해하는 핵심구절은 "인자가 온 것은 섬김을 받으려 함이 아니라 도리어 섬기려 하고 자기 목숨을 많은 사람의 대속물로 주려 함이니라"(막 10:45)이다.

예수님의 세례받으심과 그의 부활의 이야기 3분의 2가 갈릴리를 중심으로 이야기되고 있다. 마지막 3분의 1은 예루살렘에서 일주일간 수난받는 모습이다. 예수님이 예루살렘에서 죽는 것을 곧 인간을 죄에서 구출하는 새로운 출애굽으로 그리고 있다.

마가복음 크게 두 부분으로 나누어진다. 전반부 예수님의 행하신 이적(1장-8:30)과 후반부인 예수님이 당하신 고난(8:31-16장)이다. 귀신을 쫓아내신 이적, 병자들을 고치신 이적, 자연법칙을 초월한 이적, 죽은 자를 살리신 이적 등을 통하여 예수님이 인간의 차원을 뛰어넘는 하나님의 아들이심을 증거하고 있다. 이것이 이적을 베푼 이유이다. 그러면서도 높으신 하나님의 아들이 인간의 죄를 위해 수난당하고 십자가에 죽는다는 사실은 하나님의 사랑을 극적으로 표현한, 인간에 대한 하나님 사랑의 완성이라 할 수 있다. 이런 예수님의 모습은 당시 세상 사람들이 이해하는 전체적인 메시아 모습과는 정반대였다.

▶ 특징
- 복음서 중에 마가복음이 가장 먼저 쓰였다고 본다.
- 문체는 간결하고 직설적이다. 간접화법보다는 직접 화법을 많이 사용하고 과거형보다는 현재형을 더 많이 사용한다(현재형 151회). '즉시' '곧' 의 부사를 41회나 사용했다.
- 감정적 묘사가 사실적이며 생동적이다('그리고' 라는 접속단어가 사용된다). 표정을 진지하게 표현하고 있다(예 : 놀라니, 두려워하여 등).
- 행위를 강조하는 복음을 말한다. 설교보다는 이적의 내용이 많다. 복음서 이적의 과반수를 차지한다(36개의 이적 중에 19개의 이적).
- 수난 기사 : 고난 겪는 종으로 그리스도를 그리고 있다. 공생에 중 그리스도의 마지막 수난주간의 기사가 복음서 전체의 3분의 1이 넘는다(11-16장).

【 마가복음의 내용 구조 】

마가복음은 크게 두 부분으로 구성되어 있다. 1~10장은 말씀과 이적에, 11~16장은 수난주간의 십자가 고난에 집중하고 있다. 이것은 마가복음의 특징을 잘 드러낸 구조이다.

내용	1장-8:27	11-16장
모습	봉사와 섬김	희생과 죽음
주제	말씀과 이적	고난
기간	약 3년 / 약 6개월	8일
장소	갈릴리와 베뢰아	유대와 예루살렘
내용	사역시작 - 반대 - 제자훈련	거부와 수난과 죽음 - 부활

1) 준비 (막 1:1-8:21)
  • 막 1:16-3:6　　하나님 나라 선언과 공적 사역
  • 막 3:7-8:21　　세 집단의 반응과 특징
  　– 군중 : 기적과 가르침
  　– 제자 : 개인적인 가르침

2) 갈등 (막 8:22-10:45)
  • 반대자(서기관, 제사장, 바리새인) : 저항이 거세짐
  • 제자들에게 사역을 집중(제자도 훈련)
  　– 제자도는 고난당하는 종(십자가의 죽음) : 세 번에 걸쳐 설명

3) 절정 (막 10:46-15:47)
  예수님 예루살렘의 입성 : 십자가 죽으심

4) 결말 (막 16장) : 부활하신 예수님

마가복음의 십자가의 길 (토라의 길 - 제자의 길)
마가가 그리고 있는 예수님 (기독론)

┌─────────────────────────────────┐
│ ㉠ 하나님의 아들 (1:1)   │
│   - 귀신 (1:23-27, 3:11, 5:7)   │
│   - 세례와 변화산 (1:11, 9:7)   │
│   - 백부장 (15:39)   │
│ ㉡ 다윗의 자손 ㉢ 인자 ㉣ 하나님의 종 │
└─────────────────────────────────┘

십자가의 길

제사장, 율법학자	**예수**	여자, 어린이, 이방인, 소외된 자
	제자	

신앙고백 (가이사랴 빌립보)
8:27-29

예언 1 (8:31)

- 베드로 깨닫지 못함 (8:32-33)
- 제자의 길 제시 (8:34-9:1 ＊**핵심**)
- 변화산 체험 (메시아 비밀 - 경고 9:9)
- 귀신 들린 아이 고침 (온전한 믿음)

예언 2 (9:31)

- 제자 깨닫지 못함 (9:32)
- 누가 크냐? (길에서 토론)
- 작은 자가 크다 (범죄하지 말라 - 희생을 치루라)
  1) 이혼문제 (결혼의 중요성)
  2) ★어린아이 중요성
  3) 영생과 재물

예언 3 (10:31-34)

- 누가 크냐? (영광을 구함 - 깨닫지 못함)
- 십자가의 길 제시
- 여리고 (★바디매오 - 길가에) - ㉮ 제자도 실례
- 호산나 찬송 (나귀 타고감)

제자의 길 제시

일

예루살렘성 안에서 (11:15)

월
- 무화과 나무 저주 (예언) ✱
- 성전 청결 - 만민이 기도하는 집
- 무화과 나무 마름 (성취) ✱

- -

화
- 권위 논쟁 (대제사장, 서기관, 장로) (11:27)
- 포도원 농부 비유 (놀라운 가르침)
- 세금 논쟁 (바리새인과 헤롯당)
- 부활 논쟁 (사두개인)
- 가장 큰계명 (서기관)
- 그리스도는 주님이다, 서기관 조심하라 (백성들)
- ★가난한 과부 헌금 (⊕ 제자도의 실례)

예루살렘 성 밖에서 (13:1)

수
- 성전파괴 예언과 재난의 징조 (성전에 대한 생각)
- 무화과 나무 비유 (실례)
- 대제사장과 서기관 음모 ✱
- ★머리에 향유 부은 여인 (14:3) - 제자들 분노함
- 유다의 배반 ✱

예루살렘 성 안에서 (14:12)

목
- 유월절 준비와 최후의 만찬 (유월절 새언약 14:24)
- 제자와 베드로 부인 예언 (제자 포함) ✱
- 겟세마네 동산 기도 (아빠 아버지여 14:36)
- 제자 도망 : 마가 도망 ✱
- 아이러니 (성전(14:52), 아들(61), 인자(62), 선지자(65))
- 베드로 부인 ✱

- -

금
- 새벽에 빌라도에 넘겨줌 (15:1)
- 무리 충동 (15:11), 바라바(인간 상징)를 놓아줌 (15:15) - **구원 예시**
- ★구레네 시몬 (뜻하지 않은 은혜)
- 십자가에 못박혀 죽으심 (시 22:1 기도)
- ★백부장 고백 (하나님의 아들 15:39)
- ★여자들 함께함 (제자 안 보임)
- ★아리마대 요셉 (하나님의 나라 기다리던 자, 15:43)

- -

제자의 길 - 예수님 본인이 실천

<table>
<tr><td rowspan="10">일</td><td>- 부활하심 (16:1)　　　- ★여자들이 목도함</td></tr>
</table>

- 부활하심 (16:1)　　　- ★여자들이 목도함
- ★마리아 전함 (제자들 믿지 않음, 16:11)
- 엠마오 두 제자 (제자들 믿지 않음, 16:13)
- 예수님 나타남 (믿지 아니하기에, 16:14)
- 예수님 마지막 말씀 (만민에게 복음 전파)
  1) **믿고** 세례를 받으면 구원 - 표적
  2) 믿지 않으면 정죄

- 승천과 승귀

- 제자들 복음 전파 (표적 일어남)
  (오늘 우리가 해야 할 일 제시)

되새김 120일 쉬운 통독 타임라인			
하나님 나라	성경 구조	역사와 시대	성경 각 권 소개
성취	복음서 - 복음과 하나님 나라	복음서시대	마가복음

>>> 마가복음 1장-8:26

예수님이 행하신 이적

* 통독 포인트

마가복음은 당시 눈에 보이는 것을 추구하는 로마인을 위해 기록한 복음서다. 마가복음 전반부는 주로 예수님이 행하신 이적을 기록했다. 하나님 나라를 전파하러 오신 예수님이 하나님 나라가 이 땅에 임했다는 사실을 전하기 위해 사용하신 방법은 기적을 행하는 일이었다. 기적은 인간이 행할 수 없다. 세상을 만드신 하나님만이 기적을 이룰 수 있다. 예수님이 인간으로서만 존재한다면 기적은 불가능하다. 하지만 하나님 이시라면 어떤 일도 가능하다.

마가복음은 기적을 행하시는 사건이 주를 이루고 있다. 인간의 관점에서 치유와 문제 해결을 위한 내용으로 성경을 읽으면 핵심내용을 놓칠 수 있다. 예수님의 말을 믿지 못하면 그가 행하신 일로 믿어야 한다. 이런 시선으로 1~8장까지 통독하도록 한다.

[장면 1] 예수님은 하나님의 아들, 메시아다 (막 1:1-15)

예수님이 하나님의 아들이심을 믿는 일은 그렇게 간단하지 않다. 믿고 싶어도 믿어지지 않는 것이 예수 믿는 일이다. 사람들이 예수를 믿지 않는 이유는 그가 누구인지 잘 몰라서다. 마가복음은 예수를 전하기 위해서 이사야 예언의 말씀에 따라서 온 세례 요한을 처음에 등장시킨다. 선지자의 마지막 주자인 세례 요한은 당대의 가장 위대한 지도자였다. 그런데 그가 소개하는 더 큰 분이 예수님이라는 증언은 예수님을 이해하는 중요한 연결고리가 된다. 당시 세례 요한은 유대인에게 존경받는 지도자였다. 선지자로 여길 정도로 사람들이 그를 따랐다. 그런 그가 예수님을 소개하는 것은 중요한 의미가 있다. 세례 요한은 예수님에 대해서 이렇게 소개한다.

"나보다 능력 많으신 이가 내 뒤에 오시나니 나는 굽혀 그의 신발끈을 풀기도 감당하지 못하겠노라. 나는 너희에게 물로 세례를 베풀었거니와 그는 너희에게 성령으로 세례를 베푸시리라"(막 1:7-8).

세례 요한이 소개한 예수님은 요한이 감히 신발끈 풀기도 감당하지 못할 그런 존재이다. 특히 성령을 주시는 분으로 소개하고 있다. 세례를 통하여 예수님은 공적으로 하나님의 아들로 인정받는다. "너는 내 사랑하는 아들이라. 내가 너를 기뻐하노라." 이것은 예수님이 하나님의 아들이심을 공적으로 선포한 것이다. 우리는 이제 예수님이 하나님의 아들로서 어떤 일을 행하시는가를 마가복음을 통하여 보게 될 것이다. 이런 눈으로 마가복음을 읽으면 쉽게 이해가 될 것이다. 예수님은 세례 요한이 잡힌 후에 비로소 갈릴리에서 공생애 사역을 시작하신다. 예수님이 하신 일은 하나님의 복음을 전파하는 일이다. "때가 찼고 하나님의 나라가 가까이 왔으니 회개하고 복음을 믿으라"(막 1:15). 예수님은 하나님 나라를 세상에 가지고 오신 분이다. 여기서 복음은 예수님을 의미한다.

　※ 예수를 믿기 위해서는 먼저 회개가 일어나야 한다. 자기가 죄인임을 고백하고 자기 존재를 알 때 자기를 포기할 수 있다. 무력한 존재인 것을 알 때 내가 어떻게 해야 구원받을지 갈구하게 된다. 이런 과정을 거치지 않으면 예수 믿는 것은 힘들다. 자기가 주인이라고 생각하는 사람이 예수님을 주인으로 모셔 들이는 것은 어려운 일이다. 자기를 부인하고 회개하면 가능하지만 그렇지 않으면 주님을 주인으로 영접하는 일은 어렵다. 그러나 주님을 모셔 들이지 않으면 누구도 하나님 나라에 들어갈 수 없다. 두 주인은 있을 수 없다. 우리 마음속에서는 주인 다툼이 계속 일어난다. 이런 가운데 나를 포기하고 주님을 나의 주인으로 받아들인다는 것은 인생의 전환이요 기적이다. 이런 면에서 보면 오늘 우리가 예수 믿는다는 것은 신비요 놀라운 하나님의 은혜다.

[장면 2]　**예수님은 하나님 나라를 소유한 분이시다 (막 1:16-8:26)**

＊ **통독 포인트**
　사람들이 막상 예수를 믿으려 해도 예수 믿는다는 것이 무엇인지 잘 모르는 경우가 많다. 예수님을 믿는 것은 곧 하나님의 복음을 받아들이는 것이다. 그것은 예수님이 하나님 나라를 가진 분이기 때문이다. 누구

든지 예수님을 믿으면 하나님 나라를 가지게 된다. 천국에 들어가게 된다. 이런 면에서 예수님과 천국은 동일하다. 예수님이 곧 하나님 나라라는 것을 이제 여러 가지 사건을 통해서 보게 된다. 이런 관점으로 성경을 읽어가면 핵심이 보인다.

● 예수님과 서기관과 바리새인들 (막 1:16-3:12)

공생애를 시작하면서 제일 먼저 등장하는 사람들이 고기잡이 시몬과 형제 안드레이다. 주님이 고기 잡는 안드레에게 "나를 따르라"고 말하자 그들은 배를 두고 주님을 따른다. 그와 함께한 요한도 즉시 배를 두고 따른다. 이렇게 해서 제자들을 부르신다. 이것은 짧은 기사이지만 앞으로 마가복음이 전개해나갈 밑그림을 그려주고 있다. 이것은 예수님을 믿는 믿음은 어떤 것이며 그 결과는 어떻게 나타나는가를 보여주고 있다. 예수를 영접하면 하나는 포기해야 한다. 그것이 예수 믿는 것이요 제자가 되는 것이다.

그다음 만난 부류가 귀신 들린 사람이다. 귀신은 하나님과 대적 관계다. 이들이 등장하는 이유는 악한 귀신이 사라지면 그것이 곧 복음이 임했다는 것임을 보여주기 위함이다. 이것을 위해 예수님은 제자를 대동하신다. 이런 일을 통해 하나님 나라가 임했음을 직접 보여주기 위함이었다. 예수님은 가버나움 회당에서 더러운 귀신 들린 사람을 고치신다. 말씀으로 고치셨다. 예수님의 말씀은 하나님의 복음이다. 그것을 듣자 귀신은 그 사람에게서 나오게 된다. 또 중풍 병자가 고침을 받는데 이때도 "작은 자야 네 죄 사함을 받았느니라"고 말씀하시자 그가 고침을 받는다. 왜 죄 사함을 받았다고 말씀했을까? 그것은 그를 감싸고 있는 죄가 그를 병들게 했음을 의미한다. 예수님이 그 속에 있는 죄를 용서함으로 없애자 자연스럽게 병 고침을 받게 된다. 하나님 나라가 중풍병자 속에 들어가자 병 고침을 받게 된 것이다. 이 사람의 병은 악한 나라 속에서 일어나는 일이었다. 새로운 나라가 그에게 임했음을 병 고치는 사건을 통해 보게 된 것이다. 당시 예수님을 믿지 않는 상황에서 이런 예수님의 모습을 드러내고 있다.

예수님이 행하신 이런 일에 대해서 당시 기관들의 반응은 "신성 모독이로다. 오직 하나님 한 분 외에는 누가 능히 죄를 사하겠느냐"라고 하면서 이해하지 못하고 핍박했다. 죄 사하는 일은 오직 하나님 한 분밖에 안 된다는 사실을 믿는 마음으로 예수님을 보면 두 가지 모습이 가능하다. 과연 이렇게 한 것을 보면 예수님은 메시아임이 틀림없다. 아무도 할 수 없는 일을 예수님이 하셨다는 것은 예수님이 곧 하나님이심을 보여주는 사건이다.

이런 예수님의 기적을 깎아내리기 위해서 사용한 계략이 무엇인가? 당시 서기관들은 믿지 못했다. 이것은 안식일에 병을 고치는 일을 통해서도 그대로 나타난다. 안식일에 병을 고치는 문제를 가지고 바리새인들은 예수님을 죽일까 생각한다. 왜냐하면 안식일에 병을 고치는 일은 안식일을 범하는 일이기 때문이다. 그러나 예수님은 안식일의 주인이 예수님 자신임을 말씀하신다. 그것으로 자신이 곧 안식일을 제정하신 하나님이심을 그들에게 보여준 것이다. 그러나 그들은 이런 예수님을 이해하지 못하고 오히려 죽이려고 했다.

● 예수님과 제자들 (막 3:13-6:6)

예수님은 혼자 가는 길이 아니었다. 처음부터 제자들과 동행하셨다. 이렇게 한 이유는 곧 있으면 예수님은 십자가에 죽으시고 세상을 떠나시기 때문이다. 이런 일을 이어서 세상에 증언할 사람이 필요한데 그 사람이 제자들이다. 그런 이유로 처음부터 제자를 선택하고 함께 십자가의 길을 가셨다. 예수님의 제자교육은 3년간 동고동락하면서 본을 보이면서 가르치고 몸에 체득하는 교육 방식이었다. 비록 적은 수, 열두 명이었지만 그들이 올바르게 훈련하여 온 땅에 복음을 전하게 하는 일이 최종 목적이다. 예수님은 제자들이 자기보다 더 큰 일을 감당할 것이라는 데 목적을 두고 선택하셨고 3년 동안 함께하셨다.

제자가 되는 것은 자기 힘으로 되는 것이 아니라 하나님의 선택으로 이루어진다. 예수님은 아무나 부르지 않고 준비된 사람을 제자로 부르셨다. 그렇게 부름받은 제자들은 한결같이 즉시 순종하고 따랐다. 그런 제자들에게 예수님은 하늘의 권세와 특권을 주셨다. 예수님은 부르신 제자들을 전도하러 보낼 때 귀신을 내쫓는 능력도 함께 주셨다.

이것은 오늘날에도 그대로 적용된다. 누구든지 하나님의 복음을 받아들인 자에게는 주님과 같은 능력이 있음을 보여준다. 이것은 예수님이 곧 복음이자 하나님의 아들임을 보여주는 사건이다. 예수님을 믿는 자는 누구나 자연스럽게 이런 능력을 행할 수 있다. 복음 자체에 능력이 있기에 복음을 마음속에 받아들이면 위대한 능력이 나에게도 일어난다.

예수님은 제자들에게 비유를 통하여 어려운 하나님 나라의 비밀을 가르치셨다. 그것은 이런 말씀을 통하여 그들 마음속에 천국을 심어주기 위함이었다. 하나님의 나라는 우리 눈에 보이게 임하는 것이 아니다. 하나님은 여기 있다 저기 있다고 말할 수 없다. 보이지 않게 임한다. 그곳이 사람의 마음이다. 씨 뿌리는 비유와 자라나는 씨의 비유는 제자들 마음속에 천국을 심고 자라게 하는 적당한 비유이다. 이것을 통해 어떻게 우리 안에 하나님의 복음과 천국이 임하는지를 잘 보여준다. 우리는 예수를 믿음으로 마음에 천국을 얻게 된다.

바다에 풍랑이 일어나 위기에 처한 상황에 찾아오시는 주님의 이야기는 제자들에게 예수님이 누구이신가를 보여주고자 함이었다. 제자들과 함께 배를 타고 가다가 광풍이 일어나서 배가 뒤집힐 상황이 되었지만 예수님은 배 안에서 주무신다. 제자들이 두려워서 예수님을 깨우며 난리를 피우자 예수님은 제자들에게 왜 믿음이 없느냐고 책망하신다. 이것은 하나님 나라를 가진 자에게는 같은 능력이 임함을 가르쳐주려는 것이었다. 그리고 예수님의 말 한마디에 바다는 순종하고 잔잔해진다. 이것은 예수님이 곧 하나님의 아들이심을 제자들에게 보여주는 사건이었다. 이런 일을 통해 예수님은 누구이신가를 질문하게 되며 그분이 하나님 아들이라는 사실을 제자들이 알게 하기 위함이었다.

그다음 사건으로 등장하는 것은 회당장의 딸을 살리시는 구원 사건이다. 여기 베드로, 야고보, 요한, 이 세 제자를 특별히 데리고 가신다. 그것은 아이를 살리는 것을 직접 보게 하기 위해서다. "소녀야 일어나라" 하시니 소녀가 일어났다. 죽은 자를 살리는 주님이심을 제자들에게 보여주기 위함이었다. 예수님은 인간의 생명을 구원하는 메시아임을 제자들에게 보여주고자 한 것이었다. 하지만 이것이 지금 세상에 알려지면 문제가 복잡해진다. 이런 의미에서 주님은 자기가 누구인가를 알리지 말라고 말한다. 그것은 자신이 드러나는 시기가 아직 안 되었기 때문이다(막 5:43).

예수님은 고향에 가서도 회당에서 가르치는 일을 하셨다. 그곳에서는 예수의 어린 시절을 다 알고 있는 고향 사람들의 반응을 소개하고 있다. 그들은 한결같이 말한다. "이 사람이 마리아의 아들 목수가 아니냐?" 예수를 인간적으로 대하다 보니 예수 믿기 어려운 상황이 일어난다. 이것에 대해 예수님은 선지자가 자기 고향에서 친척에게 존경받는 것은 어렵다고 말한다. 왜 그런가? 예수를 인간적으로 보려 하기에 예수님이 하나님의 아들이심을 믿는 일이 힘들 수밖에 없었다.

※ 오늘날에도 이것은 그대로 일어난다. 예수를 좋은 선생이라고 생각하면 그를 하나님의 아들로 믿기 어렵다. 세상 사람들은 예수를 선하고 인류를 위해 대신 죽으신 위인 정도로 생각한다. 그것은 예수님이 누구인지 몰라서 하는 말이다. 예수를 하나님의 아들로 믿지 않으면 아무 소용이 없다. 이렇게 해서는 구원을 받을 수 없다. 나는 예수를 누구로 인정하고 사는가? 혹시 많은 사람 중에 탁월한 한 사람 정도로 믿지 않는가?

● 제자훈련 (막 6:7-8:26)

제자들을 부르신 예수님은 이제 진정한 제자로 만들기 위해서 그들을 훈련하셨다. 마음으로는 주님을 믿지만 아직은 인간적인 욕심과 생각이 제자들 속에 있기 때문이다. 그것을 죽이는 훈련이 필요하다. 그리스도인의 제자훈련은 직분이나 능력을 키우는 것이 아닌 주님 앞에 자신을 죽이는 훈련이다. 누가 더 많이 죽고 자기를 낮추느냐가 제자훈련의 핵심이다. 왜냐하면 제자로 선택받는 순간 하나님의 모든 것을 받은 존재가 되기 때문이다. 더는 얻을 것이 없다. 모두를 얻은 사람은 이제 나누어 주는 일밖에 다른 일이 없다.

예수님은 제자들을 다양한 방법으로 훈련하셨다. 그중에서 둘씩 짝을 지어 전도하게 하고 제자들에게 귀신을 제어하는 권세를 주셨다. 제자들은 현장에 나가서 전도하면서 실제로 많은 귀신을 쫓아내고 많은 병자를 고쳤다. 제자들에게 복음의 능력이 있음을 자신들이 실천하면서 스스로 경험하게 하는 것이 예수님의 제자훈련 방법이다. 예수님만 능력이 있는 것이 아니다. 복음을 믿으면 누구나 능력을 받게 된다. 그것을 확인하는 자리가 전도의 현장이다. 나에게 복음의 능력이 있는지는 현장에서 복음을 전하면서 직접 확인할 수 있다.

세례 요한의 순교 이야기가 소개된다. 예수의 이름이 점점 드러나자 헤롯왕이 이전에 자기가 죽인 세례 요한이 다시 살았는지 의심한다. 그러면서 세례 요한이 죽은 이야기를 다시 기억시킨다. 헤롯의 잘못을 지적한 세례 요한의 목을 베어 죽인 순교 사건을 기록한다. 그것은 복음을 받은 사람에게 나타나는 다른 모습을 보여준다. 모두에게 기적이 일어나고 병 고침을 받고 죽은 자가 살아나는 일이 복음의 능력이다. 하지만 반대로 세례 요한처럼 순교하는 것도 복음의 능력이다. 이런 일은 아무나 못 한다. 오직 세례 요한만이 가능한 성령 충만의 사건이다. 그런 점에서 예수님은 세례 요한에 대해서 여자가 낳은 아들 중에서 가장 큰 자라고 말씀하신다.

이런 동선에서 마가복음에 나오는 오병이어 사건은 제자훈련의 모델로 주어진 특별한 이야기다. 오병이어의 이야기는 4복음서에 모두 나온다. 이 사건이 그만큼 중요한 이야기라는 것을 보여준다. 예수님은 오천 명을 먹이신 사건을 통하여 무엇을 보여주려고 하는 것일까? 그것은 제자들에게 복음의 능력을 경험하게 하는 데 핵심이 있다. 우리는 이 성경을 읽을 때 오천 명에게 관심을 두고 읽지만 사실 마가복음의 전체의 흐름으로 보면 5천 명을 먹이신 기적은 제자들에게 초점이 있는 이야기다.

그 근거가 되는 구절이 있는데 "너희가 먹을 것을 주라"(막 6:37)이다. 예수님은 제자들에게 먹을 것을 주라고 말씀하셨다. 예수님이 기적을 베푸신 것이라기보다는 제자들에게 한번 해보라는 내용이 본문의 핵심이다. 그래서 제자들이 가져온 해결점은 떡 다섯 개와 물고기 두 마리밖에 없는데 가능하겠는가? 돈으로 환산하자면 이백 데나리온이 있어야 하는데 어떻게 이것을 할 수 있느냐는 질문에 대해 예수님이 기적을 베푸심으로 그 방법을 알려주셨다. 그런 점에서 오병이어의 기적은 예수님 혼자서 베푸신 것이 아니라 제자들이 나누어주면서 기적을 직접 경험하고 기적을 베푸는 주체자로 동참하는 시간이다. 제자들과 같이 기적을 베푸신 것이다.

사람들은 예수님에게서 떡을 받은 것이 아니라 제자들을 통해서 기적을 경험했다. 이것은 예수님이 제자를 훈련하는 과정 중의 하나로 예수 믿는 자에게 어떤 일이 일어날 수 있는지를 미리 보여준 사건이다. 나중에 예수님이 가신 후에 제자들은 예수님과 같은 기적을 행하게 된다. 예수님은 축사한 떡을 제자들이 직접 나누어주게 하셨다. 이것은 말씀의 능력이 얼마나 위대한지 경험하게 하신 예수님의 특별한 제자훈련 방법이다. 사천 명을 먹이신 사건도 예수님이 제자들을 명하여 무리를 땅에 앉게 하시고 축사한 떡을 제자들이 나누어주게 하신 것은 특별히 제자들에게 경험하게 하신 사건이다.

제자훈련과정 중에 제자들이 조심해야 할 내용이 나온다. 유대인인 제자들이 자칫하면 바리새인을 본받을 가능성이 있기에 미리 경고한 것으로 생각할 수 있다. 예수님은 바리새인들의 잘못된 가르침을 조심할 것을 경고하신다. 그들처럼 눈이 있어도 보지 못하고 귀가 있어도 듣지 못하고 기억하지 못하는 우둔한 모습이 되지 말라고 말씀하신다. 이것은 표적을 보지 말고 그것을 가능하게 하는 주님의 능력과 복음을 바르게 바라보라는 것이다. 표적이 일어나는 것은 복음 때문이다. 복음의 능력의 위대성을 바라보는 데 표적의 숨은 의미가 있다. 눈에 보이는 것에 지배당하면 마음과 영의 눈이 닫힌다. 예수님의 표적은 표적을 이야기하려는 것이 아니고 표적을 통하여 보이지 않는 하나님의 아들과 믿음을 갖는 데 목적이 있다.

※ 신앙은 천국까지 가는 길을 굳게 붙잡고 가는 것이다. 언제나 좁은 길 옆에는 넓은 길이 있다. 그 속에서 우리는 갈등한다. 당장 보이는 것

만 따르는 사람이 되면 안 된다. 영원한 길이 아니면 따르면 안 된다. 이것이 제자들이 가야 할 주님의 길이다. 꼭 표적이 있어야 복음이 되는 것은 아니다. 나중에는 표적이 없어도 복음의 능력이 일어난다. 그런 점에서 희생하며 자기를 버리는 것이야말로 최고의 표적이고 기적적인 사건이다. 이 세상에서 하나님이 인간을 대신하여 죽은 것은 어느 표적보다 위대한 표적이다. 그런 의미에서 보면 보지 않고 예수 믿는 일이야말로 최고의 축복이여 위대한 기적이다.

되새김 120일 쉬운 통독 타임라인			
하나님 나라	성경 구조	역사와 시대	성경 각 권 소개
성취	복음서 - 복음과 하나님 나라	복음서시대	마가복음

>>> 마가복음 8:27-16장

예수님이 당하신 고난

✳ 통독 포인트

마가복음의 두 번째 큰 그림은 하나님의 아들이신 예수님이 십자가에 죽는 이야기이다. 하나님의 아들 되신 그분이 왜 죽어야 하는지에 대해 집중적으로 다루고 있다. 특히 수난절의 한 주간 이야기에 마가는 대부분을 할애하면서 예수님이 죽으심의 의미를 강조하고 있다. 통독할 때 이런 예수님의 고난을 생각하면서 성경을 읽는다면 은혜가 된다. "왜 그분은 이렇게 고난을 겪고 죽으셔야 하는가?"라는 질문에 응답하면서 성경의 이야기를 따라 가보자.

[장면 1] 예루살렘으로 가는 길 위에서
(막 8:27-10장)

신앙은 목표가 분명해야 한다. 나는 지금 어디로 가고 그 길의 마지막은 어떤지 늘 묵상하며 하루를 살아야 한다. 예수님은 제자들과 같이 예루살렘을 향해 가셨다. 갈릴리에서 출발하여 유대 예루살렘으로 가는 길에서 제자들에게 십자가의 길을 가르치신다. '길에서'라는 언급이 계속하여 나온다(막 8:27, 9:33-34, 10:17,32,46,52). 이것은 마가복음이 십자가의 길을 목표로 가고 있음을 상징적으로 보여주고 있다. 이것은 예수님이 십자가의 여정을 통해서 제자들에게 제자 양육을 한 것이다. 예수님이 가르치신 일종의 길거리 학교다. 우리와 다르게 현장에서 가르치신 것이 특별하다. 예수님은 기적을 베풀면서 그것을 통해 복음의 능력과 하나님 나라를 가르치셨다. 이런 과정 중에 가이사랴 빌립보에서 제자들에게 물으신 "너희는 나를 누구라고 하느냐"의 질문은 예수님에 대한 제자들의 생각을 물으신 것으로 중요한 이정표 역할을 한다.

이것도 앞에서 언급한 예수님이 누구이신가에 대한 연장선의 질문이다. 제자들에게도 이것이 가장 중요한 질문이었다. 그동안 많이 보고 배운 제자들이 과연 이것을 제대로 답하는지 보고 싶었다. 일종의 중간고사와 같은 것이었다. 예수님의 질문에 대해 베드로가 "주는 그리스도시요 살아계신 하나님의 아들"이라고 말하자 주님은 그것을 아무에게도 말하지 말라고 하셨다. 그리고 자기가 고난받고 장로들과 제사장들과 서기관들에게 버린 바 되어 죽임당하고 사흘 만에 살아날 것을 비로소 저희에게 가르치신다. 하지만 제자들은 이것을 받아들일 준비가 아직 안 되었다.

예수님의 이런 말씀은 제자들에게 뿐 아니라 다른 사람에게는 더 이해가 안 되는 말씀이었다. 베드로가 신앙고백을 한 후에 예수님이 이런 비밀을 말씀하셨다는 것은 중요한 의미가 있다. 십자가의 길을 아는 것은 신비의 영역이다. 믿음의 분량이 이르지 못하면 예수님의 사역을 이해하지 못한다. 3년을 동고동락하면서 함께했던 제자들도 지금 이것을 이해하지 못했다.

십자가의 길은 곧 죽는 길인 것을 반복하여 말씀했지만 제자들은 여전히 그것에는 관심이 없었다. 예루살렘이 가까이 오자 제자들은 여전히 서로 높은 자리를 구하기 위해서 자리다툼을 했다. 이것은 예수님의 길과 제자들의 길이 얼마나 다른지 알 수 있다. 설사 주님을 바라보며 동행한다 해도 각자 다른 생각을 두는 모습을 본다. 그런 제자들을 향해 주님은 너희가 크고자 하면 섬기는 자가 되고 으뜸이 되고자 하면 모든 사람의 종이 되어야 한다고 말씀하신다.

예수님이 세상에 온 것은 섬기고 많은 사람의 대속물로 주기 위해서였다. 지금 예루살렘으로 가는 것은 세상의 영광을 위한 것이 아니라 희생물이 되기 위함이다. 하지만 제자들은 이것을 알지 못했다. 아직도 주님의 마음과 생각을 몰랐다. 제자들은 주님을 따르는 길이 어디로 가는지 알지 못했다. 제자들은 예수님이 십자가에서 죽는 순간까지 계속 예수님과 다른 길을 갔다. 이것이 인간의 연약함이다. 베드로처럼 예수님을 죽기까지 따른다고 장담하지만 막상 어려움이 닥치는 순간 육신의 지배를 받는 인간의 실상을 보여주고 있다.

※ 오늘날에도 메시아 비밀은 여전히 존재한다. 신앙은 메시아 비밀을 이해하는 데서 결정된다. 진정한 복음은 세상을 위해서 모든 것을 주고 자신은 죽는 것이다. 자기를 죽이지 않으면 이것을 실천하기는 어렵다. 자신을 죽이는 믿음이 없다면 이 길을 가는 것은 힘들다. 예수 믿는 이유는 제자들에게 이야기한 것처럼 오늘날에도 비밀이다. 믿는다고 다 믿는 것이 아니다. 오늘날에도 예수 믿는 참 의미를 알지 못하면 세상과 같은 성공과 세상에서 잘되는, 복음을 떠난 길이 될 수 있다. 우리 안에서 대다수 사람은 이런 신앙을 벗어나지 못하고 세상과 타협하면서 살아

간다. 우리가 복음서를 읽으면서 예수님의 인격과 삶을 배우는 것은 지식적으로 알기 위함이 아니다. 배운 대로 실천하고 살아가기 위함이다. 이것을 위해 우리는 기도해야 한다. 세상의 성공이 아닌 주님처럼 사는 인생을 마음에 새기는 일이 중요하다. 우리가 성경을 읽는 것을 주님의 길을 따라가는 힘을 얻기 위함이다. 내가 하는 것이 아닌 내 안에 계신 주님의 힘으로 사는 것이다. 이것이 말씀이 육신이 된다는 의미다.

[장면 2] 예루살렘 성전에서 (막 11-13장)

예수님은 자신의 사명은 인간을 위해 대신 죽는 길임을 아셨다. 그 죽음은 인류를 대신하여 죽는 것이다. 하지만 보통 사람이 생각할 때는 바보 같은 죽음이다. 이제 예수님의 일행이 드디어 예루살렘 성전에 이른다. 마가복음은 수난 기간을 기록하는 데 많은 할애를 했다. 수난주간 일주일 동안 예수님은 무엇을 하셨을까? 예루살렘성에 입성하신 예수님의 모습은 그의 일을 예고하고 있다. 나귀 새끼를 타고 오신 예수님은 정치적인 왕의 입성 모습과는 정반대이다. 초라한 왕은 곧 있을 죽음을 상징한다. 백성이 그의 뒤를 다르면서 호산나 외치는 찬송 소리는 우리를 위해 죽으시는 주님을 의미한다. 그들은 자기가 부르는 찬송의 깊은 의미를 잘 몰랐다. 우리를 위하여 죽으신 주님을 찬양하지 못했다. 그런 면에서 우리를 구원하시는 주님의 모습을 그리며 찬양하고 있다. 그러나 실제 백성들은 예수님이 성에 입성하는 것을 보고 로마제국을 무너뜨리는 정치적인 구원자로 생각했다. 그런 기대감이 사라지자 이들은 오히려 예수님을 죽이라고 소리치는 사람들로 바뀐다. 왜 이런 행동이 나올까? 이것은 자기의 욕심과 잘못된 지식 때문이다.

※ 우리가 예수님을 잘 믿어야 하는데 그것이 생각처럼 쉽지 않다. 예수님을 제대로 이해하지 못하고 믿게 되면 소리치며 예수님을 따르다가 어느 날 사라지는 현상이 생긴다. 예를 들면 예수님을 우리에게 물질적인 복과 건강의 복을 주시는 분으로 이해하면 우리도 한순간에 예수님을 배반하는 사람이 될 수 있다.

예수님은 수난주간에 예루살렘 성전에 가서서 성전 청결 사건을 통해 성전의 주인이 누구인지 보여주셨다. 성전을 자기 마음대로 사용하는 죄악 된 인간의 모습과 종교적인 지도자들을 만난다. 아울러 세금 논쟁과 부활 논쟁은 여전히 하나님의 뜻을 알지 못하는 바리새인과 사두개인의 문제점을 보여주는 대목이다. 이것은 세금에 대한 오해를 풀어주는 사건으로 "가이사의 것은 가이사에게 하나님의 것은 하나님에게 드리라"는 말씀은 하나님의 명확한 뜻을 가르치신 것이다. 부활에 관한 내용에서는 "너희가 크게 오해를 했다"고 말씀하시면서 하나님에 대한 잘못된 지식을 책망한다. 열심만 있는 신앙생활이 얼마나 위험할 수 있는지, 바른 지식에 근거한 신앙이 얼마나 중요한지를 보여주고 있다. 때에 대해서는 무화과나무 비유를 통해서 하나님 나라가 가까웠음을 알려주신다. 이것은 주님의 제자들이 어떻게 준비하며 살아야 하는지 가르쳐준다. 지도자의 잘못은 백성을 더 어렵게 한다. 그런 점에서 제자의 사명은 크다.

우리가 예수님을 믿는다는 것은 예수님처럼 살아가는 것을 말한다. 예수님처럼 사는 것은 예수님의 십자가의 길을 가는 것이다. 예수를 잘 믿는 것은 진행형이며 죽을 때까지 풀어야 할 과제이다. 신앙은 내 방식이 아닌 하나님의 방식을 따르는 것이다. 조금 이해가 안 될지라도. 오늘도 하나님을 믿는다고 하면서 잘못 믿는 사람이 많다. 성경을 오해하거나 잘 알지 못해서 자기식으로 믿는 것을 조심해야 한다. 이것을 위해서 말씀을 바르게 이해하고 배우는 일을 우선해야 한다. 그렇지 않으면 오늘날에도 바리새인과 서기관과 사두개인과 같은 사람처럼 신앙 생활할 수 있다. 성경 읽으면서 조금씩 주님의 마음을 닮는 것이 필요하다.

[장면 3] 십자가 죽음을 앞두고 (막 14장)

예수님을 따르던 제자들은 어떤 모습이었는가? 그 모습을 마가는 다루고 있다. 어려움이 닥치자 제자의 모습이 드러난다. 진리가 전해지는 곳에는 언제나 어둠의 세력이 존재한다. 어쩌면 당연한 모습이다. 왜냐하면 어둠이 깊을수록 빛은 밝게 빛나기 때문이다. 제사장과 서기관들은 예수님을 죽이려고 간계를 꾸미고 있었다. 민요가 날까 두려워 명절에는 하지 말자고 말한다. 그렇다면 제자들은 예수님의 십자가의 길에 대해서 어떻게 반응했는가? 그 예가 소개된다.

- 가룟 유다

예수님의 제자 중 하나인 유다가 시험에 들어 예수님을 팔아 제사장들에게 넘겨주게 된다. 마침 기회를 엿보던 대제사장들은 가룟 유다의 이런 제의에 기뻐하며 돈을 주기로 약속한다. 반면에 시몬의 집에 들어온 한 무명의 여자는 예수님의 죽음을 준비하며 향유를 붓는다. 결국 그것은 예수님의 장사를 위해 미리 향유를 예수님의 몸에 붓는 일이 되었다. 가장 가까이에서 돈궤를 맡아 생활을 도맡았던 가룟 유다는 예수님을 팔아넘기는 일에 쓰인다.

예수님과 가장 가까운 곳에 있지만 돈에 눈이 먼 가룟 유다는 자기도 모르는 큰 죄악을 저지른다. 불행한 제자의 모습을 본다. 유월절 양을 잡은 첫날에 유월절 만찬을 제자들과 같이한다. 유대인 가족이면 모두 행하는 유월절 식사를 위해 예수님이 친히 마련한 다락방에서 제자들과 마지막 만찬을 한다. 예수님은 제자들에게 떡과 포도주를 주면서 이것이 자신의 몸이고 자신의 피라고 말씀한다. 그것은 곧 자신이 유월절 양임을 말씀하신 것이다. 그래서 이번 유월절은 특별한 유월절이다. 그동안 짐승으로 제물을 삼아 피 흘렸지만 이제는 예수님 자신이 유월절 어린 양이 되어 십자가에서 죽으시는 것이다. 이것을 기념하는 유월절 식사는 예수님만 알고 다른 제자들은 이 의미를 몰랐다.

- 베드로

예수님이 수제자 베드로에게 "모두가 나를 버릴 것이다"라고 말하자 베드로는 다 버릴지라도 자기는 그렇게 하지 않겠다고 장담한다. 그러자 예수님은 오늘 밤 세 번 나를 부인할 것이라고 말씀하셨다. 그러자 베드로는 자신은 주님을 부인하지 않겠다고 자신 있게 말한다. 그리고 모든 제자도 이같이 말했다. 결국 주님의 말씀대로 베드로는 세 번 주님을 부인하는 상황이 생긴다.

- 베드로와 야고보와 요한

예수님은 제자들과 같이 겟세마네 동산에 가서 기도하셨다. 죽음을 앞둔 마지막 기도의 시간이었다. 예수님이 베드로와 야고보와 요한에게 자기가 죽게 되었다고 고민을 말씀하지만 제자들은 알아차리지 못한다. 같이 기도하기를 부탁하지만 제자들은 깨어 있지 못하고 잠들어버린다. 3년을 같이 했지만 제자들이 예수님의 십자가의 길을 얼마나 몰랐는지 보여주는 대목이다. 정말 예수님이 내일 죽으신다면 이렇게 잠잘 수 없었을 것이다. 같이 기도에 힘썼을 것이다. 예수님의 기도는 오직 하나님

의 뜻을 찾는 기도였다. 이런 점에서 제자와 예수님이 동행했지만 목표
는 완전히 달랐다.

- 마가

마가복음 14장 51~52절에 "한 청년이 벗은 몸에 베 홑이불을 두르고
예수를 따라가다가 무리에게 잡히매 베 홑이불을 버리고 벗은 몸으로 도
망하니라"는 구절이 나온다. 여기 한 청년은 마가일 가능성이 크다. 얼마
나 급했으면 벗은 채로 도망했을까? 이것은 심각한 상태에서 한 제자가
예수를 버리고 도망갔다는 것을 강조한다. 인생은 마지막에서 완전히 달
라질 수 있다.

- 예수님

제자들은 십자가의 길 앞에 이르러서 연약하게 무너졌다. 하지만 제
자들과 다르게 혼자서 공회 앞에서 대제사장의 심문을 받고 사람들에게
침을 맞고 주먹으로 맞고 모욕을 당하는 예수님의 모습을 대비적으로 그
리고 있다. 당당하게 십자가 앞에 홀로 서서 고난을 자원하는 예수님을
조명해보는 것은 의미가 있다.

※ 오늘 우리는 믿음으로 하나님의 자녀가 되었다. 그 이후는 주님처
럼 살아가는 것이 우리의 소망이다. 그러나 우리는 위험에 처할 때 닥친
위기를 극복하는 데 기도의 목적이 있다. 하지만 주님은 하나님의 뜻을
구하며 그 뜻대로 실천하는 기도였다. 그리스도인의 기도는 하나님의 뜻
을 찾는 기도여야 한다. 자기의 구하는 것만 아뢰는 기도는 진정한 기도
가 아니다. 예수님이 힘없이 잡혀가자 베드로는 궁금하고 걱정이 되어서
뒤를 따라간다. 그러나 베드로는 예수님이 예고하신 대로 세 번이나 예

수님을 부인한다. 닭이 울자 그때야 주님이 하신 말씀이 기억나 생각하고 울었다. 가룟 유다는 예수님을 팔고 세 명의 제자들은 같이 기도하지 못하고 베드로는 주님을 부인한다.

예수님을 따르던 제자들이 마지막에 각자 자기 길을 가는 모습을 집중적으로 그리고 있다. 특히 호언장담했던 예수님의 제자들과 최측근이 어이없이 무너지는 것을 본다. 같이 생활하고 예루살렘까지 왔지만 마지막에 제자들이 예수님과 다른 길을 가는 모습은 오늘 우리가 주님을 따르는 길이 결코 쉽지 않음을 보여준다. 십자가를 지고 가는 것은 우리 힘으로는 갈 수 없는 길이다. 제자들의 배반의 모습을 통해 인간은 오직 자기만을 위해 사는 것을 다시 확인하게 된다. 십자가의 길은 인간의 힘으로 갈 수 있는 것이 아니며 오직 하나님이 인도하셔야 가능한 일임을 다시 확인하게 된다.

[장면 4] 십자가에서 죽으심 (막 15장)

마가는 예수님이 십자가를 지시는 모습을 담담하게 그리고 있다. 빌라도 앞에서 자기를 변호하기보다는 묵묵히 그 길을 간다. 15장은 십자가를 홀로 지시는 예수님의 모습을 그리고 있다. 왜 예수님은 십자가의 고난을 묵묵히 감당하셨을까? 왜 자발적으로 순종하셨을까? 예수님은 로마 군인에 잡혀 갖은 수모와 고난을 겪으신다. 심지어 군병들이 머리를 때리고 침을 뱉으며 희롱한다. 그리고 십자가에 못 박으려 끌고 나간다. "성전을 헐고 사흘에 짓는 자여 너를 구원하여 십자가에서 내려오라"며 조롱한다. 자기들을 믿게 해보라고 한다. 같이 십자가에 못 박힌 자들도 예수님께 욕한다. 여전히 사람들은 표적을 행하는 자로서 예수님을 이해했다. 그들은 마지막까지 기적을 요구하면서 예수님을 지켜본다. 예수님이 그렇게 자신의 모습을 이야기했지만 사람들은 여전히 예수님을 표적을 베푸시는 분으로 이해했다. 예수님의 말씀보다 보이는 기적에만 집중하는 것을 본다. 이것은 십자가 죽음 속에서도 그대로 나타난다. 그런 점에서 십자가에서 죽는 예수님에게 아무런 일도 일어나지 않는 그 일은 사람들에게 이해가 안 되는 것이었다. 그가 하나님의 아들이라면 어떻게 저렇게 힘없이 죽어갈까? 이것을 이해하는 것이 신앙이다.

※ 신앙은 보이지 않는 것이지만 사람들은 보이는 것에서 신앙을 찾으려고 한다. 눈에 보이는 표적이 있으면 믿겠다고 하는 것은 진정한 믿음이 아니다. 그렇게는 믿음을 가지지 못한다. 그것은 자기가 믿는 것이다. 믿음은 하나님의 은혜로 되는 것임을 그들은 알지 못했다. 자기가 믿으려고 하는 사람일수록 표적을 구하고 보이는 것에 치중한다. 자기중심의 대표적인 사람들이다. 믿음은 보이고 주어지는 선물이다. 그것은 보이지 않게 마음과 영혼에 계시된다.

예수님이 죽으시는 이유는 우리와 하나님 사이에 막힌 담을 허는 일이었다. 그 막힌 담은 죄다. 그 죄를 해결하는 일이 상징적으로 일어나는데 그것은 예수님이 죽으실 때 성소 휘장이 갈라지는 것이다. 이제는 보이는 성전이 무너졌음을 암시하고 있다. 이런 은혜를 제자들도 믿지 않는 상황에서 오히려 이방인 백부장은 진실로 그는 하나님의 아들이었다고 고백한다. 제자들은 믿지 않았지만 전혀 다른 사람이 예수님을 믿는 것을 통해서 마가는 나름대로 로마 사람들에게 믿음의 가능성을 보여주려 한 것으로 보인다. 백부장의 믿음을 당시 로마 사람들이 따라야 할 신앙의 본

보기로서 제시하고 있다. 특히 마가복음이 로마 사람을 대상으로 쓰인 것을 생각할 때 이런 의도가 있다고 볼 수 있다. 이런 점에서 마가복음에 나오는 백부장의 마지막의 고백은 베드로가 주는 그리스도요 살아계신 하나님의 아들이라고 고백한 것 이상의 의미를 담고 있다. 그리고 제자들보다 여자들이 함께하는 모습도 이색적이다. 선택된 이스라엘과 유대인들에게 거절된 복음이 오히려 이방 사람에게 이동하는 모습을 본다.

※ 세상에서 힘 있고 유명한 사람들보다 무명의 사람들, 여자와 이방인이 예수님의 죽음에 동참하는 것은 역설적인 메시지와 아이러니를 보여준다. 유대인보다 오히려 이방인과 소외된 사람들에게 복음이 다가섬을 알려주는 대목이다. 이것은 지금도 마찬가지다. 가진 자, 힘 있는 자, 물질의 종이 되는 사람들에게 복음은 거부당하지만 어린아이처럼 단순한 사람에게는 복음이 다가온다.

[장면 5] 그가 부활하다 (막 16장)

부활을 체험한 사람들은 마지막까지 믿음을 갖고 주님을 사랑한 사람들이었다. 예수님의 부활을 처음 목격한 사람은 제자들이 아닌 여자들이었다. 그리고 마리아가 예수와 함께했던 사람들에게 예수의 부활을 전했을 때 그들은 믿지 않는다. 제자들에게 가서 전했지만 제자들도 믿지 않았다. 부활하신 예수님이 제자들에게 직접 나타나셔서 저희의 완악한 것과 믿음 없는 것을 꾸짖으신다. 부활을 전해도 믿지 않기 때문이다. 마가 저자는 예수를 믿는 일이 얼마나 중요한지를 보여준다. 그런 사람에게 표적이 따른다고 말한다.

※ 이미 부활 전에 주님은 부활하실 것을 말했다. 하지만 부활의 현장을 전해도 믿지 않는 제자들을 통해 오늘 보고도 믿지 않고 들어도 믿지 않는 사람들을 교훈하고 있다. 예수님은 제자들에게 온 천하에 다니면서 복음을 전하라고 말씀하신다. 구원과 정죄가 그 복음을 받아들이는 선택 때문에 전혀 다른 결과로 나타난다. 믿는 자에게는 표적이 임하지만 믿지 않는 자에게는 정죄가 있다. 예수의 부활을 믿고 예수를 전하는 증인이 되는 것이 참다운 그리스도인이다. 그리고 복음 증거를 확실하게 하려고 표적을 주신다. 오늘도 우리는 믿음을 가지고 여자들과 제자들처럼 부활을 전하는 사람이 되어야 한다. 그리고 복음을 받아들이는 자에게 하나님의 은혜와 축복이 임한다. 이것이 믿는 자에게 주어지는 축복이다.

마가복음에 나오는 표적은 결국 믿기 위함이다. 표적은 말씀을 확실하게 증거 하는 것이다(막 16:20). 하나님의 아들이신 예수님이 십자가에 죽으신 것과 부활하신 것은 오늘 우리가 믿음을 갖게 하는 최고의 표적이다. 표적은 말씀을 말씀 되게 하는 데 목적이 있다. 표적을 통하여 말씀을 확신하는 것이 필요하다. 이것을 해결하려면 부활을 믿는 믿음을 갖는 것이 우선이다. 자기를 죽이지 않으면 이런 부활의 믿음은 불가능하다. 왜냐하면 부활까지 믿는 것은 보는 것이 아닌 보지 않고 믿는 믿음으로 나가야 하기 때문이다.

▶ 깊게 통독하기

누가복음은 통독 방식이 연대기적인 방법으로 진행되고 있다. 탄생과 갈릴리 선교와 예루살렘 선교로 이어지지만 세부적인 면에서는 선교지인 예루살렘의 중요성과 가르침이 많이 나온다. 누가복음은 지리적인 구조로 되어 있다. 이것을 드러내기 위해서 누가복음 통독은 다른 복음서와 다르게 접근했다. 이스라엘 지역을 직접 거니는 것처럼 생각하며 현장감 있게 읽도록 내용을 자세하게 동선을 따라 깊게 내용을 제시했다. 시간을 여유 있게 잡고 자세하고 깊게 성경을 읽는 방식으로 누가복음을 색다르게 읽는 체험을 해보면 좋을 것이다.

누가복음

【 누가복음의 배경 】

누가복음은 헬라인을 위해 기록된 책이다. 헬라인은 이성을 중요하게 여긴다. 그런 이유로 누가는 역사적인 방법으로 기록하는 것이 적합하다고 생각했다. 구약성경에서부터 시작하여 예수의 탄생, 생애, 죽음과 부활, 그리고 제2부라고 할 수 있는 사도행전에서 예수를 믿는 그리스도인 공동체인 교회에 이르기까지 연속된 여정을 기록했다.

"우리 중에 이루어진 사실에 대하여 처음부터 목격자와 말씀의 일꾼된 자들이 전하여 준 그대로 내력을 저술하려고 붓을 든 사람이 많은지라. 그 모든 일을 근원부터 자세히 미루어 살핀 나도 데오빌로 각하에게 차례대로 써 보내는 것이 좋은 줄 알았노니 이는 각하가 알고 있는 바를 더 확실하게 하려 함이로라"(눅 1:1-4).

누가복음은 예수님의 생애를 역사적인 관점에서 시기별로 기록하고 있다. 누가복음은 헬라인을 위해 기록한 것으로 상식적이며 합리적인 이야기로 예수의 역사를 진행하고 있다. 누가복음은 예수님의 생애를 순서에 따라 이해하기 좋은 책이다.

【 특징과 읽기 지침 】

▶ 기록 목적

누가복음은 그리스도의 전기를 기술하면서 동시에 그 안에 담긴 복음을 소개하기 위해 기록되었다. 객관적인 역사를 통하여 예수 그리스도가 구원자임을 입증하고 그 역사적 사실에 신앙의 기초를 두려고 했음을 알 수 있다. 특히 이방인에게 이런 복음의 접근은 받아들이기에 훨씬 쉬웠을 것이다. 지식층과 상류층인 로마인에게는 더욱더 사실적으로 복음이 다가왔을 것이다.

누가는 이 이야기를 통하여 우리가 믿는 구원자이신 예수는 누구시며 믿음을 가진 그리스도인들은 누구이고 제자들이 가져야 할 신앙의 본질을 어떻게 유지하면서 복음에 합당한 삶을 살 수 있는지를 가르치고 있다. 우리도 이런 질문을 스스로 하면서 복음서를 읽는 일이 필요하다. 특히 누가는 예수님의 인성에 대해서 강조하면서 그의 어린 시절과 인간적인 면을 그리면서 우리의 상황과 역사 속에서 친밀하고 가깝게 예수님을 이해시키고자 했음을 알 수 있다.

오늘 우리는 누가가 이야기하고자 했던 수신자인 데오빌로 각하와 같은 상황에 속해 있다. 예수님이 어떤 분이신지 역사적인 사실을 근거로 하여 그분을 이해하고 그분을 통하여 형성된 교회와 그리스도인들을 이해하는 데 도움을 주려는 누가의 기록은 오늘날 우리에게도 같은 의미를 지니고 있다. 이런 면에서 누가복음은 예수님의 생애를 한 눈으로 정리하는 데 도움을 주는 책이다. 누가복음을 읽으면 멀게 느꼈던 예수님이 가깝게 다가오면서 내 마음에 주님을 영접하며 마음속에 계시는 주님을 새롭게 발견할 수 있다.

▶ 내용적 특징

1) 구원과 종말에 관한 내용이 강조되어 있다. 구약의 예언이 신약에서 성취되는 것을 말하고 있다.

2) 구원은 철저히 하나님이 주도적으로 이끌어 가신다. 하나님의 구원을 이루시는 분이 곧 예수님이시다. 물론 예수님의 사역 뒤에는 성령님이 계신다. 삼위일체의 하나님이 잘 나타나 있다.

3) 누가복음의 중심인물은 예수님이시다. 그리스도와 주라는 단어를 예수님에게 사용한다. 구약에 예언된 하나님의 구원을 성취하신 메시아라는 사실을 드러낸다.

4) 구원의 대상으로 소외된 사람에게 관심을 두고 있다. 가난한 자, 이방인, 여자와 어린아이 등 그 밖의 대상들이 두드러지게 나타난다. 마태복음은 사마리아 언급이 한 번도 없는데 반해 누가는 사마리아를 중요한 전도 대상으로 삼는다.

5) 아름다운 문학적 체계를 가지고 있다(이야기적인 회화 성격이 강하다).

6) 역사적이며 전기적 가치가 있다. 예수님의 생애를 가능한 한 역사적인 순서로 기록했다.

7) 예수님의 인성에 대해서 강조한다. 하나님의 아들보다는 사람의 아들로 소개하면서 탄생과 소년기와 예수님의 눈물, 기도, 죽으심,

식사가 많이 언급되는 등의 특징이 있다.

▶ 다른 복음서와 관계

네 복음서는 다양하면서도 일치를 이루는 특징을 가지고 있다. 전체와 부분을 같이 이해해야 한다. 예수 그리스도의 복음이라는 점에서 일치를 이루지만 각자의 특징과 목적에서 독특한 내용을 담고 있다.

1) 공통점

마가복음과 마태복음과 유사하다. 마가복음의 반절이 누가복음에서 나온다. 또 마태복음 250구절이 누가복음과 유사하다. 어느 복음서를 만나도 예수 그리스도의 복음을 만날 수 있다. 예수님의 생애의 말씀과 사역과 사건이 중요한 골격을 이루고 있다.

2) 누가복음의 독특한 점

- 소외되고 가난한 자의 내용이 담겨 있다.
- 아이들과 여인들에 대한 관심이 특별하다.
- 사회에서 버림받고 천대받는 이들을 향한 관심이 나타나 있다.
- 잃어버린 자들에 관한 내용이 집중하여 자주 나온다(잃은 양, 잃은 동전, 잃은 아들).
- 이방인에 대한 관심이 특별하다. 이런 면에서 누가복음은 모든 민족, 모든 이를 위한 복음을 강조하며 소외되고 연약한 자에 대해 관심을 가질 것을 강조하고 있다.

3) 누가복음에만 나오는 비유들

선한 사마리아 비유, 미련한 부자 비유, 불의한 청지기 비유, 부자와

나사로 비유

▶ 읽기 지침

누가복음을 끌고 가는 중요한 두 개의 물줄기는 성전과 성령이다. 처음 그리스도를 만나고 그리스도가 소개되는 곳이 성전이다. 성전은 구약에서 계속 진행된 주제다. 그것은 구약의 성전 문제가 이제는 성전의 주인이신 예수 그리스도로 자연스럽게 연결됨을 의미한다. 그것은 나중에 예수님이 승천하신 이후 초대교회 시대에 성령이 강림하시면서 예수를 믿는 모든 그리스도인의 마음에 성전으로 임하는 것으로 이어진다. 어린 시절에 선생들과 토론하고(눅 2:41-51) 예수님의 정체성을 확인하는 자리 역시 성전이다. 성전의 주인이신 예수님이 성전을 정화하고 마지막에 성전으로 돌아오는 데서 절정을 이룬다. 그리고 누가복음의 마지막 구절(눅 24:53)도 성전이다.

또 하나는 성령이다. 1~2장에 나오는 중심 단어가 성령이다. 예수님의 모든 사역의 준비가 성령의 인도하심을 통해 이루어지고 있다. 누가복음 마지막 부분에도 "성령이 임하는 것을 기다리라"(눅 24:49)는 말로 마무리한다. 누가복음을 읽을 때 '성령에 의해'라는 구절을 늘 마음에 새기고 읽으면 좋다.

【 누가복음의 내용 구조 】

1) 눅 1-2장   탄생과 유년 시절 (나사렛과 베들레헴과
                  예루살렘) : 구약 예언의 성취

2) 눅 3장-4:13   사역을 위한 준비 (요단강과 유대 광야)

3) 눅 4:14-9:50   갈릴리 사역
4) 눅 9:51-19장   예루살렘으로 향하는 여정
5) 눅 20-21장   예루살렘에서의 예수님
6) 눅 22-24장   예수님의 고난과 죽음과 부활

신약의 역사서를 읽는 방법 / 누가복음과 사도행전

복음서와 사도행전은 신약의 역사서이다. 우리는 이런 역사서를 읽을 때 한 가지 유의할 점이 있다. 그것은 '역사적 지식'은 '실제 일어난 일'이 아니라는 사실이다. 많은 사람이 역사책이나 역사적 사실을 기록한 신문이나 전파하는 뉴스를 그대로 믿는 경향이 있다. 기록된 역사가 진실인 양 생각하기 쉽다. 그러나 역사적 지식은 과거의 상황, 사건, 인물을 통하여 과거에 의미를 부여하는 것이다. 원래 있었던 사실은 하나님만이 아신다. 인간은 그저 어느 한 부분만 알 뿐이고 그것도 역사가의 해석의 틀 속에서 이야기된다는 사실이다. 기록된 역사적 지식은 실제 역사보다는 크기도 하고 작기도 하다. 전체의 역사를 다 기술할 수 없기에 어차피 제한된 정보와 자료를 가지고 그것을 저자가 선택하여 기술할 수밖에 없는 한계를 지니고 있다. 우리는 언제나 역사는 저자의 선택된 해석의 이야기라는 것을 이해하는 것이 필요하다. 그런 이유로 저자의 관점을 살피는 것이 역사를 이해하는 데 필수요건이다. 모든 역사는 저자의 의도에 따라 재구성한 내러티브로서의 이야기이다.

누가복음과 요한복음을 함께 사도행전으로 잇는 성경 통독

복음서는 네 권으로 구성되어 있다. 각 권의 특징이 있기에 그 나름대로 특징과 기록목적에 따라 성경을 읽는 것이 중요하다. 이런 점에서 「되새김 120일 쉬운 통독」에서는 이것을 단권으로 예수님의 생애를 정리하는 방식이 아닌 각 권별로 성경을 있는 그대로 읽도록 구성했다. 그런데 이렇게 읽다 보면 예수님의 생애를 일관적으로 보기가 어렵다. 그 점을 보완하여 독자가 예수님의 생애를 역사적, 지리적으로 이어서 사도행전과 연관하여 통독할 수 있도록 누가복음을 조금 더 자세하게 정리하고 전체의 흐름을 따라갈 때는 누가복음과 사도행전을 1~2부로 연결하여 누가의 동선을 따라 읽는 방법을 제시했다.

각 권별로 성경을 통독할 수도 있지만 독자에 따라 마태-마가-요한복음을 읽고 그다음에 누가복음을 통해 전체적으로 예수님의 생애를 정리하고 이어서 자연스럽게 사도행전으로 넘어가면서 통독하면 일관성 있게 역사성을 가지고 통독할 수 있다. 이것을 위해 누가복음은 여행 동선을 제시하여 예수님의 생애와 예루살렘 여정을 한눈에 파악하면서 통독하도록 구성했다. 물론 모세오경의 구조 속에서 요한복음으로 마무리하고 사도행전으로 이어가도 좋다. 요한복음은 다락방 강화 내용에서(13-17장) 앞으로 오실 성령의 내용이 집중적으로 기록되었기에 요한복음을 읽고 사도행전을 읽어도 무방하다. 필자가 보기는 지금 성경의 구조인 4복음서 순서로 읽되 연대기적인 방식과 통합하여 읽는 것을 추천한다.

되새김 120일 쉬운 통독 타임라인			
하나님 나라	성경 구조	역사와 시대	성경 각 권 소개
성취	복음서 - 복음과 하나님 나라	복음서시대	누가복음

>>> 누가복음 1장-9:50
# 준비와 복음 선포

✳ 통독 포인트

누가복음은 역사적인 기술 방식에 따라 차례대로 진행된다. 누가복음은 예수님의 생애를 순서적으로 기록한 배경을 갖고 살펴보는 것이 필요하다. 전반부는 준비기간 – 복음 선포기간 – 가르침과 적용기간 – 예수님이 실천을 통해 보여주는 십자가와 죽음시기 – 부활과 승천시기 등으로 이어진다. 특히 1~9장까지는 베들레헴 – 나사렛 – 갈릴리의 지역 동선을 따라 이동하는 것을 지역적으로 그림을 그리면서, 메시아 비밀의 구절을 마음에 그리고 성경을 읽도록 한다. 누가복음을 즐겁게 읽는 방법은 누가복음의 특징과 흐름을 따라 읽는 것이다.

누가복음은 기술 방법의 특징인 지리적 동선을 따라가면 가장 흥미롭게 읽을 수 있다. 이것을 돕기 위해 여행 포인트 지시표를 제시했다. 마치 주님의 제자들과 같이 이스라엘 지역을 여행하는 느낌을 독자가 공감하며 통독하는 방법을 제시했다. 각 권 맛의 특징을 살려서 통독하도록 구성했다.

[장면 1] 준비기간 (눅 1장-4:13)
: 베들레헴, 나사렛, 유대

● 예수님의 탄생에 관한 이야기 (눅 1-2장)

누가복음에는 예수님의 출생과 어린 시절 이야기가 언급되었다. 예수님의 탄생은 보통 인간과 다른 몇 가지가 있다. 세례 요한의 출생은 예수님 탄생의 예고편과 같은 역할을 한다. 6개월 먼저 온 세례 요한은 하나님의 예언에 따라 태어난다. 아버지 사가랴는 천사로부터 나이가 많아 잉태하지 못하는 엘리사벳이 잉태하리라는 소식을 듣는다. 하지만 사가

되새김통독 표지판

▶ 첫 번째 메시아 비밀의 말씀 (눅 9:21-22)
"경고하사 이 말을 아무에게도 이르지 말라 명하시고 이르시되 인자가 많은 고난을 받고 장로들과 대제사장들과 서기관들에게 버린 바 되어 죽임을 당하고 제삼일에 살아나야 하리라 하시고."

▶ 두 번째 메시아 비밀의 말씀 (눅 9:44)
"이 말을 너희 귀에 담아 두라. 인자가 장차 사람들의 손에 넘겨지리라."

〈 읽기 포인트 〉
예수님의 사역이 점차 왕성해지고 소문이 번지면서 반대로 유대인들의 거부와 핍박은 심해지고 제자들의 무지도 계속되는 것에 유의하면서 읽으면 성경의 중요한 핵심과 메시지가 잡힌다. 이런 상황에서는 분명한 자기 정체성이 없으면 사역이 계속 진행되기 어렵다.

라는 그것을 받아들이지 못한다. 이런 불신에 대해 하나님은 사가랴가 말을 못하도록 하신다. 그런 가운데 예수가 태어나심을 예고한다. 이것은 세례 요한과 예수의 탄생을 연결하고자 하는 의도가 있다. 바로 천사가 마리아에게 나타나서 예고하는 말씀을 듣고 마리아가 "주의 여종이오니 말씀대로 내게 이루어지이다"(눅 1:38)라고 말하는 모습은 사가랴와 엘리사벳의 세례 요한 출생과 자연스럽게 비교된다.

예수님의 탄생은 구약 이야기의 결론이다. 구약은 예수님의 탄생에 초점을 두고 기록되었으며 메시아 탄생은 성경의 절정이다. 이런 면에서 예수님의 탄생 이야기는 중요한 의미가 있다. 누가복음은 예수님의 탄생에 비중을 두고 기록하고 있다.

누가복음에는 세 개의 찬미 이야기가 나온다. 그것은 예수님의 탄생을 준비하는 의미가 있다. 마리아의 찬가, 사가랴의 찬가, 시므온의 찬가이다. 마리아의 찬가는 자기에게 은혜를 베푸신 것에 대한 찬양이다. 사가랴의 찬가는 주의 백성을 구원하시는 주님에 대해서 찬양하고 있다. 시므온의 찬가는 이방을 비추는 빛으로서 주의 구원을 말하고 있다.

누가복음에는 예수님의 어린 시절이 기록되어 있다. 성경에는 예수님의 어린 시절에 대한 기록이 누가복음 외에는 없다. 예수님의 인성에 관한 내용은 누가복음에 많이 나온다. 예수님의 가정사와 예수님의 어린 시절과 성장의 모습을 간단하지만 어느 정도 엿볼 수 있다. 예수님은 우리처럼 평범하게 어린 시절을 보내셨다. 그런 이유로 그때의 기록이 거의 없다. 왜 그랬을까? 아마 인성을 가지신 예수님이 우리 인간과 같은 삶의 과정을 거쳤다는 것을 말하고자 하는 의도가 아니었을까?

※ 예수님의 어린 시절 이야기는 우리가 어떻게 신앙이 자라야 하는지 보여준다. 예수님은 성장 과정이 다른 아이들과 같았다. 다만 어느 한

부분이 아닌 균형 있는 성장 과정을 거쳤다. 육체적으로 자라며 강하여지고 지혜가 충만하며 하나님의 은혜를 받으면서 자랐다. 지혜와 키가 자라고 하나님과 사람에게 사랑스러워 가신 것은 영적, 지적, 사회적, 육체적인 성장을 골고루 이루었음을 의미한다. 예수님은 성인이 되는 30년의 시기에는 보통의 삶을 사셨다. 예수님이 하나님의 아들이기에 신성만 강조하여 보통 사람과 다른 점이 주목받는 것을 차단하려는 의도로 보인다. 이런 예수님의 어린 시절의 성장 과정은 오늘 우리에게 좋은 모델이 된다. 이것은 예수님의 영성과 인성을 드러낸다. 우리의 신앙이 자라기 위해서는 예수님처럼 균형 있게 성장하는 것이 필요하다.

● 세례 요한과 예수님 (눅 3장-4:13)
예수님의 오심은 갑자기 일어난 것이 아닌 구약 예언자들이 예언한 내용의 성취에서 이루어진 것이다. 구약을 연결하는 의미에서 세례 요한의 등장은 예수의 오심에 대한 확신을 준다. 누가복음은 당시 역사적 기록을 통하여 사실에 근거하여 예수의 이야기를 전하고 있다. 예수님이 태어날 당시 로마의 통치 구역은 크게 세 개로 나뉘어 있다. 로마 황제는 디베료 가이사였다. 이스라엘 유대 지역은 빌라도가 총독으로 통치했다. 그리고 갈릴리 지역은 헤롯이, 갈릴리 위쪽 지역은 빌립이 분봉왕으로 통치했다. 예수님이 자란 나사렛은 헤롯이 통치한 지역이다.

구약에서 예언된 세례 요한은 요단강에서 세례를 베풀면서 예수님의 오심을 준비한 사람이었다. 세례 요한은 주의 길을 예비하는 역할을 했다. 사람들에게 회개를 전파하여 예수님을 영접할 토대를 마련했다. 세례 요한은 이사야의 예언대로 광야에서 외치는 자의 사명을 감당했고 예수님이 오시면서 그의 역할은 끝나고 옥에 갇히면서 역사 속으로 사라졌다. 세례 요한은 예수님을 높이는 역할을 충분히 감당했다. 특히 예수님이 세례 요한에게 세례받는 장면은 구약을 잇는 순간이다. 이것은 예수님의 사역이 철저히 구약의 말씀을 성취하는 사명임을 말하고 있다.

마태복음에 소개된 요셉의 족보와 누가복음에 소개된 마리아의 족보는 예수님과 어떻게 연결되는지 보여준다. 나로부터 시작하여 하나님에게 이르는 이 족보는 오늘 우리 모습을 이해하는 데 도움이 된다. 내가 예수를 믿는다는 것은 예수와 다윗과 아브라함과 하나님에게까지 이어진다는 것을 보여준다. 믿음의 동선을 보여준다는 점에서 족보는 우리 믿음을 분명하게 해준다.

예수님은 공생애를 시작하기 전에 성령에 이끌리어 광야에 가셔서 40일 금식하시고 시험을 받으셨다. 예수님에게 광야는 육신을 죽이는 훈련의 장소이다. 육신을 입은 예수님도 광야는 필수 코스였다. 광야 없는 승리가 없다. 예수님은 하나님의 아들이지만 육신을 입었기에 광야에서 시험을 받았다. 육신적인 면, 권력적인 면, 하나님의 아들로서 시험을 잘 받았고 시험 과정을 잘 통과했다.

※ 그리스도인의 삶은 구원받은 이후에 여전히 우리를 지배하는 육신을 어떻게 이기느냐의 싸움이다. 이것을 위해 영으로 육을 죽이는 일이 중요한 과제이다. 사실 이런 유혹은 평생 다가온다. 주변 환경이 어려워서 타락하는 것이 아니라 믿음의 본질이 약해졌기 때문이다. 이것을 정리하지 못하면 사역을 시작하기 어렵다. 세상에서 여전히 이런 정욕을 가지고 출발하다 보니 늘 문제가 생기고 유혹에 빠진다. 어떤 사람은 하나님의 일조차 이런 명예와 물질과 권력의 성공을 위해서 달려가는 사람이 있다. 그리스도인은 이미 이것을 버렸어야 한다. 그리스도인이 된 순간 이것을 배설물처럼 버려야 하는데 그것이 쉽지 않다. 이것이 정리가 안 되면 그는 아직 하나님의 일을 감당하기 어렵다. 예수님이 40일 동안

광야에서 이 부분을 해결했다는 것은 이미 세상의 명예와 욕망을 버렸다는 것을 의미한다. 빨리 하나님의 일을 한다고 되는 것이 아니다. 이것을 버리지 못하면 그는 하나님의 역사를 이룰 수 있는 때가 안 된 것이다. 그것이 해결될 때 하나님은 나를 사용하신다.

[장면 2] 복음 선포기간 (눅 4:14-9:50)
: 갈릴리에서

● 나사렛과 가버나움에서 복음 사역 (눅 4장)

예수님은 자기가 누구인지 정확히 알고 계셨다. 어디서 와서 무엇을 하며 어디로 가는지 알고 계셨다. 예수님은 유대인의 일상과 구약을 지키는 삶을 사셨다. 구약성경을 단절시키지 않으셨다. 회당에서 예수님의 모습은 그것을 보여준다. 늘 말씀에 근거하여 자기의 삶을 일치시켰다. 예수님은 나사렛의 회당에서 성경을 읽으셨는데 예수님이 읽은 성경은 이사야 말씀이었다. 가난한 자에게 복음을 전하게 하며 포로 된 자에게 자유를 주고 눈먼 자에게 다시 보게 함을 전파하며 눌린 자를 자유롭게 하고 주님의 은혜의 해를 전파하는 일은 예수님이 이미 이사야 예언자를 통해서 하신 말씀이다. 예수님은 말씀을 통해 자기의 정체성을 찾았고 그 비전을 품고 사역을 하셨다. 자기의 뜻을 행하는 것이 아닌 아버지의 뜻을 이루는 것이 삶의 이유였다.

※ 오늘 우리도 예수님처럼 나의 비전은 말씀을 통해 찾아야 한다. 말씀을 통해서 나의 일이 무엇인지 찾고 그 일을 감당하도록 하자. 이것은 내가 하고 싶다고 되는 일이 아니라 오래전에 하나님이 맡겨주신 일을

이어가는 것이다. 이것을 찾는 순간부터 우리는 복음의 사명을 갖게 된다. 예수님은 공생애를 시작하시면서 자신이 해야 할 일이 무엇인지를 분명히 아셨다. 오늘 우리도 이런 사명을 가져야 하고 이런 비전을 말씀 속에서 찾고 받아야 한다. 이것이 행복한 그리스도인의 모습이다. 행복은 나를 향하신 하나님의 뜻을 발견하고 그것을 이룰 때이다.

예수님의 사역은 복음을 전하는 일인데 그것은 인간의 병을 고치고 먹을 것을 주는 것을 통해서 일어난다. 이것을 사용한 목적은 그것들을 통해 예수님의 모습을 드러내는 데 있다. 예수님은 갈릴리 가버나움에서 하나님에게 받은 사명을 시작하셨다. 주로 전하고 가르치며 치료하는 사역이 중심이었다. 예수님이 전하는 가르침은 능력이 있었다. 그리고 병을 고치는 모습도 능력이 있어서 귀신이 나가는 역사가 일어났다. 사람들은 예수님이 누구인지를 몰랐지만 귀신들은 자기를 쫓아내는 사람이 그리스도인 줄을 알았다. 영은 영으로 안다. 귀신이 그리스도를 알아보았다는 것은 예수님이 하나님의 아들이심을 드러내는 증거이기도 하다. 또 이것은 귀신이 먼저 알고 방해하려 했다고 이해할 수 있다. 지금도 우리가 복음을 전하는 일을 할 때 사탄의 방해가 많다. 이것을 안다면 복음 전하는 일에 지혜를 갖고 전해야 한다. 예수님은 여러 동네를 다니며 하나님 나라를 전하셨고 갈릴리 회당에서 전도하는 일에 힘썼다. 복음 전하는 일은 세상에서 가장 귀한 일이다. 전도는 예수를 전하는 모든 것을 의미한다.

※ 구원받은 이후에 그리스도인이 살아가는 것은 받은 복음을 전하기 위함이다. 가장 귀한 생명을 구하는 일은 어느 일보다 가치 있는 일이다. 우리는 이것을 잘 감당하기 위해서 공부하고 성공하고 노력하는 것이다.

가장 능력 있는 복음은 나와 예수가 일치되는 것이다. 복음 전하는 내가 복음으로 충만하고 그 충만함으로 전도하는 일이 필요하다.

● 제자를 부르고 가르치심 (눅 5-6장)

구약 패망의 역사 속에서도 복음이 이어온 것은 약속을 믿고 남은 자로서 믿음을 지킨 자들이 있었기 때문이다. 남은 자는 곧 제자들이다. 예수님이 사역하면서 가장 먼저 생각한 일은 그다음 세대에 복음이 전파되는 일이다. 자기 세대로 끝나면 의미가 없다. 예수님의 뒤를 이어 복음이 계속 전파되기 위해서는 제자 선택이 필수다. 이미 영원한 나라를 품고 일을 시작하신 예수님에게 제자를 선택하고 훈련하는 일은 무엇보다 가치 있는 일이다. 복음의 사람을 남겨서 예수님이 세상을 떠난 후에도 그 일이 계속 진행되어야 한다. 고기 잡는 것보다 사람을 낚는 어부로서 베드로와 그 다른 제자를 부르시고 선택하셨다. 결국 제자들은 이 일을 위해 자기 모든 것을 버려두고 주님을 따르는 제자가 되었다.

※ 사람을 남기는 것이야말로 가장 위대한 일이다. 오늘 최고의 일은 제자를 삼는 일이다. 우리의 가진 것을 동원하여 가능한 한 복음을 전하고 가르쳐서 많은 제자를 삼아야 한다. 말씀의 사람을 많이 양육하여 자손 대대로 복음을 이어가는 일보다 소중한 일은 없다. 예수님이 몸소 보이신 것이 바로 이 일이다.

예수님이 제자들을 가르치신 내용은 세상의 가르침과 달랐다. 예를 들면 원수에 대한 가르침은 당시 획기적인 내용이다. 누가복음 6장 27~36절은 사랑에 대한 정수를 가르치고 있다. 원수를 사랑하고, 저주하는 자를 축복하고, 모욕하는 자를 위해 기도하라는 것은 인간의 힘으로는 불가능한 일이다. 그러나 하나님의 사랑을 받으면 가능하다. 이것이 세상 사람과 제자의 차이점이다.

"오직 너희는 원수를 사랑하고 선대하며 아무것도 바라지 말고 꾸어주라. 그리하면 너희 상이 클 것이요 또 지극히 높으신 이의 아들이 되리니 그는 은혜를 모르는 자와 악한 자에게도 인자하시니라"(눅 6:35).

※ 복음을 받은 사람은 세상과 달라야 한다. 우리는 이미 그 큰 사랑을 받았기에 그들에게 사랑을 베풀 힘이 있다. 그래야 세상을 이끄는 그리스도인과 교회가 된다. 비판하는 문제도 같이 언급하고 있는데 이것 역시 세상 사람과 전혀 다른 차원이다. "비판하지 말라. 그리하면 너희가 비판을 받지 아니할 것이요 정죄하지 말라. 그리하면 너희가 정죄를 받지 않을 것이요 용서하라. 그리하면 너희가 용서를 받을 것이다." 놀라운 가르침이다. 주님의 나라는 복음에 집중하면 그에게 은혜를 베푼다. 은혜를 받은 제자가 많아진다면 우리 세상은 놀랍게 달라질 것이다. 문제는 내가 얼마나 복음을 복음 되게 하느냐이다.

● 가난한 자들과 함께하는 복음 (눅 7-8장)

세상에서 가장 기쁜 소식은 복음이다. 왜 복음일까? 그것은 소외되고 가난한 자들과 함께하는 것이기 때문이다. 여기에는 누구든지 차별이 없다. 특히 세상에서 소망이 없는 사람에게 소망을 주는 것이 복음이다. 예수님이 주로 함께했던 사람은 이방인, 과부, 죄인들과 여자, 병자와 귀신 들린 자들이다. 주님의 길을 따르는 우리도 주위에 있는 이런 사람들과 같이해야 한다. 그들에게 복음을 전하면서 새로운 삶의 길을 안내해주는 것이 제자의 사명이다. 이렇게 보면 그리스도인이 가야 할 곳은 너무나 많다. 80% 이상이 소외되고 가난하고 병든 자이다. 그들에게 다가서 복음을 전하며 새로운 희망을 전해주어야 한다. 이것이 주님을 따르는 제자들이 해야 할 일이다. 예수님은 전하고 가르치실 때 제자들과 같이 하셨다(눅 8:1). 이런 삶을 보여주기 위해서였다.

※ 복음은 단순하고 쉬운 특징을 갖고 있다. 어린아이처럼 순수하면 복음을 쉽게 받아들이지만 지혜롭다고 생각하는 사람에게 복음은 어려운 것이 된다. 그런 점에서 가난한 자들과 소외된 자들에게 전해지는 복음은 어려우면 안 된다. 예수님은 그들에게 알기 쉬운 비유로 복음을 전하셨다. 어린아이나 가난한 자들은 예수님의 비유 말씀을 잘 알아들었지만 서기관과 제사장 등 지도자 계급은 예수님의 말씀을 잘 이해하지 못했다. 각 동네 사람들이 예수님에게 나아와 큰 무리를 이룰 때 예수님은 비유를 들어서 말씀하셨다. 특히 씨 뿌리는 비유는 사람의 마음 상태를 잘 알려주는 말씀이다. 좋은 땅과 같은 옥토의 마음이 없으면 아무리 복음을 전해도 듣지 못한다. 중요한 것은 사람의 마음이다. 복음을 듣기 위해서는 좋은 마음을 가꾸도록 해야 한다.

예수님의 가족관은 하나님의 말씀을 듣고 행하는 사람이 진정한 가족이라는 것이다. 육신적인 가족으로만 머물면 안 된다. 온 가족이 하나님의 말씀 듣기를 즐기고 그것에 순종하는 사람이 될 때 행복한 가정이 된다. 하나님을 알지 못하면 일시적인 가족이 된다. 나중에는 모두 사라진다. 그러나 하나님의 뜻에 순종하는 가족은 영원한 가족이다. 육신을 넘어 영적인 가족을 이루도록 해야 할 것이다.

※ 왜 기적이 일어나는가? 기적은 말씀에 순종할 때 일어난다. 말씀을 듣고 순종하면 기적을 일으킨다. 예수님이 말씀을 전하자 바다도 순

종했다. 바다도 순종하는데 하나님의 형상을 닮은 인간은 당연히 그의 말씀에 순종해야 한다. 그러나 실제는 사람들이 말씀을 거부하는 경우가 많다. 또 예수님이 귀신에게 명하자 귀신이 순종하고 나오게 된다. 혈루증 앓는 여인이 예수님의 옷자락에 손을 대자 그 순간 병이 나았다. 죽은 아이가 예수님이 말씀하시니까 영이 돌아와 살아난다. 이것은 말씀이 육신이 되어 오신 주님이 하나님이심을 증거하는 것이다. 오늘도 주님이 말씀하시면 같은 역사가 일어난다. 왜냐하면 주님의 말씀은 어제나 오늘이 영원하기 때문이다. 이것은 오늘 우리가 말씀을 순종하고 전하면 우리에게도 이런 역사가 일어남을 보여주는 대목이다. 말씀의 힘이 대단하다. 그것은 세상을 창조하는 힘이다.

말씀이 임하면 죽은 자와 병든 몸이 살아나고 마음이 새롭게 된다. 왜 주님은 기적을 베푸시는가? 그것은 보이는 기적에 초점이 있는 것이 아닌 그것을 통해 주님이 구원자이며 세상을 만드신 분임을 드러내는 목적이 있다. 기적보다 주님 자체에 목적이 있다. 아무리 기적을 베풀고 나에게 그런 일이 일어난다 해도 내가 그리스도를 믿지 못하면 아무 소용이 없다. 왜냐하면 기적의 출처는 예수님이기에 그 본질에 들어가지 못하면 기적은 사라지는 것이기 때문이다. 사라지지 않는 기적은 예수님 자신이다.

● 예수님의 메시아 사명과 제자도 (눅 9장)

세상에 가장 필요한 일은 죄에서의 해방이다. 왜냐하면 인간이 풀어야 할 가장 어려운 문제는 죽음이기 때문이다. 죽음을 해결하지 못하면 세상의 모든 일은 헛된 것이 된다. 예수님이 세상에 오신 이유는 이런 인류가 해결하지 못한 죽음에서 구원하기 위해서다. 비록 짧은 공생애를 사셨지만 위대한 일을 이루셨다. 예수님이 하신 일은 세상의 업적이 아니고 인간의 생명을 구원하는 일이었다. 이 일을 이루기 위해서 예수님은 많은 고난을 겪으셨고 결국은 십자가에 죽으시고 사흘 만에 부활하셨다. 진정한 구원자는 힘으로 구원하는 것이 아니라 자기가 대신 희생하고 죽음으로 구원을 이룬다. 예수님의 십자가 죽음이 무엇인지를 보여준다. 만약 예수님이 십자가에 죽으시지 않았다면 우리는 결코 구원받지 못했을 것이다.

이것은 제자들에게도 그대로 적용된다. 예수님이 제자들에게 가르치신 제자도는 자기를 부인하고 날마다 자기 십자가를 지고 주님을 따르는 것이다. 자기 목숨을 구원하고자 하면 잃지만 자기 목숨을 잃으면 구원하게 된다. 작은 생명 하나를 소중하게 여기는 일이 곧 하나님을 위한 일이다. 그것이 하나님의 마음이다. 이미 제자들에게는 하늘의 영원한 것이 주어진 상태다. 이것을 알고 가는 것이 제자의 길이다.

※ 세상 사람은 언제나 자기중심적이다. 다른 사람의 것을 빼앗고 피해를 준다. 그러나 주님을 따르는 그리스도인은 주님처럼 자기를 버리고 희생하면서 다른 사람을 구원하는 일을 해야 한다. 그것은 그리스도를 통해 모든 것을 받았기 때문이다. 자기를 주는 것이야말로 최고의 구원이다. 여기에 구원의 능력이 있다. 주님은 지금도 예수님처럼 인류를 위해 죽는 자를 찾는다. 그리스도인은 다른 사람을 위해 희생하며 그들을 구원하기 위해 자기를 버리는 제자도를 배워야 한다.

되새김 120일 쉬운 통독 타임라인			
하나님 나라	**성경 구조**	**역사와 시대**	**성경 각 권 소개**
성취	복음서 - 복음과 하나님 나라	복음서시대	누가복음

>>> 누가복음 9:51-19:44

가르침과 준비와
하나님 나라 교훈

✳ 통독 포인트

마가복음 후반부는 예루살렘성에 들어가는 내용으로 구성되었다. 예수님의 길을 따라가는 것은 말씀을 듣고 행하는 것이다. 제자도와 길거리 특강의 내용이 중심을 이루고 있다. 그리고 예루살렘성에 들어가 일주일간의 수난주간 내용과 제자들에게 나타난 부활과 승천 내용이 뒤를 잇는다. 예루살렘의 십자가 죽음을 목표로 걸어가는 주님의 길을 강조하고 있다. "예루살렘을 향하여"(눅 9:51,53, 13:22, 17:11, 18:31, 19:11,28)라는 구절을 유의하면서 통독하면 좋을 것이다.

[장면 1] 제자도 (눅 9:51-11장)
: 말씀을 듣고 행하는 일이다

인생은 속도보다 방향이 중요하다. 어떤 목표를 정하느냐에 따라 삶이 달라진다. 예수님은 처음부터 정한 이정표를 향해 걸어가고 있다. 제자들과 같이 가지만 결국은 혼자 가는 길이었다. 예수님은 이제 갈릴리에서 예루살렘을 향해 가고 있다. 그 길은 십자가에 죽는 길이다. 그 여정은 세상의 영광과 성공과는 거리가 있다. 인간적으로 보면 실패의 길이요 고독하고 외로운 길이었다. 그러나 주님은 그 길이 자기가 가야 할 길임을 아셨다. 그것은 말씀을 듣고 순종하는 일을 통해서 이루어진다. 우리가 가는 진정한 길은 말씀에 순종하는 것이다. 왜냐하면 그 일을 통해 주님의 뜻을 이루는 것이 되기 때문이다.

예수님의 인생은 철저히 하나님 나라였다. 예수님은 이 세상이 목표가 아닌 하나님 나라가 최종지점이다. 예수님은 승천할 기약이 차매 예루살렘으로 향하여 올라가기로 굳게 결심하셨다. 예수님의 목표는 하늘 승천이다. 하나님 나라에 올라가는 것이다. 그 중간 지점이 십자가 죽음이다. 이것은 예수님이 정하신 세상에서의 사명이다. 그리고 부활하여 승천하시는 것이다. 승천이 없다면 십자가의 길은 허망하고 힘든 길이 된다. 그러나 승천을 바라보고 간다면 십자가의 길은 결코 힘든 길이 아

되새김통독 표지판

❋ 여행 포인트

"예수께서 승천하실 기약이 차가매 예루살렘을 향하여 올라가기로 굳게 결심하시고"(눅 9:51).

"예수께서 예루살렘을 향하여 가시기 때문에 그들이 받아들이지 아니 하는지라"(눅 9:53).

니다. 그런데 하나님 나라를 이루는 일은 자기를 죽이고 희생하면서 이루는 나라다.

※ 오늘 우리가 세상을 살아갈 때 어떻게 살아야 하는가? 그 해답은 예수님의 모습에서 발견할 수 있다. 만약 세상의 것으로만 끝난다면 우리의 사명은 헛된 것이다. 왜냐하면 세상의 삶은 허무하게 사라지기 때문이다. 그러나 천국의 소망을 품고 살면 세상에서 고난을 겪는 것은 의미가 있다. 소명이 있기에 아무리 어려워도 고난을 충분히 이길 수 있다. 예수님을 따르는 제자들이 염두에 두어야 할 내용은 무엇일까? 주님을 따르는 길은 세상의 욕망에 사로잡히면 힘들다. 주님처럼 머리 둘 곳도 없을 수 있다. 부친을 장사하지 못하고 가는 길이 될 수 있다. 그것은 주님을 영접했기 때문이다. 하나님 나라를 소유했기에 겪어야 하는 고난이요 자기 포기다. 우리 목표는 하나님 나라이다. 이것을 놓치면 언제라도 실족할 수 있고 넘어지게 된다. 복음의 길은 알고 행하면 복이다. 이런 면에서 예수님은 제자들에게 미리 이 길에 대한 것을 알려주는 중이다. 제자는 예수님의 말씀에 순종하고 따르는 사람이다.

칠십 인 제자들이 주님의 말씀대로 복음을 전하자 귀신들이 제자들에게 항복하는 일이 일어났다. 그것은 복음을 받은 제자들에게는 복음을 확인하는 의미가 있다. 율법사가 예수님에게 나아와 어떻게 하면 영생을 얻을 수 있을까 묻자 주님은 말씀을 듣고 행하면 산다고 하셨다. 말씀을 아는 것만으로는 안 된다. 듣고 행하는 일이 말씀의 힘을 경험하는 길이다. 자비를 베푼 사람이 우리의 이웃이면 나도 그렇게 행하면 된다. 이것이 제자의 길이다. 마리아는 예수님의 말씀에 순종하는 일을 택함으로 주님에게 칭찬을 받았다. 세상은 많은 일과 업적을 중요하게 생각하지만 그리스도인은 주님의 말씀대로 사는 것이 중요하다. 제자는 말씀에 순종하여 말씀을 드러내는 사람이다. 말씀과 상관없는 일은 아무리 대단해도 소용이 없다. 그것은 제자의 길이 아니다. 이런 점에서 주님의 길을 가기는 쉽지 않다. 말씀을 통하여 힘을 얻지 않으면 갈 수 없는 길이다.

　※ 가장 최고의 복은 말씀 안에 있다. 복은 거저 오지 않는다. 하나님을 신뢰하지 않으면 하늘의 복을 얻을 수 없다. 그래서 복 있는 자는 말씀을 듣고 지키는 자이다. 오늘도 주님이 주신 말씀에 순종하면서 살아가는 것이 필요하다. 하나님의 복을 받게 될 것이다. 사람들은 말씀에서 복을 찾기보다는 다른 곳에서 복을 추구한다. 그것은 올바른 것이 아니다. 제자는 말씀을 지키며 순종하기 위해서 부름 받았다. 그렇게 하면 자연히 기적과 역사가 일어날 것이다. 말씀의 순종이 얼마나 놀라운 일인지 그것을 삶으로 보여주는 것이 우리가 해야 할 일이다. 그런데 왜 사람들이 말씀에 순종이 안 되는가? 그것은 자기 기준이 있어서다. 자기가 말씀이 되는 자아가 죽는 과정이 제자의 과정이다.

　예수님 당시에 말씀과 관련된 대표적인 지도자들이 바리새인과 서기관들이다. 그런데 아이러니한 것은 그들이야말로 말씀 듣기를 거부하는 대표적인 사람들이라는 것이다. 예수님을 만나면 어떻게 하든지 허물과 문제점을 찾으려고 했다. 예수님을 만나는 것이 말씀에 순종하기 위해서가 아니라 책잡으려는 의도가 있었다. 그런 자에게는 화가 임할 것이다. 결국 세상은 말씀을 어떻게 대하고 그것에 순종하느냐 거부하느냐의 싸움이다.

　※ 나는 정말 말씀에 관심이 있는가? 아니면 내 생각과 욕망을 이루

기 위해 사는가? 심지어 오늘날에도 교회에 나오거나 예수를 믿는 것에 다른 목적이 있을 수 있다. 나의 유익과 욕망을 채우기 위해 교회와 예수님을 믿는다면 이는 바리새인과 같은 사람이다. 말씀에 순종하는 것을 제일 된 목적으로 삼는 자는 복이 있다. 내 안에 있는 자기의 고집과 생각을 버리고 새롭게 말씀이 내 안에 들어와 나를 지배하는 일을 어떻게 이루느냐가 매일 드리는 기도 제목이다.

[장면 2] 예수님의 길거리 특강 (눅 12장-18:34)

예수님의 제자훈련 방식과 우리의 제자 훈련방식은 차이가 난다. 우리는 강의하고 말로 전달하는 지식 교육이 대부분이다. 학교에 나와 공부하는 그런 교육방식이다. 교회도 마찬가지다. 그런데 예수님은 처음 사역 때부터 제자들과 같이했다. 그것은 예수님의 삶을 통해 하나님 나라를 경험하게 하기 위함이다. 그런 점에서 예수님의 제자훈련 방법은 다른 사람과 달랐다. 주로 회당에서 가르친 유대인 교육과 달리 예수님은 길거리에 동행하면서 현장에서 가르치셨다. 자연의 다양한 시청각 자료를 통하여 현장에서 하나님 나라에 대한 교훈을 말씀하셨다. 길거리 여행하면서 만나는 사람의 이야기와 삶 속에서 복음을 드러내는 살아 있는 제자교육이었다.

재산 상속에 예수님을 이용하려는 무리 중 한 사람을 향해서 예수님은 어리석은 한 부자의 비유를 말씀하시며 탐욕을 물리치라고 하셨다. 또 주변에 보이는 들에 피는 백합화와 아궁이에 던지는 들풀과 까마귀 등의 자연을 통하여 목숨과 몸을 위하여 무엇을 먹을까 입을까 걱정하지 말라고 가르치셨다. 아주 적절한 비유를 통해 걱정과 염려에 대한 문제

되새김통독 표지판

❋ 여행 포인트
"예수께서 각 성 각 마을로 다니사 가르치시며 예루살렘으로 여행하시더니"(눅 13:22).

▶ 세 번째 메시아 비밀의 말씀 (눅 18:32-33)
"인자가 이방인들에게 넘겨져 희롱을 당하고 능욕을 당하고 침 뱉음을 당하겠으며 그들은 채찍질하고 그를 죽일 것이나 그는 삼 일 만에 살아나리라 하시되."

❋ 여행 포인트
"예수께서 예루살렘으로 가실 때에 사마리아와 갈릴리 사이로 지나가시다가"(눅 17:11).
"예수께서 열두 제자를 데리시고 이르시되 보라 우리가 예루살렘으로 올라가노니"(눅 18:31).

를 해결하셨다. 주변의 핍박하는 사람들을 보시면서 선지자가 예루살렘 밖에서 죽는 법이 없다고 하시며 아무리 헤롯과 사람들이 예수님을 죽이려 해도 하나님의 뜻에 따라 이루어짐을 말씀하셨다. 하나님의 사명을 받은 사람은 하나님이 허락하시지 않으면 사람들이 어떻게 하지 못한다.

예수님은 잃어버린 영혼을 구원하러 오셨다. 이것을 주변의 비유로 가르치신다. 일상에서 일어나는 이야기를 연결하여 하나님 나라를 말씀하셨다. 이것은 이미 하나님 나라가 먼 데 있는 것이 아닌 아주 가까운 곳에 있음을 보여준다. 누가복음 15장은 잃은 양, 잃은 드라크마, 잃은 아들 비유가 모여 있다. 이것은 세리나 죄인과 같이 음식을 먹는다고 비난하는 서기관과 바리새인들에게 하신 교훈이다. 예수님은 언제나 잃은 양에 관심을 두셨다. 그러나 서기관들은 아흔아홉에 관심이 있다. 악한 바리새인들을 책망하는 데 비유를 사용하신다. 회개할 것이 없는 의인 아흔아홉은 바로 바리새인을 의미한다. 또 돌아온 동생을 기뻐하지 않는 집에 있는 첫째 아들은 바리새인을 빗댄 이야기이다. 이것은 예수님이 어디에 관심을 두고 있는지 잘 보여준다. 예수님이 왜 세상에 오셨는지를 잘 보여주는 대목이다.

세상에서 신앙은 맘몬과의 싸움이다. 인간이 타락한 이후부터 사람은 물질의 종이 되어 살아간다. 하나님보다 물질을 소유하고 그 안에서 천국과 같은 삶을 살려고 한다. 이것을 보여주는 이야기가 소개된다. 세상에서 가진 것이 많으면 하나님 나라를 소망하지 않는다. 부자와 나사로 이야기는 제자들에게 그런 예를 들려주신 이야기이다. 이 이야기의 핵심은 회개하지 않는 부자에 관한 이야기이다. 부자의 아들들이 아직 회개하지 않는 것에 대한 안타까움이 배어 있다. 말씀을 듣고도 회개하지 않는 사람이 갈 곳은 부자가 고통받는 그런 곳이다. 이런 곳에 가지 않기 위해서는 지금도 여전히 전해지고 있는 복음을 들어야 한다.

바리새인과 세리의 비유는 자기를 의롭다고 믿고 다른 사람을 멸시하는 사람을 향해 주신 교훈이다. 자기를 낮추는 세리가 자기를 높이는 바리새인보다 낫다고 말씀한다. "하나님이여 불쌍히 여기소서. 저는 죄인입니다"라고 고백하는 사람을 하나님은 찾으신다. 스스로 의롭다고 교만하게 위세를 부리는 바리새인의 기도는 하나님이 들어주시지 않는다. 누가 주님의 제자인가? 우리가 달려가는 종착점은 어디인가? 이것을 늘 돌아보고 살아야 한다.

※ 그리스도인은 모든 것을 가진 존재다. 그런데 우리는 여전히 세상 것의 지배를 받고 산다. 이것을 어떻게 훈련해야 하는가? 그것은 주님의

말씀대로 살면 하나씩 몸에 체득된다. 예수님의 가르침대로 사는가? 아니면 나의 욕심을 추구하면서 사는가? 이미 모든 것을 가졌는데도 세상 연락에 빠지거나 그것을 우선 가치로 여긴다면 아직 십자가의 능력을 잘 모르는 것이다.

[장면 3] 여리고에서 예루살렘으로
(눅 18:35-19:27)

예수님은 한 걸음 한 걸음 십자가를 향해 걸어가셨다. 예수님의 여정이 예루살렘에 가까워진 상황에서 어떤 만남이 있을까 궁금해진다. 예루살렘에서 가까운 여리고에서 두 가지 사건을 소개하고 있다. 여리고 근처에서 구걸하는 맹인을 고치신 일과 삭개오를 구원하신 일이다. 삭개오를 구원하는 일을 통하여 예수님은 마지막까지 잃은 자를 찾아 구원하러 세상에 오셨고 지금 예루살렘으로 가는 여정도 결국은 잃어버린 사람을 구원하기 위한 것임을 강조하고 있다. 처음부터 마지막까지 예수님의 관

되새김통독 표지판

※ 여행 포인트
"그들이 이 말씀을 듣고 있을 때에 비유를 더하여 말씀하시니 이는 자기가 예루살렘에 가까이 오셨고 그들은 하나님의 나라가 당장에 나타날 줄로 생각함이더라"(눅 19:11).

심은 잃어버린 자를 구원하는 일에 있다.

※ 이 세상에서 가장 위대한 일은 주님이 나 한 영혼을 위해 죽으셨다는 점이다. 그렇다면 마땅히 오늘 우리도 인생의 중요한 관심은 잃어버린 한 사람을 구원하는 일에 맞추어져야 한다. 이 세상에서 영혼을 구원하는 일보다 더 위대한 일은 없다. 우리가 받은 구원이 크다고 여기면 우리 주위에 그 사랑을 전해야 한다. 살든지 죽든지 내가 하는 모든 일은 전도를 위해 존재해야 함을 알려주고 있다. 나를 예수 믿게 한 것은 바로 그런 삶을 살아야 함을 보여준다. 우리가 예수님의 행적을 따라가는 것은 이것을 본받기 위함이다.

[장면 4] 십자가 죽음시기 (눅 19:28-44)
- 가르침과 준비와 하나님 나라 교훈

● 예루살렘성 입성 (눅 19:28-44)

누가복음의 절정은 예루살렘성에 입성하는 일이다. 이런 점에서 보면 예수님의 일생은 예루살렘에 초점을 두고 있다. 그것이 예수님의 마지막 지점이다. 그런데 그 예루살렘은 인류를 위해 죽는 십자가의 현장이다. 세상과는 거꾸로 삶이다. 예루살렘은 이스라엘의 수도이면서 성전이 있는 곳이다. 이곳은 이스라엘의 심장부다. 그러나 문제는 민족과 열방을 살려야 할 심장부가 가장 타락하고 부패한 곳이 되었다는 것이다. 예수님은 이곳에 그들을 위해 죽으러 오신 것이다. 누가복음의 하이라이트는 예루살렘성에서 일어난 일로 정리될 수 있다. 예루살렘성에서 하신 일을 보면 당시 예루살렘성이 어떤 상황이었는지 잘 알 수 있다.

되새김통독 표지판

"예수께서 이 말씀을 하시고 예루살렘을 향하여 앞서서 가시더라"(눅 19:28).
"가까이 오사 성을 보시고 우시며"(눅 19:41).
"성전에 들어가사 장사하는 자들을 내어 쫓으시며"(눅 19:45).
"하루는 예수께서 성전에서 백성을 가르치시며 복음을 전하실새"(눅 20:1).

　　예수님은 예루살렘성을 보고 우셨다. 그것은 곧 있으면 예루살렘성이
멸망할 것을 아셨기 때문이다. 평화의 성인 예루살렘의 성전이 파괴될
미래를 보니 참담했다. 실제 주후 70년에 로마군대에 휩싸인 예루살렘성
은 기근이 들자 엄마가 자기 자녀를 먹는 처참한 상황까지 이르게 된다.
예수님이 이것을 미리 예견해서 보다 보니 눈물이 나올 수밖에 없었다.

되새김 120일 쉬운 통독 타임라인			
하나님 나라	성경 구조	역사와 시대	성경 각 권 소개
성취	복음서 - 복음과 하나님 나라	복음서시대	누가복음

>>> 누가복음 19:45-24장

예루살렘에서 마지막 주간

✻ 통독 포인트

예루살렘성을 목표로 갈릴리에서 걸어온 여정은 제자들을 훈련하는 길거리 학교였다. 그것은 십자가를 묵상하며 제자들이 가야 할 길을 알려주신 시간이었다. 이제 학생들이 공부한 후에 시험을 치르는 것처럼 마지막 기말시험 순간이 다가왔다. 주님이 자신의 문제를 어떻게 풀어내는지 보면서 오늘 우리에게 주신 제자도의 문제를 풀어보면 의미가 있을 것이다. 특히 예수님의 마지막 시간인 한 주간의 일을 잘 살펴보면 우리가 어떤 삶을 살아야 하는지 분명하게 알 수 있다.

[장면 1] 예수님의 십자가 죽음과 부활 (눅 19:45-23장)

예수님은 인간의 힘으로 죽일 수 있는 분이 아니다. 그들이 예수님이 누구인지 바르게 알았다면 예수님을 함부로 대하지 못했을 것이다. 하나님의 아들이신 예수를 죽이려고 했던 그들의 무지함이 얼마나 악한지 알 수 있다. 무지는 죄악이다. 어리석은 서기관과 대제사장들은 예수님을 죽이기 위해 기회를 엿보고 있었다. 마침 예수님의 제자 중 하나인 가룟 유다가 예수를 죽일 방책을 의논하여 돈을 받기로 약조하고 예수님을 넘겨준다. 아마 대제사장들도 예수님과 같이한 제자가 이렇게 배반할 줄은 몰랐을 것이다.

가룟 유다 역시 예수님이 누구인지 바르게 알았다면 예수님을 파는 우매함을 보이지 않았을 것이다. 어리석은 가룟 유다의 행동으로 절호의 기회를 잡은 대제사장들은 예수를 손쉽게 잡는다. 빌라도는 예수님의 죄를 찾지 못해서 때리고 놓아주려 했지만 사람들이 십자가에 못 박기를 요구하자 결국 백성이 구하는 대로 예수님을 넘겨준다. 빌라도는 자기 소신보다는 주변 환경에 이끌리어 역사적인 죄를 범한다. 비겁한 빌라도의 모습은 오늘 욕심만 채우는 사람을 대변한다. 이것은 예수님을 이용하여 자신의 만족을 취하려는 사람들을 돌아보게 한다.

지금 예수님의 죽음을 앞두고 인간의 어리석은 모습이 다양하게 드러나고 있다. 대제사장과 가룟 유다와 빌라도 등 모두 같은 사람들이다. 자기 목적을 위해 예수님을 이용하는 사람들이다. 마지막에 등장하는 십자가에 매달린 양편의 두 강도는 우리에게 많은 것을 보여준다. 둘 중에 악한 자 하나는 십자가에 매달려 죽게 된 예수님을 향해 비방하지만 다른 하나는 하나님을 두려워한다. 예수님이 비록 힘없이 죽지만 인간 예수가 아님을 알게 된다. 그리고 예수님에게 하나님 나라에 임할 때 자기를 기억해달라고 구한다. 예수님은 오늘 함께 낙원에 있으리라 말씀하면서 축복하신다. 결국 예수를 아는 것에서 모든 행동은 달라진다. 누가복음을 통해 나사렛에서 자란 예수님이 십자가에서 죽기까지의 여정을 보면 예수님을 누구로 아는가에 따라 모든 행동이 달라진다.

　※ 예수는 누구인가? 이것을 바르게 이해하는 것이 신앙의 핵심이다. 믿음은 이것을 바르게 알 때 생긴다. 하지만 이것이 잘못되면 신앙을 버리거나 실족하게 된다. 물론 내가 믿고 싶다고 되는 것은 아니다. 하나님이 믿게 해주셔야만 가능한 것이 예수 믿는 일이다.

　나는 지금 예수님을 누구라 말하는가? 구원자로 인정하는가? 아니면 한 성인으로서 인정하는가? 주님을 구원자로 믿지 않으면 우리는 주님과 영원히 살 수 없다. 우리는 혼자 죽으면 영원한 형벌을 받는다. 그러나 주님과 함께 죽으면 주님이 거하시는 곳에 우리가 거하게 된다. 인생은 결국 예수를 어떻게 알고 있느냐에 따라 달라진다. 이렇게 보면 아직도 예수가 누구인지 모른 채 사는 수많은 사람에게 복음을 전하는 일은 가장 위대한 일이다.

[장면 2]　부활과 승천시기 (눅 24장)
: 제자들과 함께

　예수님은 십자가에 죽으시고 결국은 부활하셨다. 그것은 말씀대로 산 사람의 모습이다. 말씀을 따라 죽으면 말씀 따라 다시 살아난다. 예수님은 언제나 말씀에 따라 행하셨다. 그리고 말씀대로 부활하셨다. 복음은 행동이 먼저가 아닌 약속이 먼저 존재한다. 이것을 알려주는 것이 예수님의 사역이다. 예수님은 십자가에 죽으신 후에 살아 있을 때 말씀하신 메시아 비밀의 예언대로 사흘 만에 다시 살아나셨다. 그리고 여자들에게 나타나고 엠마오로 가는 두 제자에게 나타나셨고, 모여 있는 제자들에게 나타나셔서 "너희에게 평강이 있을지어다"라고 말씀하셨다. 이런 부활의 주님을 전하는 일은 곧 오늘날 우리가 세상에 복음을 전하는 일로 이루어진다.

평화는 어느 것으로도 얻을 수 없다. 세상의 것으로 우리가 영원히 살 수 없다. 오직 예수만이 우리에게 평화를 준다. 부활의 주님을 믿으면 오늘 우리는 평화를 얻을 수 있다. 죽음을 이기는 영원한 평화이다. 주님이 부활하심으로 사람은 영원히 죽지 않고 다시 사는 복이 있음을 보여주셨다. 한 번도 가보지 않은 천국을 예수님의 부활을 통해서 우리는 믿을 수 있다. 사람이 죽어도 다시 사는 길이 있음을 예수님의 부활 사건은 우리에게 실제 증명한다.

승천하시기 전에 예수님이 제자들에게 하신 명령은 이 모든 일의 증인이 되라는 것이었다. 그리고 약속하신 성령을 기다리며 예루살렘성에서 유하는 일이었다. 성령이 오시면 예수님의 일을 증언하는 일을 하신다. 우리 안에 들어오셔서 우리를 통하여 주님의 증언자로 살게 하신다. 그때까지 기다리는 것이 제자들이 할 일이다. 이것은 사도행전에 자세하게 나온다. 구약에서 선지자들이 예수님을 약속하고 기다리라고 말했던 것처럼 예수님은 제자들에게 보혜사 성령을 기다리라고 말씀하셨다. 이렇게 누가복음은 진행형으로 마무리된다. 그것은 사도행전으로 2부가 시작되기 때문이다. 누가복음에서 사도행전으로 연결하면 가장 자연스럽다.

※ 예수님은 승천하셨지만 다시 성령으로 오셔서 우리 안에 거하신다. 성령이 우리 안에 계시면 주님이 우리와 영원히 사는 것이 된다. 성령이 임하는 순간 우리는 천국에 들어가게 된다. 주님이 곧 천국이기에 주님이 나에게 들어오면 우리 안에 천국이 임하게 된다. 우리는 대단한

존재이다. 우리 안에 천국이 있기 때문이다. 하늘에 있는 보좌가 성령으로 우리 안에 임하신 것이다. 예수를 믿는 자에게 성령을 선물로 주신다. 성령은 다시 오시는 영이신 주님이다. 예수를 믿는 자는 영원히 성령의 인도하심을 따라 살아간다.

■ 성경 각 권 소개

요한복음

【 요한복음의 배경 】

요한복음은 부활과 성령의 관점에서 기록하고 있다. 이야기 시점을 성육신하신 예수 그리스도가 태초에 함께한 그 말씀이라는 출발선에서 이야기를 쓰고 있다. 특히 구약에서 말한 세상 죄를 지고 가는 하나님의 어린 양을 예수님과 연결하고 있다. 또한 예수 그리스도가 유월절을 성취하는 구약의 큰 동선을 따라 요한복음이 기록되고 있다. 다른 복음서와 다르게 유월절이 반복하여 나오는 점은 이것을 드러내고자 함이다.

특히 부활이 아직 안 일어났는데 부활의 이야기가 미리 언급된 것도 요한복음에만 나오는 특별한 내용이다. 이것은 당시에 만연했던 영지주의의 그릇된 논리를 변증하고 반박하며 예수님은 신성과 인성을 함께 지니신 분임을 강조하고 아울러 그리스도를 인격적으로 믿고 받아들여 영생을 얻게 하기 위한 저자의 의도가 담겨 있는 요한복음의 독특한 구성

방식이다. 예수님을 성경 전체에서 다시 새롭게 예수 중심으로 정리하는 탁월함을 보여주고 있다. 이것은 당시 유대인들에게 뿐 아니라 세계의 모든 사람을 위해서 예수님이 누구인가를 바르게 정리해주고 있다.

【 특징과 읽기 지침 】

요한복음은 예수님이 하나님의 아들이심을 선포하는 이야기이다. 예수님이 처음 이 세상을 창조하신 그 하나님이시면서 동시에 인간의 몸을 입고 이 땅에 오신 분이심을 선포한다. 요한복음은 온 인류를 위해 기록되었다. 그런 점에서 요한은 예수님의 이야기를 창세기 내용부터 시작한다. 하늘에 계신 하나님이 인간의 모습으로 오신 예수님을 세상 죄를 지고 가는 어린 양으로 비유하면서, 전체 이야기를 어린 양을 잡는 유월절을 중심으로 전개해나간다. 유월절 어린 양은 예수님을 상징하는 예표이다. 요한복음에는 예수님이 유월절을 지키기 위해 예루살렘에 세 번에 걸쳐 가셨다는 내용이 기록되어 있다(요 2:13-4:54, 5:1-47, 11:1-12:36). 그리고 마지막으로 예수님이 유월절 어린 양으로 죽으시는 장면이 기록된다(요 13:1-20:31). 이것은 유월절 절기를 통해 예수님 자신이 유월절 어린 양으로 오신 것임을 강조한 것이다. 십자가의 죽음은 구약의 유월절이 드디어 성취되었음을 보여준다.

"예수께서 산에 오르사 제자들과 함께 거기 앉으시니 마침 유대인의 명절인 유월절이 가까운지라"(요 6:3-4).
"유월절 엿새 전에 예수께서 베다니에 이르시니 이곳은 예수께서 죽은 자 가운데서 살리신 나사로가 있는 곳이라"(요 12:1).

요한복음은 예수님이 태초부터 하나님과 함께 계셨으며 인간의 몸을 입고 성육신하신 분이 창조에 동참하신 그 말씀이라고 말한다. 예수님을 하나님의 아들로서 생명과 영생을 주시는 분이고 하나님의 어린 양, 세상 죄를 지고 가는 어린 양으로 묘사한다. 그런 이유로 요한복음은 유대인 절기를 배경으로 이야기를 서술하고 있다. 요한복음은 절기를 중심으로 하여 그와 관련된 의식들이 소개되고 있다. 메시아로서 본인이 직접 제물이 되어 구원을 성취하는 분으로 소개하고 있다. 예를 들면 유월절 1(요 2:13-4:54) - 안식일(요 5:1-47) - 유월절 2(요 6:1-71) - 초막절(요 7:1-10:21) - 수전절(요 10:22-42) - 유월절 3(요 11:1-12:36) - 마지막 유월절(예수님의 십자가 죽음)(요 13:20-31) 등으로 전개되는 구성은 요한복음을 이해하는 데 핵심이 된다. 그리고 최후의 유월절, 곧 자신이 십자가에 죽어 유월절의 어린 양이 되면서 약속을 완전하게 성취하는 것으로 이야기가 전개된다.

특히 예수님의 기적을 말하는 일곱 가지 표적과 "나는 …이다"라는 형식의 일곱 가지 말씀을 통하여 예수님의 정체성을 이해하는 데 도움을 주고 있다. 요한복은 공관복음과 느낌이 다르다. 메시아 비밀이 나타나지 않고 처음부터 공개적인 고백의 대상으로 예수님의 메시아 됨을 말한다. 비유도 전혀 등장하지 않고 대신 상징적인 언어가 많다. 귀신을 쫓아내는 것, 광야의 시험이나 변화산 사건, 주의 만찬이 언급되지 않는다. 생명에 대한 강조가 두드러지며 짧은 격언보다는 긴 강화 형태로 되어 있다.

요한복음을 잘 읽기 위해서는 풍부하고 상징적인 단어를 이해해야 한다. 그리고 전체가 설교식으로 되어 있어 마치 구약 모세오경의 신명기와 같은 역할을 한다. 요한복음은 복음서를 창세기부터 시작하여 정리하고 있기에 예수님을 성경적으로 한마디로 정리하는 데 유익하다. 전체적으로는 "예수는 곧 하나님의 아들이다"라는 사실을 증명하는 측면에서 이야기를 진행하고 있다. 특히 예수님이 유대인뿐 아니라 세상 모든 사람을 위하여 죽으셨음을 말하고 있다. 무엇보다도 요한복음 20장 31절은 요한의 기록 목적을 분명하게 말하고 있다.

> "오직 이것을 기록함은 너희로 예수께서 하나님의 아들 그리스도이심을 믿게 하려 함이요 또 너희로 믿고 그 이름을 힘입어 생명을 얻게 하려 함이니라."

▶ 요한복음에만 나오는 내용

- 가나 혼인 잔치 (요 2:1-11)

예수님과 제자들이 가나에 있는 혼인 잔치에 초대되었다. 그런데 포도주가 떨어져 예수님이 어머니 마리아의 요청에 따라 물로 포도주를 만드는 이적을 베풀었다.

- 성전을 장사하는 곳으로 만든 사람들과 충돌 (요 2:12-25)

예수님의 사역 초기에 일어난 일로 성전을 장사하는 곳으로 삼은 사람들을 내쫓으셨다.

- 니고데모와 만남 (요 3:1-21)

한밤중에 니고데모라는 사람이 찾아와 예수님과 영생에 관해서 대화하는 내용

- 수가성 우물가 여인 (요 4:1-42)

수가성 우물가에서 사마리아 여인과 예수님이 대화를 나누는 장면이
다. 누구든지 하나님을 사랑할 수 있고 예배할 수 있다는 아주 희망적인
복음 선포가 이루어진다. 사마리아 여인은 복음을 전하는 사람이 된다.

- 간음하다 잡힌 여인 이야기 (요 8:1-11)

간음하다 현장에서 잡힌 여자를 예수님에게 끌고 와 시험하지만 예수
님은 그녀를 용서하시고 오히려 사람들의 죄를 지적하는 이야기다.

- 나사로가 죽었다가 살아나는 이야기 (요 11:1-44)

예수님의 친구였던 나사로가 죽었지만 예수님이 다시 살려내는 이야
기이다. 이 사건을 통하여 예수님은 부활이요 생명임을 말씀하셨다.

【 요한복음의 내용 구조 】

1) 하나님의 아들이신 예수님 (요 1장)
  • 구약성경, 세례 요한, 제자들의 증거

2) 표적으로 예수님이 자기를 계시함 (요 2장)
  • 사랑(생명) : 가나 혼인 잔치 표적
  • 공의(심판) : 성전 청결 표적

3) 예수님이 세상에 오심 (요 3-6장)
  * 요 3-4장 : 말씀 안으로 오심

- 니고데모 : 바리새인 지도자
- 세례 요한 : 선지자
- 사마리아 여인 : 천한 죄인

＊ 요 5-6장 : 기적 안으로 오심
- 가버나움 백부장 아들 살림
- 베데스다 38년 된 병자 고침
- 아버지와 아들의 관계에서 자기 신성 증거 (영생과 심판)
- 오병이어 기적과 바다 위를 걸으심
- 제자들에게 해석

4) 예수님을 영접하지 않음 : 예루살렘 입성 (요 7-12장)

5) 고별연설 : 최후의 만찬 (요 13-17장)

6) 고난과 죽음과 부활 (요 18-21장)

>>> ♪ 요한복음 1-12장

예수님의 정체성과 적대감

✳ 통독 포인트

요한복음은 크게 3가지 관점으로 전개된다. 대중과 제자들과 개인이다. 1~12장까지는 대중을 향한 주님의 사역이 진행된다. 예수님이 누구이신가에 초점을 두고 표적이 계속된다. 가나 혼인 잔치, 성전 청결, 수가성 여인, 왕의 신하, 38년 된 병자, 오병이어, 물 위를 걸으신 모습, 나면서부터 맹인인 사람을 고치심, 나사로의 죽음 등으로 이어지는 표적은 모두 예수님의 신성과 관련이 있다. 그리고 그것에 대한 사람들의 반응과 교훈으로 진행된다.

[장면 1] 예수, 그는 누구인가? (요 1-4장)

● 예수님에 대한 증언 (요 1장)

우리가 예수를 제대로 믿으려면 예수님이 누구인가를 잘 알아야 한다. 믿음은 이것을 바르게 알 때 생긴다. 물론 쉽지 않다. 우리는 육신으로 보려는 특징이 있기 때문이다. 참된 신앙은 예수님을 바르게 이해하는 데서 시작한다.

요한은 다른 복음서와 다르게 성경 전체를 통하여 예수님이 누구인가를 소개한다. 그런 이유로 구약의 창세기부터 시작하여 성경에서 말하는 예수를 이야기한다. 요한은 예수님을 태초에 계신 하나님이며 또한 말씀이라고 소개한다. 예수님은 말씀이 육신이 되어 우리 가운데 오신 하나님이시다. 예수님은 곧 우리 눈에 보이는 하나님이시다. 세례 요한이 증거하는 예수님은 세상 죄를 지고 가는 하나님의 어린 양이다. 나다나엘은 예수님을 "하나님의 아들이시요 이스라엘의 임금"이라고 말한다. 이 모든 일은 영적인 것으로 인간의 눈으로 알 수 없는 신비의 영역이다.

※ 오늘날에도 예수님을 하나님의 아들로서 믿는 일은 쉽지 않다. 말씀이 육신이 되어 우리 안에 임하신 주님을 구원자로 인정하는 것은 가장 힘든 일이다. 우리가 정말 예수님을 하나님의 아들로 인정하면 우리는 예수님을 믿고 그를 따르게 된다. 하나님의 아들로서 예수님을 믿는다면 누구나 구원받을 수 있다. 그리고 우리의 남은 삶을 그분에게 맡길 수 있다. 요한은 이런 예수님을 믿게 하려고 이 책을 기록했다(요 20:31). 우리가 성경을 읽는 가장 큰 목적은 지식을 얻기 위함이 아니다. 예수를 하나님의 아들로 믿고 그분 안에서 살아가는 삶으로 전환하는 데 목적이 있다.

● 표적을 통해 드러나는 예수님의 정체성 (요 2-4장)
성경은 예수님이 누구인가 하는 것을 반복하여 말하고 있다. 이것은 모든 사람에게 중요한 관심사다. 인간의 몸을 입고 오신 예수님이 당시 사람들에게 하나님의 아들로서 인정받는다는 것은 쉽지 않았다. 예수님이 곧 하나님의 아들로서 오셨음을 알리기 위해서 행하신 일이 바로 표적이다. 표적은 인간이 행할 수 없는 일이기 때문이다.

표적은 표적 자체보다 그 일을 통하여 전하는 메시지에 초점이 있다. 우리는 요한복음에 나오는 표적 시리즈를 통하여 예수님이 누구인가를 발견하는 것이 중요하다. 이 부분에 마음을 두고 성경을 읽어가면 좋을 것이다.

첫 번째 표적은 가나 혼인 잔치에서 한 표적이다. 물로 포도주를 만드신 일은 창조주로서의 모습을 사람들에게 보인 것이다. 이것은 예수님이 단순히 사람이 아닌 하나님의 아들이심을 보여주신 것이다. 이 일을 통하여 제자들이 먼저 예수님을 믿게 된다. 물이 포도주가 되는 것은 자연을 섭리하시는 하나님의 모습을 보여준다. 이것은 오직 하나님만이 하실 수 있는 일이다.

성전 청결 사건은 유대인이 표적을 보여달라고 한 것에 대한 말씀이다. 예수님은 성전을 헐고 사흘 만에 다시 세우는 일을 말함으로써 성전의 주인이 자신이요 자기 육체가 곧 성전임을 보여준 것이다. 이것은 제자들이 금방 이해 못하고 부활하신 후에야 이 말의 의미를 알게 된다. 성전을 헐 수 있는 사람은 아무도 없다. 그런데 성전을 헐고 다시 성전을 세운다는 것은 오직 하나님만이 하실 수 있는 일이다. 보이는 성전이 아닌 이제는 보이지 않는 몸과 사람 성전을 세우는 것을 당시 사람들이 이해할 수 없었다. 요한복음에는 유월절이 3번에 걸쳐서 나온다. 이것은 요한복음의 핵심이 무엇인지를 보여준다. 이것을 토대로 3년 공생애라고 말한다.

수가성 사마리아 여인과 만남은 여자의 모든 과거를 알고 있는 예수님이 곧 하나님이심을 보여주는 사건이다. 이런 면에서 이것도 일종의 표적 사건이라 볼 수 있다. 이 일로 사마리아 여인은 사람들에게 예수를 전하게 된다. 예수님은 수가성 여인의 모든 과거를 알고 계셨다. 예수님은 자신이 곧 메시아임을 드러내고 그것을 믿음으로 받아들인 여자는 모든 종교적인 문제가 해결되면서 주님을 전하는 증언자가 된다. 이것은 오늘날 우리가 예수를 믿는 과정을 그대로 보여준다. 어떻게 예수를 만나 주님의 제자가 되는지 그것을 자세하게 보여주는 대목이다. 오늘날 우리도 주님을 만나는 과정을 보면 이 여자처럼 먼저 찾아오시고 만나 대화를 나누면서 점점 주님을 믿게 되어 자발적인 전도자가 되면서 삶이 달라진다. 또한 왕의 신하의 아들을 오직 말씀 하나로 고친 일을 통해 예수님은 말씀 하나로 사람을 살리는 하나님이심을 보여준다. 말씀하시는 하나님을 예수님을 통해서 발견하게 된다.

요한복음에 나오는 표적 사건은 예수님이 누구인가를 보여주는 중요한 사건이다. 요한은 이런 사건을 통해서 예수님이 곧 하나님이심을 증언하고 있다. 표적을 행하신 것은 예수님이 하나님의 아들이심을 보여주는 목적이 있었지만 사람들은 오히려 표적 자체에만 관심을 두게 되었다. 이것은 사람의 악함 때문이다. 늘 눈에 보이는 것만 추구하는 인간의 모습을 보여준다. 그것에 매이지 말고 더 나아가 표적을 통해서 주님의 모습을 발견하는 것이 중요하다.

※ 세상에는 눈에 보이는 세계와 보이지 않는 세계가 존재한다. 사람들은 늘 보이는 것을 추구한다. 하지만 보이는 사건을 통해서 보이지 않는 복음을 발견하는 것이 중요하다. 그것이 표적이요 그것은 우리에게 영적 메시지를 주는 사인이다. 그것을 통해 표적을 행하신 의미와 예수님 자체에 집중해야 한다. 오늘날에도 많은 기적이 일어나고 불치병이 고침받는 등 신비한 일이 생긴다. 그때마다 그것을 행하신 주님에게 우리 마음을 집중하는 것이 필요하다.

[장면 2] 증가하는 적대감 (요 5-12장)

● 표적과 믿음 (요 5-7장)

요한복음에는 "나는 …이다"라는 내용이 반복하여 등장한다. 성경에서 예수님이 누구인가 하는 것을 알리는 표적은 계속된다. 안식일에 38년 된 병자를 고친 일은 예수님이 누구인가를 알려주는 중요한 사건이다. 38년 된 병자는 자기를 낳게 한 사람이 누구인지 모른다. 예수님이 일부러 피했기 때문이다. 그 후에 자기를 고친 예수님을 만나게 된다. 예수님이 안식일에 일한다는 말을 듣고 유대인들이 핍박한다. 그때 주님은 "내 아버지께서 일하니 나도 일한다"라고 하시면서 하나님과 동등 됨을 말씀하신다. 그것에 대해 유대인들은 예수를 죽이고자 한다. 예수님이 하나님의 아들이라는 것이 예수님을 계속 어렵게 한다.

4개의 복음서에 모두 나오는 5천 명을 먹이신 사건은 복음서의 중요한 핵심을 보여준다. 오천 명을 먹이신 일로 인하여 예수님은 자신이 하나님의 아들이심을 보여주셨다. 그러나 사람들은 표적을 보고 세상에 오실 선지자로 이해하면서 자기 임금으로 삼으려고 했다. 이것은 사람들이 예수님을 잘못 이해한 예이다. 그렇다면 예수님과 같이 살았던 형제들은 예수님을 어떻게 이해했을까? 예수님의 형제들 역시 예수님을 믿지 않았다. 인간적인 면 때문에 가족들이 예수님을 하나님의 아들로 믿는다는 것은 더욱더 어려운 일이었을 것이다.

※ 믿음은 보이지 않는 것을 믿는 것이다. 그런데 보이지 않는 것보다 보이는 것에 집중하는 세상에 교회와 그리스도인조차 그것에 지배를 당하는 현실을 본다. 사람들은 보이는 표적에 매달리고 그것을 추구한다. 그러나 성경을 보면 보이는 표적이 일어날수록 믿음이 깊어지기보다는

오히려 사람들의 적대감과 오해가 많았다. 이것은 표적이 곧 믿음을 만들어내지 않는다는 것을 의미한다. 주님이 표적을 베푸시는 이유는 표적을 베푸시는 주님에게 초점을 맞추기 위함이다. 우리는 표적을 통해 예수님 자체에 집중하고 표적을 베푸신 주님을 바라보아야 한다. 사람들이 예수님이 죽는 순간에도 떠나지 않고 십자가 주변에 있었다는 것은 여전히 예수님보다 나타난 행동에 관심이 더 많아서이다. 그런데 성경은 갈수록 점차 표적은 사라지고 오직 예수님만이 남는다. 보이는 것보다 보이지 않는 것에 집중한다. 이것이 우리의 신앙이 나가야 할 방향이다.

● 점점 커지는 적대감 (요 7장-12:36)

신앙의 위기는 보이는 것이 많아지고 그것에 마음이 치우치면 그때부터 발생한다. 표적의 역사가 나타날수록 예수님에게 위험이 다가온다. 사람들은 예수님이 표적을 행할수록 예수님을 믿기보단 오히려 죽이려고 했다. 사람들은 예수님을 잡고자 했으나 하나님의 때가 이르지 아니하니 그들이 잡을 수 없었다. 예수님은 하나님의 진리를 말했지만 사람들은 오히려 예수님을 죽이려고 했다. 사람들이 돌로 치려하자 예수님이 숨어서 성전에서 나가셨다. 사람들이 예수를 잡고자 했지만 번번이 예수님은 그들 손에서 벗어나셨다. 사람들은 표적을 원하지만 반대로 표적을 베푸는 사람을 시기하고 그를 죽이려 한다. 이것이 예수님에게도 같게 나타난다.

요한복음 9장에 보면 나면서부터 맹인이 사람이 예수님을 통해서 고침을 받은 사건이 나온다. 나면서부터 맹인 된 사람의 눈이 보이는 기적을 보고 사람들은 누가 너의 눈을 뜨게 했느냐고 질문한다. 그는 선지자라고 말한다. 진실을 아는 부모는 당시 예수를 그리스도로 시인하는 사람은 출교당하므로 무서워 말하지 못했다. 그리고 맹인에게 미룬다. 맹인이 사람들에게 하나님께로서 오지 않으면 어떻게 자기의 눈을 뜨게 할 수 있느냐고 반문하자 사람들을 가르치려 한다고 오히려 쫓겨난다. 이런 기적은 분명히 하나님이 행하신 일인데 그것을 보고서도 그것을 거부하는 악한 모습을 본다.

또 죽었다가 살아난 나사로 사건은 예수님이 누구인가를 보다 분명하게 보여주는 사건이다. 예수님은 나사로가 죽게 된 사실을 전해 듣고 오히려 죽은 이후에 나사로를 찾는다. 그것은 이 일로 예수님은 하나님의 아들이심을 믿게 하기 위한 것이었다. 예수님은 부활이요 생명이다. 나사로 죽음을 통해서 자신의 부활을 미리 보여주셨다. 나사로가 살았다는 소문으로 인하여 사람들이 예수를 믿게 되었다. 하지만 유대인들은 이 일로 인하여 예수님을 죽이려는 모의를 마음먹게 된다. 예수님은 나사로를 살리신 일로 인하여 오히려 위기에 처한다. 물론 증거가 된 나사로도 죽음의 위협을 느껴야 했다. 그들이 나사로마저 죽이려고 한 것은 나사로 까닭에 많은 사람이 예수를 믿게 되는 것이 두려웠기 때문이다. 사람들은 표적을 원하면서도 예수님이 이룬 표적 사건에 대해서 부정적이다. 이것은 인간이 얼마나 악한 존재인지 보여준다. 본다고 믿는 것도 아니고 보지 못한다고 안 믿는 것도 아니다. 보느냐 안 보느냐보다 사람의 마음이 어떤 상태인가가 더 중요하다.

예수님을 믿는 것은 이런 면에서 보면 어린아이와 같은 순수한 마음이 있을 때 가능하다. 지금까지 많은 표적은 예수님이 하나님의 아들이심을 보여주려는 의도였음을 알 수 있다. 요한은 표적 사건을 중심에 두면서 예수님이 하나님의 아들이심을 그들의 반응을 통해 전하려 했다. 예수님은 표적을 행하면 행할수록 점차 위기에 몰려 죽음에 한걸음 가까이 다가서게 되었다.

● 믿음에 대한 요약 (요 12:37-50)

표적은 우리가 얼마나 악한지 보여준다. 사람은 근본적으로 악하다. 마음이 부패하다 보니 이런 현상이 생긴다. 유대인은 표적을 원하지만 막상 표적을 행하자 믿지 않았다. 얼마나 아이러니한가. 이것이 인간이다. 예수님은 많은 표적을 행하였으나 그들은 믿지 않았다(요 12:37). 유대인들이 이처럼 표적을 보고서도 예수님을 하나님의 아들로 믿지 않는 것은 이사야의 예언에 따른 것이다. 하나님이 그들의 마음과 눈을 멀게 하고 완고하게 하셨기 때문이다.

마음이 어두워지면 표적을 보고서도 믿지 못한다. 그러나 마음이 깨끗하면 표적을 행하지 않아도 말씀만으로도 믿을 수 있다. 관원들이 예수님의 행하신 일로 믿고 싶었지만 바리새인들에게 미움받고 출교당할까 두려워서 진정한 믿음을 가지지 못한 일도 있었다. 그것은 사람의 영광을 하나님의 영광보다 더 사랑했기 때문이다. 세상을 사랑하면 하나님을 믿기 어렵다. 세상을 사랑하고 이 세상 부귀영화에 관심을 가지면 예수님을 믿는 것은 힘들다. 그런 이유로 하나님은 종종 우리가 가진 것을 거두어 가신다. 그리고 하나님을 믿게 하신다. 이렇게 보면 세상의 영광을 포기한 것이 우리에게 더 복이 될 수 있다. 모든 것을 가지고 있는 것이 믿음의 걸림돌이 된다. 믿음은 이런 면에서 보면 심령이 가난한 자의 것이다.

신앙은 둘 중 하나를 선택하는 것이다. 세상이냐 하나님이냐? 세상은 잠시 있다 사라지는 보이는 것이라면 하나님 나라는 보이지 않는 영원한 나라다. 하나님 나라를 사모하는 마음이 얼마나 있느냐에 따라 믿음이 결정된다.

※ 예수님을 하나님으로 믿는 것이 믿음이다. 보이는 예수님을 하나

님으로 믿는 믿음이 필요하다. 하지만 이것은 말처럼 쉽지 않다. 왜냐하면 보이는 육신을 입은 예수님을 영이신 하나님으로 믿는 데는 해결해야 할 과제가 많다. 육으로 보면 결코 믿을 수 없다. 이것이 믿어지려면 다시 영으로 거듭나야 가능한 일이다. 주님을 믿는 것이 곧 하나님을 믿는 것이다. 주님을 보는 것이 곧 하나님을 보는 것이다. 이것은 예수님을 하나님으로 믿지 않으면 진정한 믿음이 아니라는 것을 가르쳐 주고 있다. 예수님이 하신 말씀은 스스로 하는 것이 아닌 모두가 하나님이 보내셔서 하신 말씀이다. 우리는 예수님을 하나님으로 믿고 그를 위해 모든 것을 걸어야 한다. 그렇지 않은 믿음은 아직 진정으로 주님을 믿는 것이 아니다.

두 주인을 섬길 수 없다. 오직 주님만 믿는 절대적인 믿음이 필요하다. 그러기 위해서는 내가 완전히 죽어야 한다. 주님을 믿는 나의 믿음은 어떤 믿음인가? 혹시 주님보다 더 믿는 것은 없는가? 주님보다 더 의지하는 것이 있지는 않은가? 인생은 결국 이 둘 중에서 늘 선택해야 한다.

되새김 120일 쉬운 통독 타임라인			
하나님 나라	성경 구조	역사와 시대	성경 각 권 소개
성취	복음서 - 복음과 하나님 나라	복음서시대	요한복음

>>> 요한복음 13-21장

다락방 교훈과
죽음과 부활

* 통독 포인트

요한복음 후반부에 해당하는 것으로 그동안 대중에게 나타난 표적 중심의 이야기는 사라지고 이제 제자들의 가르침에 집중한다. 그리고 십자가에 죽으시고 부활하시는 사건이 이어지고 마지막에는 개인적인 제자 양육으로 마무리된다. 특히 13~17장에 나오는 예수님의 최후 만찬 이야기(다락방 강화)는 요한복음의 핵심이 들어 있는 부분이다. 여기에 앞으로 일어날 복음의 청사진이 다 들어 있다. 특히 성령이 오시는 일까지 이어진다는 점에서 깊게 읽어야 한다. 복음서 중에서 가장 어려운 부분이기도 하지만 내용은 깊다.

[장면 1] 최후의 만찬과 다락방 강화
(요 13-17장)

본문은 예수님의 사역에서 중요한 내용에 해당한다. 예수님의 그동안의 가르침과 앞으로 일어날 일을 요약한 제자를 위한 특강 강의안과 같다. 영적인 깊이가 있는 내용으로 가득 차 있다. 요한복음 13~17장은 예수님이 죽음을 앞둔 하루 동안에 일어난 내용이다. 짧은 시간이지만 주님은 제자들에게 많은 것을 가르치고 계시다. 이때는 더는 표적이 일어나지 않는 것이 특징이다. 그리고 대중보다는 제자들에게 집중하여 진리를 가르치는 일에 마지막까지 온 힘을 다하고 있는 것을 본다.

● 제자들과 최후의 만찬 (요 13장)

예수님은 자신의 길을 알고 있었지만 제자들은 그것을 알아차리지 못했다. 성경을 알고 있지만 그것의 의미를 몰랐다. 예수님의 죽음은 점점 가까워 이제 하루 남았다. 제자들은 주님의 죽으심을 이해하지 못했다. 아직 알아차리지 못했다. 그러나 주님은 자기의 죽음을 분명히 이해하셨다. 그것은 세상을 떠나 아버지께로 돌아가는 것으로 생각하셨다.

"아버지께서 모든 것을 자기 손에 맡기신 것과 또 자기가 하나님께로부터 오셨다가 하나님께로 돌아가실 것을 아시고"(요 13:3).

※ 안개처럼 짧은 삶을 잘 사는 길은 하늘의 소망을 기대하는 데 있다. 그렇게 되면 이 세상에 매이지 않고 하늘의 소망을 품고 살 수 있다. 우리도 주님처럼 이 세상에 온 것은 다시 하나님에게로 돌아가는 데 있다. 이것을 알면 죽음이 두렵지 않다. 우리가 가야 할 곳은 하나님 아버지 품이다. 이것에 대한 소망이 약하면 죽음에 대해서 비겁해진다. 주님은 이런 마음을 가지고 제자들의 발을 씻기셨다. 주님이 직접 수건을 가지고 모범을 보이신 이유는 제자들이 본대로 서로 행하기 위해서다. 그

리고 서로 발을 씻기게 하기 위한 것이었다. 그리고 이렇게 섬기는 것이 복을 받는 길임을 보이기 위함이었다. 천국을 소유한 사람은 모든 것을 가졌기에 이제 세상을 섬기기 위해 존재한다. 그러나 천국을 가지지 못한 사람은 이 세상에서 하나라도 더 가지기 위해서 욕심을 부리고 힘을 쓴다.

예수님이 제자들에게 주신 새 계명은 서로 사랑하는 것이다. 주님이 제자를 사랑한 것같이 우리가 서로 사랑하는 것이다. 우리가 서로 사랑하면 모든 사람이 우리가 주님의 제자인 줄 알게 된다. 모든 것은 사랑하기 위해서이다. 사랑이야말로 최고의 계명이다. 사람들은 여전히 주님을 죽이려고 했지만 예수님은 그들을 사랑했다. 그들은 아직 천국을 가지지 못했고 주님은 천국을 가졌기 때문이다. 진정한 사랑은 구원받은 자만이 할 수 있다. 천국을 소유한 사람은 무엇을 다 주어도 아깝지 않다. 그렇게 주는 것은 결국 내가 받은 천국이 위대함을 보여주는 증거가 된다.

※ 그리스도인은 천국을 소유한 사람이다. 천국을 가진 사람은 세상의 어느 것도 수용할 수 있다. 이것이 천국을 소유한 사람의 능력이다. 우리 교회와 그리스도인이 서로 사랑하지 못한 것은 하나님에게로 가는 사실에 희미해서다. 구원받은 확신이 부족해서다. 예수 믿는 사람은 이미 하나님의 자녀. 하나님의 자녀는 예수님처럼 살아갈 수 있는 능력이 있다. 모두 주고 사랑해도 더 주고 싶은 그런 사랑이 우리 안에 있다. 이것이 예수 믿는 사람에게 주시는 복이다. 이것을 우리가 교회 속에서 나타내면서 서로 사랑한다면 세상은 우리의 사랑을 보고 하나님을 보게 되고 천국의 충만함을 얻고 싶어 할 것이다.

예수님의 생애는 새 계명의 진수를 잘 보여준다. 복음은 사랑이다. 사랑 속에 모든 것이 다 들어 있다. 물론 이 사랑은 인간의 힘으로가 아닌 주님이 주신 그 사랑의 힘으로 사랑한다는 점에서 구약과 의미가 다르다. 사랑을 부어주시고 우리를 사랑한 그 사랑의 힘으로만이 서로 사랑할 수 있다. 그럴 때 주님의 제자가 된다는 것은 세상의 사랑과 차별된다.

● 다락방 설교 (요 14-17장)

이제 예수님의 죽음의 시간이 하루 앞으로 다가왔다. 예수님은 이제 죽을 시간이 얼마 남지 않았다. 주님은 제자들의 발을 씻기신 후에 일명 다락방 강화라고 하는 가르침을 주신다. 이것은 주님이 죽으신 후에 제자들이 마음에 새겨야 할 유언과도 같은 가르침이다. 간단히 그 내용을 정리하면 다음과 같다.

예수님은 자신을 믿는 것이 하나님을 믿는 것이기에 더 두려워하지 말라고 가르치신다. 주님이 가시는 것은 제자들을 위하여 천국의 처소를 준비하기 위함이다. 예수님은 자신이 길이요 진리요 생명이라고 말씀한다. 하나님에게로 갈 수 있는 길은 오직 하나 예수님을 믿는 길이다. 예수님이 이 세상에 오신 것은 이것을 알려주고 그 길을 제시해주시기 위해서였다. 이제 주님을 믿는 제자들은 주님이 하신 일을 그들도 하게 될 것이요 이보다 더 큰 일도 하게 될 것이다.

무엇보다도 주님이 가야 더 좋은 이유는 성령이 오시기 때문이다. 보혜사 성령이 오셔서 우리와 영원토록 함께하심을 말씀하신다. 성령님은 이제 진리의 영으로 우리 안에 거하신다. 성령님이 모시면 우리는 고아같이 살지 않아도 된다. 어디를 가도 늘 성령님이 함께하시기 때문이다. 이것은 우리 안에 주님이 영으로 계신다는 것을 의미한다. 성령님은 우리 속에 계셔서 우리에게 모든 것을 가르치시고 주님의 말씀을 생각나게 하신다. 그러므로 평안을 가지고 살아가라고 말씀하신다. 마음에 근심하지 말고 두려워하지 말라고 하신다.

주님과 우리의 관계는 포도나무와 가지 같다. 가지가 나무에 붙어 있으면 많은 열매를 맺는다. 제자들은 주님을 떠나서는 아무것도 할 수 없다. 언제나 믿음을 가지고 주님과 동행하는 삶을 살라고 말씀한다. 주님이 명하는 대로 행하면 그에게 친구의 복을 준다고 말씀하신다. 마치 친구를 위해 자기 목숨을 버리는 것과 같이 주님이 친구로서 우리와 함께하신다. 주님과 함께하면 무엇이든지 주의 이름으로 구하면 받게 된다. 이것은 주님과 함께하는 제자들에게 주시는 특권이다. 세상에서는 환난을 겪지만 주님과 함께하는 믿음으로 담대하여지라고 말씀하신다. 주님이 세상을 이기셨기 때문에 제자들도 세상을 능히 이길 수 있다.

요한복음 17장은 예수님의 대제사장 기도문으로 제자들에게 마무리하는 내용이 기도에 담겨 있다. 이것은 주님이 천국에서도 계속 기도하는 내용이다. 그리고 주님이 간절히 바라는 내용이기도 하다. 기도의 핵심은 주의 이름으로 보전하고 저희가 하나가 되는 것이다. 또 제자들이 세상에 속하지 아니하고 거룩한 삶을 사는 것이다. 하나님의 말씀은 진리이기에 이것을 통해서 날마다 진리로 새롭게 입어야 함을 말한다. 주님이 제자들 안에 계셔서 온전함을 이루어서 하나가 되는 것은 세상이 하나님의 사랑을 받는 존재임을 알게 하려는 데 있다. 주님의 제자임을 세상이 알게 하는 데 있다.

※ 신앙의 마지막은 하나 됨이다. 구원은 하나 되는 것이다. 하지만 죄는 분리되는 것이다. 주님과 우리가 하나가 되고 교회 공동체가 하나 된 것을 이루는 것이야말로 우리가 이루어야 할 최고의 목표이다. 하나되는 공동체, 주님과 내가 하나 되는 연합을 이루는 것이 신앙의 핵심이다. 사탄은 교회를 분리하려 하고 성도들 사이를 이간질한다. 그것으로 인하여 세상이 가능한 한 예수님을 믿지 못하게 한다. 예수를 믿는 우리

는 이런 유혹에 빠지면 안 된다. 교회는 새 계명을 실천하는 삶을 살아내는 공동체다. 서로 사랑하는 공동체를 이루면 그것을 통해 자연히 전도될 것이다. 우리가 서로 사랑하는 것은 세상을 향한 최고의 전도이다. 복음을 받은 우리는 서로 사랑함으로 우리 안에 주님이 거하고 주님 안에 우리가 거하는 것을 보여는 데 목표가 있다. 어떻게 우리를 통하여 예수를 드러내느냐가 과제다. 교회는 이런 주님의 사랑을 드러내는 공동체다. 그것이 주님이 원하시는 교회의 모습이다.

[장면 2] 예수 죽음과 부활 (요 18-21장)

● 체포, 재판, 그리고 죽음 (요 18-19장)

이제 하나님의 시간이 다가오고 있다. 영적으로 보면 사탄과 싸움의 시간이다. 예수님은 제자들에게 다락방 강화를 마치시고 제자들과 함께 기도하러 겟세마네 동산에 가셨다. 기도를 마친 후에 예수님은 사람들에게 잡혀 빌라도에게 끌려가신다. 빌라도가 심문하는 과정은 예수님의 관심이 어디에 있는지, 예수님은 어떤 왕인지 잘 보여주고 있다. 예수님의 나라는 세상에 속한 나라가 아니다. 그러나 빌라도는 세상 나라에 속해 있다. 그는 일시적으로 왕이 되어 예수님을 잡아 죽이는 힘을 가졌지만 영원하지 않고 얼마 있다 쫓겨난다. 그러나 주님은 영원한 왕이시다. 예수님이 진리에 속한 자는 예수님의 말씀을 듣는다고 하자 빌라도는 진리가 무엇이냐고 반문한다. 이것을 통해 예수님은 진리의 삶을 살았고 빌라도는 진리가 무엇인지 모른 채 살았음을 보여준다.

※ 세상에는 크게 두 길이 있다. 우리는 언제나 두 개의 선택 속에서

살아간다. 사람도 두 종류가 있다. 한 사람은 진리를 따라 사는, 진리에 목숨을 거는 주님과 같은 사람이 있고, 또 한 사람은 진리와 상관없이 잠시 있는 부귀영화를 좇는 세상 사람이다. 오늘도 빌라도와 같은 사람이 대부분이다. 잠시 있는 세상의 영광에 모든 것을 바쳐 살다가 허무하게 죽어가는 사람이다. 나는 어떤 종류의 사람인가? 빌라도는 예수님과의 대화를 통해 예수님이 죄가 없음을 알고 그를 풀어주려 하지만 사람들이 예수를 풀어주는 것은 가이사에게 반역하는 것이라고 하자 예수를 사람들에게 넘겨준다. 잠시 있는 세상의 욕심에 사로잡혀 거짓된 길을 간 빌라도는 역사적으로 불행의 대표자가 되었다.

진리와 거짓 속에서 대부분 거짓된 길을 선택한다. 악의 길은 자기를 중심으로 선택하는 것이다. 오늘날에도 빌라도와 같은 길을 걷는 수많은 사람에게 경종을 울리고 있지만 많은 사람이 그것을 거부하고 계속 빌라도의 길을 가고 있다. 잠시의 세상 즐거움을 위해 진리되신 예수를 믿지 않고 거부하는 사람이 많다.

예수님은 죽으실 때 "다 이루었다"고 하시면서 영혼이 돌아가신다. 예수님은 말씀을 이루기 위해 오셨다. 그리고 그 말씀을 다 이루고 가셨다. 죽는 순간까지 말씀과 함께하셨다. 그 뼈가 하나도 꺾이지 아니하리라고 한 성경의 말씀을 이루시면서 죽으셨다. 실제 예수님은 빨리 죽으셨으므로 다리를 꺾지 않았다. 죄인이 빨리 죽지 않으면 다리를 꺾는 것이 당시 관례였다.

※ 우리는 내가 사는 것이 아닌 그리스도가 사는 사람들이다. 그러므로 그리스도인은 나의 뜻이 아닌 주의 뜻을 이루는 사람이다. 오늘도 우리는 말씀을 이루는 삶을 살아야 한다. 우리를 말씀으로 구원하신 것은 말씀이 응하는 일과 관계있다. 나에게 맡겨주신 하나님의 뜻은 무엇인

가? 그것을 발견하고 그것을 위해 살아가는 사람이 되어야 할 것이다. 나를 통해서 말씀이 육신이 된 예수님을 드러내는 삶이 기도해야 할 제목이다. 바울이 나를 통해 오직 그리스도만 드러나고 내 몸에서 주님만이 존귀하게 되는 것이 소망이라고 말한 것처럼 우리의 남은 생애도 이와 같아야 할 것이다.

● 부활과 그 이후 (요 20-21장)

영생은 부활을 통해서 주어진다. 우리에게 생명을 주시기 위해 주님이 부활하셨다. 예수님은 죽으신 후에 약속대로 삼 일 만에 부활하셨다. 부활 후에 나타나셔서 제자들에게 하신 말씀은 "평강이 있을지어다"였다. 주님을 믿는 자에게 하나님의 평화가 임한다. 아버지께서 나를 보내신 것처럼 제자들을 세상에 보낸다고 말씀하신다. 그리고 성령을 받으라고 하시면서 성령과 함께하는 삶을 예고하셨다. 이것은 이후에 예수님이 보내신 성령이 제자들과 함께하겠다는 의미이다. 예수님이 부활 후에 승천하시는 이유는 우리를 버리신 것이 아니라 다시 와서 우리 안에 성령으로 임하시려는 것임을 말한다. 그리고 우리와 함께 영원토록 거하시는 것이다.

성령받은 사람은 세상에 부활의 생명을 전할 사명이 있다. 오늘 우리도 주님이 세상에 보내셨다. 성령이 우리 안에 계셔서 세상에서 복음의 증인으로 살게 도와주신다. 오늘 우리는 주님의 평강을 선물로 받았기에 두려워하지 말고 세상에서 담대하게 복음을 전하는 제자들이 되어야 할 것이다.

부활을 본 사람은 많지 않다. 제자 중 하나인 도마는 예수님이 나타나실 때 없었다. 그래서 부활의 주님을 만나지 못했다. 제자들의 말만 듣고는 부활의 주님을 믿을 수 없다고 하자 주님은 도마에게 나타나셔서 "본고로 믿느냐. 보지 못하고 믿는 자들은 복되도다"(요 20:29)라고 말씀하신다. 이 구절은 요한복음의 결론이다. 요한복음은 표적 기사로 가득 차 있다. 그러나 표적은 보지 않고 믿는 것이 진정한 믿음임을 보여주려는 것이다. 대부분 사람은 보고 믿으려고 한다. 그러나 보고 믿는 것은 한계가 있다. 제자들이 전하는 말씀만 듣고서도 주님의 부활을 믿을 수 있다면 이것은 가장 복된 일이다. 예수님은 도마를 통해서 이런 믿음을 우리가 가져야 할 것을 권면하고 있다.

※ 믿음은 바라는 것을 실제로 믿고 보이지 않는 것을 보는 것처럼 믿는 것이다. 진정한 믿음은 보지 않고 믿는 믿음이다. 지금 우리가 믿는 믿음은 이런 믿음이다. 누구도 주님의 못 박힌 손과 옆구리를 만져보고 믿는 사람은 없다. 이렇게 해서는 아무도 믿을 수 없다. 말씀만 듣고서도 믿을 수 있다면 이것은 놀라운 하나님의 은혜를 받은 사람이요 그것이 최고의 표적이다. 앞으로 이런 믿음을 갖도록 해야 할 것이다.

▶ 정리

성경은 예수님에 대한 책이다. 요한복음을 기록한 목적은(요 20:31) 이것을 통하여 예수님이 하나님의 아들이심을 믿게 하려 함이었다. 예수를 믿고 생명을 얻게 하는 것이 요한복음의 기록 목적이다. 요한복음에 나오는 표적을 통하여 예수님이 진정으로 하나님의 아들이심을 믿는 신앙으로 우리가 확고하게 선다면 이보다 좋은 믿음은 없을 것이다. 하늘나라에 대한 소망을 두고 주님의 뒤를 따르는 제자들의 사명을 잘 감당해야 할 것이다. 이 세상이 힘들고 어려워도 그것에 이끌리지 말고 그런 유혹에 사로잡힐 때는 주님이 가셨던 진리의 길, 십자가의 길을 바라보면서 살아가야 할 것이다. 이런 면에서 베드로에게 사명을 주시는 요한복음 21장의 부록 같은 장면은 오늘 우리에게 우리가 어떻게 살아야 할지 가르쳐준다.

오직 말씀에 전념하면서 주님의 양을 먹이고 치는 일이야말로 우리가 사람들에게 생명을 나누어 주는 일이요 구원받게 하는 길이다. 이것은 마태복음이 제시한 제자 삼는 사명과도 연결된다. 결국은 사람을 세우는 일이 복음 사역에 중요한 일이다. 부모는 자녀를, 목회자는 성도를, 성도는 세상 사람을 제자로 삼는 일이야말로 주님의 양을 먹이는 일이다.

※ 하나님은 말씀을 붙잡고 말씀을 이루기 위해 수고하는 자와 함께한다. 하나님은 받은 말씀을 붙잡고 이것에 전념하며 살아가는 사람과 함께하시고 성령을 충만하게 해주실 것이다. 내게 주신 말씀을 붙잡고 그 말씀으로 구원과 생명의 역사를 이루는 사람이 되어야 할 것이다. 말씀을 통하여 날마다 주님을 만나면서 그 속에서 힘을 얻고 다른 사람에게 생명을 나누어주는 사명을 잘 감당해야 할 것이다. 우리는 이미 생명을 소유한 사람들이다. 우리에게 영원한 생명을 주신 이유는 이 생명을 나누어주는 데 있다.

"오직 이것을 기록함은 너희로 예수께서 하나님의 아들 그리스도이심을 믿게 하려 함이요 또 너희로 믿고 그 이름을 힘입어 생명을 얻게 하려 함이니라"(요 20:31).

"오직 이것을 기록함은

너희로 예수께서 하나님의 아들

그리스도이심을 믿게 하려 함이요

또 너희로 믿고 그 이름을 힘입어 생명을

얻게 하려 함이니라"(요 20:31).

09

하나님 나라를 선포하고 이 땅에서 이루신 예수님은 승천하신 후에 오순절 성령강림으로 제자들에게 영으로 다시 임하셨다. 성령을 받은 제자들을 통하여 교회 역사 속에서 하나님 나라가 어떻게 전파되고 교회를 통해 어떻게 건설되는지 그 과정을 보여주는 것이 사도행전이다. 예루살렘과 유대와 사마리아 땅끝까지 이르러 전파되는 하나님 나라의 이야기는 한 편의 장엄한 드라마다. 그리고 그 드라마는 소아시아와 유럽과 로마에까지 확장되어 오늘날까지 이어지고 있다. 서신서는 하나님 나라의 복음이 각 교회를 통하여 어떻게 적용되는지 그 실례를 잘 보여준다. 각 지역 교회의 상황에 맞게 복음이 선포되며 그곳에 하나님 나라가 세워지는 이야기를 그리고 있다. 오늘날의 교회는 하나님 나라가 선포되고 하나님 나라의 모델로서 세상에 증인 된 사명을 감당해야 한다. 교회에 하나님 나라가 이루어질 때 비로소 세상에서 교회가 빛과 소금의 역할을 감당할 수 있다. 교회는 이 세상 나라가 아닌 영원한 하나님 나라를 세우는 위대한 공동체.

하나님 나라

-적용-

[하나님 나라의 적용 : 땅끝으로 전파되는 복음]

해석과 적용 (사도행전과 서신서 - 계시록) : 복음의 삶

사도행전

예수 | 예수 복음 = 교회 = 땅끝까지 복음 전파 (행 1:8)

12제자 + 베드로	빌립	사울	고넬료 베드로 야고보	바울 + 바나바		바울+디모데 +실라	바울
일곱 일꾼, 스데반							

| 성령강림 성령 = 주인 **예루살렘교회** (1-7장) | 유대와 사마리아 교회 (8-9장) | 이방 교회 (10-12장) | 1차 선교 (13-14장) 아시아 | 예루살렘 회의 / 15장 | 2차 선교 (16-18장) 유럽 | 3차 선교 (19장-21:16) 아시아 유럽 | 4차 선교 (21:17-28장) 예루살렘 로마 |

말씀

12-120-3,000-5,000 | 말씀이 점점 흥왕 - 6:7, 9:31, 12:31, 16:5, 19:20, 28:31

복음을 위해 희생 - 고난과 핍박과 순교

갈 자유	살전·후 재림	고전·후 교회 문제	롬 믿음

교리서신

옥중서신 - 엡, 빌, 골, 몬

목회서신 - 딤전·후, 디도서

내부 (유대교로 회귀)	**야고보서** 행함 있는 믿음	**유다서** 이단	
히브리서 율법, 배교	**요한1, 2, 3서** 사랑, 이단	외부 - 종교적 (영지주의)
외부 - 정치적 (로마핍박 - 황제 숭배)	**베드로전서** 고난	**베드로후서** 거짓 교훈	

말씀 + 복 - 1:2-3 - 22:7,19 → 7교회 → **요한계시록** 싸움 - "이기는 자" - 승리 (마라나타) → 생명나무 (22:2,14,19) 거룩한 성

666 불과 유황 ← 7재앙 시리즈 인 - 나팔 - 대접 → 144,000 새 하늘과 새 땅

■ 역사와 시대

사도행전과 서신서 속에 계신 하나님

사도행전과 서신서시대는 예수님이 십자가에 죽으시고 부활하여 승천하신 후에 예수님이 전해주신 복음을 땅끝까지 증거하는 사도들의 증언을 기록했다. 사도행전은 사도들의 역사를 기록한 역사서이며 서신서는 사도들이 교회를 향해 보낸 편지이다. 사도행전의 전반부는 베드로와 제자들의 이야기, 후반부는 바울의 선교여행을 중심으로 기록되었다. 사도들은 복음인 예수 그리스도를 전했다. 그 결과 많은 사람이 복음을 믿어 구원받았다. 사도행전과 서신서를 읽으면서 우리는 사도들이 전한 복음을 믿는 사람들과 초대교회 이야기를 생생하게 경험할 수 있다. 이렇게 사도들이 전한 복음은 오늘날 교회를 세우는 원동력이 되었고 이 복음은 교회를 통하여 앞으로도 계속 전파될 것이다.

Bible

■ 성경 각 권 소개

사도행전

【 사도행전의 배경 】

역사적인 기록으로 쓰인 누가복음과 사도행전은 서로 연결된다. 누가
복음은 지리적인 순서로 갈릴리에서 예루살렘으로 이동한다. 반면에 사
도행전은 예루살렘에서 출발하여 유다의 다른 지역으로 확장되어 진행
된다. 사도행전은 예루살렘에서 출발하여 로마에 이르게 되는 이동과정
을 따라 성경을 읽도록 구성되었다. 예수님의 구원 이야기는 구약에서
이미 예언한 유대인과 이방인을 위한 것임을 분명하게 말한다. 특히 사
도행전은 제1부로 알려진 누가복음과 연관하여 읽으면 더 깊고 넓게 말
씀을 이해할 수 있다.

【 특징과 읽기 지침 】

1. 설교를 중심으로 한 기록방식이다. 예를 들면 베드로의 설교(행
   2:14-39, 3:11-26, 10:27-43)와 스데반 설교(행 7:1-53)와 바울
   의 설교(행 13:16-47, 17:22-31, 20:17-35) 등이다. 다양한 배경
   속에서 그리스도의 복음이 어떻게 전파되는지 설명하고 있다. 이
   것은 그리스도에 관한 내용이 사도행전을 통해 계속하여 나타나고
   있음을 의미한다.

2. 사도행전에 나타나는 이야기의 중요한 전환점으로 성령이 결정적
   역할을 하고 있다. 이것은 저자 누가의 특별한 방식이다. 전환점마
   다 성령의 역할이 강조되고 있다. 그리스도가 다시 오실 때까지 성
   령의 역사가 계속 이어가게 될 것이다.

3. 복음의 역동성과 확장성이다. 복음은 하나님의 능력이며 하나님의
   구원 행위는 유대인이나 이방인 모두에게 차별 없이 적용되며 어
   느 것으로도 방해받을 수 없는 특징을 지니고 있다. 복음을 만나면
   누구든지 놀랍게 변화되고 지역과 대상을 넘어 복음의 확장이 이
   루어진다.

4. 복음의 반응에 대한 것이다. 사도행전을 통하여 복음이 전파되는
   과정을 보면 언제나 두 종류의 사람이 등장한다. 하나는 복음을 받
   아들이는 사람이며 또 하나는 복음을 거부하는 사람이다. 이야기
   가 진행될수록 이방인은 복음을 잘 받아들이지만 유대인과 예루살
   렘 지도자들은 복음을 거부하고 교회를 배척하는 특징을 보인다.

이것을 통하여 궁극적으로는 이스라엘이 시기하게 하므로 이스라엘 구원과 역설적인 연관성을 가지고 있다.

【 사도행전의 내용 구조 】

1-2장 (예루살렘)	8-12장 (유대와 사마리아)	13-28장 (땅끝까지)
예루살렘	유대와 사마리아 이방지역	안디옥이 중심지
베드로	베드로에서 바울에게 옮겨짐	사도 바울
열두 사도 활약	열두 사도 퇴장	사도 바울만 부각
이스라엘을 향한 메시지	이방지역을 향한 메시지	모든 사람을 향한 메시지
초대교회 태동과 성장	빌립의 복음 증거 사울의 회심 베드로의 복음 증거 초대교회 박해	예루살렘 공의회 제1-3차 로마 선교여행

D·a·y
104
장면통독 가이드

>>> 사도행전 1-12장
# 예루살렘과 유대,
# 사마리아와 로마교회

✳ 통독 포인트

사도행전을 쓴 저자 누가는 누가복음에서 예수님이 승천하실 때 주님의 성령 오심을 기다리라고 말씀하였다. 이제 2부와 같은 사도행전에 성령이 오시면 제자들은 성령의 능력을 받아 땅끝까지 이르러 증인이 될 것이라고 말씀했는데 그 약속대로 성령이 오셔서 교회의 태동 이야기가 시작된다. 교회가 세워지고 처음에 교회 안에 일어나는 사건을 모델로 보여주는 이야기가 소개된다.

[장면 1] 선교를 위한 준비 (행 1-2장)

● 성령의 약속 (행 1장)

성경의 모든 내용은 약속이 성취되는 관점으로 기록되었다. 성령의 오심도 구약에 언급한 요엘 선지자를 통해서 주어진 말씀과 예수님이 말씀하신 것을 이루는 의미에서 성경을 읽어야 한다.

육신을 입으신 예수님은 부활 승천하셨다. 그리고 영으로 다시 우리 안에 오셨다. 그분이 그리스도의 영인 성령님이시다. 예수님이 부활하신 후에 약속하신 말씀은 예루살렘을 떠나지 말고 아버지의 약속하신 성령을 기다리라는 것이었다. 요한이 물로 세례를 베푼 것같이 몇 날이 못 되어 성령으로 세례받는 일이 일어난다는 것이다. 성령이 오셔야 하나님이 사역하실 수 있다. 주님을 대신한 성령이 오시면 예수님이 제자들과 같이 계실 때보다 더 효과적이다. 우리 안에 거하시고 우리가 가는 어디든지 성령이 함께하실 수 있기 때문이다.

성령이 오셔야 제자들은 능력을 받게 되고 땅끝까지 이르러 증인이 될 수 있다. 인간의 힘으로 예수님처럼 십자가 죽음의 길을 가는 것은 불가능하다. 예수님이 잡힐 때 제자들은 두려워 떨고 있었다. 이런 제자들에게 성령이 임하면 주님처럼 담대하게 진리를 전하는 증인이 될 수 있다는 말이다.

예수님의 약속대로 사람들이 모였는데 열한 제자와 여자들과 예수님의 어머니 마리아와 예수님의 아우들이다. 이들이 초대교회 개척 구성원이다. 이들이 모여서 한 일은 마음을 같이하는 일과 기도하는 일이었다. 이것은 예수님이 제자들에게 서로 하나 되라고 하셨던 명령을 실천하는 것에서 출발했다.

※ 주님의 교회는 인간의 모임이지만 성령이 하나 되게 하신 영적 공동체이다. 하나님의 교회가 시작되는 일은 성령이 오셔야 한다. 성령이 주인이 되셔서 사람들을 하나로 모아주시면 교회가 시작된다. 교회를 세우고 새로운 교회를 시작하기 위해서는 성령의 임재가 나타나야 한다. 그것은 성령이 교회를 세운다는 증거다. 이날을 기다리고 준비하는 일이

우선 중요하다. 이것은 오늘날 우리의 교회가 어떻게 시작되어야 하는지를 보여주고 있다. 성령은 공동체와 교회를 세우는 영이다. 모일 때 그리고 그 모임이 하나 될 때 하나님의 역사가 일어난다.

● 성령 강림 (행 2:1-42)

하늘로 가신 주님이 이제 영으로 오시는 날이 주님이 약속한 날이다. 그 약속을 붙잡고 모여서 함께 기도하고 있는 그 날이 바로 오순절이었다. 이날은 모세가 시내산에서 말씀을 받은 날이다. 갑자기 하늘에서 급하고 강한 바람 같은 소리가 있어 온 집에 가득 차면서 불의 혀같이 갈라지는 것이 각 사람에게 임했다. 성령의 충만함을 받자 성령이 말하게 하심을 따라 다른 방언으로 말하기 시작했다. 이때 각자 자기가 난 곳의 말로 방언을 했다. 각처에서 모여든 사람이 자기 나라말로 하나님의 말씀을 들었을 때 그 느낌이 어떠했을지 충분히 상상이 간다. 인간의 힘으로는 상상할 수 없는 놀라운 하나님의 역사를 체험하게 된다.

이런 신비한 일에 대해서 사람들은 이해 못 했다. 어떤 사람들은 방언하는 것을 보고 새 술에 취했다고 조롱했다. 이런 일에 대해 베드로는 이미 요엘 선지자를 통해서 성령을 주시리라고 하신 말씀이 응한 것이라고 말한다. 그리고 유대인들이 죽인 예수님을 하나님이 주와 그리스도가 되게 하셨다고 전한다. 그러자 모인 사람들이 마음에 찔려 '어찌할꼬' 하면서 회개했다. 그리고 3천 명이 예수를 믿고 세례를 받는다. 그 사람들이 초대 교인이 된다. 이들은 사도의 가르침을 받고 교제하고 떡을 떼며 기도하는 일에 힘쓰며 교회를 세워 간다.

교회를 태동하게 한 것은 전적인 성령님이시다. 성령의 역사로 3천 명이 회개하고 구원받는 일이 일어난다. 물론 그전에 베드로의 설교가 있었다. 말씀이 있는 곳에 성령이 역사하고 성령이 역사하니까 회개와 세례를 받는 역사가 일어났다.

※ 교회가 어떻게 시작되었으며 교회를 이끄는 주체가 누구인가를 말해주는 성령 강림의 이야기는 교회를 세워나가는 데 중요한 지침이 된다. 세상의 모임과는 차별된다. 성령 받은 사람들과 성령의 충만함 속에 나타난 성령의 은사에 따른 역사로 세워지는 거룩한 모임이다.

오늘도 교회는 이렇게 세워진다. 성령이 역사하면 이런 일이 일어날 수 있다. 교회는 영적 공동체로 성령의 감동을 받은 사람들이 모여 기도하고 예배하며 교제하는 곳이다. 이곳은 성령 받은 사람만이 올 수 있는 거룩한 공동체다.

● 초대교회 설립 (행 2:43-47)

교회를 세우는 분은 성령이시다. 교회는 단순히 인간들의 모임이 아니다. 성령의 지시를 받고 순종하는 사람들이 모이는 곳이다. 사람이 모인다고 교회가 되는 것이 아니다. 교회는 성령의 역사로 세워진다. 초대교회가 이것을 보여주고 있다. 이렇게 모인 성도들은 서로 물건을 통용하고 날마다 마음을 같이 하여 성전에 모이고 음식을 먹고 교제하고 하나님을 찬미하며 주님을 선포한다. 이것이 교회의 모습이다. 그러자 주께서 구원받는 사람을 더하셔서 교회가 부흥했다. 교회를 시작하고 성장하고 전도하는 주체는 성령이다. 이것이 사도행전 교회의 모습이다.

※ 교회는 성령이 하나 되게 하신 주님의 몸이다. 물론 능력도 성령이 주신다. 교회가 하나 될 때 부흥이 일어난다. 초대교회 부흥 원리는 오늘날에도 계속 이어지고 있다. 진정한 전도는 교회 자체가 전도한다. 아름다운 공동체를 이룰 때 전도는 자연히 이루어진다. 사도행전에 나오는

베드로 설교는 이것을 하나 되게 한 말씀이 이룬 역사다. 베드로도 설교하면서 이렇게 3,000명이나 회개하고 세례받을지는 생각도 못 했을 것이다. 성도들이 말씀에 순종하자 성령의 놀라운 역사가 일어났다.

[장면 2] 예루살렘교회 (행 3장-8:3)

● 베드로와 사도들의 복음 사역 (행 3-5장)

세상의 단체나 모임은 사람들의 생각과 이익에 따라 움직인다. 그러다가 서로 생각이 다르면 모임이 해체된다. 하지만 교회는 말씀으로 세워지는 공동체다. 사도행전은 교회가 어떻게 말씀으로 부흥하고 번져나가는지 잘 보여주고 있다. 예루살렘교회가 그 시발점이 되었다. 예루살렘교회는 부흥하여 날마다 발전해 갔다. 여기에 사도들의 복음 전도가 큰 역할을 했다. 베드로와 요한이 성전 미문에 있던 앉은뱅이를 고쳤는데 이런 기적은 사람들에게 복음의 능력을 체험하는 기회가 되었고, 이렇게 해서 모인 5천 명이 솔로몬 행각에 모였다. 그때 베드로는 사람들에게 예수 그리스도에 대한 복음의 말씀을 전했다. 이때 앉은뱅이가 나은 것은 전적으로 예수 이름으로 인한 것이라고 전한다. 베드로가 복음의 능력을 전하자 사람들이 복음을 받아들인다. 이때 구원받은 사람이 5천 명이 되었다. 놀라운 숫자이다. 이것은 전적으로 하나님이 역사하신 일이었다. 한 사람이 설교한다고 해서 바로 이런 일이 일어나지 않는다. 성령이 주도할 때 가능한 일이다. 구원과 교회 부흥은 성령이 역사하실 때 일어난다. 이것은 교회가 세상의 단체와 무엇이 다른지 보여주는 대목이다.

하나님의 교회는 인간의 생각으로 갑자기 세워지는 것이 아니다. 오래전 구약에서 예언된 약속을 이어서 세워지는 것이 교회다. 교회가 세워지는 것은 약속을 이어가는 동선을 따라 이루어진다. 언약을 따라 주님의 제자로 이어온 제자를 통해 말씀이 전해진다. 사도의 역할은 중요하다. 사도는 말씀을 맡은 자다. 세례 요한의 세례를 받고 이어온 것처럼 제자들을 통해서 계속 이어진다. 주님은 이런 사도들에게 영적 권위를 주셨다. 교회가 성장하는 데 사도들은 중요한 역할을 한다. 말씀을 받은 베드로와 사도들의 복음 사역은 언제나 긍정적, 부정적 반응이 나타난다. 한편으로는 이런 복음의 능력을 시기하여 죽이려 하고 베드로와 요한을 잡아 옥에 가두기도 한다. 이 일로 사도들은 핍박받는다. 이렇게 초대교회는 부흥하여 발전해갔다.

초대교회 교인 중에 바나바와 같은 사람은 자기의 재물을 하나님께 드린 좋은 모델이다. 그러나 아나니아와 삽비라 같은 사람은 하나님을 속이고 땅값을 속이는 부정적인 사람으로 소개된다. 이 둘은 결국 하나님의 징벌을 받아 죽게 된다. 초대교회에 이 일은 경고가 되었다. 성령이 운행하시는 교회를 경험했을 것이다. 특히 사도들을 통하여 표적과 기사가 많이 나타나면서 교회가 든든히 세워져 갔다. 그리고 믿고 주께로 나오는 사람이 많아졌다. 아울러 온 백성들에게 칭송받는 교회가 되었다. 병든 사람들이 나아와 베드로에게 고침을 받으려고 몰려들었다. 그러나 사도들은 예수님이 고난을 겪었던 것처럼 대제사장들에게 미움을 받아 많은 핍박을 받았다. 사도행전은 말씀을 전하는 사도들에 의해 교회가 세워지는 과정을 생생하게 그리고 있다.

※ 교회는 말씀을 맡은 영적 지도자의 역할이 중요하다. 지도자에 의해 교회의 미래가 결정된다. 특히 말씀을 가르치고 양육하는 일은 목숨 걸고 해야 할 지도자의 중대한 사명이다. 사도들은 말씀과 기도에 전념했다. 말씀을 받은 사람은 말씀에 생명을 거는 사람들이다. 그런 이유로

제자들은 모두 순교했다. 아니면 옥에 갇히는 살아 있는 순교를 각오하면서 삶을 마쳤다. 복음을 전하는 데는 자기 생명조차 조금도 귀한 것으로 여기지 않고 복음을 귀하게 여기는 사명감이 필요하다. 그것은 복음이 생명을 살리는 능력이기 때문이다.

● 사도들이 양육한 제자들

예수님의 마지막 명령은 제자로 삼아 땅끝까지 증인이 되는 것이다. 교회는 양육하여 제자로 삼는 것이 중대한 사명이다. 그것은 말씀만이 영원하기 때문이다. 사도들은 표적을 행하며 그것을 통해 전도하며 아울러 제자를 양육하는 일에 힘썼다. 초대교회 성도들을 하나님의 사람으로 양육했다. 그렇게 해서 일꾼으로 처음 세워진 사람들이 성령과 지혜가 충만하고 사람들에게 칭찬을 듣는 사람 일곱이었다. 하나님의 말씀이 점점 왕성하여 제자의 수가 많아지게 되었고, 심지어 제사장 무리까지 말씀에 복종하는 일이 일어났다.

사도들이 예루살렘교회를 세워나가는 데 제자 양육은 가장 중요한 일이었다. 성경에는 자세하게 나와 있지 않지만 십여 년 넘게 제자들을 양육한 것으로 보인다. 그렇게 양육된 대표적인 사람이 스데반이다. 사도행전 7장에 스데반의 설교와 그의 믿음을 길게 소개하고 있다. 얼마나 성령이 충만했는지 예수님처럼, 자기를 죽이는 사람을 용서해달라는 기도를 하면서 죽어간다. 예수님을 닮은 제자가 만들어졌다. 이것은 당시 초대교회가 어떤 모습이었는지 잘 보여주는 대목이다. 스데반과 같은 훌륭한 제자가 만들어지자 교회는 더욱더 부흥했다. 스데반의 순교로 교회에 대한 핍박이 심해졌지만 교회는 부흥의 속도가 더 높아져 복음이 땅끝까지 흩어지는 계기가 되었다. 예수님을 닮은 한 사람의 제자가 예수님처럼 죽음으로 교회의 산제물이 되었다. 그것은 복음의 능력을 몸으로 보여준 사건이다.

　※ 교회는 제자를 양육하는 공동체이다. 그 제자에 의해 교회가 성장해 나간다. 오늘도 우리에게는 스데반과 같은 제자가 필요하다. 좋은 교회는 그런 제자가 많아져야 한다. 교회는 이런 제자를 양육하여 세상에 그리스도의 증인으로 살게 해야 한다. 이것이 교회가 해야 할 중대한 사명이다. 한 사람의 영향력 있는 제자는 지역을 부흥시키는 원동력이 된다. 마당만 밟는 많은 무리보다 자기의 모든 것을 바쳐 목숨을 거는 한 사람 제자를 통하여 성장하고 복음이 전해진다. 스데반과 같은 한 제자를 세우기 위해서는 많은 수고가 필요하다. 예수님이 헌신하여 3년 동안 수고했던 것처럼 제자들의 해산 수고가 있었기에 가능했다. 눈물과 희생이 없이는 제자가 양육되기 어렵다.

[장면 3] 이방으로 확장되는 복음 (행 8:4-12장)

* 통독 포인트
　하나님의 말씀은 어디에도 매이지 않고 세상을 뛰어넘는 힘이 있다. 사도행전은 말씀을 맡은 제자들이 복음을 전파하는 과정을 기록하고 있다. 이것을 통해 복음이 어떻게 말씀을 통해 이방으로 확장되고 교회를 세워나가는지를 볼 수 있다. 말씀을 전하는 자를 통해 어떻게 표적과 기사와 변화가 일어나는지를 마음에 그리면서 읽으면 사도행전이 쉽게 읽힌다. 사람을 통하여 복음이 전파되는 과정을 사도행전은 자세하게 그리고 있다. 오늘 우리의 모습을 비교하면서 살펴보면 유익이 된다.

- 빌립

빌립의 이야기는 말씀으로 무장하면 사람이 어떻게 성령의 인도하심을 받는지를 보게 하는 사례이다. 일곱 명 일꾼 중의 한 사람인 빌립이 에디오피아의 내시를 전도하고 세례를 주어 복음이 아프리카까지 가는 출발이 되었다. 초대교회 일꾼들은 복음 전도를 열심히 하였다. 그런 자에게 하나님은 능력을 주어 복음을 전하게 하셨다. 이것은 주님이 하신 말씀이 그대로 이루어지는 복음의 현장이다. 빌립은 전도자로 모델이 되는데 그의 특징은 말씀으로 충분히 훈련받았다는 점이다. 에디오피아 내시가 이사야 성경을 읽다가 모르는 문제를 질문했을 때 예수 그리스도의 복음을 바르게 전한 것은 그가 얼마나 말씀으로 훈련받은 사람인지를 보여준다.

- 사울

하나님은 복음 전도를 위해 미리부터 전도자를 준비시키고 그를 부르셨다. 이제 복음이 이방으로 번져나가기 위해서는 그것에 맞는 전도자가 필요하다. 그 사람이 사울이다. 사도행전 9장은 당시 교회를 핍박하던 사울이 하나님의 도구로 사용되는 과정을 그리고 있다. 사울은 교회를 핍박하던 열성적인 유대인이었지만 다메섹 도상에서 하나님께 부름을 받아 예수를 전하는 사도 바울이 된다. 바울은 하나님이 이방인과 임금들과 이스라엘 자손 앞에 복음을 전하기 위해 택한 그릇이었다. 그가 예수를 만나는 장면은 아주 극적이다. 그리고 바울이 하나님을 만난 것이 아닌 하나님이 이미 아시고 바울에게 주도적으로 나타나 바울을 사도로 삼으신 것은 주도권이 하나님에게 있음을 보여준다.

- 베드로와 고넬료

하나님은 이미 복음의 지형도를 크게 그리고 계셨다. 그것은 이스라엘에만 국한되는 것이 아닌 열방을 향해 나가는 것이다. 하나님의 선교를 위해서는 우리가 가진 복음의 지경이 커야 한다. 그런 점에서 베드로는 아직도 부족한 한계점이 있다. 선교를 위해서는 먼저 생각의 변화가 필요하다. 유대인으로서 사도의 선두주자인 베드로는 여전히 유대적인 사고에 매여 있었다. 복음으로 거듭나야 하는데 그렇지 못했다. 거룩한 것과 속된 것을 잘 구분하지 못하고 외적으로만 보는 외식에 빠져 있었다. 그런 모습으로는 열방을 향해 복음을 전할 수 없다. 하나님은 이런 베드로를 미리 훈련하여 앞으로 이방 전도에 좋은 도구로 사용하려는 계획을 세우고 계셨다.

수제자 베드로는 당시 예루살렘교회에 큰 영향을 끼치고 있는 사람이었다. 이 사람이 변화되지 않으면 복음 전파의 걸림돌이 될 것이다. 이것을 위해 준비한 사건이 이방인 고넬료와의 만남이다. 고넬료와의 만남을 통해서 베드로는 성령의 역사를 경험하고 시야가 넓어진다. 이방인에게도 성령이 내리는 역사를 직접 보고 경험한다. 이런 베드로의 경험은 후에 바울에게 이방 선교의 어려움이 생길 때 전적인 후원자가 되게 하는 원동력이 된다. 비록 사람이 전도하지만 결국은 뒤에서 선교를 계획하시는 분은 하나님이심을 알 수 있다. 베드로를 다듬어 이방 선교의 도구로 사용하시는 모습은 우리에게 하나님만을 의지해야 함을 알려준다.

- 안디옥교회

성경적 교회는 한 교회가 대형 교회로 성장하는 것이 아닌 계속 재생산하여 파송하는 교회이다. 안디옥은 이방 선교의 중심지가 된다. 최초의 이방 교회 안디옥이 세워지면서 안디옥을 통하여 제자들이 파송되고 이방 선교의 출발이 이루어진다. 바나바와 바울이 안디옥교회에서 모인 큰 무리를 일 년간 가르치게 된다. 그리고 제자들을 만들어 비로소 안디옥에서 그리스도인이라는 호칭을 세상 사람들에게서 얻게 된다. 그리스도인은 곧 예수쟁이라는 말로 예수에 미친 사람을 의미한다. 교회는 무리 공동체가 아닌 제자 공동체다. 제자 공동체는 한 사람 한 사람이 교회가 되어 흩어져 주님의 나라를 위해 파송되는 것이다. 그것이 진정한 교회 됨이다. 안디옥교회는 이런 모델을 제시하고 있다.

- 야고보와 헤롯과 베드로 이야기

진리와 거짓은 늘 적대관계다. 그런 이유로 진리를 전하는 사람에게 핍박은 필연적이다. 복음 전하는데 우리가 꼭 알아야 하는 것은 세상이 복음을 거부한다는 점이다. 그것을 이상하게 여기지 말고 지혜를 구하면서 나가야 한다. 복음은 진리를 전하기에 거짓된 것을 싫어한다. 복음 전파에서 핍박은 필연적이다. 예수 믿는 사람들과 사도들을 핍박한 헤롯왕은 요한의 형제 야고보까지 죽였다. 유대인은 이 일을 보고 매우 기뻐했다. 베드로도 옥에 갇혀 죽을 날을 기다리고 있다. 이때 성령께서 베드로를 구출하신다. 헤롯이 베드로를 잡고자 하지만 결국은 자신이 하나님의 진노를 받아 죽는다. 헤롯의 죽음은 복음 전파를 방해하고 거역한 사람의 말로가 어떤지를 잘 보여준다.

- 말씀의 역사

교회는 복음으로 세워지는 공동체다. 교회는 피에 의해 세워졌고 지금도 피와 희생으로 만들어진다. 그래서 복음은 고난이라는 영양분을 먹고 성장하고 자란다고 말한다. 성경에 나오는 초대교회는 핍박과 고난이 심하면 심할수록 오히려 복음의 전파 속도는 빠르게 진행된다. 사도행전의 중심 요절은 사도행전의 역사가 진행되면서 계속해서 나온다. 그것은 "하나님의 말씀은 흥왕하여 더하더라"(행 2:47, 6:7, 9:31, 12:24)이다. 이것은 사도행전의 교회 부흥은 말씀을 통한 부흥이었음을 말해준다. 하나님의 말씀에 사로잡힌 사람을 통하여 성령의 역사가 일어났다. 말씀으로 창조하셨듯이 교회도 말씀을 통하여 새롭게 갱신되고 부흥한다.

※ 사도행전은 말씀이 흥왕하는 이야기이다. 그리고 그 부흥은 주님이 오실 때까지 영원하다. 진정한 교회 부흥은 다음 세대까지 이어지는 부흥이다. 사도행전에 나오는 교회 성장의 핵심은 예수님의 제자원리에 따라 사람을 양육하여 세우는 일이었다. 이것은 지금 교회의 관행과 사뭇 다른 모습이다. 사도들이 양육하여 선택된 일곱 사람의 명단이 소개된다. 말씀으로 사람을 양육하여서 교회가 점점 더 성장했다. 특히 사도행전에서 말씀을 통한 성장은 사람의 수가 점점 많아지는 가시적인 형태로 나타났다. 5~6장을 보면 "더 많으니"(행 5:14), "더 많아졌는데"(행 6:1), "더 심히 많아지고"(행 6:7) 등으로 계속 반복되어 그 수가 증가한다. 이것은 교회가 말씀의 능력으로 점점 성장해가고 있음을 의미한다. "하나님의 말씀이 점점 더 왕성하여"(행 6:7)라는 구절에서 보듯이 초대교회의 외적인 놀라운 성장은 오직 말씀으로 이루어진 성장이었음을 알 수 있다.

이것은 5~6장뿐만 아니라 이미 1~4장에서부터 이어져 온 연장선이고 또 앞으로 28장까지 계속 이어지는 사도행전의 중심축이라 할 수 있다. 1~4장까지 내용을 보면 다락에 모인 120명이 주님의 약속을 믿고 모여 마음을 같이하여 기도할 때 오순절 성령강림이 이루어졌다. 이 사건을 구약성경을 토대로 해석하는 베드로의 말씀을 듣고 그 말을 받은 제자의 수가 삼천이나 더하게 되었다(행 2:41). 4장 4절에서는 "말씀을 들은 사람

[되새김 쉬운 통독 Tip]
사도행전의 정치 상황

아그립바 1세 시대 (AD 44년 이후)

아그립바 1세는 대헤롯의 형인 파사헬의 혈통을 타고 내려온 사람이다. 이 헤롯의 이름은 사도행전으로 들어가면서부터 등장한다. 그는 2년 후 헤롯 안티파스의 영토를, 다음 해에는 유다 및 사마리아와 이두매까지 지배함으로써 헤롯 대왕이 다스렸던 영토를 통합한다. 또 사도 야고보를 죽이고 베드로를 옥에 가두고 교회를 핍박한다(행 12:1-4). 그러나 말년에는 교만하여져서 주의 천사가 쳐서 충이 먹어 죽게 된다(행 12:23).

아그립바 2세 시대 (AD 52-60년)

아그립바 2세는 아그립바 1세의 아들로 일부 영토만 담당한다. 왕이 되었을 때 그의 나이는 17세였다. 그런 이유로 나중에 갈릴리 동부 지역의 분봉왕이 되었고(AD 53-70년경), 동생 버니게와의 불륜으로 지탄받기도 했다(행 25:13).

중에 믿는 자가 많으니"의 구절이 나온다. 이런 수적 성장의 역사는 7장 이후에도 계속 이어져 9장 31절에서 "수가 더 많아지니라", 12장 24절에서 "하나님의 말씀은 흥왕하여 더하니라", 19장 20절에서 "이와 같이 주의 말씀이 힘이 있어 흥왕하여 세력을 얻으니라"까지 계속된다. 이것은 말씀의 성장이 곧 교회 성장이었음을 보여주는 증거들이다. 특히 많은 제사장 무리까지 이 말씀에 복종하였다고 언급하면서 말씀의 위력과 말씀의 힘이 교회 성장의 근간이 되었음을 강조하고 있다.

D·a·y

105

장면통독 가이드

>>> 사도행전 13-15장, 갈라디아서

제1차 선교여행

* 통독 포인트

사도행전 13장부터는 본격적인 선교여행이 시작된다. 예루살렘에서 유다와 사마리아까지 전도가 이루어지고, 스데반의 핍박으로 인하여 안디옥 지역과 전 세계로 흩어졌다. 그들은 복음의 토양을 만들어 갔다. 사도 바울이 전도를 시작한다. 제1차 선교여행 지역은 소아시아 지역, 갈라디아 지방이다. 이때 쓴 서신이 갈라디아서다.

[장면 1] 제1차 선교여행 (행 13-14장)
: 아시아로 전파되는 복음

* 통독 포인트

한 사람 바울을 통하여 복음이 전파되는 이야기는 감동을 자아내기에 충분하다. 사도행전 13장부터는 본격적으로 바울의 선교가 펼쳐진다. 그

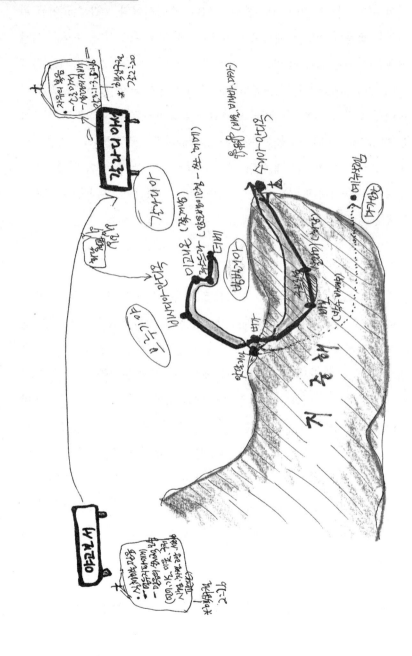

동안 예루살렘의 베드로가 이야기의 중심이었다면 지금부터는 바울을 통한 이방 세계가 이야기의 중심이 된다. 소아시아와 유럽 선교여행 이야기는 복음이 어떻게 세계로 퍼져나가는지 보여주고 있다. 바울의 이방 선교 이야기는 크게 세 개로 나누어 볼 수 있다. 아시아로 전파되는 복음(행 12:25-16:5)이 이제는 유럽으로 전파되는 복음(행 16:6-19:20)으로 이어지고 다시 처음 자리였던 예루살렘과 로마와 땅끝까지 전파되는 복음(행 19:21-28:30)의 동선은 한 사람 바울의 역사라기보다는 성령의 역사임을 다시 한번 느끼게 한다. 지도를 통해 각 지역의 모습을 상상하고 도시와 복음이 전파되는 과정을 확인하면서 사도행전 후반부를 읽어가면 감동과 생동감이 있을 것이다.

● 안디옥

이방 선교는 사도 바울을 시작으로 복음이 전파된다. 이방인 교회인 안디옥교회는 선교사를 파송하여 세계를 향한 복음 전파의 물꼬를 튼 점에서 중요하다. 바울과 바나바는 복음을 확장하는 데 결정적인 이바지를 하게 된다. 복음을 받은 교회는 이웃에게 전파해야 할 책임이 있다. 도구로 사용된 안디옥교회는 복음을 향해 열린 교회였다. 안디옥교회는 이방 선교의 본부였다. 안디옥교회는 선교의 모델을 보인 교회로 바나바와 사울을 최초의 선교사로 파송한다. 예루살렘 모교회의 영향에서 벗어나 어엿한 이방 교회로서 자립했다는 의미에서 안디옥교회는 선교의 모델이 된다. 특히 선교사의 가장 핵심 인물인 바나바와 사울이 선교사로 간 것은 의미가 있다. 선교는 동역이다. 성경의 선교는 함께하는 하나님 나라 교회였다.

※ 선교의 거점이었던 안디옥교회의 선교 모습은 현재 우리의 선교를

보여주는 모델이다. 안디옥교회가 가장 훌륭한 사람을 선교사로 파송한 것은 오늘날 우리가 본받아야 할 모습이다. 한 나라의 미래는 첫 선교사의 모습이 결정한다. 이런 면에서 잘 준비된 선교사를 양육하여 파송하는 것이 교회의 중요한 사명이다. 특히 팀으로 보내어 전도한 점도 눈여겨볼 만한 모습이다. 이것은 둘씩 짝지어 보낸 예수님의 전도 방법과도 일치한다. 건강한 교회 특징은 성도를 훈련하여 세상을 향해 파송하는 것이다. 제자를 삼아 전도하는 안디옥교회가 우리의 모델이다. 제자를 삼지 못하는 교회는 비대해진 어린아이 교회다. 모여 제자를 삼고 흩어져 제자를 파송하는 교회가 성경이 말하는 교회의 모습이다.

● 구브로

처음에는 모든 것이 어렵다. 그런 이유에서 가장 익숙한 것을 선택했는데 그것이 구브로 섬이다. 바울의 첫 선교지는 익숙한 고향에서 시작된다. 가까운 곳에서부터 출발하는 선교 동선을 그대로 따른다. 예루살렘과 유대와 사마리아와 땅끝으로 이어지는 선교의 원리를 적용한 것이다. 구브로는 바나바의 고향이다. 바울과 바나바는 구브로를 첫 선교지로 택한다. 이때 동행한 사람이 마가 요한이었다. 구브로 섬에서 바예수라 하는 거짓 선지자를 만난다. 그는 서기오 바울 총독을 방해하여 예수를 믿지 못하게 한다. 바울은 성령이 충만하여 거짓 선지자의 눈을 멀게 했다. 그것을 보던 총독은 예수를 믿는다. 하나님은 복음을 전하는 사람에게 능력을 주시어 복음을 전하게 하신다. 능력은 복음을 위해 사용될 때 나타난다.

일단 시작하는 것이 중요하다. 쉽고 익숙한 곳에서부터 복음을 전해보자. 혼자가 아닌 둘씩 짝을 지어 전도를 시작해보자. 바울과 바나바를 안디옥교회가 피송했다는 것은 가장 중요한 인물을 선교사로 보냈다는 점이다. 아마추어가 아닌 프로 전도자를 보낸 것이다. 복음을 받아들인 사람으로서는 처음의 격조가 평생을 작용하기에 처음에 무엇을 심느냐가 중요하다. 우리나라가 복음화가 빨리 이루어지고 성장의 역사가 기적을 이룬 것은 언더우드와 아펜젤러 등 처음 우리나라에 들어온 선교사들의 수준이 높았기 때문이다. 최고 집단에서 파송한 품격을 갖춘 인물이었다. 이런 면에서 한국교회는 축복받은 것이다.

● 버가, 비시디아 안디옥 (행 13:13-52)

복음 전도에는 언제나 두 가지 반응이 나타난다. 긍정적인 반응과 부정적인 반응이다. 부정적인 반응에 너무 지배당하지 말고 긍정적인 방향으로 풀어가는 것이 중요하다. 바울과 바나바와 동행한 마가 요한은 버가에서 예루살렘으로 돌아간다. 아마 전도가 쉽지 않았던 것 같다. 바울은 비시디아 안디옥에서 전도한다. 그들은 다음에도 계속 복음을 전해달라고 요청한다. 그다음 안식일에 온 성에 있는 거의 모든 사람이 다 모여 하나님의 말씀을 듣는다. 유대인들이 그것을 보고 시기하여 바울을 비방한다. 작정된 사람은 다 구원을 받는 일이 일어난다. 주의 말씀이 그 지방에 두루 퍼지게 된다.

말씀을 전하면 그 말씀이 힘을 받아 다른 사람을 전도하는 일이 일어난다. 그래서 전도할 때 사람의 말이 아닌 말씀을 전하는 것이 중요하다. 한 사람에게 전도할지라도 그 역사는 놀랍게 나타난다. 결국 바나바와 바울은 핍박을 받아 그곳에서 쫓겨난다. 복음을 전하는 곳에는 늘 어려움이 따른다. 이것은 이상한 일이 아닌 당연한 모습이다. 거짓이 많은 세상에서 진리는 언제나 어려움을 당하게 된다. 이것을 안다면 환경과 결과에 지배당하지 않고 당당하게 복음을 전해야 한다. 억지로 가기보다는 열리는 데로 가는 것이 선교의 방법이다.

● 이고니온, 루스드라, 더베 (행 14:1-20)

바울의 전도는 인간이 계획해서 가는 것이 아니다. 복음 전하는 자는 하나님이 인도하신다. 그저 바울은 순종하고 갈 뿐이다. 전도를 통해 나타나는 반응은 하나님의 인도하심을 보여주는 신호등과 같다. 이고니온에서 전도한 결과 두 가지 반응이 나타난다. 유대와 헬라의 허다한 무리가 예수를 믿게 된다. 그러나 유대인들이 이방인을 선동하여 형제들에게 나쁜 감정을 품게 한다. 두 사도는 표적과 기사를 행하고 말씀을 증거한다. 그러자 사도를 좇는 자와 유대인을 좇는 자로 나뉘면서 이방인과 유대인들이 두 사도를 돌로 치려 한다. 두 사도는 이것을 알고 도망한다. 그리고 루스드라에 가서 복음을 전한다.

루스드라에서는 발을 쓰지 못하는 앉은뱅이를 고친다. 그러자 사람들이 바울과 바나바를 신으로 여기면서 제사를 지내려고 한다. 바울과 바나바는 무리를 말려 제사를 못 하게 한다. 유대인들은 바울을 돌로 쳐서 죽은 줄 알고 성 밖으로 끌어낸다. 바울과 바나바가 복음을 전할 때마다 능력과 표적이 나타나지만 아울러 핍박으로 인해 죽음의 위기를 겪게 된다. 복음 전하는 일은 생각처럼 그리 순탄하지 않다. 표적이 일어날수록 시기는 더욱 많아져 어려움을 당하게 된다. 이것을 알고 전하면 실족하지 않는다.

※ 복음은 자체가 힘이다. 예수 복음을 전하면 예수 그리스도가 전도한다. 어디서든지 그분의 이야기를 전하면 복음이 된다. 복음은 복음 자체가 역사한다. 복음 사역은 내 힘으로 하려고 하지 말고 복음이 움직이는 방향으로 순종하고 나가면 된다. 오늘 우리는 복음을 전하면서 어떤 어려움을 겪는가? 쉬지 않고 복음을 전하는 사도들의 열정은 우리가 본받아야 할 모습이다. 인간의 힘으로는 안 되고 성령의 도우심으로만 가

│ 되새김 쉬운 통독 Tip │

제1차 선교여행 과정 요약

실루기아(행 13:4) - 구브로섬(살라미-바보(바예수(엘루마, 눈이 멈), 서기오 바울 회심) - 밤빌리아 버가(행 13:13) - 마가 요한이 떠남 - 비시디아 안디옥(행 13:14)(회당 설교, 유대인 핍박) - 이고니온(돌로 치려함, 핍박으로 도피(행 13:51)) - 루스드라(앉은뱅이 고침, 제우스와 헤르메스 사건, 돌에 맞음(행 14:19)) - 더베(성에서 많은 사람 제자 삼음) - 귀로 여행(루스드라-이고니온-비시디아 안디옥으로 돌아옴), 다시 제자들의 믿음을 굳게 함 - 밤빌리아 버가 - 앗달리아 - 수리아 안디옥 본부(행 14:26-28)로 돌아옴.

능하다. 내 안에 복음의 능력을 드러내는 것이 곧 전도다. 결국 얼마나 복음을 신뢰하고 그것에 순종하느냐가 전도를 결정한다.

● 더베에서 안디옥으로 귀향 (행 14:21-28)

바울과 바나바는 더베에 가서 복음을 전하고 루스드라와 이고니온과 안디옥으로 돌아온다. 루스드라와 이고니온은 죽을 고비를 넘겼던 곳이다. 그런데 이런 곳을 다시 방문한다는 것은 인간적으로는 이해할 수 없는 일이다. 제자들의 마음을 더욱 굳게 다지면서 제자로 삼는 바울 사도가 얼마나 복음에 사로잡혔는지를 볼 수 있는 모습이다. 겁과 두려움이 없는 성령에 사로잡힌 모습이다. 복음 전도자의 죽고 사는 것은 인간에게 달린 것이 아니라 하나님에게 달려 있다. 이것은 예수님에게서도 볼 수 있었던 모습으로 사도들에게도 그대로 나타나고 있다. 안디옥에 돌아온 것으로 1차 선교여행은 마무리된다.

※ 복음 전도에는 언제나 고난이 뒤따른다. 복음을 전하는 것은 빛을 비추는 것과 같다. 세상은 어둠이다. 빛이 비춰면 어둠은 싫어하고 그것을 핍박하고 거부한다. 이것은 당연한 일이다. 편한 곳에서만 복음을 전하려고 하는 것은 아직 복음과 만남이 없어서다. 우리가 복음 전하는 삶을 사는 데 가장 큰 위험성은 고난 없는 영광을 보려고 하는 것이다. 고난 없는 영광은 내 욕심과 관련 있다. 편하게 전하는 복음은 주님을 위해서가 아니라 자기를 위해서 복음을 이용할 수 있는 위험이 있다. 죽은 자가 전도한다. 그래야 오직 복음만 드러나게 된다. 사도들의 복음 사역과 비교하면서 오늘 우리의 교회 모습은 어떤지 다시 돌아보게 한다. 복음과 함께 고난받는 것이 교회의 사명이다. 이것은 예수를 위해서 자신을 내려놓을 때 복음이 역사함을 의미한다.

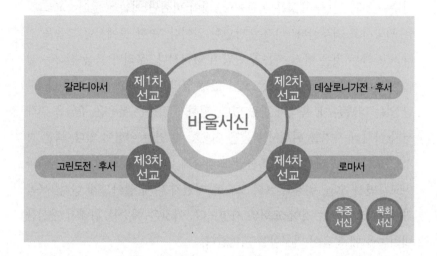

사도행전과 갈라디아서의 연결점

갈라디아서 | 제1차 선교 | 바울서신 | 제2차 선교 | 데살로니가전 · 후서

고린도전 · 후서 | 제3차 선교 | 제4차 선교 | 로마서

옥중 서신 | 목회 서신

갈라디아 지역의 교회는 제1차 선교여행 때 세워진 이고니온, 로스드라, 더베 등의 지역 교회를 말한다. 바울의 제1차 선교여행 때 쓰인 것으로 알려진 갈라디아서는 바울이 쓴 최초의 서신이다. 갈라디아서는 왜곡된 복음의 메시지를 바르게 전하고 있다. 교회를 다시 본질로 돌아가게 세우는 서신이다. 이런 면에서 갈라디아서는 종교개혁의 교과서 역할을 한다.

Bible

■ 성경 각 권 소개

갈라디아서

【 갈라디아서의 배경 】

갈라디아서는 당시 교회와 가정과 개인에게 보낸 편지다. 바울은 지금 갈라디아 교회 안에 다른 복음이 들어와 성도를 미혹하고 있는 상황에서 이 편지를 쓰고 있다. 그리스도인이 마지막까지 붙잡고 가야 할 유일한 복음은 십자가 복음이다. 지금 일부 갈라디아 교인이 잘못된 복음을 받아들여 위태로운 상황에서 바른 말씀으로 무장할 필요가 있었다. 이것을 위해서는 복음에 대한 바울의 강력한 메시지가 필요했다. 갈라디아서는 바울이 제1차 선교여행 중에 썼을 것으로 본다. 갈라디아서를 쓴 이 당시의 배경은 바울이 전한 복음이 공격을 받는 시점이었다. 당시 자칫하면 기독교가 유대교의 한 종파로 전락할 위기의 순간이었다.

바울이 예수님의 열두 사도가 아니며 또 교회를 핍박하였다는 이유로 바울의 사도권이 교회의 지도자들에게 인정받지 못했다. 이런 배경에서 바울은 갈라디아 교인들에게 자기의 사도권에 대해서 변호하면서 이야기를 시작한다.

【 특징과 읽기 지침 】

▶ 핵심

신자 중의 일부 무리는 계속 유대 종교에 충실하면서 은혜의 복음을 인정하지 않았다. 순전한 은혜의 메시지를 받지 않으려는 유대인들이 있었다. 또 은혜와 율법을, 왕국의 메시지와 교회의 메시지를 섞으려는 무리가 있었다. 이들을 흔히 유대주의자들이라고 불렀는데, 그들의 목표는 이방인 신자들을 유대의 제도들로 꾀어 들이는 것이었다. 믿음에 율법을 더해야 구원받는다고 믿으며 율법을 지켜야 성화되고 거룩한 삶을 살 수 있다고 가르쳤다. 이런 교사들이 갈라디아에 있는 교회를 방문하여 사람들을 혼란스럽게 만들고 있었다. 바울은 이런 다른 복음에 대한 것들을 경계하면서 오직 믿음으로만 의롭게 되는 복음의 메시지를 전했다.

▶ 오늘날 갈라디아서의 가치

갈라디아서는 율법주의에 반대하는 가장 강력한 말씀으로 오늘날 복음과 율법이 혼합화된 왜곡 상황에서 복음의 본질을 제시하는 중요한 서신이다.

【 갈라디아서의 내용 구조 】

1) 갈 1-2장   개인적인 내용 : 은혜와 복음
2) 갈 3-4장   교리적인 내용 : 은혜와 율법
3) 갈 5-6장   실제적인 내용 : 은혜와 그리스도인의 삶

[장면 2] 갈라디아서 : 율법과 은혜 (갈 1-4장)

● 은혜와 복음 이야기 (갈 1-2장)

- 하나의 복음 (갈 1:1-10)

하나님의 자녀가 된 그리스도인은 예수 이외에 다른 복음이 없다. 바울은 누구든지 이 복음 이외에 다른 복음을 전하면 설사 하늘의 천사라 할지라도 저주받을 것을 말한다. 오늘 우리에게도 이미 받은 복음 이외에 다른 어떤 것이 복음이 되면 안 된다. 복음을 변질시키는 것을 늘 조심하고 경계해야 한다.

- 놀라운 복음 (갈 1:11-24)

우리가 받은 복음은 하나님께 받은 것이다. 바울 자신이 사도로 부름을 받은 것 역시 전적인 하나님의 은혜였다. 하나님의 교회를 핍박하는 바울을 이방인의 사도로 부르신 것은 놀라운 은혜인데 이것은 태어나기 전부터 택하신 것으로 전적으로 은혜로 된 것임을 말한다.

바울은 복음을 그리스도로부터 직접 받았고 열두 사도와 예루살렘교

회와는 서로 인정하는 관계로 연결됨을 강조한다. 신앙은 홀로 존재하거나 새롭게 만들어지는 것이 아닌 신앙의 인물과 성경과 연계성 속에서 이루어져야 한다.

- 오직 복음 (갈 2:1-21)

지금 갈라디아 교회는 거짓된 사람들이 몰래 들어와 율법의 종으로 만들려는 시도가 있었다. 바울은 다른 복음을 따르지 말 것을 권면했다. 당시 베드로조차 안디옥에 있을 때 유대인을 두려워하여 이방인들과 식사하는 것을 그만두고 율법에 따라 행동했다. 이 일에 대해 바울은 베드로에게 문제를 제기했다. 우리가 율법에 대해서 죽었고 하나님을 향해 산 존재이기에 다시 율법으로 돌아가는 것은 복음에 합당하지 않은 일이다.

● 복음과 율법에 대한 논증 이야기 (갈 3-4장)

- 복음에 대한 변호 (갈 3:1-5)

바울은 갈라디아 교인들에게 그리스도가 십자가에서 죽으셨다는 복음을 전했지만 그들은 어리석게도 다른 복음에 속았다. 성령을 받은 사람은 성령으로 살아야 한다. 우리가 은혜를 받은 것은 율법을 지켰기 때문이 아니라 복음을 듣고 믿었기 때문이다. 그런데 갈라디아 교회는 성령을 육체의 행위로 받는다고 착각했다. 그것에 대해 바울은 성령을 받는 것은 믿음을 통해서임을 강조한다. 하지만 갈라디아 교인들은 여전히 유대주의적인 상황 속에서 믿음을 이해했다. 그것은 그들을 진정으로 자유롭게 하지 못했다.

3~4장은 교리적인 문제를 언급하면서 율법과 은혜의 관계를 설명한

다. 믿음과 율법과 약속은 핵심 단어로 반복하여 사용되고 있다. 많은 그리스도인이 믿음으로 구원받았으면서도 결국은 행위로 사는 문제를 제기한다. 우리는 하나님을 기쁘시게 할 수 없고 전적으로 우리 안에 계시는 성령님만이 율법의 요구를 이루신다.

- 성경적 논증 (갈 3:6-23)

바울은 성경적 증거로 아브라함을 예로 든다. 아브라함은 믿음으로 의롭게 여김을 받았다. 우리가 아브라함처럼 믿음을 가지면 아브라함의 자녀가 될 뿐 아니라. 아브라함처럼 복을 받는다. 율법을 통해 인간은 저주를 받았는데 예수님이 십자가에 죽으심으로 인간의 저주 문제 역시 해결되었다. 진정한 복은 오직 예수를 통해서만 온다. 예수를 믿는 사람은 누구든지 약속하신 성령을 선물을 받는다. 아브라함에게 주신 약속은 '자손'(단수)으로, 그 자손은 바로 예수님을 말한다. 이것은 곧 예수를 믿는 사람은 모두 아브라함의 자손이라는 뜻과 같다.

하나님은 율법을 주시기 400년 전에 아브라함과 언약을 체결하였다. 모세의 율법이 중요하지만 약속보다는 앞설 수 없다. 율법은 천사의 중개적인 손에 의하여 주어졌지만 언약은 하나님이 아브라함에게 직접 말씀하셨다. 율법은 임시적인 것으로 그리스도를 받아들이기까지 몽학선생의 역할을 한다.

- 이성적 논증 (갈 3:23-4:11)

율법의 역할은 무엇인가? 그리스도가 오시기 전까지는 율법이 우리를 지배했다. 그러나 그리스도를 믿음으로 의롭다고 칭함을 받아 우리는 하나님의 자녀가 되었다. 세례를 통하여 그리스도와 하나가 된 그리스도인은 이제 그리스도 안에서 모두 새사람이 되었다. 그동안 세상의 헛된 가르침에 미혹되었지만 이제는 하나님을 아버지라 부르는 자녀가 되는 특권을 얻었고, 자녀가 되었으므로 더는 다른 가르침에 마음을 빼앗기면 안 된다.

구원은 율법이 아닌 전적인 하나님의 은혜로 되었다. 하나님은 이스라엘 백성을 사용하시어 하나님의 복음을 전하려 하셨지만 이스라엘은 이것을 거부했다. 그런 이유로 이방인은 이스라엘의 패망을 통하여 구원을 받았다. 바울은 복음의 본질을 잊어버리고 종교적인 사람이 되어버린 유대인들에 대한 신앙의 잘못을 경계하고 있다.

- 정서적 논증 (갈 4:12-20)

바울은 자신의 예를 들면서 복음의 메시지를 전한다. 처음에 갈라디아 교인들은 아주 친절하게 자신을 맞아 주었다. 심지어 자신의 눈을 빼서라도 줄 정도였다. 이런 좋은 관계가 있었는데 바울이 진리를 말하자 어떤 유대인들은 불편해했다. 그리고 원수처럼 여겼다. 바울은 그들을 조심하고 그들의 주장을 따르면 안 된다고 말한다.

바울은 그동안의 논리적인 접근에서 이제는 정서적인 접근으로 복음을 전하고 있다. 자기에게 주어진 목양적인 면에서 구원에 이르는 길을 제시한다. 영혼 사랑의 핵심은 그들을 바른 진리로 이끄는 데 있다. 진리를 말하는 사람을 거부하고 핍박하는 상황에서도 끝까지 진리 자체에 열정을 다하는 바울의 영혼 사랑을 볼 수 있다.

- 비유적 논증 (갈 4:21-31)

이것을 잘 설명하는 비유가 아브라함이다. 아브라함에게는 종에게서 난 이스마엘과 본처에게서 난 이삭이 있었다. 이스마엘은 육체를 따라났고 이삭은 약속에 따라 태어났다. 이것은 비유로 사람의 방법으로 난 아들이 약속을 따라 난 아들을 괴롭힌 것처럼 지금도 이와 같은 현상이 일어나고 있다. 우리가 여종의 자녀가 아닌 자유로운 여자의 자녀임을 인식하는 것이 필요하다. 바울은 옛 언약과 새 언약의 관계를 비교하면서 갈라디아 교회에 있는 문제점을 제시하고 있다. 종과 아들의 비유를 들면서 복음의 삶이란 곧 자유하는 삶이기에 그리스도인들은 더는 종의 신분이 아닌 자유로운 아들의 삶을 누리라고 권면하고 있다.

[장면 3] 구원받은 자는 자유인이다 (갈 5-6장)

그리스도가 우리에게 오신 것은 인간에게 자유를 주시기 위해서다. 죄의 종이 아닌 성령 안에서 자유를 누리는 것이 믿음의 목적이다. 그리스도를 믿는 사람은 자유하는 사람이다. 그런 자유를 가진 그리스도인은 모든 면에서 자유롭다. 그 자유를 가지고 육체의 기회로 삼지 말고 서로 종노릇 하는 데 써야 한다. 내 이웃을 내 몸처럼 사랑한다면 더 좋을 것이다. 그리스도인은 하나님이 주신 자유를 가지고 성령을 좇는 삶을 살아야 한다. 그러면 육체의 욕심을 제어할 수 있다. 성령께 자신을 드리면 성령의 인도하심을 받게 된다. 그렇게 되면 성령의 아홉 가지 열매 즉 사랑, 희락, 화평, 오래 참음과 자비와 양선, 충성과 온유와 절제의 열매를 맺게 된다. 이런 성령의 열매는 행위로 맺은 것이 아닌 오직 믿음으로 맺어진 삶이다. 그러므로 자랑할 것이 없다.

● 복음은 자유하게 한다 (갈 5:1-15)

율법으로는 자유로울 수 없다. 왜냐하면 인간은 율법 모두를 지킬 수 없기 때문이다. 인간은 율법을 지켜서 의롭다 하심을 얻을 수 없다. 우리는 성령의 도우심을 받아 믿음으로 의롭다 함을 받는다. 할례를 받았느냐보다 더 중요한 것은 사랑으로 나타나는 믿음이다. 모든 계명은 사랑 속에 다 들어 있다.

믿음으로 의롭게 되는 이신득의 신앙의 원리를 바울은 구체적인 삶에서 적용점을 제시하고 있다. 유대주의자들의 행위의 강조점이 자유로운 삶을 방해하며 궁극적으로는 성령의 역사를 거부하는 결과까지 초래한다. 복음에 대한 오류는 잘못된 신앙생활을 하게 하면서 성령의 자유를 소멸하게 된다. 율법은 하나님을 위하여 내가 무엇을 하는 것이라면 은혜는 하나님께서 나를 위하여 어떤 일을 행하는 것을 의미하다. 그리스도인의 자유는 나의 자유가 아닌 성령 안에서의 자유다.

● 복음은 성령을 따라 사는 것이다 (갈 5:16-26)

적극적으로 성령을 따라 사는 것이 그리스도인의 삶이다. 그의 지도를 받아 사는 것을 의미한다. 성령의 일과 육체의 일은 서로 대적 관계이기에 성령을 따라 살면 육체의 욕심을 이루지 않는다. 육체의 일은 음행과 더러운 것과 다툼과 시기와 분열과 술 취함 등이다. 반면에 성령의 열매는 사랑과 기쁨과 평화와 오래 참음과 자비와 착함과 성실과 온유와 절제다. 이것은 우리가 어떤 삶의 열매를 맺어야 하는지 구체적으로 보여주고 있다. 이것은 자기 정욕을 십자가에 못 박을 때 가능하다.

그리스도인이 자유의 의미를 곡해하면 자칫 그 자유를 잘못 사용하여 방종에 이를 수 있다. 그리스도인의 자유는 욕심을 따라 사는 방종이 아닌 행함이 있는 믿음을 의미한다. 여기서 행함은 구원의 조건으로서 행함이 아닌 구원받은 결과로서의 행함을 의미하다.

● 복음은 관계를 좋게 한다 (갈 6:1-10)

신앙은 관계로 나타난다. 성령의 사람은 이웃과 관계가 좋다. 특히 죄지은 사람을 권면할 때도 온유한 마음으로 한다. 다른 사람의 짐을 들어주고 다른 사람과 비교하지 않고 자기의 일을 살피며 자기 일에 책임을 져야 한다. 특히 가르치는 사람과 좋은 것으로 나누고 믿음의 사람에게 선한 일을 하는 것이 필요하다.

성령의 사람은 관계가 좋다. 즉 하나님과의 관계, 자신과의 관계, 이웃과의 관계, 자연과의 관계가 좋다. 이것들을 균형 있게 이루게 된다. 어느 한쪽에서만 이루어지는 것이 아닌 통전적인 관계를 유지해야 한다. 관계가 곧 신앙이다. 신앙은 혼자서 자라지 않는다. 균형 잡힌 바른 관계성 속에서 신앙은 온전하게 자라간다.

● 복음은 자기를 죽이는 것이다 (갈 6:11-18)

누가 억지로 할례를 받게 하는 것은 자기 자랑 때문이다. 우리는 십자가만 자랑해야 한다. 우리는 십자가를 통해서 죽고 살았기 때문이다. 할례가 중요한 것이 아닌 하나님의 새로운 백성인 것이 중요하다. 할례는 자기를 죽이고 새사람이 된 것을 확인하는 표증이다. 그런데 이것을 모르고 본질과 비본질이 바뀌는 상황이 온다. 새사람은 예수의 흔적을 가진 사람으로 이런 사람은 누구에 의해 삶이 좌우되지 않는다.

※ 그리스도인은 믿음이 자신을 이끌고 간다. 그런데 말씀에 나를 던지지 않으면 이것은 힘든 일이다. 인간은 자기 스스로 의롭게 될 수 없다. 세상 사람은 자기 힘으로 살아간다. 하지만 그리스도인은 자기 힘이 아닌 오직 하나님의 신실하심을 의지하고 사는 존재다. 바울은 어떻게 믿음을 붙잡고 살아가야 하는지 여러 가지 논증을 통하여 바른 복음이

무엇인지 강력하게 변호하고 있다. 우리에게 성령을 주신 것은 육신이
아닌 성령을 따라 행하게 하기 위해서임을 기억하자.

[장면 4] 예루살렘 회의 (행 15장)

사도행전 15장은 교회의 최초 회의인 예루살렘 총회의 모습을 그리고
있다. 특히 바울의 제1차 선교여행과 제2차 선교여행의 중간 삽화 격으
로 선교에 큰 영향을 끼치는 문제를 다루고 있다. 예루살렘과 안디옥, 이
방과 유대인, 율법과 복음의 중대한 대결을 정리하는 회의로 바울의 앞
으로의 선교에서도 중요한 위치를 차지하고 있다. 오직 믿음이란 교리의
기틀을 세운 것으로 나중에 로마서나 갈라디아서를 통해 이 문제가 더
확고하게 체계를 이루게 한 근간이 된다. 교회의 첫 번째 총회인 예루살
렘 회의의 회원은 교회였고 의장은 야고보, 토론자는 베드로와 야고보,
보고자는 바울과 바나바였다. 중요한 교리적인 문제를 교회 전체 회의를
통하여 해결하는 지혜를 볼 수 있다. 개인이나 몇 사람의 의견이 아닌 공
동체를 통하여 역사하시는 성령의 교통하심과 인도하심을 느낄 수 있다.
선교는 연결성이 있어야 한다. 그래야 다음 세대까지 이어진다. 그런
점에서 유대인의 공의회인 예루살렘 회의는 중요한 분기점이다. 유대인
이 이방인과 단절하느냐 이어달리기처럼 이어갈 것인가를 다루는 것이
공의회 핵심논제다. 사도행전 15장에 나오는 예루살렘 회의는 최초의 교
회 회의다. 선교에서 일어나는 문제를 논의하기 위해 모인 것으로 이것
은 바울의 다음 이방 선교에 중대한 영향을 끼치는 문제이다. 만약 이 회
의에서 안디옥교회가 상정한 내용이 부결된다면 바울의 이방 선교는 큰
타격을 입게 된다. 그런 의미에서 이 회의는 중요한 의미를 담고 있다.

이 일을 위해 주님은 베드로가 고넬료와의 만남을 통해 미리 성령의 역사를 체험하게 하셨다(9장). 그 경험으로 오늘 회의에서 베드로가 결정적 역할을 한다. 성령의 준비하심이라 볼 수 있다.

이 회의의 의장격인 야고보와 그리고 초대교회에 영향력 있는 베드로의 의견이 결정적 역할을 한다. 베드로는 이전의 고넬료 체험을 통하여 이방인도 같이 예수의 은혜로 구원을 받는다고 말한다. 그리고 야고보가 대안을 제시하는데 그것은 우상의 더러운 것과 음행과 목매어 죽인 것과 피를 멀리하는 것만 해결한다면 이방인들을 더는 괴롭게 하지 말자는 의견이다. 결국 이 의견이 채택되어 바울과 바나바의 이방 선교는 탄력을 받게 된다. 가장 큰 걸림돌을 제거하게 되었다. 예루살렘 회의는 선교에 중대한 결정을 내림으로 이방 선교에 힘을 주게 되었다. 이 회의는 복음의 본질을 드러내면서 당면한 문제를 지혜롭게 풀어간 것으로 오늘날 교회들이 문제가 발생할 때 지침으로 삼아야 할 내용이다. 인간적인 갈등과 정치로 문제를 풀기보다는 말씀의 원리를 따라 문제를 해결하는 지혜가 필요하다.

※ 사도행전 15장에 나오는 예루살렘 공의회는 교회사에서 아주 중요한 의미를 주고 있다. 자칫 유대인과 이방인이 분리되어 각각 다른 길을 갈 위기에 처했는데 예루살렘 공의회에서 유대인과 이방인이 서로 다름을 인정하면서 하나 되는 교회를 이루어냈다. 그렇게 하여 유대인과 이방인이 함께 교회를 이루었다. 유대인과 이방인이 하나 되는 것은 후에 로마서에서 강조하는 내용이다.

되새김 120일 쉬운 통독 타임라인			
하나님 나라	성경 구조	역사와 시대	성경 각 권 소개
적용	서신서	서신서시대	사도행전, 데살로니가전후서

>>> 사도행전 16-18장, 데살로니가전후서
# 제2차 선교여행

* 통독 포인트

예루살렘 공의회를 통하여 바울은 이방 선교에 힘을 얻었다. 바울은 소아시아에서 유럽으로 전도 영역을 확장하고 있다. 유럽의 중요한 지역인 빌립보와 데살로니가와 베뢰아를 전도하면서 제자들을 세운다. 그리고 아가야 지역인 아덴과 고린도 지역으로 내려간다. 이 동선에서 중요한 데살로니가교회를 향한 서신서를 통독하면서 당시 교회의 영적 상황을 살펴보도록 한다.

[장면 1] 제2차 선교여행(행 16-18장)
: 유럽으로 전파되는 복음

바울의 제2차 선교여행의 특징은 성령에 의해서 유럽 전도가 시작된다는 점이다. 선교는 인간이 아닌 성령이 주체임을 다시 한번 알려주는

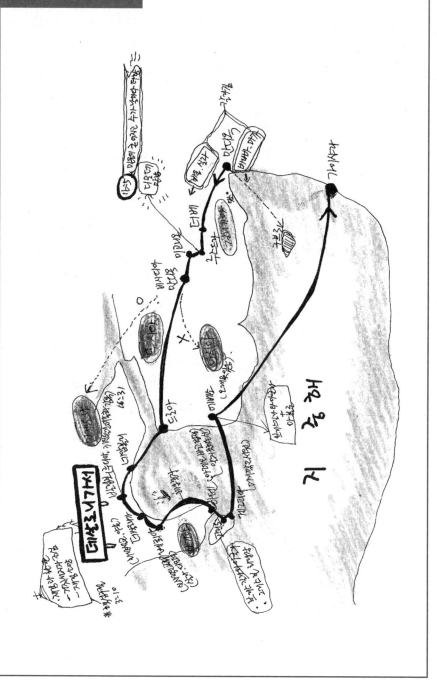

대목이다. 선교는 인간의 생각이나 경험으로 하는 것이 아니라 전적인 성령의 역사에 따라 인도함을 받는 사역이다. 복음을 받아들이는 사람도 있지만 그렇지 못하는 사람도 있다. 늘 좋은 반응만 일어나는 것은 아니다. 복음이 거부당할 때는 자연스럽게 그 지방을 떠나 다른 곳으로 가는 바울의 여행 모습을 본다. 이런 환경을 통하여 성령의 인도하심을 받는 지혜가 필요하다. 안디옥은 선교본부로서 역할을 했다. 그런 이유로 바울은 항상 안디옥에서 출발하여 안디옥으로 돌아왔다.

● 안디옥에서 드로아까지 (행 16:1-10)

하나님은 하나님의 때에 맞추어 일하신다. 하나님은 하나님의 때를 기다리며 언약을 이어가며 준비하는 사람을 불러 하나님의 역사를 이루신다. 모든 것은 하나님의 가장 좋은 시간에 따라 움직인다. 하나님의 일은 인간의 힘으로 억지로 이루어지지 않는다. 자기를 포기하고 열리는 곳으로 가는 것도 하나님의 뜻을 아는 한 가지 방법이다. 바나바와 바울은 2차 선교여행 때는 마가 요한 문제로 서로 갈라서게 된다. 바나바는 마가 요한을 데리고 구브로로 가고 바울은 실라를 택한 후에 수리아와 길리기아로 다녀가며 더베와 루스드라에 이르게 된다. 바울은 배를 타지 않고 험한 타우르스 산맥을 넘어 산길을 올라 이전에 갔던 지역인 더베와 루스드라에 다시 이른다. 여기서 바울은 디모데를 만난다. 그는 칭찬받는 좋은 제자이다. 후에 디모데는 바울의 영적 아들로 좋은 동역자로 세워진다. 바울과 실라와 디모데는 이제 한 일행이 되어 교회를 세우며 전도하게 된다. 바울은 반복적으로 이전에 갔던 곳에 가서 제자를 세우고 믿음을 다지는 방법으로 사람을 세워 제자를 삼아 그 사람이 복음을 전하게 하는 예수님의 원리를 따르고 있다.

교회를 건물로 이해하는 것이 아닌 사람으로 보았던 바울은 사람을 든든히 세우는 데 목숨을 걸었던 바울의 모습은 오늘 우리가 본받아야 할 모습이다. 물질과 건물을 통하여 선교하는 것은 한시적이다. 하지만 사람을 통하여 복음의 역사를 꿈꾸는 것은 하나님이 원하시는 선교 방법이다. 사람을 세우고 사람을 통하여 그 지역을 선교하는 것이 가장 효과적인 선교 전략이다. 바울은 아시아 지역의 에베소를 가고자 했지만 성령이 아시아에서 복음을 전하지 못하게 막음으로 무시아를 지나 드로아에 간다. 바울은 마게도냐에서 도움을 요청하는 사람의 환상을 본다. 바울은 아시아에서 복음 전하는 것을 멈추고 유럽으로 넘어간다. 바울은 철저히 성령의 인도하심을 따라 복음을 전했다. 이런 점에서 보면 사도행전은 성령이 주도하는 역사다. 바울은 성령의 도구가 될 뿐이다.

※ 우리는 자칫 선교라는 이름으로 나의 욕망을 누릴 수 있다. 과거의 서구 교회가 이런 일을 행했던 적이 있었다. 하나님의 선교는 하나님에 의해 이동과 멈춤을 반복하면서 하나님의 마음에 집중하는 것이다. 선교는 인간의 생각대로 되는 것이 아니다. 성령의 인도하심에 따라 복음을 전해야 한다. 이것은 선교의 주체가 사람이 아닌 전적인 성령의 역사임을 보여주는 좋은 예이다. 좋은 선교사는 성령의 소리에 민감해야 한다. 인간은 당장 앞의 일만 보지만 성령은 길게 전체를 보시고 역사하시기에 당장은 손해인 것 같아도 길게 보면 그것이 올바른 선택이다. 잘 안 되는 것 같아도 그것이 나중에는 가장 빠른 길인 것을 우리는 경험한다. 결국은 하나님이 인도하시는 대로 순종하는 것이 선교의 방식이다.

지금은 잘 모른다. 하지만 조금 기다리면 이후에는 가장 좋은 날이다. 주님 앞에 서는 날 우리는 가장 정직하게 될 것이다. 그 앞에 서는 그날을 바라보면서 살아가는 것이 사역자의 자세다.

● 유럽의 첫 성 빌립보 (행 16:11-40)

하나님은 복음 전파를 위해 사전에 준비 작업을 하셨다. 예루살렘교회에 핍박이 일어나자 흩어져 전 세계로 나갔다. 그것은 유럽과 소아시아 지역에서 분명하게 나타난다. 선교는 사람을 찾아 사람과 함께할 때 역사가 일어난다. 선교는 이미 준비된 사람을 찾아 그 사람을 통하여 연결해가는 것이다. 빌립보는 유럽의 첫 성이다. 빌립보에서 만난 사람은 루디아다. 자주 장사인 그녀는 바울의 도움자로 하나님이 미리 준비한 사람이었다. 주께서 마음을 열어 바울의 말을 듣게 하고 그 집이 다 세례 받고 교회가 세워진다. 일명 루디아 교회가 세워진 것이다. 복음 사역은 혼자 하는 것이 아닌 하나님과 동역하는 것이다. 그것은 곧 사람과 동역을 의미한다. 왜냐하면 하나님은 사람을 통해서 일하시기 때문이다. 하나님이 준비하고 사모하며 기다린 사람을 만나 그를 통하여 복음은 전파된다.

※ 교회는 성령이 준비한 사람을 만나 그 사람들로 주님의 공동체가 세워진다. 미리 준비한 루디아의 가정은 유럽의 첫 열매가 된다. 우리가 전도하는 것도 하나님이 준비하신 사람을 만나 복음을 전하는 일이다. 추수할 일꾼은 익은 벼를 거두면 된다. 바울이 교회를 세우는 모습은 오늘날 우리가 교회를 어떻게 세워야 하는지 보여준다. 우리는 보통 건물을 세워 그 속에 사람을 모이게 한다. 건물이 없으면 사람이 모일 수 없다고 생각하는 한계가 있다. 그러다 보니 우리의 방법은 어떻게 하든지 보이는 건물을 통하여 사람들이 모이는 방법을 생각한다. 하지만 이런 방법은 근본적인 전도 방법이 될 수 없다. 전도는 하나님이 선택한 준비된 사람을 만나 그들에게 복음을 전하고 그 복음으로 사람을 제자 삼아 그들을 통하여 다시 같은 원리대로 교회를 세우는 것이다. 전도는 내가

원하는 사람을 찾아 하는 것이 아니다. 잃어버린 자를 찾아 그에게 복음을 전하는 것이다. 전도의 주체는 하나님이시다. 우리가 전도하는 것은 하나님이 준비된 영혼을 만나서 전함으로 하나님의 자녀를 삼는 일이다. 이 원리를 안다면 전도는 쉽다. 순종하고 나가서 전하면 된다. 결과는 하나님이 하신다.

복음 전도에는 늘 어려움이 따른다. 이것은 내가 복음을 전하고 있다는 좋은 증거이기도 하다. 빌립보에서 바울은 점치는 여종 하나를 고치게 되는데 이것으로 인해 생각지 않은 어려움을 당한다. 애매하게 누명을 받아 옥에 갇히지만 성령의 도우심으로 감옥 문이 열리고 이 일로 인하여 간수와 가족이 구원받는다. 어찌 보면 바울이 감옥에 갇힌 것에는 준비된 간수를 구원하려 하신 하나님의 뜻이 숨어 있었다.

전도란 무엇인가? 우리는 주로 말로 전하는 것을 생각한다. 그러나 간수가 전도된 과정은 말 이상이었다. 간수를 위해 바울과 실라가 특별히 한 것은 없다. 옥문이 열리면 도망가야 하는데 바울과 실라는 그러지 않고 오히려 간수가 자결하려는 것을 막고 그를 살린다. 이런 행동을 보고 간수는 "선생들이여, 내가 어떻게 해야 당신과 같은 구원을 얻을 수 있는가" 하고 묻는다. 사람을 살리는 복음을 바울과 실라의 모습에서 발견한 것이다. 예수 믿으라고 먼저 말한 것이 아니라 간수가 먼저 "내가 어떻게 해야 구원을 받을 수 있는지" 물었다. 바울은 이렇게 답한다. "주 예수를 믿으라. 그리하면 너와 네 집이 구원을 받으리라." 그러자 그는 바로 예수를 영접하고 집에 가서 그의 가족이 구원을 받는다. 그리고 온 집이 세례를 받는다. 이렇게 해서 간수 교회가 빌립보에서 탄생된 것이다. 빌립보 감옥에 복음이 전하여지고 교회가 세워지는 과정은 오늘날 우리에게 교회가 어떻게 세워지는지 좋은 사례를 보여준다.

※ 복음은 어디든지 필요하다. 그대로 순종하고 어디서든지 복음을 전하는 자세가 중요하다. 복음을 전하는 자는 하나님이 돌보신다. 복음 전도자는 이것을 믿고 가야 한다. 그렇게 되면 어디서든지 두려움이 없을 것이다. 우리가 하는 모든 일이 결국은 그리스도의 복음을 전하는 복음의 청지기가 되어 제자 삼아 세상에 파송하는 데 목적이 있다. 우리가 있는 자리에서 먹든지 마시든지 무엇을 하든지 복음을 전하고 그런 삶을 살아가면 그것이 곧 전도다. 교회는 그렇게 성장하고 흥왕하며 확장된다.

● 데살로니가, 베뢰아 (행 17:1-15)
복음은 환경을 뛰어넘는다. 복음의 역사가 어떻게 일어나는지 인간의 눈으로는 알 수 없다. 복음 전파는 인간의 생각을 넘어서는 일이다. 당장 이해하지 못 해도 순종하고 나가면 역사가 나타난다. 바울은 데살로니가에서 복음을 전하여 그중에 많은 사람을 구원한다. 이때 바울은 어디를 가든지 성경을 가지고 강론하여 복음을 전했다. 뜻을 자세하게 풀어 예수 그리스도의 복음을 전했다. 그 결과 많은 사람이 믿음을 갖는다. 그러나 시기하는 사람으로 인하여 밤에 형제들이 바울과 실라를 몰래 베뢰아로 도망시킨다. 베뢰아 사람은 신사적이어서 말씀을 잘 받아들였다. 여기에서도 남자와 귀부인이 믿게 된다. 당시 베뢰아 사람들은 데살로니가 사람들보다 더 너그러워 진실한 마음으로 말씀을 받고 말씀이 그런가 하여 마음에 새기고 날마다 말씀을 상고하는 좋은 신앙의 모습을 갖고 있었다.

아무리 말씀이 전해져도 간절함과 어린아이와 같은 순전한 마음이 없으면 말씀이 뿌리를 내리지 못한다. 하지만 베뢰아 사람들처럼 마음이 옥토가 되면 말씀이 놀랍게 역사한다. 그러나 바울은 다시 어려움을 당한다. 형제들이 몰래 바울 혼자 바다에 가게 해서 아덴까지 인도한다. 디모데와 실라는 남겨두고 바울 혼자 아덴에 간다. 늘 복음 전하는 곳에는 어려움과 핍박이 뒤따른다. 그래서 다른 곳으로 피하여 가는데 이런 과정은 하나님이 인도하시는 전도의 여정이다. 고난을 통하여 오히려 선교의 방향을 알려주시는 것을 본다. 내가 가고 싶다고 내 마음대로 움직일 수 있는 것이 아니다. 복음 전도의 주체는 인간이 아니다. 인간이 아무리 많이 하여도 그것은 하나님이 나를 사용했기 때문이다. 모두가 주님의 은혜다.

▶ 사도행전과 데살로니가전후서와 연결점

데살로니가교회를 위한 바울의 서신이다. 최근에 믿게 된 그리스도인들에게 감사하면서 그들을 격려하고 지원하고 잘못된 신앙을 교정하는 의미에서 이 서신을 쓰게 되었다. 바울은 데살로니가 교인들의 신앙이 다른 교회에 모범이 된 것을 칭찬하고 있다. 특히 헌금문제에 대해 모본을 보인 것을 고린도후서에서 언급하고 있다.

Bible

■ 성경 각 권 소개

데살로니가전서

【 데살로니가전서의 배경 】

바울에게 데살로니가교회는 유럽에서 빌립보교회 다음으로 두 번째 세워진 교회다. 데살로니가교회는 극심한 핍박이 있었음에도 믿음을 잘 지킨 모델 교회다. 바울에게 큰 기쁨을 준 교회다. 하지만 데살로니가교회에서 들리는 이야기는 어려운 상황에 부닥쳐 있었다. 바울은 이들이 바르게 세워지길 소망하며 격려한다.

이런 마음을 담아 데살로니가서는 교회 안에 최근에 그리스도를 믿게 된 이방인 그리스도인들을 위한 감사와 격려와 교훈의 내용이 들어 있다. 수신자들은 이방인들로 구성된 교인으로서 데살로니가의 도시는 마게도냐의 중요한 도성이다. 기록 시기는 주후 50~51년이다. 고린도에 있을 때 바울이 기록한 것으로 바울의 가장 초기 서신으로 보인다. 저자는 바울로 동역자인 실라와 디모데도 같이 포함된다.

데살로니가 도시는 두 가지 배경에서 상황을 이해할 수 있다. 종교적 배경으로 보면 제국종교와 신비종교 등의 영향 속에 있었다. 카비루스 컬트(부활종교-카비루스 신이 언젠가는 무덤에서 다시 살아난다고 믿음)와 디오니소스 컬트(남자의 성기를 상징으로 삼고 성적으로 탐닉하는 기복종교)다. 이런 종교적 제의에 참여하지 않는 것은 박해가 예견되는 일이었다(살전 3:4). 또 정치적인 배경은 정치적인 것을 종교로 발전시키는 경향이 있었다. 그리스도인에 대한 핍박이 많았다. 하나님의 아들을 믿는 그리스도인과 황제의 아들을 믿는 로마인간에 정면충돌이 일어났다. 예수님을 하나님의 아들로 믿는 신앙은 그때 당시 정치적으로 정면 배치되는 것이었다.

【 특징과 읽기 지침 】

바울이 이 서신을 쓰게 된 동기는 다음과 같다. 바울은 지금 데살로니가에서 복음을 전하다가 반대로 인하여 쫓겨나 고린도에 와 있었다. 바울의 말을 듣고 적지 않은 귀부인들과 유대인들과 헬라인들이 말씀을 믿는 일이 일어났다. 그러나 다른 한편의 유대인들은 시기하고 핍박했다. 결국 바울과 실라와 디모데는 밤에 베뢰아에 보내졌다. 데살로니가 유대인들은 베뢰아까지 쫓아와 핍박함으로 아덴으로 그리고 다시 아덴에서 고린도로 피하여 왔다. 이런 상황에서 바울은 데살로니가 교인들이 어떻게 지내고 있는지 궁금했고 알고 싶었다. 그래서 고린도에서 데살로니가 교인들에게 편지를 써 보냈다. 이것은 디모데의 긍정적인 보고(살전 3:6-10)를 듣고 안도하면서 데살로니가 교인들이 믿음에 굳게 서 있고 그들의 대적자들에게 약해지거나 굴복하지 않은 것에 감사한 마음을 전하게 된다. 첫 번째 부분에서 감사의 내용이 나오는 이유다. 마지막으로는 데살로니가 상황을 읽으면서 앞으로 나타날 성적 문란함과 재림과 부활에 관한 내용을 조언하는 것으로 서신의 내용을 담고 있다.

데살로니가서를 읽을 때 염두에 두어야 할 교회 배경을 알면 이해가 쉽다. 현재 데살로니가교회에서 발생하는 두 가지 문제는 교만한 사람들과 연약한 사람들이다. 교만하여 교회법을 어기고 질서를 파괴하는 자기중심적인 사람들과 연약하여 늘 어려움에 넘어지는 자들과 시험에 드는 사람들이다. 이 문제를 어떻게 처리하는가 하는 것이 교회를 건강하게 하는 데 중요하다. 당시 서신을 받은 교회는 바울의 마음을 생각하며 상상하며 읽었다. 우리도 마찬가지이다. 우리도 성경을 통해 마음으로 상상하며 아직 가보지 않은 천국까지 소망한다.

데살로니가전서는 바울의 목양자 마음을 보게 한다. 성도와 바울과 관계는 성령이 만나게 한 것이다. 교회는 나의 또 다른 몸이다. 바울은 데살로니가교회 목회를 유순한 자가 되어 부모가 자녀를 기르는 것같이 했다. 그리고 목숨을 내주기까지 성도들을 사랑했다. 성도를 위해 밤낮으로 수고하면서도 잘못하지 않으려 애썼다. 바울은 오직 데살로니가 교인들을 영광과 기쁨으로 삼고 사역했다. 바울이 한 영혼을 세우는 일에 얼마나 힘을 썼는지 보여주는 대목이다. 오직 한 영혼이 잘되는 것에 기쁨과 소망을 품고 산 바울은 오늘 우리 복음 사역자들이 바라보아야 할 모습이다.

【 데살로니가전서의 내용 구조 】

1) 서두 : 인사 (살전 1:1)
2) 본론
- 살전 1:2–10　　감사 1
　　　　　　　　　: 교회가 환난 속에 바르게 서 있음을 감사함
- 살전 2:1–16　　감사 2
　　　　　　　　　: 바울 일행의 사역과 교회의 반응에 대한 감사
- 살전 2:17–3:13　바울의 복음 전도와 데살로니가 교인들의 반응
- 살전 4:1–5:22　행위와 종말론에 관한 조언
3) 축도와 기도 부탁 (살전 5:23-25)
4) 끝맺음 (살전 5:26-28)

Bible

■ 성경 각 권 소개

데살로니가후서

【 데살로니가후서의 배경 】

바울은 어떤 사람이 바울의 이름을 사용하여 주님의 재림이 이미 임했다고 거짓 소문을 퍼뜨린다는 소식을 듣고 그것에 대해 답을 해야 할 필요를 느꼈다. 아울러 이미 데살로니가전서에서 재림에 관해 이야기했음에도 여전히 무위도식하는 사람들이 있었다. 데살로니가후서는 데살로니가전서에 이은 두 번째 편지다. 지금 데살로니가교회는 재림에 대해 과열한 상태다. 특별히 재림에 대해서 열광적이었는데 잘못된 사상을 가지고 바울의 교훈과 다르게 행동하는 사람들이 교회 안에 있었다. 그들은 이미 재림이 실현되었다고 말하는 사람들이다. 이들은 성령의 계시를 직접 받았다고 주장하면서 생업을 포기하고 교회를 소란하게 하는 등 교회에 큰 피해를 주었다. 이런 상황에서 바울은 재림에 대해서 해명하고 믿음에 굳게 서서 더 흔들리지 않게 하려고 이 서신을 기록했다.

【 특징과 읽기 지침 】

교회는 진리에 서 있는 공동체이다. 사도들과 선지자들의 터전 위에 교회가 세워졌다. 사람의 모임이지만 진리에 사로잡힌 사람의 공동체이다. 본질에 늘 집중하지 않으면 거짓에 언제나 미혹될 수 있다. 재림에 대한 잘못된 교리가 데살로니가교회를 어지럽게 했다. 영을 받았다고 하는 사람들이 주의 날이 이르렀다고 동심하게 하거나 두려워하게 만들었는데 이것을 조심해야 한다고 말한다. 바울은 그런 미혹하는 말에 속지 말고 흔들리지 말 것을 권면한다.

종말이 올 때는 징조가 있는데 배도하는 일과 불법의 사람이 나타나는 일이다. 자기가 곧 하나님이라고 말하는 것에 미혹되어 종말의 징조를 이해하거나 종말을 빙자하여 규모 없는 생활을 하는 사람을 멀리하라고 말한다. 누구든지 양식을 값없이 먹지 말고 오직 수고하고 애를 써서 주야로 일하며 아무에게도 잘못하지 말아야 한다. 바울은 누구든지 일하기 싫어하거든 먹지도 말게 하라고 가르친다. 일만 만들고 규모 없이 생활하는 사람들을 조심하고 각자 자기 양식을 먹는 것이 하나님의 뜻이라고 말한다.

【 데살로니가후서의 내용 구조 】

1) 인사말과 기도 (살후 1:1-12)
2) 재림에 대한 잘못된 가르침 (살후 2:1-12)
3) 적용과 기도 (살후 2:13-17)
4) 기도 요청과 마무리 (살후 3:1-18)

● 믿음의 확신 (살전 1장)

데살로니가 교인들에 대한 바울의 칭찬 내용이 나온다. 그들은 세 가지 면에서 훌륭했다. 첫째, 믿음의 역사다. 둘째, 사랑의 수고다. 셋째, 그리스도에 대한 소망이다. 믿음 소망 사랑이 균형적으로 갖추어진 데살로니가 교인들에 대해 칭찬한다. 신앙은 말로만 되는 것이 아닌 생활로서 나타난다. 데살로니가교회는 많은 환난 중에서도 성령의 기쁨으로 말씀을 받았다. 그런 모습을 본받기를 소망하고 있다. 특히 데살로니가교회의 믿음의 소문은 각처에 퍼졌고 참되신 그리스도를 인내하며 섬기는 신앙의 모습을 칭찬한다. 이것은 우리에게 신앙의 모델을 보여주고 있다.

● 바울 사역의 원리 (살전 2장)

바울은 가르칠 때 간사함이나 부정한 마음으로 행하거나 속임수나 거짓을 말하지 않았다. 바울은 사역할 때 사람의 눈치를 보거나 사람을 위하는 사역이 아니었음을 말한다. 그리고 성도들을 대할 때 강압적으로 하지 않고 유모가 자녀를 기르는 것처럼 유순하게 대하고 있음을 말했다. 특히 바울은 밤낮 수고했는데 그것은 혹시라도 성도들에게 폐를 주지 않기 위함이었다. 바울의 이런 마음을 알고 말씀을 받을 때 언제나 사람의 말이 아닌 하나님의 말씀으로 받는 그들의 자세를 귀한 믿음으로 소개한다.

● 거룩한 삶 (살전 3장)

바울은 믿음 안에서 건강하게 자라는 것을 말한다. 이것을 위해서 하나님의 종들을 보냈다. 그중에서 디모데는 대표적인 인물이다. 디모데는 바울이 신임하는 제자다. 디모데가 한 일은 하나님의 말씀을 생각나게 하는 일이었다. 바울이 늘 교회를 향해 소망하는 일은 오직 하나, 믿음에 굳게 서는 일이다. 바울은 기도와 말씀으로 잘 준비되는 교회가 되길 소망하며 권면한다.

● 하나님을 기쁘시게 하는 삶 (살전 4장)

바울은 삶의 자리에서 결혼의 소중함을 말한다. 하지만 이방인들은 부도덕한 삶을 살았다. 교회는 세상과 다른 삶이어야 한다. 이것을 위해서는 서로 사랑하는 삶을 살아야 한다. 특히 잃어버린 사람들을 사랑해야 한다. 이것과 더불어 가져야 할 모습은 정직하게 사는 일이다. 특히 재림을 오해하여 게으르게 살았던 경우가 있었다. 재림의 소망이 있는 그리스도인은 세상에서 실제 생활을 어떻게 해야 하는가? 교회 안에서 또 개인적인 신앙생활에서 교훈을 말하고 있다. 거룩한 부름을 받고 하나님의 나라를 소망하는 그리스도인의 삶은 세상 사람과 달라야 한다. 신앙은 관계다. 이웃과의 관계는 곧 하나님과의 관계와 직결된다. 관계를 어떻게 하는가가 곧 신앙생활을 좌우한다. 이런 면에서 본문은 귀중한 생활지침을 제공하고 있다.

● 재림과 종말론적인 삶 (살전 5장)

신앙에서 위험한 것은 성경을 자기중심으로 해석하여 그것을 믿음으로 오해하는 것이다. 믿음이 약한 자들에게 이것은 미혹이 되었다. 누구나 편하고 싶어 한다. 이것은 사탄의 전략이다. 신앙에서 가장 큰 적은 게으름이다. 자기중심적일 때 게으름이 생기고 성경을 자기 방식으로 바꾼다. 바울이 데살로니가 교인들에게 특별히 가르친 것은 자기 일을 하면서 손으로 일하기를 힘쓰라고 한 것이다. 이것은 외인에 대해서 단정히 행하고 아무 궁핍함이 없게 하기 위함이다. 또 매일의 삶에서 항상 기뻐하고 모든 일에 감사하고 쉬지 말고 기도하는 일이다. 이것은 모든 그리스도인이 해야 할 모습이기도 하다. 이미 하나님이 주신 복음이 우리에게 있다. 우리는 그것으로 만족하고 감사하는 것이 중요하다. 그리고 악은 모양이라도 버리고 우리 영혼과 몸을 흠 없게 보존하면서 거룩한 삶을 살아야 한다. 그것이 주님이 오실 때 우리가 보여야 할 우리의 모습이다. 재림에 대한 잘못된 생각이 그들의 생활을 흐트러뜨려 놓았다. 바울은 이런 삶을 새롭게 정리할 필요를 느껴 권면하고 있다.

[장면 3] 데살로니가후서 (살후 1-3장)

1~2장은 잘못된 재림에 대해 성경적 가르침을 전한다. 특히 재림 전에 있을 일에 대해서 언급하고 있다. 이것을 잘 아는 것은 재림의 문제를 구분하는 데 도움이 된다. 재림은 인간적인 생각으로 임하는 것이 아닌 하나님의 때에 따라 하나님의 법 아래서 일어난다. 그러므로 하나님의 말씀을 보면 재림에 대한 혼란을 방지할 수 있다. 재림이나 영적 현상에 대해서 마음에 혼란이 일어나는 이유는 말씀에 충실하지 않아서다. 그리스도의 재림 전에는 큰 반란이 일어나고 사람을 미혹하는 사탄의 기적이 일어난다. 특히 진리를 거부하는 모습이 나타난다. 그러나 그리스도가 재림하시면 그들은 심판당하게 된다. 이런 가운데 데살로니가교회가 믿음에 굳게 설 것을 말한다. 바울은 이미 그리스도를 믿었고 성령 받은 사람은 주변에 더는 흔들리지 말고 받은 진리에 거하는 믿음을 유지할 것을 권면한다.

3장에서는 재림을 빌미로 일하지 않고 게으른 사람들에 대해 다시 언급하면서 바울 자신의 예를 들고 있다. 이렇게 무위도식하는 사람들은 무질서한 사람들이다. 이것을 위해 바울이 모본을 보였는데 바울은 사역할 때 무엇이든지 값없이 먹지 않고 수고하며 주야로 애를 썼다. 그것은 아무에게도 폐를 주지 않기 위함이었다. 그러면서 바울은 누구든지 일하기 싫어하거든 먹지도 말게 하라고 권면한다. 데살로니가교회 안에 일하지 않고 일을 만들기만 하는 사람들을 경계하고 조용히 자기 양식을 먹는 것이 바른 신앙생활임을 말한다. 이 일을 실천하지 않는 사람은 사귀지 말라고 부탁한다.

   ※ 주님이 오시는 날은 아무도 알 수 없다. 그리스도인은 때와 기한으로 사는 것이 아니라 하나님을 신뢰함으로 사는 것이 복음이다. 주님이 언제 오시든지 그것에 연연하지 말고 주어진 일에 최선을 다하면서 하나님 앞에 진실하게 살아가는 것이 그리스도인의 삶이다. 이미 우리는 하나님 나라를 소유한 사람이다. 때와 기한은 하나님만이 아신다. 오직 하나님을 바라보면서 주님 앞에서 맡은 일에 충성을 다하는 것이 그리스도인의 삶이다.

[장면 4] 아덴, 고린도, 에베소, 안디옥

(행 17:16-18장)

● 아덴, 고린도 (행 17:16-18:17)
   바울은 복음 전하는 일을 거침없이 한다. 그것을 위해서 염두에 두어야 할 일이 있다. 전도하면 믿는 사람만 있는 것이 아니다. 그것을 거부하는 사람이 더 많다. 바울은 아덴에서 전도했지만 크게 성공하지 못한

다. 그곳은 신들로 가득한 우상 도시였다. 그곳은 철학이 가득한 도시로 바울이 아레오바고 광장에서 설교하지만 조롱을 받는다. 물론 몇 사람은 바울이 전한 복음을 믿었다. 하지만 전체적으로는 전도의 결과를 크게 보지 못하고 아덴을 떠나 고린도에 간다.

복음을 전한다고 역사가 늘 일어나는 것이 아니다. 너무 결과에 초점을 두면 실족하게 된다. 바울은 능력 있는 전도자였지만 아덴에서는 큰 결과를 보지 못했다. 이것은 오늘날 우리에게 때를 얻든지 못 얻든지 복음을 전하는 것이 중요함을 알려준다. 사람이 말하지만 믿게 하는 것은 주님이 하신다. 설사 적은 수가 믿는다고 해도 그것에서 하나님의 뜻을 발견하며 주의 인도하심을 받는 것이 전도자의 모습이다.

바울은 고린도에서 장막업을 하는 브리스길라와 아굴라 부부를 만나게 된다. 이들은 하나님이 준비한 동역자였다. 아굴라는 본도에서 난 유대인이었고 그의 아내 브리스길라는 이달리야에서 온 사람이었다. 바울과 서로 마음이 맞았다. 이들 부부는 바울을 도와 고린도 전도를 하게 된다. 여기서 바울은 마게도냐에서 내려온 디모데와 실라를 만나게 되고 고린도에서 담대하게 말씀을 전한다. 바울은 말씀을 전할 때 자기가 전하는 것이 아닌 말씀에 사로잡혀 전했다. 거기서 회당장의 집안이 모두 예수를 믿고 수많은 고린도 사람이 예수를 믿어 세례를 받았다.

고린도는 타락한 항구 도시였다. 그 속에 복음이 들어가 교회가 세워진 것은 하나님의 놀라운 역사다. 특히 이곳에서 바울은 주님으로부터 밤에 환상을 받는다. 두려워하지 말고 침묵하지 말고 말씀을 전하라는 음성을 듣는다. 하나님이 함께하실 것이니 아무도 너를 해할 수 없다는 말씀을 받는다. 그것은 이곳에 하나님이 준비한 백성이 많았기 때문이다. 바울은 이곳에서 1년 6개월 머물면서 복음을 가르치고 전했다. 이렇게 해서 고린도교회가 세워졌다.

※ 전도할 지역도, 전도할 사람도, 전도할 시기도 모두 하나님이 주관하신다. 바울은 주님의 인도하심에 순종할 뿐이었다. 바울의 이런 전도 모습은 오늘날 우리 교회가 깊게 묵상하며 적용해야 할 모델이다. 선교는 하나님의 생각으로 마음과 영혼을 바라보면서 순종하는 일이다. 선교는 하나님의 일이다. 내가 하는 것 같지만 결국은 하나님이 하신다. 선교는 전적으로 성령이 하시는 일이다. 가고 오는 것도 전적인 성령의 역사로 이루어진다. 핍박과 고난을 겪어 도망하는 것도 하나님의 뜻이다. 복음 전도자는 오직 말씀을 전하는 사명을 가지고 순종하며 따라갈 뿐이다. 복음 전하는 사람은 인간의 생각을 고집하지 말고 순리대로, 풀리는 대로 최선을 다하면 하나님이 인도하실 것이다.

● 고린도, 에베소, 안디옥으로 귀향 (행 18:18-28)

신앙개혁은 날마다 일어나야 한다. 바울은 자기를 죽이는 행동의 표현으로서 자기 머리를 깎는 것으로 믿음을 새롭게 다진다. 바울은 겐그리아 항구에서 머리를 깎고 서원을 한다. 바울은 브리스길라와 아굴라를 에베소에 머무르게 하고 자기는 안디옥으로 내려간다. 에베소에서 브리스길라와 아굴라는 아볼로에게 복음을 가르쳐준다. 바울을 통하여 훈련받은 브리스길라와 아굴라는 좋은 제자로서 제자 삼는 일을 잘 감당했다. 아볼로는 학문에 능한 사람이고 성경에 능한 사람이다. 이런 사람을 복음으로 변화시킨 것으로 브리스길라와 아굴라에게 있는 복음의 능력이 어느 정도인지 알 수 있다. 이것을 통해 우리는 한 사람의 제자가 얼마나 큰일을 감당하는지 알 수 있다.

복음 전하는 일은 쉬지 않고 계속되어야 한다. 그렇게 되려면 말씀 앞에서 날마다 자기 개혁이 일어나야 하고 머리를 깎고 마음을 새롭게 함으로 변화를 받는 역사가 필요하다. 믿음의 중간 점검을 통하여 다시 다음 복음 사명을 부여받고 나가는 것이 믿음의 과정이다. 특히 사람으로 제자 삼아 그들을 통하여 복음 전파하는 일은 멈출 수 없다. 바울은 주님의 제자 삼는 원리를 그대로 따르고 있다.

│ 되새김 쉬운 통독 Tip │
제2차 선교여행 과정 요약

안디옥 - 더베, 루스드라 - 아시아(행 16:6), 부루기아, 갈라디아 - 무시아 - 드로아, 마게도냐 환상(행 16:9) - 사모드라게, 네압볼리 - 빌립보, 자주장사 루디아, 점치는 여종(행 16:16) - 암비볼리, 아볼로니아 - 데살로니가, 핍박(야손의 곤욕) - 베뢰아, 신사적(행 17:10) - 아덴, 아레오바고 연설 - 가이샤라(예루살렘 : 서원 이행) - 안디옥

장면통독 가이드

>>> 사도행전 19장, 고린도전서

제3차 선교여행 1

✳ 통독 포인트

이제 바울은 유럽 전도를 마치고 처음에 가고 싶었던 소아시아 지역을 전도하게 된다. 그중에 대표적인 지역이 에베소다. 에베소는 소아시아 지역의 중심도시다. 이곳을 전도하면 자연스럽게 소아시아 지역에 복음을 전파하는 거점 교회가 된다. 그리고 이곳에서 쓴 고린도전후서를 살펴보도록 한다. 고린도서는 오늘날에 교회 안에 일어나는 다양한 사건들을 해결하는 모델이 된다. 오늘날 우리 교회 상황을 염두에 두고 고린도서를 읽으면 실제적인 도움을 받을 수 있다. 고린도전후서는 서신서 중에 분량이 많다. 그리고 교회의 문제들을 다양하게 다루고 있고 그 내용 역시 깊다. 이런 점에서 본서에서는 내용을 자세하게 다루면서 실제적인 삶을 사는 데 도움을 주고자 했다.

[장면 1] 소아시아와 유럽 (행 19:1-14)

바울의 마음속에는 늘 에베소가 있었다. 에베소는 소아시아의 거점
지역으로 중심도시다. 바울은 첫 번째 마음을 가졌던 그곳을 전도하게
된다. 이런 점에서 바울의 제3차 선교여행 지역은 새로운 지역이라기보
다는 제2차 선교여행을 다시 순회하는 코스였다. 특히 에베소 지역은 소
아시아의 중심지역으로 여러 가지 이유로 제대로 가지 못했던 곳인데 바
울은 이곳을 염두에 두고 3차 선교여행의 중심지로 삼았다. 믿음을 전하
는 것과 마찬가지로 바울이 중요하게 관심을 가졌던 것은 믿음 안에 굳
게 서서 제자가 되는 것이었다. 바울의 선교는 여기서도 어김없이 예수
님처럼 제자를 삼아 그 제자가 또 다른 제자를 삼는 방식으로 세계선교
를 이루어 나갔다. 한 사람을 제자로 만드는 헌신이 그 본받은 제자들을
계속 이어갔다.

● 에베소 (행 19:1-41)

에베소는 소아시아의 중심도시이다. 바울이 처음에 가고자 했던 곳이
지만 이제야 길이 열린다. 바울은 핵심 도시를 중심으로 선교를 했다. 그
리고 그 도시를 통하여 작은 도시로 번져나가는 전략이었다. 바울은 3차
여행으로 갈라디아와 브루기아를 다니며 모든 제자를 굳게 하고 에베소
에 와서 2년 3개월 동안 복음을 전하고 가르치는 일을 한다. 에베소는 바
울이 2차 선교여행 때 가고자 했는데 성령이 막아 가지 못한 곳이다. 에
베소는 아시아의 중심도시로 아데미 신상이 있는 우상 도시이다.

아볼로가 고린도에 있을 때 바울은 윗지방으로 다녀 에베소에 도착하
면서 제3차 선교여행을 시작했다. 에베소에 도착하니 거기에는 세례 요
한의 세례만 받고 성령에 대해서 알지 못하는 그리스도인들이 있었다.

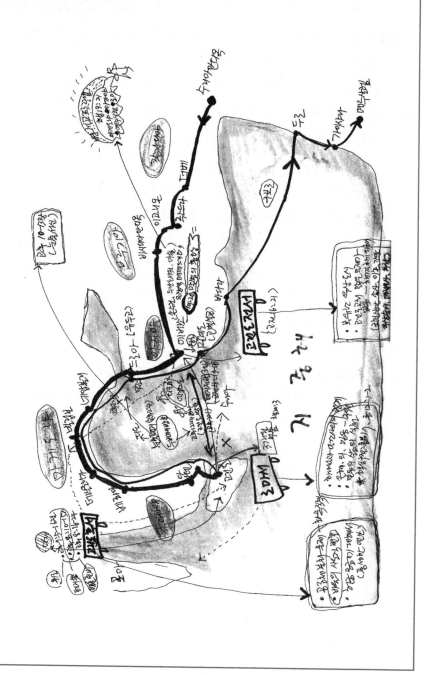

그들은 바울의 설교를 듣고 그리스도 이름으로 세례를 받았다. 그때 성령이 강림하여 방언도 하고 예언도 하는 일명 에베소 오순절 사건이 일어났다(행 19:1-17). 바울은 3개월간 유대인 회당에서 강론했지만 별 소득이 없었다. 그 후에 두란노 서원에서 3년간 복음을 전하고 가르치는 일을 했다. 여기서 유대인과 이방인들이 주님을 받아들이는 일이 일어났고 바울은 손으로 특별한 기적을 행했다. 심지어 바울의 몸에서 손수건이나 앞치마를 가져다가 병든 사람에게 얹으면 병이 떠나고 악귀도 나가게 되었다. 마술하던 사람들이 모든 책을 불사르고 자복하는 일이 일어난다. 바울이 전한 말씀의 능력은 점점 세력을 얻으며 힘을 받았다. 이 일로 인하여 많은 사람이 에베소에서 예수를 믿게 된다.

이런 일로 인하여 우상을 만들어 파는 데메드리오가 타격을 입었다. 그러자 그는 "위대하다. 에베소 사람 아데미여!" 하고 외치면서 동업자를 충동질해 바울 일행을 잡아갔다. 바울이 직접 대변하고자 했지만 친구들이 말렸다. 결국 에베소 시의 서기장이 와서 군중을 진정시키고 법정에서 다루는 정당한 방법으로 해결할 것을 촉구했다. 제자 중 몇 사람이 극장으로 끌려갔지만 서기장의 도움으로 무사히 풀려났다. 복음이 전도되는 곳에는 늘 2가지가 있다. 복음을 받아들이는 자와 복음을 거부하는 자들이다. 그러나 이것을 이분법으로 생각하면 안 된다. 왜냐하면 핍박이 있기에 교회가 본질적으로 돌아가는 역설적인 역사가 있기 때문이다. 복음은 핍박 속에서 전도되고 확장된다.

▶ 사도행전과 고린도서의 연결점
고린도전서는 바울이 제3차 선교여행 중 에베소에 있을 때 오순절을 앞둔 얼마 동안 기록한 것으로 보인다. 에베소에서 2년 동안 사역했던 그가 고린도교회를 방문하고 나서 고린도교회를 말씀으로 바르게 세워야

겠다는 생각에 고린도서를 기록한 것으로 생각된다. 이때 디모데가 편지를 전하는 일을 한다(고전 4:17, 16:10).

▶ 깊게 통독하기

고린도는 교회에 당면한 문제를 어떻게 해결하고 복음적으로 적용하는지 그 사례를 보여준다. 우리의 실생활에서 겪는 중요한 문제들을 다루었다. 복음을 실천하는 데 좋은 모델을 우리에게 제시하고 있다. 이런 점에서 이 부분 역시 빠르게 읽기보다는 깊게 들어가 천천히 성경을 읽는 방법을 제안한다. 이것을 돕기 위해 고린도서 내용을 자세하게 정리하여 쉬운 통독을 위해 도움이 되도록 했다.

Bible

■ 성경 각 권 소개

고린도전서

【 고린도전서의 배경 】

▶ 고린도 도시의 배경

고린도는 헬라의 중요한 도시다. 고린도는 아가야 지방의 수도인데 동방에서 서방으로 여행하는 주요 경로로 중요한 곳에 있다. 고린도는 로마 제국의 4대 도시 중의 하나로 상업, 문명, 부패의 도시다. 고린도에서 열리는 '고린도의 축제'는 사치와 방종의 상징이었다. 특히 고린도는 여신 비너스를 숭배하는 본거지로 신비 종파들의 중심지이기도 했다. 특히 아테네의 올림픽에 버금가는 이스트미안(Isthmian) 경기가 2년마다 개최되었다(고전 9:24-27). 만 8천 석의 원형 극장과 3천 석의 연주장에서 각종 연극과 공연이 행해졌다. 고린도는 다신론의 도시로 높은 언덕 정상에는 사랑의 여신 아프로디테, 치유의 신 아스클레피우스, 바다의 신 포세이돈, 항해의 이집트 신 이시스의 사원이 있었다. 아프로디테 신전에서는 천 명의 여사제가 상주하면서 매춘 행위를 벌이기도 했다. 결론적으로 고린도는 물질적으로 풍요하고 문화가 개방적이며 종교는 다원적이고 도덕적으로 문란한 도시였다. 이런 고린도의 타락은 나중에 로마에까지 영향을 끼쳐 이어져 갔다.

▶ 고린도교회 배경

바울이 제2차 선교여행 중 고린도에 방문했을 때 장막을 만드는 아굴라와 브리스길라 부부와 교제하면서 고린도에 머물렀다. 유대교 회당에서 매주 강론했으나 거부당하자 회당 옆의 이방인 가정으로 옮겨 이방인을 대상으로 사역을 했다(행 18:4-7). 유대인 회당장이 회심하여 그의 가족이 성도가 되었고 많은 고린도 사람이 세례를 받고 교인이 되었다(행 18:8). 바울은 성령의 인도로 고린도교회에서 1년 6개월 동안 머물러 복음을 전했다(행 18:9-11).

이때 실라와 디모데가 베뢰아에서 그들의 사역을 마치고 바울과 합세하였다. 고린도교회의 모습은 가정집에서 모인 형태를 띠었고 한 가정에 모인 수는 50여 명을 넘지 않았을 것이다. 아마 여러 가정에 나누어 모였을 가능성이 크다. 성도 중에는 그리스보와 그의 가족(행 18:8) 소스데네(행 18:17), 유력한 인물인 가이오와 고린도의 재무관 에라스도(롬 16:23), 글로에(고전 1:11) 등이 있었다. 그러나 대다수는 경제적으로 어려운 하류층이었다. 고린도교회의 성도는 자유민과 노예가 함께 섞여 있었다(고전 7:20-22). 그러다 보니 사람들이 서로 잘 어울리지 못했고 그리스도의 몸 된 공동체의 정체성을 잃어버리면서 갈등이 생기고 분열과 파벌이 교회를 어지럽게 만들었다.

▶ 목회적 배경

바울은 에베소에 3년간 머물러 있었는데 몇 가지 문제를 해결하기 위하여 고린도교회를 방문했다. 그가 다시 에베소로 돌아온 후에 고린도교회에 보내는 음행에 관한 내용의 편지를 보냈는데(고전 5:9) 이 편지는 우리에게 전해지지 않았다(고린도전전서라고 함). 바울은 그 후에 고린도교회에 편지를 썼는데 고린도교회 교인이었던 스데바나와 브드나도, 아가이고를 통해 편지가 전달되었다(고전 16:17).

에베소에 있는 바울은 고린도교회의 형편을 전해 듣고 그것에 대한 답으로 이 편지를 쓴 것이다. 고린도교회 교인의 질문에 대한 대답으로 이 편지가 쓰였음을 보여주는 대목이 여러 곳에서 나온다. '관하여, 대하여'(고전 7:1,25, 8:1,4, 12:1, 16:1,12)라는 표현은 이들이 제기하는 문제에 대한 답변으로 기록하고 있음을 의미한다.

바울은 처음의 편지가 크게 효력을 발휘하지 못하고 오히려 교회가 더 혼란스럽게 되어 사태가 악화함을 알고 고린도 교인인 스데바나와 브드나도, 아가이고 등을 통해 교회에 발생하는 문제의 해결책을 말하고 있다. 고린도교회에 많은 문제가 생긴 이유는 교회 구성원 자체의 배경이 다양하여 서로의 의견 차이가 컸던 것으로 생각된다. 이것은 자연스럽게 파당으로, 대립과 의견 다툼으로 이어졌다. 또 고린도교회에 문제가 나타난 것은 고린도인의 헬라 사상 때문이었다. 기독교의 메시지와 성령의 역사에 관한 오해에서 발생하였다. 그들은 예수를 영광의 주로만 바라보았지 십자가의 신앙으로 바라보지 못했다.

이것은 오늘날 우리 교회의 모습과 흡사하다. 갈수록 고난을 멀리하고 영광과 편안함만을 추구하는 우리에게 도전을 주는 서신이다. 고린도교회의 문제는 오늘 우리 교회 속에서도 그대로 나타나고 있다.

【 특징과 읽기 지침 】

▶ 특징

고린도교회의 공동체 안에는 분열의 모습이 있었다. 고린도교회 안에는 아볼로파와 게바파, 바울파와 그리스도파 등 당파도 많았다. 바울은 이들에게 분쟁을 없애고 같은 마음과 같은 뜻을 지니라고 말한다. 바울은 그리스보와 가이오 외에는 아무에게도 세례를 주지 아니했기에 바울파 같은 당을 짓지 말 것을 권면한다. 각각 주신 은사대로 봉사하고 섬기는 것이 바람직하다. 모두 하나님의 동역자로 바울은 심었고 아볼로는 물을 주었고 하나님은 자라게 하신 것이다. 이것으로 누구를 우선시하는 것은 좋은 자세가 아니다. 모두가 같이 한 일이지 어느 한 사람이 한 일이 아니다. 사람을 자랑하지 말고 모두가 그리스도의 것임을 알라고 말한다. 교회는 한 몸이다. 서로 분쟁을 일으키는 일은 몸을 찢는 일로 주님이 원하시는 일이 아니다. 서로에게 필요한 일이고 유익한 일임으로 특별히 자랑하는 것은 위험하다. 교회는 어느 한 사람의 일이 아니다.

또 고린도교회 안에 일어나는 음행들이 있었는데 아비의 아내를 취하는 일이었다. 이런 사람을 내어버리고 그런 자들과는 사귀지 말라고 한다. 술 취하거나 우상 숭배하거나 토색하는 자들과 사귀지 말고 그런 자와는 함께 식사도 하지 말 것을 강조한다. 교회 안에 있는 악한 자들은 내쫓아 교회를 거룩하게 해야 한다. 또 세상 소송과 결혼과 우상 숭배와 영적 은사에 대해서 모든 것에 덕을 세우며 지혜롭게 은사를 사용할 것과 각각 부르심의 모습대로 살 것을 말한다. 부활이 없다고 하는 사람의 말에 미혹 당하지 말 것을 당부한다. 그리스도인에게 부활이 없으면 우리 모든 것은 다 헛것이다. 부활 신앙이야말로 우리 신앙의 핵심이다.

☞ 되새김 특별 이슈 / 고린도교회에 나타난 이슈와 그 해답

고린도전서를 이해하는 두 개의 핵심은 십자가(고전 1:7-2:16)와 부활 (고전 15장)이다. 고린도교회에서 제기되는 영적인 문제인 성령의 역할과 은사도 결국은 십자가와 부활을 드러내기 위한 것이다(고전 2:6-16). 현대교회에서도 복음의 핵심인 십자가와 부활이 영적인 특별한 체험과 현상을 강조하는 흐름에 의하여 점차 위협받고 있다는 점에서 고린도전서 이슈는 우리에게 중요한 의미가 있다.

- 영적 엘리트주의

고린도교회를 흔든 사람들은 스스로 영적이라고 생각한 사람들이었다. 영(프뉴마)이라는 단어가 바울서신에 24번 등장하는데 그중에 고린도전서에 15번 등장하는 것만 보아도 얼마나 영적인 문제가 심각했는지 알 수 있다. 바울서신에 '자랑한다'라는 단어가 53번 나타나는데 고린도전서에 35번 나온다. 고린도교회는 스스로 영적이라고 생각하는 영적 엘리트주의 사람들이 자기의 영적인 상태를 사람들 앞에 자랑했다. 고린도교회 안에는 초자연적인 영적 은사에 매력을 느껴 엑스터시 경험을 열망하며 지나치게 자기를 영적으로 높이는 사람들로 인하여 교회공동체가 분열을 초래했다. 또 반대로 이런 영적 엘리트주의에 빠진 사람을 보면서 영적인 문제에 냉담한 무리가 있었다. 자신도 영적인 혼돈에 빠질 것을 염려하여 아예 영적인 것에 관심을 두지 않는 사람들이 나타나게 되었다.

- 종교적 신비주의

고린도 교인들은 세례를 받고 성찬에 참여하는 종교적 의식이 자신들에게 초자연적인 힘을 더해 준다는 왜곡된 생각을 하고 있었다. 성만찬은 신비적 체험이라기보다는 공동체의 하나 된 모습을 이루는 화합의 잔치이다. 그런데도 그들은 성찬을 통하여 오히려 분쟁을 일으키는 상황이 되었다. 회개를 통한 변화가 아닌 종교적 행위와 체험을 통한 은혜는 종교적 신비주의의 한 형태이다. 현대에도 예배나 기도를 자신의 영적 상태와 권위를 확인해주는 것으로 믿는 형태가 종종 있다.

- 특별한 지혜에 대한 문제

영적이라고 자랑하는 사람들의 특징 하나는 신비한 하나님의 계획을 꿰뚫어 본다고 주장한다(고전 2:6-9). 진정한 지혜는 하나님의 신비에 대한 비밀스러운 통찰력을 갖는 것이 아니라 십자가에 달리신 그리스도에 대한 분명한 이해에 달려 있다. 바울은 그들이 특별하다고 생각하는 지식이 알고 보면 완전한 것이 아님을 지적한다. 바울은 "만일 누구든지 무엇을 아는 줄로 생각하면 아직도 마땅히 알 것을 알지 못하는 것이요" (고전 8:2)라고 말하면서 진정한 지식은 형제를 사랑하고 공동체의 덕을 세우는 것이라고 말한다. 현대에도 자칭 신령한 은사를 받아 특별한 지혜를 가졌다고 주장하는 사람들이 교회를 혼란하게 만든다. 자기가 지시한 대로 가는 것이 곧 하나님의 뜻이라고 주장하면서 신자들을 미혹하게 하는 경우가 많이 있다.

- 종말론에 대한 문제

고린도교회의 문제 하나는 종말론에 대한 혼동이다. 종말론의 지나친 강조는 이 세상을 등지게 만든다. 몸이 없는 상황에서 신령한 몸은 없다 (고전 15:44). 고린도 교인 중에는 하늘의 초자연적인 능력과 축복을 소유하고 있기에 세상의 삶을 포기하고 오직 영적인 것에만 아주 열심히 하는 것이 옳다고 주장한 사람들이 있었다. 그러나 바울은 주의 일에 힘쓰면서 세상의 삶에 충실할 것을 가르치고 있다. 그리스도인은 이미 하늘의 복을 얻었기에 이 세상에서 아파도 안 되고 가난해도 안 된다고 말하면서 이적과 은사의 욕구를 불러일으켜 성공 복음을 강조하는 예들이 있는데 이것도 알고 보면 과장된 종말론의 한 유형이다.

- 잘못된 자유의 문제

고린도 교인들은 자유에 대한 이해를 왜곡했다. 하나님이 우리에게 자유를 주신 것은 마음대로 하라고 주신 것이 아니라 하나님의 법에 따른 자유이다(고전 6:12, 10:23). 고린도 교인들은 성적 타락과 같은 육체적 행위에 자유롭게 되어야 한다고 생각했다. 자유에 대한 교만한 마음을 가진 사람은 우상 제물을 먹는 것에 대해서 자유로워야 한다고 주장한다. 그러나 바울은 공동체의 덕을 위해서 자유가 사용되어야 한다고 말한다. 어떤 때는 자기의 자유로 즐거움을 누리기보다는 자기가 가진 자유를 형제를 위해 내려놓는 것이 하나님의 뜻임을 말한다. 현대교회에서도 영적으로 충만하면 나는 무엇을 하든지 상관없다고 말하면서 자기를 합리화하는 위험이 많이 존재한다. 다른 사람의 상황을 살피지 않고 오직 자기만족만을 위해 영적 생활에 몰입하는 것을 조심해야 한다.

▶ 현대 교회에서 고린도전서의 읽기 지침 : 신앙 실천 솔루션

고린도서는 교리서신에 속하지만 로마서와는 다른 특징을 가지고 있다. 고린도서는 기본적인 교리가 아닌 교리에 근거한 실제 생활을 중심으로 다루고 있다. 사도 바울은 고린도교회에서 직면하고 있는 문제들에 대한 답을 다루고 있는데 이것은 오늘날 우리 교회에서 일어나는 문제들과 거의 흡사하다.

고린도전서에서 제기되는 교회의 문제는 다원화된 세속화와 잘못된

뉴에이지 영성 등에 대한 교회 내부적인 문제로 어려움을 겪고 있는 오늘날 현대 교회의 모습과 흡사하다. 영지주의 형태를 지닌 체험중심의 신앙이 현대 교회 안에 점차 호응받고 있는 것은 우연한 것이 아니라 고린도교회의 상황과 같다. 예수를 구원 사건으로 십자가 신앙으로 바라보기보다는 예수를 자기의 이익을 추구하는 영광의 주로 이해하려는 현대 교회의 모습은 현대판 고린도교회라 할 수 있다. 도덕적인지 부도덕한 것인지의 행동 구분은 더는 의미가 없고 나타나는 결과로서 신앙이 결정되는 소비자 중심의 인본주의 신앙도 고린도교회가 겪고 있던 상황과 흡사하다. 고린도교회가 겪었던 분쟁과 분파, 근친상간 등의 성적인 문제, 성도 간의 법정소송, 음행, 결혼과 독신, 공예배의 질서, 성령의 은사, 부활에 대한 불신의 문제는 오늘날 우리에게도 고민되는 것들이다.

인간의 죄는 시대와 상관없이 같이 나타난다. 이런 면에서 고린도교회의 문제는 오늘 우리들의 문제이기도 하다. 현재 한국교회에 나타나는 교회의 다툼과 분열과 윤리적인 문제와 영적인 혼란은 고린도교회가 이미 경험했던 것들이다. 고린도전서를 잘 연구하여 우리에게 적용한다면 지금 나타나고 있는 교회의 병을 치료할 수 있다. 고린도전서를 공부하는 것은 시대적으로 교회를 새롭게 세워나가는 데 좋은 지침이 되고 있다.

【 고린도전서의 내용 구조 】

전체적인 특징은 질문과 답변으로 구성되어 대화식이다. 전체 흐름은 논리적인 전개를 사용하고 있다. 먼저 보고받은 문제들을 시작으로 하여 교회공동체의 분열과 소송에 대해서 다루고 있다. 후반부는 제기된 문제에 대한 답변 형식이다.

1) 서론 : 인사말 (고전 1:1-9)

2) 책망 : 죄에 대한 보고 (고전 1:10-6장)
- 고전 1:10-4:21 교회 분열에 대한 교훈
- 고전 5:1-6:20 성도답지 못한 모습에 대한 교훈
(음행, 법정소송, 성적 부도덕)

3) 교훈 : 질문에 대한 답변 (고전 7-16장)
* 이방에서 기독교인의 삶
- 고전 7장 결혼에 대하여
- 고전 8-10장 우상에 대하여
- 고전 11장 규례에 대하여
* 영적 은사들
- 고전 12-14장 성령의 은사와 예배에 대하여
* 사후의 삶
- 고전 15장 부활에 대하여
- 고전 16장 헌금에 대하여

4) 결론 : 작별 인사 (고전16:13-24)

[장면 2] 죄에 대한 책망 (고전 1-6장)
----

* **통독 포인트**
고린도전서는 크게 두 가지로 나누어서 읽으면 도움이 된다. 1~6장

은 교회의 죄에 대한 책망이다. 바울은 교회 안에 있는 잘못된 것들에 대해 지적하면서 회개를 촉구한다. 이렇게 하는 이유는 주님이 오시는 날에 책망할 것이 없는 그리스도인이 되게 하는 데 목표가 있다. 교회 안에 일어나는 분열과 다툼은 본질에 대한 것이 부족해서다.

예를 들면 복음에 대한 오해, 사역자에 대한 오해, 그리스도인에 대한 오해 등으로 나누어 생각하면서 통독을 하면 마음에 와닿는다. 고린도전서와 고린도후서는 색다른 방법으로 통독을 하도록 한다. 왜냐하면 고린도서신은 복음의 삶을 살아가는 구체적인 안내서로 깊고 오묘하기 때문이다. 세부적으로 나누어 쟁점이 되는 문제들을 살펴보면서 통독을 하면 많은 문제를 치유하는 길이 열린다.

✻ 통독 Tip

고린도서는 제시된 핵심 주제를 살펴보는 방식으로 통독을 하면 유익이 된다. 무조건 성경을 읽는 것보다 여기에 제시된 요점을 보면서 해당 성경을 읽고 그것에 답을 하는 방식으로 통독을 하면 실제적인 도움을 받을 수 있다. 고린도서는 교회 안에 일어나는 문제에 대한 실제적인 솔루션을 제시한다. 통독 역시 그것을 잘 이해하고 살피면서 읽으면 생동감이 있다. 고린도서는 다른 서신과 다르게 그냥 읽으면 무슨 뜻인지 모르는 것이 많다. 이것을 해결하기 위해서 고린도서는 미리 핵심 주제를 마음에 새기고 확인하는 방법으로 통독을 하도록 제시했다.

● 서론과 인사 (고전 1:1-9)

성도의 삶은 믿음이 견고하게 되어 그리스도의 날에 책망할 것이 없는 자로 서는 것이 목표다. 신앙은 혼자서 성장하기 어렵다. 그리스도를 통한 성도의 교제가 필수다.

● 인간의 지혜로 인한 교회의 분열 문제와 해답 (고전 1-4장)

- 교회 분열에 대해서 (고전 1장)

당시 고린도교회는 교회 속에 파벌과 분쟁이 있었다(바울파, 아볼로
파, 게바파, 그리스도파 등). 이렇게 분열된 이유는 세례가 빌미가 될 수
있었다. 그런 이유로 바울은 가이오와 스데바나 집의 사람에게만 세례를
주었다. 인간의 지혜가 다툼과 분쟁의 원인이다. 그래서 하나님은 미련
한 자를 택하신다. 이런 미련한 자를 부르시는 것은 자기를 자랑하지 않
게 하기 위해서다. 우리가 자랑하려면 주 안에서 자랑해야 한다.

- 복음의 오해에 대해서 (고전 2장)

그리스도인은 오직 그리스도 십자가만 자랑해야 한다. 왜냐하면 그리
스도가 능력이기 때문이다. 전도할 때 역시 지혜의 말이 아닌 성령으로
가르친 것만 하는 것이 지혜로운 방법이다(고전 2:1,4,13). 물론 그 속에
는 오직 그리스도의 마음으로 해야 한다.

- 바른 사역자에 대해서 (고전 3장)

육신에 속한 사람은 자기가 했다고 자랑한다. 복음을 전하는 우리는
하나님의 동역자이다. 바울과 아볼로와 하나님이 함께 동역한다. 복음 사
역은 자기 생각이나 경험이 아닌 그리스도의 터 위에 교회를 세워야 한
다. 주님의 교회는 거룩한 성전이기에 더럽히면 안 된다. 세상의 지혜가
아닌 하나님의 지혜로 세우는 교회가 아름다운 교회다. 세상의 지혜는 미
련하고 헛되다. 우리가 가진 것은 그리스도의 것이니 자랑하지 말라.

- 그리스도인의 오해에 대해서 (고전 4장)

고린도교회는 바울의 사도권을 비난했다. 바울은 여기에 답한다. 하나님의 비밀을 맡은 일꾼이기에 함부로 판단하면 안 된다. 각자에게 주신 직분과 사명이 다르다. 개인이 하나님께 받을 칭찬을 보고 하나님 앞에서 일하라. 그리스도 때문에 미련해지는 것도 한 방법이다. 바울은 분열 해결 방법으로 자신이 가기보다는 디모데를 보냈다. 그것은 동역자로서 또 바울이 가르친 것을 생각나기 위해서였다(17절). 하나님 나라는 말이 아닌 능력이다. 고린도교회는 디모데가 오는 것에 대해 비난했다. 우리는 사람을 통하여 판단한다. 그에게 주신 능력과 직분을 소중하게 여겨야 한다.

● 성도로 합당하지 않은 윤리적 도덕적 문제와 해결 (고전 5-6장)

- 음행과 세속화에 대해서 (고전 5장)

당시 고린도교회는 이방 문화의 영향으로 아비의 아내를 취하는 근친상간이 교회 안에 있었다. 문제는 고린도교회가 그런 자를 물리치지 않았다는 것이다. 아마 그들은 사회적 엘리트였을 것이다. 바울은 이런 자를 사탄에게 내어주라고 말한다. 그것은 구원을 위해서 필요하다는 것이다. 거룩한 교회 속에 적은 누룩이 온 교회에 퍼지기 때문이다. 이런 자들(음행, 토색, 탐하는 자, 우상 숭배, 술 취하는 자)과 사귀지 말라고 권면한다. 그럴 때 교회의 본질을 지키게 된다.

- 세상 송사와 성적 죄악에 대해서 (고전 6장)

그리스도인으로 하나님의 나라에 속한 세상 속에서 (작은 일임에도) 세속법에 고소하는 일을 하지 말라고 말한다. 왜냐하면 그리스도인은 천사를 판단하는 위치에 있기 때문이다. 바울은 차라리 물질적 손해를 보고 불의를 당하라고 말한다. 특히 매춘부와의 관계(성적 매매, 신전 성매매-1000명 성창)를 조심하라고 말한다. 우리가 받은 몸은 거룩하다. 영혼과 몸이 구원을 받았다. 그러기에 몸을 거룩하게 하라. 주를 위하여 몸을 쓰라고 말한다. 몸은 하나님의 성전이다. 우리 몸은 주님이 십자가의 값으로 산 것이 되었기에 그분을 위해 드려져야 한다. 하나님의 영광을 위해 사용하는 것이 합당하다.

오늘 한국교회 속에서도 이것은 그대로 나타나고 있는 갈등의 문제다. 세상 법정에서 교회와 그리스도인들이 세상의 재판관에 의해 판결을 받는 경우가 많다. 이것은 성경의 원리에 위배되고 주님의 영광을 가리는 것이 된다. 우리의 신앙이 믿지 않는 세상의 기준에서 평가되는 것은 복음의 능력을 약화시키는 결과를 가져온다. 세상과 다른 모습이 교회 속에서 정착해야 한다. 주를 위해서 손해보는 것이 바람직하다. 고린도전서는 이런 교회 내의 갈등을 잘 풀어내는 지혜가 돋보이는 책이다.

[장면 3] 당면한 교회의 질문에 대한 답변
(고전 7-16장)

이 부분은 고린도전서의 핵심 부분이다. 바울의 실제적인 영적 솔루션을 제시하고 있다. 물론 원리적인 측면을 삶에 어떻게 적용하고 있는지 살펴보면 우리에게 적용할 부분이 많다. 고린도의 당시 상황을 배경으로 두고 통독하도록 한다. 오늘날 우리에게 닥치는 실제적인 문제들을 다루고 있다. 성경적 원리를 어떻게 적용할 수 있는지 고민하면서 통독하면 금방 우리 생활에 적용하고 실천과 해결 방안을 찾을 수 있다. 여기에 제시하는 핵심주제를 통하여 각자 그 해답을 말해보는 방식으로 통독

하면 생동감 있는 통독이 된다. 예를 들면 결혼에 대하여(고전 7장). 우상
에 대하여(고전 8-10장). 규례에 대하여(고전 11장) 성령의 은사와 예배
에 대하여(고전 12-14장) 부활에 대하여(고전 15장) 헌금에 대하여(고전
16장) 등에 답하면서 통독하도록 하자.

● 교회에서 발생하는 문제에 대한 답변 (고전 7장-16:9)

▶ <u>이방에서 기독교인의 삶</u>

- 결혼에 대해서 (고전 7장)

결혼은 음행을 피하기 위해 유익하다. 이런 점에서 부부는 서로에게
의무가 있다. 자기주장을 하지 말라고 말한다. 결혼에 대해서는 두 가지
가 가능하다. 결혼하지 않은 사람과 과부들은 절제할 수 있거든 독신으
로 지내는 것이 좋다. 그러나 결혼하는 것도 더 좋다. 하지만 이혼은 하
지 말라고 말한다. 신자와 불신자의 결혼과 이혼에 대해서는 신앙의 이
유로 갈리거든 갈리게 하라고 말하지만 그것은 아주 신중하게 해야 한
다. 결혼은 각각 부르심에 따라 하라(24절)고 말한다. 과부의 재혼에 대
해서는 남편이 죽었을 때 가능하다고 말한다. 하지만 혼자 지낼 수 있으
면 그냥 지내는 것도 좋다.

- 우상 제물 1 (고전 8장)

우상 제물을 먹고 안 먹는 것은 지식의 문제다. 지식이 있다고 자만하
여(강자들의 주장) 먹는 것을 고집하지 말고 그것보다 더 큰 원리인 공동
체의 덕(사랑)을 위하여서 하라고 권면한다. 세상에서 온전한 지식은 없

다. 언제나 지식은 부분적이다(고전 13:9). 이것을 이해하기 위해서는 하나님만이 참 신이며 모든 것은 하나님에게서 왔다고 믿는 것이 필요하다.

당시 고린도교회에서 어떤 사람은 우상의 신전에 출입하는 때도 있었다. 고린도에 있는 아스클레피온 신전의 형태는 출입 뜰과 제사하는 신전 사이에 3개의 식당이 있다. 각 방에서 11명 정도가 제사음식을 먹는다. 강한 자는 옛말 습관에 따라 했다. 지식의 자유로움이 있다고 생각하며 하나님이 만드신 것은 모두 선하기에 우상 제물을 먹는 것은 크게 문제가 안 된다고 말한다. 하지만 그 지식을 근거로 약한 자에게 거치는 것이 되면 안 된다. 약한 양심을 상하게 하는 것은 그리스도에게 죄짓는 것이다. 자기의 웰빙보다는 형제의 웰빙을 생각하는 것이 신앙이다. 다른 사람을 실족하게 한다면 영원히 먹지 않겠다는 바울의 마음을 이해해야 한다.

- 바울의 사도직 변호(막간극) (고전 9장)

바울도 다른 사도처럼 먹고 마시는 권이 있다. 일반적 비유로 군인과 농부의 예를 들어서 변호하고 있다. 또 성경의 예를 들어서 설명한다. 모세의 율법은 소에게 망을 씌우지 말라고 말한다. 성전 제사장은 제단의 제물을 먹는 권한이 있다. 이것을 지금에도 적용하면 복음을 전하는 자는 복음으로 인하여 산다(14절). 너무나 당연하지만 바울은 먹지 않을 권한을 사용하지 않았다. 그것은 복음 때문이었다(15절). 복음의 삶은 곧 자기 자유를 포기하고 사람에게 종이 되는 것이다(19절). 복음을 얻은 것은 가장 강력한 능력을 갖춘 것이다. 그것은 약한 자를 위하여, 유대인과 이방인을 위하여 자기를 드리는 것이다. 이런 점에서 바울의 자기 훈련(고린도 경기를 비유함)은 의미가 있다. 자기를 쳐서 복종하는 것이 그리스도인의 모습이다.

- 우상 제물 2 (고전 10장)

바울은 이스라엘 백성의 예를 들고 있다. 광야에서 하나님을 시험하고 우상 숭배하다가 멸망했다. 우상 제물을 먹는 것은 제단에 참여하는 것이다. 그것은 귀신과 교제하는 것이다. 진정한 자유는 교회의 유익을 위하여 자기 자유를 포기할 수 있는 자유이다. 자신의 유익보다 남의 유익을 구하라(24절). 적용은 상황에 따라 다르다(불신자가 초대했을 때, 그러나 약한 자가 있으면 하지 말라). 먹든지 마시시든지 하나님의 영광을 위하여서 하라(31절). 모든 사람을 기쁘게 하며 사람들의 유익을 구하는 원리가 적용되어야 한다.

- 공동예배에서 여자의 수건 쓰는 것과 성만찬의 문제 (고전 11장)

공예배에서 나타나는 문제를 제기한다. 여자는 기도나 예언을 할 때 머리에 수건을 쓰라고 말한다. 모든 것은 나를 위한 것이 아닌 모든 사람을 위한 것이어야 한다. 창조 질서(당시 유대 관습)는 남자가 여자보다 머리이다. 남자가 머리에 수건을 쓰지 않는 것은 하나님의 형상과 영광이기 때문이다. 여자가 머리에 수건을 쓰는 것은 여자가 남자의 영광이기 때문이다. 그리스도 안에서 여자와 남자는 동등하다. 외적으로 수건을 쓴다 해도 내적으로는 남자와 여자는 동등하다. 여자는 긴 머리 대신에 수건을 쓰라고 말한다(15절). 당시 여자가 머리에 수건을 쓰는 것은 여자의 위치를 지키고 예의를 갖추는 관습이었다.

- 성찬에 대해서

초대교회에서 성도들이 모이는 목적은 하나님을 예배하고 명하신 그리스도의 규례를 따라 하나님의 사랑을 실천하는 데 있었다. 이것을 실천하기 위해서 만찬을 행했다. 당시 주의 만찬은 '애찬'(love-feast)과

'성만찬'(Eucharist)이 결합한 형태였다. 교인들은 집에서 형편에 따라 먹을 것을 가지고 교회에 모여 공동식사를 하면서 교제를 나누었다(행 2:46, 고후 8:14). 그리고 이런 애찬을 한 후에 성만찬이 행해졌다.

그런데 고린도 교인들에게서 문제가 발생했다. 그것은 애찬에서부터 교제를 나누지 않고 먼저 음식을 취함으로(고전 11:21) 애찬과 성만찬을 일반 연회에 모여 식사하는 것으로 변질시킨 것이다. 이런 모습을 본 바울은 그들의 만찬은 주의 만찬이 아니고 자기만족을 위한 연회와 같음을 말하면서 이 문제를 권면했다. 바울은 지금이라도 고린도교회가 자기 만찬에서 주의 만찬으로(자기의 만찬은 불평등이 생긴다, 고전 11:20-21) 회복되어야 한다고 말했다.

특히 이런 일은 공동체의 분열을 초래했다. 당시 고린도교회는 먼저 온 자들이 기다리지 못해서 음식을 먼저 먹고 취했다(나중 온 가난한 사람들은 음식이 없었다). 그것은 결과적으로 주의 몸과 피를 범하는 짓이고 교회공동체를 분열시키는 요인이 되었다. 하나 됨이 없이 음식만 먹는 만찬은 주님의 만찬이 아니었다. 고린도 교인들이 주의 만찬에서 행한 모습들은 집에서 먹는 일반 식사와 다를 바가 없었다. 그래서 바울은 주의 만찬에 그런 식으로 참여하려면 집에 가서 하라고 책망했다.

- 영적 은사에 대해서 (고전 12장)

누구든지 예수를 주로 시인하면 성령을 받은 사람이다. 성령 받은 증거는 주님을 구주라고 고백하는 것에 있다. 은사에서 직임(봉사)은 여러 가지나 주는 하나이다. 또 은사의 역사(능력)는 다양하나 그것을 행하시는 하나님은 하나이다. 바울은 은사의 다양성과 일치를 말한다. 은사는 자기 유익이 아닌 교회의 유익을 위해 쓰여야 한다. 아홉 가지 성령의 은사도 이와 같다. 예를 들면 지혜의 말씀(설교자), 지식의 말씀(교사), 믿음(백부장, 산을 옮길만한 믿음), 병 고치는 은사, 능력 행함(이적), 예언함(성경이 예언, 새로운 계시 위험(계 22:18-19)), 영들 분별(잘못된 영 분별하라. 거짓 영(요일 4:2-3)), 각종 방언(외국어 방언(사도행전)), 통역(알아듣지 못하는 방언) 등이다. 몸의 원리 속에서 은사가 사용되어야 한다. 서로를 섬기기 위해 사용해야 한다(교회 직분의 예). 바울은 고린도교회 안의 은사에 관한 이야기를 마무리하면서 31절에 더욱 큰 은사(원문에는 복수-신령한 것들(14장))를 사모하라고 하며, 제일 좋은 길로 사랑을 제시한다.

- 사랑에 대해서(막간극) (고전 13장)

모든 은사는 사랑의 동기에서 해야 한다. 이것이 은사 사용의 원리다. 왜 사랑이 모든 것의 원리요 목표가 되는가? 그것은 사랑은 덕을 세우기 때문이다. 고린도전서 13장은 모든 문제를 해결하는 키와 같다. 왜 사랑이 중요한지에 대해서 말한다(1-3절). 그런 이유로 모든 것은 사랑으로 해야 한다. 사랑이 없으면 무의미하다. 왜냐하면 사랑은 율법의 완성이기 때문이다(롬 13:10). 고린도전서 13장은 사랑에 대해서 전체적으로 정리하고 있다. 사랑의 속성(4-7절)과 사랑의 지속성(8-13절)에 관해서 설명하고 있다. 사랑은 영원하다. 사랑은 온전하다. 장성한 것이다. 사랑은 주님께서 오실 때 얼굴을 온전히 보는 것처럼 그때 완성된다. 지금은 부분적이고 불완전하고 측량할 수 없다. 다 안다고 교만하지 말고 그때까지 겸손하게 기다리는 것이 신앙이다. 결국 하나님 사랑과 이웃 사랑의 계명은 천국에서 온전히 이루어진다.

- 방언과 예언에 대해서 (고전 14장)

사람은 언어로 산다. 말이 중요하다. 이것과 관련 있는 것이 예언과 방언이다. 당시 헬라의 수사학자들 영향이 크다. 말의 원칙은 사랑을 따라 신령한 것을 구해야 한다(고린도전서 12장 31절과 연결하면 이해가 쉽다). 이런 점에서 방언보다는 가능한 예언을 하라고 말한다. 방언은 자기에게 유익하나 예언은 다른 사람에게 유익하기 때문이다(2-5절). 상식적인 예를 든다. 거문고, 나팔, 사람의 말은 모두가 알아들어야 의미가 있다. 알아들을 수 있는 말을 하는 것이 공동체에 유익하다. 그것은 교회의 덕을 세우는 것으로 모든 것을 이루는 우선원칙이다. 그래서 바울은 방언하려면 통역을 하라(5,13절)고 말한다. 예를 들면 방언할 때 순서대로 통역과 함께해야 한다. 만약 통역자(통역 은사)가 없으면 공예배에서는 방언하지 말라고 제안한다. 예언하는 사람은 두세 사람이 질서대로 하라. 이것은 분별하는 데 필요하다.

1세기에는 직접 계시받는 예언자들이 있었다. 당시 상황에서 이해하면 바울이 왜 이런 말을 했는지 알게 된다. 무엇보다도 하나님은 화평의 하나님이요 질서의 하나님이시다(33절). 그런 점에서 여자들의 질서가 중요하다(잠잠하라, 34절). 교회에서 여자의 리더십에 대한 문제를 제기하면서 여자가 지나치게 나서서 말하는 경우를 제한한다(덕을 위하여). 문화적인 풍토에서 여자가 더 창피를 당했다. 말을 조심하라(설교, 기도, 가르침, 찬송, 권면, 방언). 적당하게 질서대로 하는 것이 하나님께 영광이 된다(40절). 쉬운 언어와 알아들을 수 있는 언어를 구사하는 것이 중요하다.

▶ 사후의 삶

- 부활에 대해서 (고전 15장)

바울이 전한 복음은 그리스도의 죽음과 부활(1-11절)이다. 부활이 빠진 것은 헛된 믿음(12-19절)이다. 만일(13,16,19절)에 따른 논증, 현재 그리스도의 부활과 미래 우리의 부활(20-32절), 부활의 첫 열매(그리스도)

에 따른 우리의 부활, 고난 가운데서도 이기는 사역의 힘은 부활임을 소개한다. 이것을 위해서 날마다 죽는 것(31절)을 자기 사례를 들어서 이야기한다. 우리의 부활은 몸의 부활이다. 농사의 비유를 들어서 설명한다. 새는 죽지만 나중에 형체가 있다.

부활의 몸은 하늘에 속한 신령한 몸, 하늘의 속한 자의 형상을 한다. 부활 때는 썩지 않을 몸으로 변화한다(51~52절). 소망의 인내, 믿음의 역사, 사랑의 수고를 하면서 주의 일을 항상 힘쓰라고 말한다. 특히 복음을 위한 이런 수고는 전혀 헛되지 않다는 것을 강조한다.

- 연보에 대해서 (고전 16:1-9)

예루살렘교회를 위한 헌금 계획을 준비하라고 말한다(갈라디아, 마게도냐, 아가야 등의 교회도 모두 헌금에 동참, 롬 15장). 다만 은혜를 예루살렘교회의 어려운 일에 헌금으로 동참하는 것은 이방 교회로서 빚진 것을 갚으면서 유대인과 하나 되기 위한 실천적 행동이었다. 특히 연보에 대해서는 고린도후서 8~9장에서 상세하게 다시 다룬다.

● 동역자에 대해서 (고전 16:10-24)

동역자 디모데를 언급한다(고전 4:17, 16:10). 주님의 일을 함께하는 동역자들에 대해 우리는 주의 일에 힘쓰는 자이니 멸시하지 말아야 한다. 아볼로를 언급하면서 아볼로는 가지 않았다고 말한다. 마지막 인사를 한다. 예를 들면 깨어 굳게 서라. 모든 것을 사랑으로 하라. 수고하는 자들에게 복종하라. 마음을 시원하게 하는 동역자(스데바나, 브드나도, 아가이고, 아굴라 브리스가 부부)를 소개한다. 결론적 강조로 모든 일을 사랑으로 하라(14,22,24절에 반복하여 나옴)고 말한다.

Bible

■ 성경 각 권 소개

고린도후서

【 고린도후서의 배경 】

바울은 제2차 선교여행 중에 고린도교회를 설립했다(행 18:1-18). 그리고 3차 선교여행 중에 고린도를 방문한다(고후 12:14, 13:1). 바울은 디도를 먼저 고린도교회에 보내 예루살렘에서 가난으로 고생하는 성도를 위해 헌금을 모으도록 부탁한다. 그리고 분실된 것으로 알려진 서신을 고린도교회에 보낸다. 그리고 얼마 후에 바울은 고린도전서를 쓴다. 바울은 디모데를 통하여 고린도전서를 고린도교회에 전달한다. 디모데는 고린도교회의 문제를 풀지 못하고 에베소에 있는 바울에게 돌아온다. 그리고 예루살렘에서 온 율법주의자들이 바울의 사역을 방해한다는 소식을 듣게 된다. 바울은 다시 문제를 해결하기 위하여 디도를 고린도에 보내 그런 문제들을 해결하게 하고 드로아에서 만나기로 한다. 그러나 만나지 못하고 마게도냐에서 디도를 만난다. 디도에게 고린도교회의 사역이 성공적이었음을 전해 듣는다. 그리고 이때 바울은 고린도후서를 쓴다. 그리고 3개월 후에 고린도를 방문하여 로마서를 쓴다.

당시 고린도교회에서는 바울의 사역을 의심했다. 지켜지지 않는 여행 계획은 바울이 경솔하며 진실하지 않은, 하나님의 영을 소유하지 않은 증거라고 비난했다. 바울의 사도권을 의심했고 심지어 바울이 행하는 헌금에 대한 모금조차도 바울 자신을 위한 것으로 의심했다(진실성 의심(고후 1:12-22), 사도성 의심(고후 3:1-18), 외모의 초라함(겉사람)에 대한 의심(고후 4:1-15), 헌금에 대한 물질적인 의심(고후 8:1-15), 바울의 권위에 대해서 의심(고후 10:1-18), 영적 체험에 대한 의심(고후 12:1-10)).

그런 이유로 바울은 고린도후서에서 자신의 사도권에 대해서 변호해야 할 필요성을 느꼈다. 그들의 비난은 대체로 이런 것들이었다. 바울은 우유부단하며(고후 1:17) 그의 사도적 소명은 유효하지 못하다(고후 1:21-23). 또 고린도 사람들의 신앙을 주관하려 한다(고후 1:24). 이들은 모세의 율법을 중요시하는 옛 언약을 강조하는 유대주의자들이었다. 바울은 자신이 당한 실패에도 불구하고 낙심하지 않는다는 내용을 소개하고 복음의 능력은 그것을 선포하는 사람이 아닌 하나님 자신에게서 온다는 것을 보여주면서 질그릇 이야기를 한다(고후 4:7). 오히려 바울의 약함을 사도가 합법적임을 보여주는 증거로 제시한다.

바울의 사적인 내용이 많이 나오는 관계로 고린도후서는 다른 서신에 비해서 이해하기가 쉽지 않다. 사탄은 지도자 한 사람을 무너뜨리면서 교회를 어지럽게 하려고 한다. 현대 교회 속에 분열과 당파의 문제는 고린도교회의 모습과 비슷하다. 대체로 지도자의 불신 문제로 야기되는 경우가 많다.

【 특징과 읽기 지침 】

고린도교회 안에서 발생한 여러 가지 문제들을 해결하기 위해서 고린도후서를 기록했다. 고린도후서는 고린도 교인들에게 복음에 대한 조직적인 그리고 체계적인 교리를 가르치기 위한 서신이 아니다. 일종의 상황서신으로 이해하는 것이 바람직하다. 바울은 제2차 선교여행 말기에 고린도를 제1차 방문한다. 고린도전서는 제3차 선교여행 때 에베소에서 썼을 가능성이 크다. 본서 12장 14절, 13장 1절에 의하면 바울은 고린도에 한 번 더 방문한 것으로 보인다. 지금 세 번째 방문이라 보면 중간에 고린도를 한 번 더 방문했을 것이다. 원래 제2차 선교여행 때 마게도냐를 거쳐 가려고 했으나(고전 16:3-9) 고린도전서를 보낸 후에 고린도교회 상황이 악화함으로 인해 바울은 해로를 택하여 고린도에 방문한 것으로 보이며 이 중간 방문은 실패한 것으로 평가된다. 사태 수습은 디도를 통해 이루어진다.

바울은 디도를 만나서 고린도 소식을 듣고 그동안 마음고생 한 것에 대해 많은 위로를 받는다. 바울은 하나님으로부터 위로받으며 그런 위로로 환난 겪는 자들을 위로한다. 바울이 환난을 받는 것은 고린도교회 교인들의 위로와 구원을 위한 것이다.

바울은 교회 안에서 일어난 근친상간의 죄에 대해서 많은 근심을 갖는다. 이미 많은 사람에게 벌받은 것으로 족하니 그들을 용서하고 위로하라고 말한다. 또 바울은 사도 된 자신에 대해서 문제를 제기하는 사람들을 의식하며 그리스도를 위하여 많은 고난을 겪은 것이 사도 된 증거라고 말한다. 또 예루살렘으로 연보를 가지고 갈 터인데 이 일에 고린도교회가 자원함으로 힘써 참여할 것을 말한다.

바울은 자신이 받은 환상을 간단하게 소개하면서 오히려 약한 것이 강한 것임을 강조한다. 이것은 당시 고린도교회 안에 영적 은사를 자랑하여 문제를 일으키는 사람을 염두에 두고 한 말이다. 오히려 자기를 낮추는 겸손한 모습이 진정 강한 것임을 말한다. 그리스도를 위해서는 오히려 약한 것을 자랑하며 능욕과 핍박과 곤란을 기뻐하는 것이 그리스도인이 해야 할 일이다. 바울은 여기서 강함의 신앙이 아닌 약함의 신앙이야말로 세상을 이길 수 있는 믿음임을 말한다.

※ 고린도후서는 일관성이 없는 관계로 읽기가 쉽지 않다. 사적인 측면이 강하고 중간 방문에 관한 기사 내용이 우리를 혼란스럽게 한다. 서신의 분위기가 다르기에 저작설에 많은 논란이 제기되는 책이다(10-13장을 눈물서신으로 보기도 한다). 그러나 하나의 서신으로 보고 접근하는 것이 바람직하다.

【 고린도후서를 이해하는 핵심 주제 】

1. 하나님, 예수님, 성령님
환난과 여러 가지 문제에 직면하는 상황에서 하나님의 위로와 성령의 능력과 구원에 대한 확신을 강조하고 있다. 환난과 죽음 속에서 이기는 길은 하나님을 의지하는 데 있다. 성령의 체험과 그리스도에 대한 믿음의 확신은 어려움을 이기는 근원이 된다. 성령을 선물로 받은 신자들은 구원에 대한 확신과 부활에 대한 믿음을 갖고 살아가야 한다.

2. 목양과 지도력
당시 고린도교회에서는 바울의 사도권에 대해 일부가 의심하거나 바울의 권위에 대적하는 모습을 보였다. 이런 상황에서 어떻게 목회해야 하는지 바울은 자신의 삶을 통해 우리에게 모범을 보여준다. 바울은 고린도교회에서 목회할 때 부모와 같은 마음을 갖고 고린도 교인들을 섬겼다. 바울은 교인들을 섬기면서 진리를 순수하게 전하고 하나님의 지식을 전하는 데 힘썼다. 바울은 자신의 유익이 아닌 전적으로 교인의 유익을 위해서 모든 것을 행했다. 특히 예루살렘 교인들을 돕는 헌금을 부탁하며 그 일에 직접 뛰어들어 예루살렘에 헌금을 전달했다. 특히 동역자 디도와 같은 사람에 대해 강조하고 교회에서 아버지 역할을 잘 감당했다. 바울의 관심은 교인들이 하나님께 합당한 삶을 사는 데 목적이 있었다. 가장 중요한 사명인 말씀을 어떻게 가르치고 전해야 하는지를 말하고 있다. 목회자의 삶을 엿볼 수 있는 서신이다.

3. 교회

세상과 다른 구별된 교회공동체에 대해서 강조한다. 목회자는 교회의 거룩성을 지키기 위해 수고해야 하고 다른 교훈이 들어오는 것을 막아야 할 의무가 있다. 권징과 치리에 대한 필요성을 말한다. 특히 교회의 구제 사업에 대한 성경적 바른 지침을 말하고 있다.

4. 고난

고난에 관한 내용을 담고 있다. 고난에 처할 때 자신을 의지하지 말고 하나님을 의지하는 법을 교훈한다. 고난에 처한 성도들을 어떻게 위로하고 힘을 주어야 하는지 그리고 낙심하지 말고 복음의 행진을 감당해야 함을 말해주고 있다.

5. 죽음

복음에 대한 그리스도인의 자세를 말한다. 신자의 죽음은 세상 사람과의 이별을 뜻하지만 아울러 그리스도와 영원한 교제에 들어감을 말한다. 죽음 앞에서 절망하지 말아야 할 것을 강조한다.

6. 사탄

사탄과의 싸움에서 승리할 것을 말한다. 신자는 사탄의 계략을 잘 파악하여 늘 깨어 이겨야 한다. 광명의 천사로 위장하여 가만히 들어와 교회와 신자들을 파괴하려는 사탄의 계략을 분별하여 그것을 잘 이겨나가야 함을 말한다.

【 고린도후서의 내용 구조 】

1) 고후 1-7장   성도의 삶
2) 고후 8-9장   연보의 모범
3) 고후 10-13장   약함을 자랑

D·a·y

108

장면통독 가이드

>>> 사도행전 20:1-3, 고린도후서
# 제3차 선교여행 2

∗ 통독 포인트

고린도후서는 개인적인 서신으로 바울의 속마음을 잘 그려준다. 그래서 눈물로 쓴 서신이라고 말한다. 우리는 바울이 능력을 행하는 모습을 보면서 그가 큰 문제 없이 사역했으리라고 생각하지만, 고린도후서를 읽으면 바울의 힘든 사역이 잘 드러난다. 개인적인 사도권의 문제와 연보에 대한 바울의 진심과 개인적인 육체의 연약함과 영적 체험 등 인간적인 진솔함을 그대로 말하고 있다. 우리가 통독할 때 이 부분을 염두에 두면서 바울의 진심을 찾아가면 어려운 성경 읽기가 조금 쉽게 다가오고 잔잔한 감동을 얻게 된다.

[장면 1] 마게도냐에서 고린도까지 (행 20:1-3)

복음 전도는 하나님의 사역이다. 내가 하고 싶다고 되는 것이 아니고

하나님이 열어주셔야 가능하다. 그래서 전도자는 늘 하나님의 인도하심을 바라보는 민감성이 필요하다. 전도의 길이 막힐 때는 거기에 하나님의 뜻이 숨겨져 있다. 그리고 다음 시기에 하나님의 일이 계획되어 있다. 이것을 안다면 우리는 전도의 길이 막힌 것으로 인하여 실족하거나 낙담하지 않게 된다. 자기 일을 하려고 하는 사람은 이런 일을 실패처럼 느낀다. 하지만 복음 전하는 사람에게는 실패가 없다. 오늘도 복음을 전하고 있다면 그는 하나님 복음의 성공자로 살아가는 것이다. 바울은 아데미 신전에서의 소동으로 인하여 에베소를 떠나게 된다. 그리고 마게도냐로 가서 제자들을 권하여 굳게 한 후에 헬라에 이른다. 거기서 석 달을 지내고 수리아로 가는 배를 타고자 하나 유대인들이 그를 죽이려고 해서 육로를 통하여 마게도냐를 거쳐서 돌아가기로 작정한다. 3차 선교여행은 이전에 갔던 제2차 선교여행지를 가게 된다. 바울은 아시아까지 함께하고자 하는 동역자들을 드로아에서 만난다(행 20:4-5).

[장면 2] 바울의 계획 변경과 사역자 바울 (고후 1-7장)

신약성경 통독 중에 어려운 책을 들라면 요한계시록 다음으로 고린도후서다. 일관성 있게 구성이 되어 있지 않기에 고린도후서는 읽기가 쉽지 않다. 왜 그럴까? 그것은 바울의 사적인 내용을 기록했기에 이것을 파악하기가 일단 어렵다. 그가 마음속에 품고 있는 것과 교회의 내적인 상황을 전제로 하기에 그가 어떤 괴로움이 있었고 왜 힘들었는지 온전히 파악하기 어렵다. 특히 우리와 글을 쓰는 양식이 다르기에 이것을 이해하는 것은 노력해도 한계가 있다. 고린도후서는 서로 다른 편지들이 합쳐서 구성되었기에 시간적인 내용에서 일관성을 갖고 전개하기가 어렵다. 잘 연결이 안 되는 것은 이런 편지의 특징 때문이다.

또 하나는 무슨 일이 있었는지 모르지만 바울이 갑자기 계획을 바꾸고 디도를 보내고 자기는 바로 가지 않고 디도를 통하여 위로받는 이야기가 우리로서는 어떤 일이 있었는지 이해하기 어렵다. 중간중간에 던져지는 강력한 십자가 신학에 대한 언급은 이 서신의 깊이가 특별함을 보여준다.

이런 점에서 보면 고린도후서 읽기가 고린도전서와 같이 쉽지 않다. 이것을 돕기 위해 고린도후서 역시 자세하게 핵심주제를 제시했다. 이것을 통하여 내용을 파악하면 통독이 쉽게 다가올 것이다. 이 핵심주제는 전후 문맥과 내용을 파악하는 데 도움이 된다.

● 위로 (고후 1:1-10)

본문은 위로에 대한 교훈이 강하게 포함되었다. 위로라는 단어가 10회 반복되고 있다. 위로의 근원은 하나님이시다(고후 1:3). 고난이 많은 사람에게 하나님의 위로도 넘친다(고후 1:4). 환난을 겪는 것은 위로와 구원을 주기 위함이다(고후 1:6). 환난은 자기를 의지하지 않고 하나님만 의지하게 하기 위함이다(고후 1:8). 이런 환난과 위로 안에 담긴 신비를 말하고 있다. 바울은 아시아에서 심한 고난을 겪었다. 고난이 얼마나 힘들었는지 너무나 극심해서 인생을 포기하고 싶어질 정도였다고 말한다.

- 하나님의 3중 구원 (고후 1:10)

① 우리를 건졌고 : 칭의
② 우리를 건지신다 : 성화
③ 우리를 건지시리라 : 영화

● 바울의 계획 변경에 대한 설명 (고후 1:11-2:13)

어떤 일을 결정할 때 성경적 원리를 따라야 한다. 모든 일을 할 때 육체의 지혜가 아닌 하나님의 은혜대로 해야 한다. 바울은 두 번이나 고린도에 가기로 작정했으나 가지 않았다(고후 1:15-17). 이유는 고린도 교인들을 아꼈기 때문이다(고후 1:23). 그것은 곧 고린도교회를 향한 근심 때문인데 자칫 고린도에 방문하면 문제를 일으킨 사람들과 충돌할 것으로 보고 드로아를 거쳐 마게도냐에 갔다(고후 2:1,12). 이것을 두고 어떤 고린도 교인들은 바울의 진실성에 대해서 의심했다(계획 변경에 대해서, 고후 1:12). 이런 일 등으로 바울은 에베소에서 많은 눈물을 흘렸다(고후 2:4)고 말한다.

● 새 언약의 사역자로서 바울 : 성도의 삶 (고후 2:14-7장)

바울은 사역자에 대한 본질과 자세를 언급하면서 반대자들의 의문에 대답한다. 이것은 교회와 하나님의 일을 할 때 적용되는 원리다. 성경을 읽으면서 제시된 핵심 내용을 토대로 해답을 찾아가는 방식으로 통독하도록 한다.

▶ 고린도후서 2장
 - 하나님의 사역은 어려운 일이 생겨도 항상 승리한다(고후 2:14).
 - 전쟁에서 승리한 그리스도인에게는 생명의 냄새가 난다
   (고후 2:15-16).
 - 하나님의 사역은 순전한 것이다 - 복잡하지 않고 단순하다
   (고후 2:17).

▶ 고린도후서 3장

– 사역은 인간이 아닌 하나님에게서 온 것이다(사람의 추천서가 필요 없다)(고후 3:1).

– 사역의 즐거움은 주님에게서 온다(고후 3:5).

– 바울의 사역은 옛 언약에 따라 한 것과 다른 새 언약의 일꾼임으로 우월하다(출 34:29-35 인용). 모세가 얼굴에 베일을 덮은 이유는 백성들이 사라질 영광을 보지 못하게 하기 위해서이다(고후 3:13).

– 율법은 죽이는 것이요 영은 살리는 것이다(고후 3:6).

– 이렇게 오는 능력은 우리에게 자유를 준다(고후 3:17).

– 바울의 사역 목적은 이스라엘에는 불신의 베일을 없애는 것이고 교회에는 그리스도의 형상으로 변화하는 것이다.

▶ 고린도후서 4장

– 사역은 모두에게 공개된 것이다(고후 4:1-4).

– 사역은 그리스도를 높이는 것이다(고후 4:5-7).

＊ 우리 마음에 비치는 하나님의 영광을 드러내는 데 있다.

– 사역은 고난을 동반한다(고후 4:8-18).

＊ 우겨쌈, 답답한 일, 핍박, 거꾸러짐, 겉사람이 죽지만 결국은 승리한다.

＊ 이런 고난을 통하여 속사람이 새로워지며 그리스도의 생명과 부활과 상급이 주어진다.

– 사역은 영원한 하나님의 나라를 위한 것이다(고후 4:18).

▶ 고린도후서 5장

– 사역은 하나님의 나라를 바라보고 하는 것이다(고후 5:1-2).

- 이 사역은 하나님이 성령으로 보증해준 것이다(고후 5:5).
- 사역은 인간이 아닌 주님을 기쁘시게 하는 것이다(고후 5:9).
- 진정한 사역은 하나님 앞에서 상급을 받는다(고후 5:10).
- 사역의 동기는 주의 두려움으로 해야 한다(심판주의 경외감)
  (고후 5:11).
- 사역은 외모가 아닌 마음으로 하는 것이다(고후 5:12).
- 사역에 열심을 가지고 미친 것은 하나님과 성도를 위한 것이다
  (고후 5:13).
- 사역의 힘은 그리스도의 사랑에서 온다(고후 5:14).
* 우리를 위하여 죽은 그리스도의 사랑이다.
- 사역은 하나님께서 그리스도 안에서 새롭게 주신 것이다
  (고후 5:17-18).
- 사역의 목적은 그리스도를 대신하여 화목하게 하는 직분을 감당하
  는 일이다(고후 5:18-21).

▶ 고린도후서 6장
- 사역은 은혜를 받았기에 하나님과 함께 일하는 것이다(고후 6:1).
- 사역은 거리낌 없이 해야 한다(고후 6:4).
- 사역자는 자원하는 마음으로 복음의 고난을 기꺼이 감당해야 한다
  (고후 6:5-8).
- 사역자가 가져야 할 부정적, 긍정적 항목들(고후 6:4-5,6-7).
- 사역자의 삶은 역설적이다(부정에서 긍정으로)(고후 6:8-10).
* 자기 생명을 얻고자 하면 잃고 잃고자 하면 얻는다(요 12:25).
* 무명한 자 같으나 유명한 자, 죽은 자 같으나 생명을 소유하고 슬
  픈 자 같으나 기쁜 자, 가난한 자 같으나 부요하게 하며 아무것도

없으나 모든 것을 가진 자. 약할 때가 강하다.

＊ 반대자들의 비난에 대한 답이다.

– 사역자는 마음이 넓어야 한다(고후 6:11-13).

– 그리스도의 사역은 구별된 것이다. 깨끗하게 하라(고후 6:11-18, 7:1).

＊ 믿는 자와 믿지 않는 자, 빛과 어둠, 벨리알과 그리스도가 함께하지 못한다.

▶ 고린도후서 7장

– 하나님은 환난 가운데서 위로하신다(고후 7:2-6).

– 디도에게서 소식을 듣고 바울이 매우 기뻐함(고후 7:6-7,13-14).

＊ 하나님의 뜻대로 하는 근심은 구원과 회개를 이룬다(잠깐 고린도 교회를 향한 책망의 서신을 통하여 성도들이 근심하였으나 잠깐이며 하나님에게 나아가게 한다).

[장면 3] 예루살렘을 위한 헌금과 약함 자랑 (고후 8-13장)

고린도후서는 다른 책에서 다루지 않은 헌금에 관한 내용을 2장에 걸쳐 집중적으로 다루고 있다. 물질 문제는 신앙에서 아주 중요한 일이다. 이 부분을 넘지 못하면 신앙이 성장하기 어렵다. 특히 물질과 신앙은 긴밀하게 연결된다. 맘몬의 문제는 헌금과 관련이 있다. 헌금을 어떻게 드려야 하는지, 왜 드려야 하는지에 대해서 구체적으로 다룬다. 그리고 바울 자신의 연약함을 토로하면서 십자가 신학의 진수에 들어가는 것이 고린도후서의 백미다. 십자가와 부활의 원리를 잘 보여주고 있는 것으로 우리의 신앙을 진단하고 재정립하는 데 유익하다. 세부적으로 나누어 항목과 장별로 내용을 정리하도록 한다.

● **예루살렘교회를 위한 헌금** (고후 8-9장)

8~9장은 헌금에 관한 내용을 집중적으로 다루고 있다. 성경에서 말하는 헌금의 원리와 본질과 구체적인 방법까지 자세하게 다룬다. 오늘날 우리의 헌금 문제를 해결하는 데 좋은 지침을 주고 있다.

1. 헌금의 예 : 마게도냐 (고후 8:1-5)
 - 환난 가운데서도 풍성한 연보를 했다.
 - 힘대로 자원하는 마음으로 했다.
 - 헌금은 성도를 섬기는 일이다.

2. 고린도교회의 헌금 독려 (고후 8:6-15)
 - 디도를 통한 권면 : 은혜를 성취하라(고후 8:6,11).
 - 주는 마음, 주는 은혜(고후 8:7,12)
 - 그리스도가 구제의 모본이다(부유하나 가난하게 되셨다).
 - 균등하게 하기 위함이다(고후 8:13-14).
 - 가능한 한 많이 헌금하도록 하라(고후 8:15).
 - 디도와 한 동역자 소개 : 동료, 나의 동역자, 교회의 사자, 그리스도의 영광(고후 8:16-24).

3. 고린도교회의 헌금 자발적인 참여 (고후 9:1-15)
 - 아가야 성도들은 1년 동안 헌금을 준비함을 마게도냐에게 자랑

- 헌금을 미리 준비하라. 그렇지 않으면 마게도냐 사람에게 부끄러움
  당함.
- 준비한 헌금을 해야 헌금다운 것이다(고후 9:5).
- 가능한 한 많이 넘치게 하라. 하나님이 축복해주신다(고후 9:6,8).
- 헌금은 인색하게 하지 말고 즐겨라.
- 헌금은 섬기는 일이고 봉사의 직무다(보충하게 하는 일이다)
  (고후 9:12-13).
* 이웃을 섬기는 것이 곧 하나님을 섬기는 것이다.
- 헌금의 이 직무를 통하여 증거로 삼는다. 후한 헌금은 하나님께 영
  광을 돌리는 일이다.

● 사도적 부름에 대한 변호 : 약함으로 인한 자랑 (고후 10-13장)

고린도교회는 바울의 사도권에 대해서 문제를 제시하고 있다. 예수님
의 열두 제자가 아닌데 어떻게 예수님의 사도가 될 수 있느냐는 문제 제
기였다. 이런 문제는 바울을 괴롭게 하면서 사역을 약하게 하고 있었다.
바울은 자신의 개인적인 비난을 듣고 해결하기 위해 고린도후서를 기록
했다. 자신의 사도권을 변호하면서 우리에게 우리 직분에 대한 성경적
이해를 제시하고 있다. 세상은 강함을 자랑하지만 복음 사역에서는 그와
반대다. 세속적 자랑과 강함을 이기는 약함의 신학(십자가의 신학)을 제
시하고 자기 경험을 예시로 제시한다. 이런 면에서 고린도후서는 개인적
인 고민과 문제를 조심스럽게 제시하는 책이다. 이런 바울의 아픔을 이
해하고 읽어야 고린도후서의 내용을 바르게 파악할 수 있다. 각 장의 주
제를 중심으로 성경을 통독하면서 해답을 찾아가야 한다.

▶ 고린도후서 10장

– 육신을 따라 행하는 자에게 권면함(대적자들은 육체의 무기인 자기
  자랑으로 한다).

– 우리의 무기는 육신에 속한 것이 아닌 하나님의 능력이다(고후 10:4).

＊ 그리스도인의 최고 무기는 약함을 자랑하는 것이다.

– 모든 생각(이론)을 하나님에게로 복종하라(고후 10:5).

– 외모만 보지 말라(고후 10:7).

– 자기를 자랑하고 칭찬하는 사람을 조심하라(고후 10:12-13).

– 자기 분수 이상 자랑하지 말라(고후 10:15).

– 자랑하는 자는 주 안에서 자랑하고 자기가 아닌 주님에게 칭찬받는
  사람이 되라(고후 10:17-18).

▶ 고린도후서 11장

– 거짓된 사람들 : 말을 잘함(수사학) / 뱀이 하와를 유혹함
  (고후 11:1-3).

– 바울은 말이 부족하나 지식은 그렇지 않다(고후 11:6).

– 자기를 자랑하는 거짓 사도를 조심하라. 광명의 천사, 사탄의 일꾼
  이다(고후 11:2-15).

– 이런 자들을 비교하며 바울이 자기 자랑을 약간 함(자격 조건이 부
  족하지 않다)(고후 11:16-18).

– 히브리인 중의 히브리인이다. 수고를 많이 했다. 고난도 많이 당했
  다(고후 11:22-29).

– 굳이 자랑한다면 나는 약한 것을 자랑한다 : 바보 자랑(고후 11:30).

– 바울은 다메섹 성에서 광주리를 타고 탈출했다(고후 11:31-33).

▶ 고린도후서 12장

- 부득불 자랑한다 : 삼층천의 체험(3인칭으로)(고후 12:1-5).

- 더는 자랑하지 않는다 : 육체의 가시를 주었다(세 번 기도).

- 약한 데서 온전해진다. 약한 것을 크게 기뻐한다 : 약할 그때가 강하기에

- 바울은 다른 사도보다 조금도 부족하지 않다(표적, 능력 행함).

- 세 번째 방문 계획 : 부모와 같은 헌신적인 사랑이 있다.

- 자기 이득을 취하는 교활한 자 경고(고후 12:16).

- 바울과 디도와 함께한 동역자는 결코 이득을 취하지 않는다(같은 보조)(고후 12:18).

- 모든 사역은 덕을 세우기 위함이다(고후 12:19).

- 아직 죄를 청산하지 못한 사람들에게 경고(다툼, 시기, 분 냄, 당 짓는 것, 비방, 수군거림, 거만함, 더러움, 음란, 호색)(고후 12:20-21).

▶ 고린도후서 13장

- 세 번째 갈 때는 죄지은 자들은 용서하지 않는다.

- 말씀이 나를 약하게 하지 않고 강하게 한다.

- 예수 안에서는 약하나 사람에 대해서는 하나님의 능력으로 강하게 산다(고후 13:4).

- 너희 믿음을 확증하라.

- 바울의 사역은 약함 속에서 강함이 드러나는 것이다(고후 13:9).

- 악을 행하지 말고 선을 행하라.

- 진리를 거슬러 아무것도 할 수 없고 오직 진리를 위한다(고후 13:8).

- 우리가 약할 때 너희가 강한 것을 기뻐한다. – 바울을 통해 깨달으라(온전하게 됨).

– 미리 편지를 통하여 성도들을 넘어지지 않게 하고 세우기 위함이다.

● 마무리와 축도 (고후 13:11-13)

▶ 생활 속에서의 당부 5가지 (고후 13:11)
– 기뻐하라.
– 온전하게 됨.
– 위로(하나님의)를 체험하라.
– 한마음이 되어라.
– 평화하라.
＊ 거룩한 입맞춤으로 하나를 이루라(명령).

▶ 축도의 본문 구절 (고후 13:13)
　고린도후서는 전체의 분위기가 약함에 초점을 두고 전개된다. 바울은 고린도후서 4장에서 자신을 보배를 담은 질그릇이라고 말한다. 고린도 교회의 어려운 문제를 푸는 방법은 강함이 아닌 약함이라고 말한다. 그러면서 자기의 약함을 진솔하게 고백하며 약함 속에서 진정한 능력이 일어난다는 점을 강조하고 있다. 모든 문제는 자기와의 싸움이다. 그것은 얼마나 자기를 죽이면서 약함을 자랑하고 그것을 통해 그리스도의 강한 능력이 드러나느냐에 있다. 강함을 추구하는 세상 속에서 그리스도인의 삶은 약함이다. 그것은 우리 안에 있는 그리스도께서 가장 강하기 때문이다. 역설적으로 내가 강하다는 것은 내 안에 그리스도가 아직 나에게 강함으로 다가오지 않았다는 것이다.

로마서

【 로마서의 배경 】

로마는 모든 방면에서 세계 중심지였다(모든 길은 로마로 통한다). 로마는 건물이 많았고 상수도 시설이 발달하였고 대극장, 시장이 완비되었으며 모든 도로는 로마로 집중되었고 그리스 문명이 도입되어 문명이 발달했다. 로마법은 곧 세계의 법이었다. 로마에는 로마인보다 이방인이 더 많았다. 많은 노예가 로마에 끌려왔다. 상인과 이민으로 인구 백만을 초과하였다. 로마서를 기록할 당시 AD 57~58년경에는 네로가 지배하고 있었다. 로마에는 이미 유대인의 개종자들이 많았다. 수많은 유대인 포로들도 있었다. 유대인들이 있는 곳에는 반드시 회당이 있었고 회당은 복음 전도에 아주 좋은 곳이었다. 로마에는 다신론이 성행하였고 그런 이유로 이방인의 종교에 관대하였다. 유대인들이 로마에서 번성하는 데 좋은 환경이 되었다. 물론 이방인 신자들도 로마교회를 구성했다. 로마서를 읽을 정도로 로마 교인의 수준은 상당히 높았다고 볼 수 있다.

【 특징과 읽기 지침 】

▶ 핵심 주제

로마서 1장 17~18절이다. 복음은 구원을 주시는 하나님의 능력이다. 복음에는 하나님의 의가 나타나서 믿음으로 믿음에 이르게 한다. 오직 의인은 믿음으로 말미암아 산다. 로마서는 복음 이야기이다. 복음이란 무엇인가 잘 설명해 놓았다. 이것은 성경 전체의 이야기를 중심으로 정리한 것이다.

▶ 동기와 특징

로마 전도를 위해 예비적으로 미리 보낸 서신이다. 로마 교인들의 믿음을 보다 굳게 하고 믿음으로 의롭게 되는 복음의 핵심을 특별히 강조하고 있다. 로마서는 갈라디아서와 같이 교리서신에 속한다. 로마서가 다루는 핵심 내용은 이신득의로 모든 그리스도인은 믿음으로 구원받는다는 사상이다. 기독교의 핵심 교리를 스토리방식을 통하여 진술하고 있고 이것은 성도의 구원뿐 아니라 성화와 견인까지 넓게 포괄하고 있다.

우리가 기억하면서 읽어야 할 내용은 믿음에 대한 부분이다. 유대인과 이방인이 하나 되고 믿음과 실천이 하나가 되기 위해서는 인간의 힘으로는 불가능하고 하나님이 그것을 이루셔야 한다. 하나님과 인간이 하나 되고 온 세상이 그리스도 안에서 통일을 이루기 위해서 예수님이 세상에 오셨고 그것을 하나로 만들기 위해 십자가에 죽으셨다. 그것이 복음인데 모든 것은 복음으로 일어나는 일이고 우리가 주님이 이루신 것을 신뢰할 때 하나님이 선한 일을 이루신다.

많은 사람이 로마서를 설교나 강의식으로 이해한다. 하지만 내용을 자세히 읽어보면 질문하고 답하고 대화를 나누는 방식으로 기록되었다. 로마서의 구성 방식을 보면 1~11장까지 질문이 35개가 된다. 아주 많은 질문이 들어 있다. 그것은 일방적으로 교리를 설명하는 식의 구성이 아닌 마치 바울 앞에 로마 교인들이 있고 그들과 궁금한 것을 주고받는 것처럼 소통형으로 로마서가 구성되었다. 로마서는 대화체로 된 것인데 우리는 그동안 따분한 교리 설명으로 이해한 적이 많다. 사실 로마서를 질문 35개 정도를 놓고 읽으면 Q&A 대화식 성경 공부가 된다. 이렇게 보면 어렵지 않게 즐겁게 로마서를 읽을 수 있다.

【 로마서의 내용 구조 】

로마에서 바울은 하나 되는 교회를 그리고 있다. 그 문제를 집중적으로 다룬 부분이 9~11장이다. 1~8장에서는 복음이란 무엇인가? 12~16장은 복음의 삶에 대한 부분이다. 그리고 9~11장은 중간에 핵심으로 자리 잡고 있는데 미래적인 내용이다. 앞으로 일어날 일에 대한 것으로 유대인과 이방인이 하나 되는 비전을 말하면서 언제 어떻게 이루어지는지 신비의 과정을 말하고 있다. 1~8장과 12~16장은 믿음과 실천이란 측면에서 동전의 양면과 같은 구조라면 중간에 있는 9~11장은 핵심으로 이해할 수 있다.

로마서 전체 구조 - 복음의 삶

구조	구성	방식	주제	제목	세부 내용	핵심
시작 1:1-17	도입	이야기	복음	믿음	복음이란? 의인이란? 믿음이란? 구원이란?	**복음에서**
외연A 1:18 -8장	원리	질문 31가지	**구약** 2:1-3:20	창조	하나님을 무엇으로 계시	성경에 나타난 복음의 핵심
				타락	종교적 / 성적 / 도덕적	
				심판	선악 판단하는 죄	
				율법	율법을 주신 이유?	
			신약 3:21-8장	구약의 복음	구약의 하나님의 의가 나타남 / 아브라함과 아담	
				예수	십자가와 부활 (6장) 혼인관계와 율법 (7:1-6) 율법과 죄와 죽음 (인간실체) (7:7-25)	
				성령	성령의 삶 (8:1-17) 고난과 승리 (8:18-30)	
			마무리	신비 / 찬양	마무리 / 찬송과 감사 (8:21-39)	복 음 과
내연 9-11장	B	질문	구원 & 믿음 9-11장	과거	이스라엘 선택과 구원	복음의 연합과 신비
	C			현재	믿음과 구원 (바른 지식)	함 께
				믿음	롬 10:10 (구원)	
	B'			미래	이방인과 유대인 하나됨	
			마무리	신비 / 찬양	마무리 / 신비와 찬송 (11:33-36)	

			원리	하나님	산제사 / 영적 예배	
외연A' 12-15장	삶	이야기	**관계** 12-15장	자신	은사 / 지혜	관계적 삶 (의인의 삶)
				이웃	성도 / 사랑	
					원수 / 율법	
				자연	물질 / 덕	
				사역	제사장 / 복음사역	
끝 16장	마무리		삶 16장	동역	명단소개	**복음으로**
				복음	나의 복음 / 사명	

[로마서 대화식 방법 - 질문과 대답을 통한 전개]

감사와 기도 / 1:8-15 로마 방문 소원. "형제들아" (13절)	→	"내 형제들아" (15:14), "형제들아"(16:17).

핵심논제 / 1:16-17
"내가 복음을 부끄러워하지 아니하노니 이 복음은 모든 믿는 자에게 구원을 주시는 하나님의 능력이 됨이라. 먼저는 유대인에게요 그리고 헬라인에게로다. 복음에는 하나님의 의가 나타나서 믿음으로 믿음에 이르게 하나니 기록된 바 오직 의인은 믿음으로 말미암아 살리라 함과 같으니라."

★ 장면 1. 1:18-5:11
- 인간의 죄 문제를 율법으로는 해결할 수 없다.
- 오직 그리스도를 통하여 나타난 하나님의 의를 믿음으로 받아들임으로 구원에 이르게 된다.
  예) 아브라함도 행위가 아닌 믿음으로 의롭게 되었다.

★ 장면 2. 5:12-8:39
- 죄는 그리스도의 죽음과 부활을 통해서 해결된다.
- 우리 힘으로 율법을 지킬 수 없고 율법은 죄를 죄 되게 할 뿐이다.
- 새로운 법인 성령의법으로 율법을 이루고 의인이 되어 성령 안에 살게 한다.

★ 장면 3. 9:1-11:36
- 이방인과 유대인을 한 백성으로 삼으신 하나님은 신실하시다.
- 유대인의 복음 거부가 이방인에게는 오히려 복음을 받아들이는 기회가 된다.
- 유대인이 나중에 돌아옴으로 이방인과 유대인이 함께 남은 자로서 그리스도 안에서 한 형제가 된다.

★ 장면 4. 12:1-15:13
- 하나님의 의를 소유한 사람은 하나님께 헌신의 삶을 산다.
- 실제적인 의인의 삶은 관계(대인관계)가 좋아야 한다.
- 이방인과 유대인이 서로 사랑하며 존경하고 인정하는 삶을 산다.

결론 / 15:14-16:27
- 바울의 이방인 선교와 로마 방문 계획
- 바울의 동역자 소개와 인사

D·a·y
109
장면통독 가이드

>>> 로마서 1-8장
# 제3차 선교여행 3

✳ 통독 포인트

제3차 선교여행에 관한 내용과 로마서의 내용을 통독한다. 특히 로마서는 신학적 훈련이 없으면 쉽게 읽을 수 없다. 읽기는 읽어도 깊게 읽지 못한다. 로마서는 기독교 신앙의 핵심을, 탁월한 복음의 내용을 정리한 책이다. 이런 로마서를 통독할 때는 빠르게 읽기보다는 멈추어 천천히 음미하면서 깊게 통독할 것을 권한다. 이런 독자를 위해 로마서는 자세하게 소개했다. 특히 〈로마서 통독 흐름표〉를 제시했다. 이것을 토대로 성경을 차근차근 생각하면서 읽어 나가면 쉽게 읽을 수 있다. 그동안은 로마서를 교리상으로 읽는 헬레니즘 방식이 대부분이었다. 하지만 헤브라이즘 방식의 읽기를 제시한다. 그 이유는 이 방법이 로마서의 기술 방식이기 때문이다. 복음 이야기를 중심으로 30개가 넘는 질문에 답을 해 나가는 대화식으로 구성되었기에 이 구조만 잘 파악해도 로마서는 쉽고 즐겁게 읽을 수 있다.

▶ 고린도 (행 20:3)

바울은 고린도에서 3개월 지낸다. 이 기간에 로마서를 기록했다. 앞으로 갈 선교지 로마를 바라보면서 로마서를 썼다. 로마서는 특별한 서신이다. 로마는 당시 세계 중심지다. 일종의 땅끝과도 같은 나라다. 아직 만나지 못했지만 마음속으로 성도들의 영의 상태를 그려보면서 그들과의 대화체로 기록한 로마서는 신앙의 진수가 담긴 책이다. 고린도에서 앞으로 갈 로마를 보고 성도들의 상태를 마음속으로 그리면서 기록한 로마서는 읽으면 읽을수록 신비롭고 놀랍다.

▶ 사도행전과 로마서와 연결점

고린도에서 바울은 로마서를 쓴다. 바다 건너편으로 가면 로마가 있다. 그러나 아직 때가 안 되어서 미리 써서 보낸 서신이 로마서다. 아직 보지 못한 성도들이지만 만날 그날을 상상하며 로마서를 썼다. 독자가 앞에 있다고 생각하고 대화방식으로 성경의 복음 이야기를 나누고 있다. 내용이 쉽지 않기에 바르게 성경을 읽기 위해서는 세밀하게 살펴보면서 읽어야 로마서의 참맛을 알 수 있다.

[장면 1] 로마서 : 죄와 심판 이야기 - 구약
(롬 1:1-3:20)

로마서 앞부분은 구약성경의 해결되지 않은 인간의 죄 문제를 다룬다. 인간은 원래 어떤 상태인가? 인간은 생각과 마음이 허망하고 하나님을 영화롭게 하지 않고 감사하지 않는 죄인의 모습이다. 하나님을 마음에 두기 싫어하는 것이 인간이다. 그런 이유로 인간은 악한 행동이 나오게 된다. 구약의 결론은 모든 인간은 죄인이다. 여기에는 유대인이나 헬라인이나 모두 같다. 하나님은 인간에게 율법을 주어서 그 율법을 통해서 인간이 죄인임을 알게 하셨다. 율법을 대하면 대할수록 우리는 하나님 앞에서 죄인임을 깨닫게 된다. 그런데 율법 외에 한 의가 나타났는데 그것이 그리스도이다. 우리는 그리스도를 통하여 의롭게 된다. 그리스도가 완성한 사랑의 율법에 따라서 우리가 구원받는다. 이것은 오직 그리스도를 믿음으로 일어난 일이다.

믿음의 조상인 아브라함은 행위로 의롭게 된 것이 아니라 믿음으로 의롭게 되었다. 우리는 그리스도를 믿음으로 하나님과의 관계가 의롭게 되었다. 그리스도를 통하여 우리는 하나님과 더불어 평화를 누리게 되었다. 그러므로 그리스도 안에 있는 자에게는 결코 정죄함이 없다. 한번 맺은 그리스도와의 관계는 어떤 것으로도 끊을 수 없다. 행위로 인한 것이 아니고 믿음으로 맺은 것이기 때문이다.

하나님의 인류를 향한 구원 계획은 그리스도를 통한 구원이다. 누구든지 그리스도의 복음을 듣고 마음으로 믿어 입으로 시인하면 구원받는다. 어느 사람도 차별이 없는 구원의 방법이다. 이런 점에서 복음은 기쁜 소식이다. 아직도 믿지 않는 유대인들을 향한 하나님의 구원은 열려 있다. 지금은 순종하지 않지만 나중에는 하나님의 은혜로 돌아올 것이다. 이스라엘을 구원하시기 위해 부르신 하나님의 부르심은 지금도 유효하고 후회가 없다. 하나님의 측량할 수 없는 은혜를 우리는 다 헤아릴 수 없다. 언제나 구원은 우리의 생각을 넘어선다. 구원을 함부로 판단할 수 없다. 그분의 자비로우심을 바라보는 것이 중요하다.

▶ 깊게 통독하기
로마서는 신앙의 뿌리와 핵심을 이해하는 중요한 책이다. 하지만 보통 사람들이 읽기가 쉽지 않다. 그러다 보니 그냥 스쳐 지나가는 경우가 많다. 한 번 읽는 것으로 로마서 통독을 마친다면 너무 아쉽다. 깊이 있는 성경인 만큼 시간을 조금 더 바쳐서 깊게 읽도록 한다. 이것을 돕기 위해서 로마서 한 권이라도 깊게 읽도록 자세하게 안내했다. 다른 책과 다르게 로마서를 세부적으로 읽기 위해서 제시한 로마서 흐름표는 중요한 로마서를 세밀하게 읽도록 해준다. 제시한 핵심 내용을 이해한 후에 여기에 나온 핵심 내용을 따라 성경을 읽으면 로마서를 자세하게 또 깊게 읽을 수 있다. 로마서의 깊은 세계로 들어가는 성경 읽기 체험이 일어나길 기도한다.

● 복음과 삶 소개 (롬 1:1-17)

모든 것은 정체성에서 시작된다. 내가 누구인가? 복음이 무엇인가? 왜 복음을 전하는가? 등의 본질을 회복하는 질문은 중요하다. 이것이 바르게 정립되지 않으면 그다음의 일은 의미가 없다. 이런 점에서 바울의 서론은 의미가 있다. 바울이 사는 목표는 오직 복음을 전하는 것이었다. 복음은 예수 그리스도다. 예수님이 인간과 같은 점은 인성을 가졌다는 것이고 인간과 다른 점으로 신성을 가진 하나님이시라는 점이다. 우리와 같이 인성을 가졌지만 그분은 죄가 없으신 참인간이시다. 그 주님을 위해 살고 주님을 전하는 것이 복음의 삶이다.

▶ 서론 (롬 1:1-17) 정체성 (모든 힘은 정체성에서 나온다)
- 나는 누구인가? (그리스도인)
- 나는 무엇을 위하여 부름을 받았는가? (교회와 미션)
- 복음이란 무엇인가? (핵심을 설명해보라)

– 바울이 로마에 가는 이유? (왜 복음을 전해야 하는가?)

– 복음의 핵심은 무엇인가? (바른 복음을 전하면 복음이 전도한다)

● 구약 : 인간의 죄와 심판 이야기 (롬 1:18-2:16)

구약성경의 이야기는 무엇일까? 인간의 죄인 됨을 선포한다. 그 근거와 뿌리를 죄라고 말한다. 죄는 하나님을 떠난 것이다. 처음에 인간이 하나님께서 금지한 선악과를 먹은 후부터 죄가 들어왔다. 죄는 인간이 하나님을 거역하고 자기중심으로 사는 것을 말한다. 이런 인간에 대해서 하나님은 진노의 심판이 임하는 중에 먼저 회개를 촉구했지만 인간은 자기중심의 삶을 벗어나지 못했다. 죄를 지은 인간은 심판받게 되었다. 율법이 우리를 정죄한다. 율법은 하나님의 기준이다. 그 기준에 이르지 못한 인간은 모두 죄의 대가를 받아야 한다. 성경은 이러한 이야기다. 구약은 인간이 죄인이라는 것을 깨닫고 인정하게 한다.

ᅵ 되새김 쉬운 통독 Tip ᅵ

롬 1:18-3:20

인간은 죄인이다 : 자기 힘으로 사는 사람 / 비움
1. 인간의 문제 / 죄 : 자기가 죄인임을 알게 한다 - 율법
2. 인간의 불행 / 심판 : 죄를 지으면 사망과 심판에 이르게 함을 알게 한다
                                 - 사망

▶ 죄 (롬 1:18-32)

– 죄란? 하나님을 거부하고 불신하는 것이다.

★ 질문 1. 지금 인간을 바라보는 하나님의 마음은 무엇일까?

– 죄에는 어떤 종류가 있는가?

  1) 종교적인 죄

  2) 성적인 죄

  3) 도덕적인 죄

  4) 판단하는 죄

▶ 심판 (롬 2:1-11)

– 율법으로 심판한다.

▶ 율법 (롬 2:12-16)

인간의 가장 중요한 율법과 죄와 그 결과에 대한 질문에 답하도록 한다. 말씀을 떠난 인간은 여전히 말씀 없이 선에 이르려고 한다. 하지만 우리가 선을 행했다고 증명하기가 어렵다. 그래서 법이 필요했다. 왜 법이 필요한가? 죄란 무엇이며 어떻게 살 것인가? 하는 질문을 던지면서 대화식으로 해결점을 찾아가는 구조다. 로마서에는 질문이 무려 32개 정도 나온다.

● 유대인과 율법에 관한 이야기 (롬 2:17-3:20)

★ 대화식 질문(13개)에 답하면서 통독한다 (롬 2:21-3:9)

1) 다른 사람을 가르치는 네가 왜 자신은 가르치지 않느냐?

2) 도둑질하지 말라 하면서 네가 도둑질하느냐?

3) 간음하지 말라 하는 네가 간음하느냐?

4) 우상을 가증하게 여기면서 신전의 물건을 도둑질하느냐?

5) 율법을 자랑하는 네가 율법을 범하여 하나님을 욕되게 하느냐?

6) 무할례자가 율법을 지키면 무할례를 할례와 같이 여길 것이 아니냐?

7) 무할례자가 율법을 온전히 지키면 율법을 범하는 너를 정죄하지 아니하겠느냐?

8) 유대인의 나음이 무엇이냐?

9) 할례의 유익이 무엇이냐?

10) 믿지 아니함이 하나님의 미쁘심을 폐하겠느냐?

11) 진노를 내리시는 하나님이 불의하시냐?

12) 선을 이루기 위하여 악을 행하자 하지 아니 하겠느냐?

13) 그러면 우리 이방인이 나으냐?

– 율법과 죄의 이야기 (롬 3:10-19)
– 구약의 결론 (롬 3:20)

[장면 2] 로마서 : 복음의 삶 - 신약
(롬 3:21-8장)

구약에서는 인간의 불의로 죄를 짓고 회개하지 않아 결국은 하나님의 심판을 받게 되었다. 악한 모습의 이스라엘 백성을 통해서 반면교사로 삼는 데 기록 목적이 있다. 수천 년 동안 하나님의 사랑을 베풀어 주었는데도 인간은 그것에 응답하지 못하고 불의를 행했다. 인간의 힘으로는 하나님의 의를 이루는 것이 불가능했다. 자기 힘으로 구원이 불가능한 인간을 구원하는 하나님의 의가 나타났는데 그것이 복음이다. 모든 사람에게 주는 선물로 이것이 기쁜 소식이다. 복음은 곧 예수 그리스도를 의미한다. 예수님은 우리가 지은 죄에 대해서 우리와 같이 죽으시고 우리와 같이 부활하셨다. 이것은 오직 예수님만이 하실 수 있는 유일한 일이다. 이렇게 하신 이유는 우리가 죄에서 구원받아 주를 위해 살게 하기 위해서다. 이제 구원받은 우리는 행위가 아닌 오직 믿음으로 구원받았다. 그렇게 구원받은 사람이 아브라함이다. 율법으로는 죄를 깨닫게 하고 나

「 되새김 쉬운 통독 Tip 」

롬 3:21-8장

복음은 그리스도다 : 성령으로 사는 사람 / 채움

1. 구원 계획 : 복음 - 하나님의 의가 나타났다(구약이 예언한 내용이다).
2. 유일한 구원자 : 그리스도 - 그리스도가 누구인지 안다(십자가에 우리와 함께 죽으심).
    - 죄에 대해서 죽고 하나님에 대해서 살게 하기 위해서다(롬 6:2-11).
    - 죄에 대해서 죽게 하려고 율법을 주셨다(롬 3:20, 7:7-13).
3. 구원받음 : 그리스도를 주인으로 받아들임, 믿음으로 - 그리스도가 내 안에 영원히 산다.
4. 그리스도의 영(성령)의 내주 : 성령 - 영의 생각으로 산다(롬 8:1-9).
    "그리스도의 영이 없으면 그리스도인이 아니다"(롬 8:9).
5. 성령을 따라 사는 삶 : 하나님의 영으로 인도함을 받아라(고난도 이길 수 있다).
    - 성령을 따라 산다(내가 사는 것이 아닌 영으로 산다(롬 8:10-17).
    - 그리스도의 사랑으로 산다(롬 8:37-39).

를 죽임으로 다시 새사람이 되어 그리스도 안에서 영원히 사는 존재가 되었다. 이것은 예수님을 하나님의 아들로 받아들일 때 주시는 은혜다. 이렇게 영접한 사람에게는 우리를 인도하시고 연약함을 도와주시는 성령님이 우리 안에 거하시면서 영원토록 우리와 동행하신다.

이제 성령이 내주하심으로 그리스도인은 나의 의지가 아닌 성령을 따르는 삶을 살게 되었다. 주님의 나라가 임할 때까지 장차 나타날 영광을 바라보면서 이 세상을 살아가야 한다.

● 하나님의 의 : 복음 이야기 (롬 3:21-31)

인간의 불의함이 풀지 못하는 하나님의 의가 이제 나타났다. 그것은 예수님을 통해 이루어진 하나님의 의다. 죄를 지으면 징벌을 받아야 한다. 이것이 하나님의 의다. 하지만 인간은 그것을 행할 수 없다. 이것을 해결하기 위해 하나님이 직접 내려오셔서 인간의 몸을 입고 인간 대신 죽으면서 인간의 죄 문제를 해결하고 하나님의 의를 세우셨다. 이런 일은 누구든지 믿기만 하면 하나님의 의가 회복되어 의인이 될 수 있게 하기 위함이었다. 이것이 성경이 말하는 복음이다.

- 하나님의 의 : 예수 그리스도 (롬 3:21-22)
- 예수를 통한 칭의 사건 (롬 3:23-26)
- 율법의 행위와 믿음 (롬 3:27-31)

★ 네 가지 질문
1) 자랑할 수 있느냐?
2) 법으로냐, 행위로냐?

3) 하나님은 유대인만의 하나님이시냐?

   이방인의 하나님은 아니시냐?

4) 믿음으로 말미암은 율법을 파기하느냐?

● 아브라함의 믿음과 언약 관계 (롬 4:1-25)

   믿음으로 얻는 하나님의 의는 언제부터 시작되었는가? 그것은 이미 오래전 구약 믿음의 조상 아브라함 때부터다. 아브라함이 구원받고 의인이 된 것은 오직 믿음으로 인한 것이다. 갈 바를 알지 못하고 하나님이 지시한 땅으로 간 것은 믿음의 행위다. 그리고 100세 때까지 기다리고 약속의 자녀인 이삭을 얻고 다시 그 이삭을 하나님께 바친 것도 오직 믿음에 근거한 것이다. 인간의 상식과 경험과 지식으로는 이룰 수 없는 오직 믿음으로만 가능한 일이었다. 아브라함 때부터 주신 언약은 믿음으로 주어진 것이다. 이것은 구약에 이미 복음과 칭의가 존재했음을 보여준다.

▶ 아브라함의 믿음 이야기 (롬 4:1-10)

★ 세 가지 질문

1) 성경이 무엇을 말하느냐? (롬 4:3)

2) 하나님의 복이 할례자에게냐 아니면 무할례자에게도냐? (롬 4:9)

3) 의로 여겨진 것은 할례시냐 아니면 무할례시냐? (롬 4:10)

▶ 아브라함의 해설 (롬 4:11-25)

– 아브라함은 할례자의 조상이자 무할례자의 믿음의 조상이다.

– 유대인과 이방인의 조상이다.

– 아브라함의 상속자는 오직 믿음으로 된다 : 아브라함은 모든 믿는
   자의 조상
– 아브라함은 칭의로 된 구원이다(믿음으로 외롭게 되었다).
– 아브라함이 받은 칭의는 모든 사람을 위한 것이다.
– 십자가의 죽음도 이와 같다.

● 의인의 삶의 방식 (롬 5-6장)

칭의를 선물로 받은 그리스도인은 어떻게 살아야 할까? 거저 받았으
니 이제는 거저 주는 섬김의 삶을 살아야 한다. 모든 것을 받은 하나님의
자녀는 이제 이후로는 하나님 자녀답게 은혜를 베푸는 삶을 살아야 한
다. 모두가 화평하고 더불어 즐거워하고 즐겁게 사는 것이 최종 지점이
다. 그렇다면 죄와 구원은 어디서 왔는가? 한 사람의 죄로 인하여 우리가
죄인이 되었다. 반면에 한 사람의 죽음으로 인하여 모두 구원받았다. 이
렇게 구원받은 그리스도인의 삶은 세상 방식과 정반대다. 더는 죄의 종
이 되면 안 된다. 그렇게 되면 사망에 이르게 된다. 의인은 의인의 삶의
방식이 있다. 이것을 집중적으로 다루고 있다.

▶ 칭의를 얻은 사람의 삶의 방식은? (롬 5:1-11)
1) 화평을 누리자
2) 즐거워하자
   – 환난 – 인내 – 연단 – 소망
   – 화목하게 하신 주님으로 인하여

▶ 아담과 그리스도 (롬 5:12-21)

한 사람 아담 : 죄가 들어왔다.

한 사람 예수 : 영생에 이르게 한다.

– 율법이 들어 온 이유? : 범죄를 더하게 하려고 한 것이다.

– 죄가 더한 곳에 은혜가 더욱 넘친다(롬 5:20).

▶ 은혜와 죄의 관계 (롬 6:1-14)

Q1. 은혜에 거하게 하려고 죄에 거하겠느냐?

❖ 그럴 수 없다

– 십자가에 못 박혀 함께 죽으면 그리스도가 살면서 내가 산다.

– 죄에 대해서는 죽은 자, 하나님에 대해서는 산 자다.

– 법 아래 있지 않고 은혜 아래 있다.

Q2. 죄를 지을 수 있느냐?

❖ 그럴 수 없다

▶ 의의 종이 되라 (롬 6:15-23)

– 우리가 법 아래 있지 않고 은혜 안에 있으면 죄를 지을 수 있느냐?

– 죄의 종으로 사망에 이르고 순종의 종으로 의에 이른다

  : 열매가 없다.

– 죄의 종이 되면 의에 대해서 자유하다. 하나님의 종이 되면 죄에서

  해방된다 : 영생의 열매다.

● 율법으로부터 자유를 얻는 길 (롬 7:1-25)

율법에서 자유를 얻으려면 죄의 문제를 해결해야 한다. 법에서 해방되려면 법에 대해서 내가 죽는 길 외에 다른 길이 없다. 내가 죽으면 법은 더는 나를 지배할 수 없다. 율법을 사랑하며 그 앞에서 죽는 것이 곧 십자가 앞에서 날마다 자기를 죽이는 삶이다. 가장 큰 문제는 인간은 자기 스스로 자기를 죽일 수 없다는 점이다. 또 하나는 다른 어느 사람도 나를 죽이지 못한다. 오직 율법을 통해서만 자기를 죽일 수 있다. 그 앞에서 모든 인간은 입을 다물 뿐이다.

그렇다면 단 한 가지 방법밖에 없다. 그것은 율법에 대해서 죽는 길이다. 그렇게 되면 율법에서 자유롭게 된다. 바울은 이 문제의 해결점을 제시하고 있다. 특히 자신의 실제적인 고민의 예를 들면서 진솔하게 수술하듯이 깊게 영적 문제에 접근하고 있다.

▶ 율법과 죽음 (롬 7:1-6)
- 혼인관계로 비유한 율법 (롬 7:1-6) (일반법 비유)
- 율법에 대해서 죽임을 당하면 하나님의 열매 맺는다.
- 율법에서 벗어나는 길 – 자신을 죽이는 길

▶ 율법의 본성 (롬 7:7-12)

Q3. 율법이 죄냐?
❖ 그럴 수 없다
- 율법이 없으면 죄는 죽은 것이다.
- 율법을 알지 못하면 나는 살아난다.

- 율법을 알면 죄는 살아나고 나는 죽는다.
* 나를 죽이는 길은 죄를 살리는 길이다.

※ **중요함** / 시소의 원리를 이해하라
- 사탄과 죄와 나와 율법과 사망과 생명과 예수와 상관관계
  (많은 사람이 여기에 속는다 : 숨겨진 비밀이다)
- 죄가 은밀하게 숨어서 나를 죽인다.
- 죄는 자기는 숨고 오직 나를 살린다(교만하게 만든다)
  : 넘어가지 말라.
- 율법이 사망을 가져오지만 그렇다고 율법이 악한 것은 아니다.
- 율법은 거룩하고 계명도 거룩하고 의로우며 선하다(검정이 아
  닌 흰색이다).

▶ 죄가 나를 지배하는 현실(분열된 자아) (롬 7:13-25)

Q4. <u>선한 율법이 나에게 사망이 되었느냐?</u>
❖ 그럴 수 없다

※ <u>율법의 역할 1</u> : 계명으로 말미암아 죄를 죄가 되게 한다
- 악을 행하는 것은 내가 아니고 내 안에 있는 죄다.
- 원하는 바 선을 행하지 않고 원하지 않는 악을 행하는 자신은 죄다.
- 두 개의 내가 있다(하나님의 법. 죄의 법).
- 내가 할 수 없는 절망의 상황이지만, "누가 사망의 몸에서 나를 건

져내라?"
- 예수로 인하여 감사하자(내가 할 수 없는 그것을 예수가 한다).

● 성령 안에서 거하는 삶 (롬 8:1-30)

우리가 예수를 믿은 후에는 혼자가 아니다. 성령이 동행하고 계신다.
이 동행은 하나님이 끝까지 가는 영원한 동행이다. 예수를 믿은 사람은
이제 혼자 사는 것이 아닌 성령님과 동행하는 삶이다. 성령의 인도하심
을 따라 사는 법을 터득해야 한다. 인격이신 주님이 늘 나와 동행하시면
서 우리에게 질문하실 때가 많다. "아직도 믿음이 없느냐 더디 믿는 자
여" 이때마다 그것에 공감하며 성령 안에서 사는 법을 터득하고 몸에 훈
련하는 것이 평생 우리가 체득해야 하는 과제다. 인간의 힘으로는 안 되
지만 성령님께 의지하면 모든 것을 할 수 있다.

▶ 성령 안에 있는 인간 (롬 8:1-11)
- 예수 안에 있는 사람은 정죄함이 없다.
- 예수 안에 있는 성령의 법(생명의 법)이 사망의 법(죄의 법)에서 해
  방함.

※ 율법의 역할 2 : 그리스도인의 삶의 지침이 되게 한다
구약에서는 나의 행함으로 불가능한 일이 그리스도가 오심으로 성령
으로 율법을 이루는 일이 생겼다. 내가 하는 것이 아닌 그리스도가 한다.
예수 믿으면 성령이 오셔서 말씀을 지키고 사랑하는 길로 나를 인도한다.
- 성령의 인도함을 받으려면 생각이 중요하다.
- 성령의 생각을 하라 : 성령 충만함을 받는 길(육신의 생각을 의도적

으로 버리라)

– 말씀을 통해 성령의 생각을 연습하고 훈련하라.

– 그리스도인은 그리스도의 영으로 사는 사람이다(내가 사는 것이 아
닌 그리스도의 영(성령)으로 산다).

– 죽을 육신도 영으로 이길 수 있다(이전에는 불가능했다).

▶ 성령받은 사람 (롬 8:12-18)

＊ 정체성을 분명히 하라

– 우리는 양자의 영을 받았다. 아버지라고 부른다(성령받은 확실한
증거다).

– 우리는 하나님의 상속자이다(그리스도인은 가장 부자, 가장 행복한
자다).

＊ 가난한 자 같으나 부유한 자요 없는 것 같으나 모든 것을 가진 자다.

– 하나님의 자녀이다(하나님의 아들이다) : 자존감을 갖고 살라.

– 십자가의 고난을 함께 지고 가는 것은 필수다(그리스도인의 증거다).

– 지금의 고난은 잠깐이다(미래의 영광과 비교하면).

▶ 구원의 성취(구원의 현재와 미래의 모습) (롬 8:18-30)

– 모든 피조물이 고통을 당한다.

– 고난의 세상은 필연적이다.

– 모두 그리스도를 기다린다 : 재림과 부활

– 믿음은 인내다(참고 기다리는 것이다 : 오직 믿음으로 산다.)

– 우리의 연약함을 아시고 성령이 도우신다 : 소망 가운데 살아가라.

– 그리스도인의 모든 일은 합력하여 선을 이룬다.

– 복음 사역 : 내가 하는 것이 아닌 성령이 행하시는 일이며 역사다.

– 구원의 확신 : 구원의 서정을 이해하라

(이미 이루었다 – 과거완료형).

＊ 예지 – 예정 – 선택 – 칭의 – 영화

● 마무리 : 승리의 찬가 (롬 8:31-39)

– 말씀을 선포하며 찬양하라.

– 말씀 자체가 힘이 있다(직접 체험).

되새김 120일 쉬운 통독 타임라인			
하나님 나라	성경 구조	역사와 시대	성경 각 권 소개
적용	서신서	서신서시대	로마서, 사도행전

>>> 로마서 9-16장, 사도행전 20:4-21:16

복음의 삶 이야기

✳ 통독 포인트

로마서 후반부는 9~11장, 12~16장으로 구성되었다. 9~11장은 중간에 있는데 헤브라이즘 사고로 보면 핵심내용이다. 생명 구조는 원형이다. DNA는 원형 속에 들어 있다. 그것이 생명의 원천이다. 로마서의 구조도 생명 구조를 갖고 구성되었다. 그런 점에서 마지막으로 9~11장을 읽고 2부로 11~16장을 읽으면 로마서의 맛이 깊어질 것이다. 로마서 1~8장에 제시된 복음의 원리를 실천하는 내용이다. 제시한 로마서 흐름표를 참조하여 차근차근 로마서를 읽으면 큰 은혜가 임할 것이다.

[장면 1] 로마서 : 이방인과 유대인의 하나 됨 (롬 9-11장)

로마서의 특징이 담겨 있는 부분이다. 중간에 속한 9~11장의 내용은 로마서의 결론이기도 하다. 여기서는 유대인과 이방인이 하나 되는 모습을 보여준다. 지금까지 앞부분에서 유대인은 율법을 지키지 못함으로 버림을 받았는가 하는 문제에 대해서 바울은 그렇지 않다고 말한다. 잠시 하나님을 떠났지만 결국은 돌아와 그리스도 안에서 하나 될 것을 말한다. 이방인에게 복음이 전파됨으로 유대인에게 시기가 나게 함으로 결국은 다시 회복하는 모습을 소개한다. 하나님의 선택과 우리를 향한 신실하심은 변함이 없다는 측면을 강조하면서 우리에게 더욱더 하나님을 신뢰하라는 메시지를 전하고 있다. 남은 자로서 믿음을 지켜나가는 것이 중요하다. 믿음은 모든 것을 다 이해하는 것이 아니다. 선 줄로 생각하면 넘어질까 조심하라고 했다. 신앙의 목표 지점은 모든 것을 아는 것이 아니라 여전히 나는 모른다고 고백하는 것에 있다. 그래야 하나님을 신뢰

| 되새김 쉬운 통독 Tip |

롬 9-11장
·····················

그리스도를 바르게 알고 그를 인격적으로 영접하라
1. 그리스도를 아는 바른 지식이 우선이다 : 그다음이 열심이다(롬 10:2-4).
    양육하라.
2. 그리스도를 영접하라 : 마음과 입
    (마음으로 믿어 입으로 시인하면 구원받는다, 롬 10:9-10)
3. 구원은 아주 쉽다(내가 죽는 것을 전제로 순종하면, 롬 10:13).
* 내가 죽지 않으면 예수 믿는 것이 가장 어렵고 구원이 힘들다.
4. 구원은 인간이 아닌 하나님이 이루시는 일이다
    (롬 11:29, 예 : 유대인 선택의 비밀).
5. 구원받은 자의 평생 고백(롬 11:36)

하고 그 앞에서 겸손하게 된다. 유대인의 구원 문제는 인간의 이성으로 풀 수 없는 신비의 차원이다. 우리는 오직 측량할 수 없는 주님의 위대하심을 찬양하며 주님 앞에서 겸손하게 살아야 한다.

● 하나님의 복음 계획 (롬 9-11장)
- 이스라엘의 과거, 현재, 미래 이야기

▶ 과거 : 이스라엘의 타락 (롬 9:1-33)
이스라엘의 배교에 대한 문제 제기(롬 9:1-5) - 바울의 근심

★ 질문 4개
1) 하나님의 말씀이 폐해진 것인가? (롬 9:6-13)
2) 하나님이 불의하신가? (롬 9:14-18)
3) 하나님이 어찌하여 허물하는가? (롬 9:19-29)
   - 반증 1 : 토기장이 비유
   - 반증 2 : 하나님은 자신을 있는 그대로 나타내신다.
4) 결론적으로 우리가 무슨 말을 할 수 있는가? (롬 9:30-33)

▶ 현재 : 이스라엘의 책임 (롬 10:1-21)
- 하나님의 의에 대한 이스라엘의 무지와 불순종 (롬 10:1-4)
- 의에 이르는 길 (롬 10:5:13) : 영접 / 귀와 입과 마음으로
- 복음 전도의 필요성 (롬 10:14-15)
- 이스라엘이 믿지 않는 이유 (롬 10:16-21)

▶ 이스라엘의 미래 (롬 11:1-32)

★ Q 1. <u>이스라엘을 버리셨느냐?</u> : 현재 (롬 11:1-10)

– 개인적인 증거

– 신학적인 증거

– 성경적인 증거

– 역사적인 증거

★ Q 2. <u>실족하셨느냐?</u> : 미래 (롬 11:11-32)

– 이스라엘과 이방인의 사슬 관계 (롬 11:11-16)

– 감람나무 비유 (롬 11:17-24)

– 하나님의 신비 (롬 11:25-32)

– 송영 (롬 11:33-36)

[장면 2] **로마서 : 의인의 삶의 적용**
(롬 12-16장)

신앙은 관계다. 이것이 의로운 삶이다. 하나님과 의로운 관계를 맺은 사람은 세상 사람과 다른 삶을 살아야 한다. 우리 몸을 하나님이 기뻐하시는 거룩한 산 제물로 드리고 하나님의 뜻을 분별하여 지혜롭게 생각하면서 살아야 한다. 선과 사랑에 속하고 서로 존경하고 우애하는 삶을 살아야 한다. 악을 악으로 갚지 말고 선으로 악을 갚아야 한다. 원수를 사랑하고 핍박하는 자들을 축복하고 원수가 목마르거든 마시게 하는 것이 그리스도인의 삶이다. 국가와 권세자에게도 복종해야 한다. 왜냐하면 그들도 하나님이 세우신 종들이기 때문이다. 하나님을 생각하면서 섬기고 그 질서를 지키는 것이 하나님의 주권을 인정하는 일이다. 그리스도인은 모든 것을 사랑의 원리로 해야 한다. 내 이웃을 내 몸과 같이 사랑하는 그 속에 모든 핵심이 다 들어 있고 율법의 완성이 있다. 그리스도인은 이미 복음 안에서 하나님과 화목한 상태이다. 하나님과 좋은 관계를 맺은 사람이 의인이다. 이렇게 의롭게 된 사람은 당연히 이웃과의 관계에서도 화평해야 한다. 그런 점에서 그리스도인은 적극적으로 약한 자를 담당하고 언제나 덕을 세우는 삶을 살아야 한다. 끊어진 관계를 회복하는 역할이 그리스도인의 모습이다.

- **복음의 삶 (관계 = 의) (롬 12-16장)**
* 그리스도인의 삶 : 부름에 합당하게 살라. 의인은 믿음(관계)으로 살리라.
  ① 하나님과의 관계 (롬 12:1-2)
  ② 자신과의 관계 (롬 12:3-8)
  ③ 이웃 지체와의 관계 (롬 12:9-16)
  ④ 원수들과의 관계 (롬 12:17-21)
  ⑤ 국가와의 관계 (롬 13:1-7)
  ⑥ 율법과의 관계 (롬 13:8-10)
  ⑦ 시간과의 관계 (롬 13:11-14)
  ⑧ 연약한 자와의 관계 (롬 14:1-15:13)
    – 연약한 자를 대하는 원칙 (롬 14:1)
    – 연약한 자를 그대로 받아야 하는 이유 (롬 14:2-13)
    – 음식 문제로 연약한 자의 마음을 상하게 하지 말라 (롬 14:14-23)

⑨ 말씀과의 관계 (롬 15:1-13)

　– 자신이 아닌 이웃을 기쁘게 하라 (롬 15:1-6)

　– 서로를 받아들이라 (롬 15:7-13) : 유대인과 이방인

⑩ 사명과의 관계 (롬 15:14-32)

　– 바울의 제사장적 사역 (롬 15:16-17)

　– 바울의 능력 사역 (롬 15:18-19)

　– 바울의 개척 사역 (롬 15:20-21)

　★ 로마 방문 계획 (롬 15:22-24)

　– 바울의 섬기는 사명 (롬 15:25-32)

　★ 예루살렘 방문 계획 (롬 15:25-27)

　★ 서바나 방문 계획 (롬 15:28-29)

　★ 예루살렘 방문을 위한 기도 요청 (롬 15:30-33)

⑪ 동역자와의 관계 (롬 16:1-27)

　– 바울의 천거와 함께한 동역자 소개와 인사 (롬 16:1-16)

　– 바울의 거짓 교사 경고, 마침, 송영 (롬 16:17-27)

※ 로마서를 마치면서

로마서는 한마디로 복음 이야기다. 바울은 복음 이야기를 전하면서 마지막에 나의 복음이라고 말한다. 복음은 지식이 아닌 나를 살리는 복음이 되어야 한다. 복음은 무엇인가? 우리를 구원하시려고 하나님이 인간이 되셔서 우리 인간을 위해 대신 죄를 지고 죽으심으로 우리가 구원받는 길을 열어놓으셨고 누구나 믿으면 구원을 선물로 받는다는 것이다. 이런 엄청난 복음을 받으면 우리도 복음의 제물과 복음의 제사장이 될 수 있다. 오늘 가장 귀한 선물을 받았으니 이제 남은 생애는 받은 복음을 전하면서 살아가야 한다. 죽음을 앞둔 순간에도 여전히 복음을 받지 못

한 사람이 주변에 많이 있다. 영원한 심판이 기다리고 있는데도 그들은 그것을 알지 못한 채 거부하고 죽는다. 그런데 오늘 우리가 이 복음을 믿음으로 복음을 선물로 받았다. 세상에서 제일 위대한 복을 받았다. 우리는 이제 모든 것을 받았기에 세상에서 얼마나 성공하며 사느냐는 그렇게 중요하지 않다. 얼마나 복음을 전하면서 살아가느냐가 인생의 가장 중요한 과제요 목표다. 로마서는 이 복음 이야기를 받고 남은 생애를 구체적으로 어떻게 살아가야 하는지 자세하고 다양한 영역에서 실천 방법을 알려주고 있는 책이다.

[장면 3] 마게도냐에서 예루살렘까지
(행 20:4-21:16)

에베소에서 소요가 그치자 바울은 마게도냐로 향했다. 처음에 바울은 에베소에서 직접 고린도에 가려고 했는데(고후 1:16) 교회 내에 생긴 분쟁으로 인하여 디도 편에 편지를 보냈다(고후 7:6-7). 그리고 마게도냐로 떠났다.

● 마게도냐, 고린도

바울은 무슨 일인가 하여 근심하며 마게도냐로 갔다. 바울은 거기서 고린도교회의 좋은 소식을 갖고 온 디도를 만났다. 바울은 그 소식을 받고 너무 기뻤다(고후 7:5-16). 이때 바울은 예루살렘의 가난한 성도를 위해서 모금하는 중이었다(고후 8-9장). 이 모금으로 교회 내에 있는 유대인과 이방인의 다툼을 해결해보려고 했다. 외적인 이방 선교만큼 중요한 것이 교회 내부에서 일어나는 유대인과 이방인의 다툼 문제였다.

이것을 해결하는 한 방법이 헌금을 예루살렘 교회에 전달하는 일이었다. 바울은 고린도에 도착하여 석 달을 보냈다. 여기서 바울은 로마서를 저술했다(롬 15:23-33).

▶ 이방 교회의 대표자들과 연보 모금

바울의 다음 선교 목적지는 예루살렘이다. 그런데 바울이 예루살렘으로 가는 배를 예약했는데 그 배의 유대인이 바울을 해하려고 계획하고 있다는 정보를 듣고 행로를 변경하여 다시 마게도냐로 향했다. 이때 바울은 예루살렘에 갈 이방 교회 대표자를 모집하고 헌금을 모금하여 이들과 동행했다. 이것은 이방인과 유대인의 하나 됨을 이루기 위함이었다(행 20:4). 이 내용은 로마서에 자세하게 다루었다.

● 드로아

이제 바울은 아시아 선교여행을 마치는 과정에 드로아에 이르렀다. 이제 이곳은 다시 오지 못하는 마지막 복음 지역이다. 그런 마음으로 전하는 바울은 밤늦은 시간까지 강론을 계속했다. 그런데 바울이 밤중까지 너무 길게 강론하는 바람에 유두고라는 청년이 졸다가 창문에서 떨어져 죽는 일이 생겼다. 그러나 바울은 이 청년을 살렸다. 다시 살아나서 다행스러운 일이지만 이런 일은 밤중까지 복음을 전하는 관계로 일어났다. 바울이 얼마나 복음에 열중이었는지를 알 수 있다. 이제는 다시 오지 못할 곳으로 생각하면 많이 아쉬웠을 것이다. 그런 열정과 그 말씀을 들으려고 졸린 가운데서도 애를 쓰는 유두고에게 죽음이 닥쳤지만 그의 중심을 아시고 하나님은 바울을 통하여 은혜를 베풀어 그를 살려주셨다.

※ 오늘도 하나님은 우리 중심을 보신다. 말씀에 순종하려고 하는 그

마음을 보시고 은혜를 베푸시는 하나님의 역사를 바라보고 사는 것이 필요하다. 하나님 안에서는 모두가 즐거움이다. 말씀을 사모하며 그 말씀을 들으려고 애쓰는 그 모습을 하나님은 귀하게 보신다. 말씀 듣는 시간이 길다고 불평하는 것은 아직 말씀에 사로잡히지 않아서다. 바울이 전한 메시지가 오늘 마지막이라고 하면 시간이 길다고 불평하지 않을 것이다. 늘 오늘이 마지막이라고 생각하며 말씀을 듣고 순종하는 자세가 필요하다.

● 밀레도

바울은 드로아에서 배를 타고 오순절이 되기 전에 예루살렘에 도착할 예정이었기에 에베소를 들르지 않고 밀레도에 도착하였다. 바울은 밀레도에 머물면서 에베소 장로들을 청해서 마지막 고별설교를 한다. 밀레도에 온 것은 아시아에서 지체하지 않고 오순절 안에 예루살렘에 이르기 위해서이다. 바울은 에베소에서 온 장로들에게 말씀으로 든든히 설 것을 강조한다. 영원히 지켜줄 것은 오직 말씀밖에 없다. 그런 이유로 바울은 밤낮으로 쉬지 않고 말씀을 그들에게 가르쳤다. 사람은 사라진다. 바울도 그들과 영원히 같이하지 못한다. 그러나 말씀은 영원히 남은 자들을 지켜주고 기업이 있게 한다. 이것은 바울이 마음에 품은 전 선교여행에서 적용한 중요한 사역의 원리였다.

이제 바울은 예루살렘으로 향하여 가는 자기의 심정을 밝힌다. 바울은 떠나면서 자기가 세운 에베소교회를 주와 은혜의 말씀에 부탁한다고 말한다. 이것은 자기 최후의 운명을 결정하는 죽음의 길과도 같은 것이었다. 어쩌면 다시 보지 못하는 마지막 죽음의 길일 수도 있었다. 모였던 사람들은 바울의 고별설교를 듣고 슬퍼하면서 서로 안고 울면서 작별을 고했다. 그러나 복음을 향한 바울의 의지는 확고했다. 다음 바울의 말은 당시 상황을 잘 묘사해주고 있다.

"보라. 이제 나는 성령에 매여 예루살렘으로 가는데 거기서 무슨 일을
당할는지 알지 못하노라. 오직 성령이 각 성에서 내게 증언하여 결박
과 환난이 나를 기다린다 하시나 내가 달려갈 길과 주 예수께 받은 사
명 곧 하나님의 은혜의 복음을 증언하는 일을 마치려 함에는 나의 생
명조차 조금도 귀한 것으로 여기지 아니하노라"(행 20:22-24).

※ 오늘도 우리에게 남는 것은 말씀이다. 다른 것은 사라진다. 하지만
우리가 사라져도 영원히 남는 것은 말씀이다. 말씀을 전하는 일이야말로
가장 가치 있는 일이다. 자녀, 그리고 교회의 성도를 말씀으로 양육하는
일이야말로 우리가 가장 중요하게 생각하며 전념해야 할 일이다.

● 가이사랴와 예루살렘

이제 제1, 2, 3차 선교여행을 마치고 예루살렘을 향하여 가는 바울의
길은 어쩌면 마지막 길일 수 있는, 죽음이 기다리는 위험한 곳이었다. 마
치 예수님이 예루살렘을 향하여 십자가를 지고 죽음의 길을 가는 것과
같은 상황이었다. 예수님이 예루살렘의 유월절을 향해 가셨다면 바울은
예루살렘의 오순절을 보고 여행을 했다. 바울은 예루살렘으로 들어가는
과정에서 성령의 음성을 듣는다. 그것은 예루살렘에서 죽을 각오를 해야
한다는 것이다. 지금 예루살렘은 편안한 곳이 아니다. 목숨을 건 여행이
다. 어쩌면 마지막일 수도 있는 곳이다. 아가보라는 선지자가 바울의 일
정에 대해서 예언한다. 바울이 예루살렘에 가면 유대인들이 결박하여 이
방인의 손에 넘겨줄 것이라고 말한다. 사실 이 예언대로 바울은 잡혀서
로마로 가게 된다.

바울은 모든 것을 버리고 예루살렘으로 간다. 죽고자 하는 심정으로 예수님의 이름으로 당할 고난에 대해서 두려워하지 않는 바울의 모습을 본다. 이렇게 보면 바울은 온전히 예수님에게 사로잡힌 사람이었다. 이런 점에서 바울은 참으로 행복한 사람이다. 왜 이런 일이 바울에게 일어났을까? 그것은 예수가 그 어느 것보다 소중했기 때문이다. 생명보다 더 소중한 복음을 가진 것에 감사하며 남은 생애를 바치고 헌신하는 바울의 모습은 오늘날 우리가 본받아야 할 주님을 닮은 모델이다. 내가 그리스도를 본받은 것처럼 너희가 나를 본받으라고 말했던(고전 11:1) 것처럼 우리도 좋은 본을 따라 살아가는 하루가 되어야 할 것이다.

※ 나는 오늘 하루를 어떻게 살아가는가? 내가 목적하는 바는 무엇이며 무엇을 위해 오늘 하루를 살아가는가? 이 시간 나는 과연 복음에, 예수에 매인 자인가? 아니면 세상에 매인 자인가? 이 질문에 대한 답을 찾아가는 삶이 그리스도인의 삶이다. 내가 받은 복음이 가장 소중하다면

| 되새김 쉬운 통독 Tip |

제3차 선교여행 과정 요약

안디옥(행 18:23) - 갈라디아, 브루기아(행 18:23) - 에베소, 두란노 서원(행 19:1), 스게와의 일곱 아들(행 19:4) - 마게도냐, 아가야(행 19:21) - 아시아 - 에베소, 데메드리오 소동, 아데미 여신 - 마게도냐(행 20:1), 데살로니가교회 등 - 헬라(행 20:2), 고린도, 로마서 집필 - 마게도냐, 빌립보(행 20:4-6) - 드로아(행 20:6), 유두고 소생 - 앗소 - 미둘레네 - 기오 - 사모 - 밀레도(행 20:7), 에베소 장로와의 고별 - 고스(행 20:1) - 바다라 - 두로 - 돌레마이 - 가이샤라 - 예루살렘

우리도 당연히 바울처럼 복음에 매인 사람이 되어야 할 것이다. 이것은 오늘날 주님의 길을 따라가는 모든 그리스도인이 꿈꾸어야 하는 최종적인 지점이다. 우리의 길은 과연 예루살렘의 십자가 죽음과 부활을 향해 가는가? 아니면 기적과 인기를 얻는 5천 명이 환호하는 갈릴리인가? 혹시 구원받고 사는 목표가 잘못된 방향은 아닌지 깊이 생각해보아야 할 것이다.

D·a·y

111
장면통독 가이드

>>> 사도행전 21:17-28장

마게도냐에서 예루살렘, 로마까지

✳ 통독 포인트

　제4차 선교여행에서 바울은 유럽과 소아시아 지역의 선교를 마치고 마게도냐와 아가야 지역의 교회들이 준비한 연보를 이방 교회의 대표들과 같이 모교회인 예루살렘교회에 가서 드린다. 바울은 자신이 복음 제사장으로서 소명을 갖고 예루살렘에 가서 일어난 이야기를 기록하고 있다. 바울이 산 제물이 되어 나중에 죄인의 몸으로 로마에 가는 이야기는 예수님을 따라가는 제자의 삶을 보여준다. 바울의 복음에 대한 열정과 마음에 공감하며 성경을 통독하면 좋을 것이다. 우리도 바울의 복음의 열정을 부여받는 시간이 되길 소망한다.

[장면 1]　예루살렘에 도착한 바울 일행
(행 21:17-23장)

복음을 가진 자는 죽음을 두려워하지 않는다. 바울이 대표적인 사람이다. 다시 바울은 고난의 현장으로 들어간다. 오직 복음 때문이다. 생명을 복음과 바꾼 것이다. 바울이 도착한 예루살렘 상황은 바울을 죽이려고 먹지도 마시지도 아니하고 준비된 자가 40여 명이 된다(행 23:12-13). 그리고 율법에 열심을 가진 유대인이 수만 명이다. 이것은 바울이 간 예루살렘이 얼마나 위험한 곳인지 보여주는 대목이다. 그런데도 그곳을 들어가는 바울의 마음은 유대인에게 복음을 전하기 위한 것이었다. 목숨을 걸고 복음을 전하는 바울의 각오는 보통 사람으로서는 갖기 힘든 성령 충만한 사람의 모습이다.

유대인들은 바울에게 트집을 잡아 죄인으로 몰아가고자 했다. 그것은 바울이 헬라인을 데리고 성전에 들어갔다는 것이다. 바울과 같이 온 에베소 사람 드로비모가 바울과 함께 성내에 있음을 보고 바울이 저를 성전에 데리고 들어간 줄로 생각했기 때문이다. 온 성이 소동하여 바울을 잡아 죽이려고 했다. 유대인 이외에 이방인이 성전에 들어가면 돌로 쳐죽이라는 비문이 당시 성전에 쓰여 있었다. 천부장이 나타나 위기를 모면한 바울은 로마 영문 안으로 들어가 안전하게 된다.

바울은 밤에 주님에게 사역에 대한 확신을 받는다. "담대하라. 네가 예루살렘에서 나의 일을 증언한 것같이 로마에서도 증언하여야 하리라"(행 23:11). 로마까지 가서 복음을 전할 것이라는 성령의 음성은 바울에게 담대함을 주었을 것이다. 대적들이 아무리 바울을 죽이려 해도 하나님이 허락하지 않으면 죽일 수 없다. 생명은 하나님에게 속한 것이다. 생명은 하나님께서 허락해야 죽고 사는 것이 결정된다. 이런 면에서 바울은 복음 사역을 위해 대단한 증표를 받은 것이다. 바울은 담대하게 복음을 전할 수 있었다. 생명을 걸고 전하는 사역은 주님이 함께하시기에 두렵지 않다.

바울을 죽이려는 음모는 바울이 모르는 사이에 진행되고 있었다. 그들은 천부장에게 청하여 바울을 데려오게 하고 그 과정에서 암살하려는 음모가 있었다. 그러나 바울의 생질이 천부장에게 그들의 계략을 알려주어 위기를 모면한다. 하나님은 언제나 사람을 통하여 역사한다. 우리가 아무 일도 할 수 없을 때 하나님은 역사하시어 당신의 종을 돌보아주신다.

※ 하나님의 일을 하는 사람은 하나님이 책임져주신다. 하나님의 사람은 죽고 사는 것이 우리에게 있는 것이 아닌 하나님에게 있다. 사느냐 죽느냐를 걱정하지 말고 어떻게 복음을 충성스럽게 전하느냐에 관심을 두고 살아가야 한다. 그런 마음으로 복음을 전한다면 걱정과 염려가 없다. 복음을 전하는 자는 복음으로 산다. 이것이 의인은 믿음으로 산다는 뜻이다. 문제는 내가 얼마나 예수 생명에 감사하며 구원의 감격으로 하루를 살아가느냐에 오늘 하루의 성패가 달려 있다.

[장면 2] 감금당한 중에도
복음을 전하는 바울 (행 24-26장)

바울은 어디 가든지 복음 전하는 일에 당당했다. 죽고 사는 것은 하나님의 손안에 있는 일이다. 복음이 위대한 것은 생명을 버리는 것을 두려워하지 않는다는 것이다. 바울은 천부장에게서 벨릭스 총독 앞으로 인도함을 받는다. 바울은 벨릭스 총독 앞에서도 담대하게 복음을 전한다. 바울은 모든 기회를 활용하여 복음 전파 기회로 삼는다. 옥에 갇힌 상황에서도 어김없이 복음을 전하는 모습은 우리 그리스도인이 닮아야 할 모습이다.

바울은 언제나 하나님과 사람 앞에서 양심에 거리끼는 일을 하지 않았다. 부활에 대한 도를 전하자 벨릭스는 더 자세히 알기 원했다. 바울이 벨릭스에게 전한 복음의 핵심은 죽은 자의 부활이다. 바울은 자신의 소명을 예로 들면서 아그립바 왕에게 복음을 전한다. 바울이 유대인에게 전한 것은 그리스도가 고난받으실 것과 죽은 자 가운데서 살아나사 이스라엘과 이방인에게 복음을 전하라고 한 것 외에는 없다고 말한다. 이 말을 듣고 베스도 총독은 바울에게 많은 학문이 미치게 했다고 말한다. 아그립바 왕은 바울에게 적은 말로 자신을 그리스도인이 되게 하려 한다고 말한다. 바울은 죄인의 몸이지만 총독과 왕 앞에서도 담대하게 그리스도 복음을 전한다. 오직 그리스도에게 사로잡힌 바울의 모습을 볼 수 있다. 그가 받은 복음을 어느 것으로도 막을 수 없었다. 이것이 복음의 위대함이다.

[되새김 쉬운 통독 Tip]
바울의 7회에 걸친 변호

1) 예루살렘 군중 앞에서 (행 22:1-23)
2) 천부장 앞에서 (행 22:24-30)
3) 공회 앞에서 (행 23:1-10)
4) 벨릭스 앞에서 (행 24:10-23)
5) 베스도 앞에서 (행 25:8-12)
6) 아그립바 앞에서 (행 26:1-32)
7) 유대지도자들 앞에서 (행 28:17-20)

[장면 3] 바울의 로마 호송과 로마에서의 복음의 삶 (행 27-28장)

이제 바울은 죄인의 몸으로 재판받기 위해 자기의 힘이 아닌 로마군의 호송을 받으면서 무사히 로마까지 가게 된다. 이것이 하나님이 인도하시는 모습이다. 주님이 원하는 일을 바울이 하기 때문이다. 바울은 가이사 앞에서 재판받기 위해서 로마로 가게 된다. 백부장의 인솔하에 죄수들과 같이 배에 실려 로마로 호송된다. 배를 타고 가다가 유라굴로라는 광풍을 만나 배가 뒤집힐 지경이 된다. 배 안의 사람들은 모든 짐을 바다에 던지고 겨우 목숨만 건진다. 여러 날 동안 배가 표류하면서 아무것도 먹지 못한 사람들은 살 소망을 잃는다.

이때 바울이 나서서 자기가 가이사 앞에 서야 하기에 죽지 않을 것이고 함께 행선한 사람들도 안전하게 지켜주신다고 하나님이 말씀하셨다고 전한다. 무인도를 발견하면서 겨우 목숨을 건진다. 그리고 멜리데 섬에 이르게 된다. 추장 보블리오 부친의 열병을 기도하고 안수하여 고쳐주고 다른 병든 사람들도 고쳐준다. 그 덕분에 음식을 먹고 필요한 물건을 공급받아 다시 항해할 수 있게 된다. 바울이 처음에는 죄수로서 배를 탔지만 죽음의 고비에서 바울이 배에 타고 있는 276명을 살린 주인공이 되었다. 백부장과 선장과 선원들이 항해의 중심이 되었지만 이제는 바울이 주도권을 잡는다. 그들의 생명이 오히려 바울의 손에서 결정되는 모습은 놀라운 기적이다. 하나님이 함께하는 사람 바울을 본다. 결국 바울은 시실리아 섬을 거쳐 그렇게 원하던 로마의 서부 해안 보디올에 이르렀다. 로마에 가는 중에 많은 사람이 압비오 광장까지 마중 나와 환영했다. 재판받으러 온 죄수 바울을 이렇게 환영한 것은 이미 로마서를 통하여 편지를 전해 받은 성도들의 은혜라 할 수 있다. 그렇게 기다리던 로마에 입성한다.

바울의 신병은 로마의 수비대장에게 인계되었다. 바울은 투옥되기보다는(아직 죄인으로 판명이 난 것이 아니기에) 자기 돈으로 빌린 셋집에서 사는 것이 허용되었다. 그리고 지키는 호위병이 하나 있었다(행 28:16). 바울은 비교적 자유롭게 지낼 수 있었다. 활동에는 큰 방해가 없었을 것이다(일종의 가택연금). 바울은 자기 집에 유대 지도자들을 청하여 만나서 그동안의 자기 이야기를 설명했다. 바울은 아침부터 저녁까지 하나님 나라를 증언했다. 여기에는 믿음을 가지는 사람도 있었지만 그렇지 않은 사람도 있었다. 언제나 복음에는 두 가지 반응이 나타난다. 순종하는 사람과 불순종하는 사람이다.

바울은 재판받기를 기다리는 2년간 가택 연금되어 자기를 찾아오는 사람에게 하나님 나라를 전파했다. 아마 이때 옥중서신을 썼으리라고 본다. 이렇게 해서 사도행전은 막을 내린다. 그 이후의 기록은 없다. 바울이 마지막을 어떻게 보냈는지 추측만 할 뿐이다. 전해오는 말에 의하면 바울은 무죄로 석방되어 스페인으로 가서 전도했고 다시 로마로 돌아와

| 되새김 쉬운 통독 Tip |

로마 여행 과정 요약

예루살렘 - 안디바드리(행 23:31) - 가이사랴(2년 체류(행 24:27)) - 항해 시작(행 27:2)(아드라뭇데노 호) - 무라(알렉산드리아 호) - 니도 - 미항(행 27:8) - 뵈닉스로 항함(유라굴로 광풍, 가우디 섬(행 27:16)) - 멜리데(행 28:1) - 수라구사(행 28:12) - 레기온(이탈리아 반도 남단) - 보디올(항해 끝) - 압비오 삼관(행 28:15) - 로마(행 28:16)

활동하다가 체포되어 사형선고를 받아 AD 64년에 로마의 대화재를 구실로 네로 황제가 기독교를 박해할 때 바울이 참수형으로 순교했다고 전해지고 있다.

[장면 4] 사도행전 마무리 메시지

지금까지 살펴본 사도행전의 이야기는 성령이 말씀을 사모하는 사람을 통하여 그 말씀을 전하게 하시는 역사다. 소아시아와 유럽과 로마까지 복음을 전하면서 그곳에서 제자를 세워 다시 복음이 전파되는 그 동선을 살펴보았다. 사도행전 이야기는 오늘 우리의 인생의 여정과 같다. 오늘 우리도 사도행전 여정처럼 복음을 전하는 일을 하면서 산다. 그 마지막은 나의 생명을 마치는 날까지 복음 전하는 데 사용하다가 세상을 마치고 주님의 영원한 품 안에 안기는 것이다. 이렇게 보면 사도행전은 복음의 말씀이 어떻게 진행되는지를 잘 보여주고 있다. 그리고 복음을 전한 사도들의 이야기를 통해 하나님의 복음이 어떻게 세상에 확장되고 전파되는지 발견하게 된다. 특히 사도들을 통한 복음 전파는 세상을 바꾸는 힘이 된다. 그렇기에 사도들은 어디에 가서든지 사람을 구원하고 말씀을 통하여 주님의 제자로 만드는 일에 힘을 썼다. 바울은 마지막까지 이 일을 감당했다. 사도행전 28장 30~31절은 사도행전의 결론이기도 하다.

"바울이 온 이태를 자기 셋집에 머물면서 자기에게 오는 사람을 다 영접하고 하나님의 나라를 전파하며 주 예수 그리스도에 관한 모든 것을 담대하게 거침없이 가르치더라."

바울은 비록 가택 연금의 상태였지만 그 속에서도 복음을 전하고 가르치는 일을 계속했으며 그것에 자기 모든 것을 걸었다. 바울의 관심은 오직 하나 주의 말씀을 전하고 가르치는 일이었다. 왜냐하면 그 말씀만이 세상을 변화시키고 사람을 구원하고 흥왕하게 하기 때문이다.

회심 후 복음을 위해 헌신한 바울의 인생 전체가 오직 복음을 전하고 가르치는 일이었다. 수많은 고난과 죽음의 위험이 있었지만 그때마다 하나님은 도움자를 보내주어서 바울을 구원하여 복음의 사명을 감당하게 하셨다. 특히 처음부터 끝까지 계속되는 바울의 메시지는 그리스도의 십자가 죽음과 부활이었다. 이것으로 인해 많은 고난을 겪었지만 그가 그렇게 목숨을 걸고 전한 복음이 결국에는 로마를 정복하는 결과를 가져왔다. 복음을 전하는 자는 어떤 경우에도 실패하지 않는다. 이미 복음을 전하는 그 자체가 성공의 길에 들어선 것이다. 비록 죽음을 맞이한다 해도 내가 전한 복음은 영원히 세상 속에서 영향력을 발휘하게 될 것이다. 오늘날도 바울과 같은 복음의 용사들이 필요하다.

주의 말씀이 흥왕하여 가는 이야기는 사도행전 전체에 걸쳐 반복적으로 나오는 요약 구절이다. 오늘도 주의 종들을 통해 전해지는 말씀을 통하여 하나님 나라는 전파되고 있고 사도행전은 계속 쓰이고 있다(행 2:47, 6:7, 9:31, 12:24, 16:5, 19:20, 28:31).

성경 통독을 통하여 하나님의 나라를 전파하는 제자의 삶을 끝까지 살아가기로 다짐하는 역사가 우리 모두에게 임하기를 소망한다. 영원히 사라지지 않는 하나님의 나라를 세우는 일에 함께 달려간다면 우리의 길은 멈추지 않고 영원히 계속될 것이다.

▶ 사도행전 이후 옥중서신, 목회서신과 연결점
사도행전 이후에 바울의 행적에 대한 기록이 없다. 추정하기는 1차

투옥 때 옥중서신을 기록하고 다시 석방되어 복음을 전하는 활동을 하는 사이에 마지막으로 유언과도 같은 목회서신을 디모데와 디도에게 썼다고 생각할 수 있다. 마지막까지 서신을 통하여 복음을 전하고 교회와 제자를 양육하는 데 온 힘을 바친 바울의 모습을 엿볼 수 있다. 이런 바울의 심정을 갖고 옥중서신과 목회서신을 통독하면서 복음의 열정과 주님에 대한 사랑을 본받는 시간이 되면 좋을 것이다.

Bible

■ 성경 각 권 소개

에베소서

【 에베소서의 배경 】

▶ 에베소 도시의 상황

에베소는 로마제국에 속한 아시아의 땅 중에서 가장 큰 도시로 군대 수비대 중심지, 정치, 종교, 무역의 요충지였다. 또 마술과 주문과 마법의 중심지였다. 특히 세계 7대 불가사의의 중의 하나인 에베소의 거대한 신전 아르테미스(아데미) 신전이 있다. 이들은 아데미 여신을 '코스모스 라토르', 곧 '세상 주관자'라고 했다. 바울이 에베소서 6장 12절에 사용한 단어가 바로 이것을 두고 한 말이다. 에베소 교인들 대부분이 개종하기 전에 이방신의 마술을 신봉하던 사람들이다. 신앙이 있으면서도 여전히 이방신의 부적이나 주문을 계속 지닌 사람들이 많았을 것이다. 사도행전 19장 23~41절에서 바울이 아데미 여신상을 만들어 팔던 은장색으로부터 고소당하여 이곳을 떠날 수밖에 없던 것은 바로 이런 에베소 도시의 배경을 알려주는 것이기도 하다.

▶ 에베소서 기록 배경

에베소서는 바울의 옥중서신 중 하나이다. 바울이 로마 감옥에 갇혀 있을 때 에베소 및 여러 교회를 향하여 3년 동안이나 그곳에서 전도한 지역을 그리면서 그들에게 마음의 편지를 쓰고 있다. 바울은 두기고(엡 6: 21)를 통하여 에베소교회의 상황과 여러 가지 문제를 소상히 듣고 거기에 대해서 하나님의 바른 뜻을 전하고 있다. 당시 소아시아 교회는 어려운 상황에 부닥쳐 있었다. 그것은 정체성의 문제다. 특히 유대적인 정체성 방식이 이방인 그리스도인에게 혼란을 주었고 절기, 할례, 규례 등과 같은 유대적인 표식들로 자기의 정체성을 규정하게 하는 압력이 존재했다. 이것에 미치지 못한 이들은 낙심하기도 했다. 이런 것이 신앙의 중요한 패턴이 되면서 낙심하게 하고 신앙 성장을 저해하는 요인이 되었다.

이런 상황에서 바울은 자신이 옥에 갇혔지만 이미 우리가 바라는 것이 그리스도 안에 모두 있음을 알리고 격려하기 위해서 편지를 기록했다. 이런 점에서 에베소서는 그리스도의 우월성과 그 속에 감춘 풍성한 은혜에 집중할 것을 권면하고 있다. 에베소서는 크게 두 가지 내용을 다루고 있다. 하나는 그리스도인(교회)이 누구인가? 하는 것과 또 하나는 앞으로 세상 속에서 어떻게 살아야 하는가에 관한 내용이다.

【 특징과 읽기 지침 】

▶ 에베소서의 기록 동기

그리스도를 믿는다는 것은 우주적인 범주에서 이방인과 유대인 모두를 십자가의 은혜로 하나 됨을 이루어 하나님의 한 백성으로 삼는 데 있다. 바울에게 주신 이런 하나님의 경륜을 성도들에게 알게 하고 이것을 파괴하는 악한 세력을 이기도록 성도들을 격려하고 권면하기 위해서 기록했다.

- 교회를 성숙하게 만들기 위해

바울은 당시 교회를 혼란하게 했던 거짓된 가르침에 대해서 바르게 가르쳐주고 교리적인 혼란의 위험에서 벗어나게 하려고 모든 교회들에게 이 서신을 쓸 필요를 느꼈다. 하나님의 창세부터 예정된 구원 계획이 무엇이며 그것이 지금 교회를 통하여 어떻게 이루어지고 있는지를 말해야 할 필요성을 느꼈다. 교회를 향하여 더욱 성숙한 신앙으로서 성장해야 함을 말하고 있다. 특히 교회는 그리스도의 몸이라는 주제를 가지고 접근했다.

- 회람용 서신으로

이 서신은 바울이 에베소교회만을 위해서 쓴 것이라기보다는 주변의 여러 교회를 향하여 돌아가면서 읽게 하기 위한 서신이었다. 에베소가 바울이 많이 머물러 있었던 곳인데도 불구하고 에베소서에 보면 에베소라는 말이 없는 것으로 보아(고대 사본에는 에베소라는 말이 없다) 에베소의 특별한 교회만 염두에 둔 것이 아니고 여러 교회를 염두에 두고 기록한 서신임을 알 수 있다. 에베소서라고 명칭이 생긴 것은 회람서신으로 읽히다가 에베소교회에서 읽히면서 결국 에베소서라고 불렸을 것으로 여겨진다.

▶ 에베소서를 읽을 때 가져야 할 3가지 특징

① 이방인 선교관점 : 에베소서는 이방인과 유대인 속에 하나님의 경륜이 들어 있음을 강조한다. 그러므로 유대인과 이방인이 하나 되는 구조는 하나님이 계획하신 섭리에 의한 것이다.

② 모든 해결책은 예수 : 복음 안에 들어온 순간 우리가 해결해야 할 답은 복음 속에 모두 들어 있다. 누구든지 예수 안에서는 유대인과 이방인이 하나 되는 꿈을 꿀 수 있다.

③ 하나 되게 하시는 성령 : 이방인과 유대인이 하나 되는 것은 오직 성령이 임할 때 이루어진다. 하나 되는 사역이 인간의 힘으로는 어렵지만 성령이 함께하면 가능하다. 모든 일의 궁극적인 목표는 하나 되는 일이다.

【 에베소서의 내용 구조 】

1) 교리적인 부분 / 하나님의 계획 (엡 1-3장)

• 하나님의 계획
• 그리스도 안에서 모든 것이(유대인, 이방인) 통일
• 바울의 통일 사역

2) 실천적인 부분 (엡 4-5장)

/ 우리가 해야 할 일, 교회를 통하여 이 일을 이루심

• 교회 안에서 통일 : 몸과 지체로써
• 그리스도 안에서 새로운 삶을 실천
  : 옛 삶과 새로운 삶의 비교 속에

- 통일을 이루려면 : 질서에 상호 복종하라

① 교회에 대해서

② 부부에 대해서

③ 부모와 자녀에 대해서

④ 종과 상전에 대해서

 - 영적인 전쟁 : 그리스도인의 무장

Bible

■ 성경 각 권 소개

빌립보서

【 빌립보서의 배경 】

바울은 방문하기 전에 빌립보교회에서 일어나는 문제에 대한 조언을 에바브로디도를 통해 전할 필요가 있어서 이 서신을 기록했다. 빌립보교회에게 이 서신을 통해 항상 기뻐하라고 강조하며 권면하는 것은 그들의 정황이 어려운 핍박 상황임을 알려준다.

빌립보서에서 반복적으로 나타나는 주제는 '기쁨'이다. 그리스도를 믿은 사람은 그리스도를 끝까지 알아가며 그리스도를 배우는 것에 게으르면 안 된다. 이런 배움을 통해 그리스도인은 어떤 상황에서도 기뻐하는 삶을 살게 된다.

【 핵심 내용과 읽기 지침 】

복음을 가진 자의 특징은 무엇일까? 진정 복음을 만난 그리스도인의 표징은 상황과 상관없이 어디서나 기뻐한다는 것이다. 복음은 모두에게, 언제나, 어디서나 적용되는 것이다. 이런 복음을 소유한 자는 어떤 상황에서도 항상 기뻐하게 되고 자연스럽게 자족하는 삶을 살게 된다. 이것은 삶의 중심이 나에게서 그리스도로 이동할 때 가능한 일이다. 그리스도가 나의 삶에 가장 귀한 것으로 여겨질 때 그리스도가 나를 지배하며 기쁨의 삶을 살게 된다.

빌립보서는 세상 속에서 기쁨의 삶을 강조하고 있다. 그리스도인은 세상 사람과 다른 삶을 살아야 한다. 그중의 하나가 항상 기뻐하는 일이다. 이것을 설명하기 위해서 바울이 지금 옥중에 매인 상황 속에서도 기쁨의 삶을 살고 있음을 말한다. 이것을 위해서 우리는 자기에게 주어진 고난의 상황을 잘 이해하고 그 속에서 하나님의 뜻을 찾아야 한다.

바울은 지금 고난의 상황에서 오히려 복음의 진보가 있고 매인 것이 오히려 주님을 더욱 신뢰하는 기회가 되고 그 속에서도 겁 없이 하나님의 말씀을 담대히 전하는 삶을 살고 있음을 말한다. 문제는 어떤 상황에서든지 우리 그리스도인의 목표는 살든지 죽든지 그리스도를 우리 몸에서 존귀하게 하는 일이다. 그리스도인의 성공은 고난을 겪느냐 평안하게 사느냐가 중요한 것이 아니라 그 속에서 얼마나 그리스도를 드러내느냐에 달려 있다. 나를 통해 그리스도가 존귀하게 된다면 어떤 상황에서도 그는 성공한 사람이다. 바울은 이 목표만 이루어진다면 자기는 죽는 것도 유익하다고 말한다. 참으로 놀라운 고백이다.

바울은 또한 교회 안에서 개들과 행악하는 자들과 몸을 상해하는 일을 삼가라고 말한다. 그리스도인들은 자기 힘이나 노력으로 교회 봉사하는 것이 아니고 하나님의 성령으로 봉사하고 그리스도 예수를 자랑하고 자신을 의지하지 않는 사람이다. 이런 은혜를 받고 알고 있는 그리스도 인은 세상에서 늘 기뻐하는 삶을 살아야 한다. 기뻐하되 크게 기뻐해야 한다. 왜냐하면 우리의 상급은 하늘에 있기 때문이다. 하늘을 바라보면 그리스도인은 늘 웃을 수 있다.

【 빌립보서의 내용 구조 】

1) 복음과 생활 (빌 1:1-26)
 • 빌 1:1-11   복음의 삶
 • 빌 1:12-26   능력과 복음

2) 교회와 사역 (빌 1:27-2:18)
 • 빌 1:27-2:18   하나된 교회
 • 빌 2:19-30   동역자와 관계

3) 진리와 신앙 (빌 3:1-4장)
 • 빌 3:1-4:3   유대주의 경고
 • 빌 4:4-23   권면과 감사

골로새서

【 골로새서의 배경 】

당시 골로새교회는 유대교의 율법주의, 헬라철학, 동양의 혼합종교인 금욕주의 같은 잘못된 교훈이 교회를 어렵게 하고 있었다. 이런 잘못에 빠진 골로새 성도에게 그리스도가 가장 우월하며 그분으로 만족하며 그 안에 굳게 뿌리내리는 삶을 살도록 권면하기 위해서 썼다.

【 특징과 읽기 지침 】

골로새서는 오직 그리스도에게만 초점을 맞추고 살아가는 삶을 말한다. 당시 이단들은 교회 속에 침투하여 그리스도 외에 다른 것에 즐거움을 두라고 성도들을 미혹했다. 이것을 이기기 위해서는 우리가 믿는 그리스도가 어떤 분이신지를 잘 알아야 한다. 만물을 만드신, 만물보다 먼저 계신 분이시다. 주님은 교회의 머리 되신 하나님이시다.

【 골로새서의 내용 구조 】

1) 복음 : 그리스도의 우월성을 선포 (골 1장)
- 골 1:1-12   기도
- 골 1:13-23   찬가
- 골 1:24-2:7   직분

2) 위험 : 잘못된 가르침의 권면 (골 2장)
- 골 2:8-10   이성주의
- 골 2:11-17   율법주의
- 골 2:18-23   금욕주의

3) 생활 : 그리스도의 우월함을 드러내는 삶 (골 3-4장)
- 골 3:1-17   새 삶
- 골 3:18-4:1   관계
- 골 4:2-18   인사

Bible

빌레몬서

【 빌레몬서의 배경 】

바울서신서 중에서 가장 짧은 사적인 서신이다. 이 서신은 죄를 범한 오네시모에 대해 용서를 구하는 내용을 담고 있다. 죄를 범한 오네시모를 다시 받아주라고 빌레몬에게 용서를 구하는 과정은 감동적이다. 바울은 제3차 선교여행(AD 53-58)을 마친 후 예루살렘의 성도들에게 구제 헌금을 전달하기 위해 갔다가 붙잡혀서 약 2년 이상의 호송 기간을 거쳐 로마 감옥에 갇히게 되었고(행 19:21, 21:15,26-35, 25:11) 바로 그 감옥에서 본서를 기록하였다(1,9,10,23절). 당시 1세기 그리스와 로마시대의 노예제도는 경제적인 것과 출생 신분에 의해 결정되었다. 이들은 사회의 최하위 계층에 속하였다. 오네시모는 개인 가정의 노예였을 것이다. 주인이 그를 마음대로 할 수 있는 권한이 있었다.

【 특징과 읽기 지침 】

빌레몬서는 빌레몬의 종인 오네시모에 대한 바울의 관심을 그리고 있다. 바울은 빌레몬에게 오네시모를 친구로 알고 바울을 대하는 것처럼 영접하라고 말한다. 혹시 잘못한 것이 있으면 바울이 책임지겠다고 하면서 너그럽게 대할 것을 권면한다. 빌레몬서는 잘못한 형제를 사랑하고 용서하는 바울의 사랑이 가득 담겨 있는 책이다. 바울은 빌레몬에게 강요하지 않으면서 복음과 사랑에 근거하여 호소하고 있다.

【 빌레몬서의 내용 구조 】

1) 몬 1:1-3   인사말
2) 몬 1:4-7   감사와 기도
3) 몬 1:8-21   호소
4) 몬 1:22-25   개인적인 당부

D·a·y
112
장면통독 가이드

>>> 에베소서, 빌립보서
# 옥중서신 1

* 통독 포인트

옥중서신은 바울이 감옥에 있으면서 기록한 서신으로 알려진 것이다. 옥중서신은 에베소서, 빌립보서, 골로새서, 빌레몬서를 말한다. 바울이 로마에 잡혀 온 이후로 두 번에 걸친 감옥 생활을 했는데 이때 기록했을 것으로 생각된다. 바울이 개척했던 지역의 교회를 향해 비록 몸은 갇혔 지만 서신을 통해 목회하고 있다. 고난 속에서 어떻게 믿음으로 이겨야 하는지 교훈을 배우는 것이 필요하다.

[장면 1] 에베소서 : 한 몸 된 교회

그리스도인이 누구인가? 이것은 교회가 누구인가의 질문이기도 하 다. 그리스도인은 누구인가? 먼저 과거에 공중의 권세 잡은 자에게 종속 되었던 존재였다는 사실을 기억하는 것이 중요하다. 그런데 전적인 은혜로 오늘 우리가 존재하고 있다. 이것은 전적인 하나님의 은혜로 된 것이며 행위에 의한 것이 아니다. 하나님의 선물로 사는 삶이기에 이제는 예수 안에서 선한 일을 위해 드려져야 한다. 우리가 구원받은 존재라는 사실을 잊어버릴 때 타락하게 된다. 그리고 지금이 얼마나 감사한지 알게 된다면 성령 안에서 그리스도 안에서 지어져 감을 알 수 있다. 이것을 이방에 전하기 위해 바울을 사도로 불러주셨다. 이방인과 유대인이 하나되는 것이 영원 전부터 하나님 속에 감추었던 비밀스러운 하나님의 경륜임을 반복적으로 강조하고 있다(비밀과 경륜, 3:2,3,4,9) 그리고 이것을 알게 해달라고 기도해야 한다.

● 그리스도인의 존재 : 축복 (엡 1-3장)

- 삼위일체 신앙 (엡 1장)

에베소서의 전체적인 내용은 바울의 삼위일체적인 신앙 경험의 근거 속에서 기술되고 있다. 바울의 모든 삶은 거저 주시는 하나님의 은혜의 영광을 찬송하는 것에 초점이 있다. 이런 내용은 세 번에 걸쳐 반복적으로 기술되고 있다(6,12,14절). 바울의 모든 삶의 출발과 마지막은 하나님의 은혜요 하나님을 찬양하기 위함이다. 삼위일체적인 신앙을 고백하며 찬양한다.

① 성부 하나님(엡 1:1-6)에 대한 것이다. 우리가 받은 축복은 하늘에 속한 것이고 창세 전부터 그리스도 안에서 우리를 택하사 우리를 거룩하고 흠이 없게 하시려고 주시는 것들이다.

② 성자 하나님(엡 1:7-12)에 대한 것이다. 이런 축복은 모두 그리스도 안에서 그를 믿을 때 주어진 것이다. 특히 그리스도를 통하여 구속받은 은혜는 유대인과 이방인이 모두 그리스도 안에서 통일되게 하는 데

목적이 있다.

③ 성령 하나님(엡 1:13-14)에 대한 것이다. 진리의 말씀으로 구원의 복음을 듣고 믿음을 가진 자는 성령으로 인치심을 받았다. 서로 하나 되는 일을 이루시는 분은 성령님이심을 강조하고 있다.

바울은 본문에서 에베소의 교회들에게 감사하며 기도한다(엡 1:15-23). 그런데 그의 기도내용은 성령의 깨달음을 달라는 데 초점을 두고 있다. 계시의 영을 주시고 마음의 문을 열고 영광의 풍성함과 하나님의 능력이 얼마나 크고 놀라운지를 깨닫게 해달라는 기도를 한다. 오늘 우리의 기도와는 사뭇 다르다. 그리고 하나님의 우편에 앉아 교회를 다스리는 그리스도의 모습(시 110:1)을 담고 있다.

- 그리스도인의 존재와 사명 (엡 2장)

그리스도인은 누구인가? 먼저 과거에 공중 잡은 권세에 종속되었던 존재였다는 사실을 기억하는 것이 중요하다. 그런데 전적인 은혜로 오늘 우리가 존재하고 있다. 이것은 전적인 하나님의 은혜로 된 것이며 행위에 의한 것이 아니다. 하나님의 선물로 사는 삶이기에 이제는 예수 안에서 선한 일을 위해 드려져야 한다. 물론 이것을 행하는 주체는 하나님이시다. 하나님이 우리 안에서 우리를 통하여 행하게 하신다는 점을 강조하고 있다. 특히 2장 11절에 '생각하라'는 내용은 나중에 실천적인 문제를 해결하는 데 중요한 구절이다.

- 하나 된 사역의 바울의 역할과 기도 (엡 3장)

이제 이방인들은 유대인들과 공동으로 하나님의 자녀가 되었다. 이것이 바울이 깨달은 하나님의 비밀이요 은혜의 경륜이다. 바울에게 알려주신 이 놀라운 신비는 이방인들이 복음으로 인하여 함께 상속자와 지체가 되어 약속에 참여한 자가 되었다는 사실이다. 6절에 반복하여 나오는 '함께' 라는 단어에 유의하자.

마지막으로 바울은 자기가 경험한 비밀의 경륜을 에베소교회가 깨닫기 위해서 기도하고 있다. 이 비밀은 인간의 힘으로 깨닫기 어렵다. 오직 성령의 역사하심이 있을 때 가능하다. 이것을 알기 위해서는 하나님의 풍성함에 들어가야 가능하다. 이방인과 유대인을 향한 하나님의 사랑은 그 깊이와 너비와 높이와 길이가 오묘하기에 인간의 노력으로는 안 되고 전적으로 하나님의 충만하심에 사로잡힐 때 이것을 깨달을 수 있다. 이것을 위해서 바울은 기도하고 있다.

● 그리스도인의 생활 : 하나 됨 (엡 4-6장)

- 몸처럼 하나 됨을 이루라 (엡 4:1-16)

그리스도인은 세상에서 어떻게 살아야 하는가? 그것에 대해 세부적으로 말하고 있다. 그중에 중요한 것은 일치(엡 4:1-16)다. 몸과 건물을 비유로 든다. 모두 하나 됨을 이루는 것을 말한다. 이것을 위해 은사를 주셨다. 바울은 여기서 하나 됨을 이루는 근거가 삼위일체적인 신앙임을 제시한다. 주도 한 분이요 하나님도 한 분이요 성령님도 한 분이요 몸도 하나인 것이 바로 우리가 하나 됨을 이루는 강력한 이유가 된다. 하나 됨을 이루는 실제적 적용(엡 4:17-6:9)을 말한다. 바울은 이 일을 이루려는 방법으로 성령의 일치를 말한다. 몸을 비유로 그리스도 안에서 서로 하나 된 모습을 이루는 것을 말한다. 이것을 위해 하나님은 각각 은사를 주셨고 주신 은사는 하나 됨을 이루는 데 사용되어야 한다.

- 하나 됨을 이루는 실제적 적용 (엡 4:17-6:9)

바울은 실제 모습인 순수함, 사랑, 빛의 열매, 주의하여 생각해보기, 관계성(부부, 부모와 자녀, 주인과 종)을 통해 실제적인 적용지침을 언급한다. 이러한 적용은 세상 속에서 그리스도인이 어떻게 하나 됨을 누릴 수 있는가와 연관되었다. 이것은 공동체적인 가족의 삶을 통해 이루어진다. 4장 25~31절에 나오는 목록들은 관계를 파괴하는 것들이다. 이런 죄를 지으면 사탄이 들어와 공동체를 분열하게 한다. 이제는 하나님을 본받는 자 되면서 이전에 행했던 것들을 벗어버리고 새사람으로서 삶을 살아가야 한다. 특히 가정생활에서 부부, 부모와 자녀, 사회생활에서 주인과 종의 관계를 통하여 하나 됨을 이루는 데 목표를 두고 모든 일을 주께 하듯 해야 한다.

- 영적 전투와 마무리 (엡 6:10-24)

그리스도인은 세상 속에서 하나 됨을 이루는 사명이 있다. 이것을 이루기 위해서 전신갑주를 입고 성령의 검인 말씀과 기도로 무장하여 영적 전투에 임해야 한다. 그리스도인은 그리스도 안에서 통일과 하나 됨을 이루는 하나님의 경륜을 이루기 위해 영적으로 무장하고 이것을 위해 서로 기도하고 담대하게 복음을 전해야 한다.

※ 그리스도의 몸 된 교회의 가장 중요한 특징은 하나 됨이다. 십자가를 믿음으로 은혜를 받았다는 것은 하나님과 우리가 하나 되었음을 의미한다. 이런 부름을 받은 그리스도인의 정체성은 화목하게 하신 그리스도를 본받아 서로 하나 됨을 이루고 하나 되게 한 것을 힘써 지켜 행하는 사람들이다. 이것을 이루는 곳이 교회요 세상 속에서 하나님 나라를 건설하는 삶이다.

교회는 사람의 몸과 같은 공동체다. 함께 성장하고 함께 이루고 하나
된 공동체를 이루는 모임이다. 건물이 아닌 사람이 교회요 주 안에서 서
로 하나 되는 것을 이루는 것이 신앙생활의 모습이다.

[장면 2] 빌립보서 : 고난과 복음

● 복음의 삶 (빌 1:1-11)

복음의 삶을 사는 데 나의 정체성은 매우 중요하다. 바울은 자신을 그
리스도의 종으로 소개한다. 아울러 디모데를 동역자로 또 감독들과 집사
들에게 편지한다('감독들과 집사들'은 빌립보서에서만 나오는 표현으로
서신서의 내용과 관련이 있는 것으로 보인다). 바울은 자신의 상황이 비
록 갇힌 상태이지만 자신은 그 가운데서도 기뻐한다는 메시지를 분명하
게 전하고 있다. 그 이유는 자신이 복음을 위한 일에 참여하고 있기 때문
이다. 바울은 빌립보 교인들을 그리스도의 심장으로 사랑하고 있고 그것
은 하나님이 증인이라고 말할 정도로 진실함을 강조한다. 그러면서 이
일을 시작하신 분은 주님이시기에 예수의 날까지 믿음을 가지고 복음을
기쁨으로 감당하기를 기도한다.

● 능력과 복음 (빌 1:12-26)

지금 바울은 옥에 갇힌 상황에서 '죽느냐 사느냐'의 갈림길에 처해 있
지만 그것은 그렇게 문제가 안 된다. 특히 자기를 대적하는 원수들이 투
기와 분쟁으로 대하는 것조차도 그리스도를 전하는 것에 이바지한다면
자기는 기뻐하고 또 기뻐한다고 말한다. 그것은 바울 자기 삶의 목적이
그리스도이기 때문이다. 죽느냐 사느냐의 상황보다도 이 일을 통해 그리

스도가 드러나느냐가 더 중요한 관심사임을 강조한다. 석방되느냐 처형되느냐의 문제에 관심을 두지 않고 오직 그리스도 복음이 드러나느냐에 초점을 두기에 환경을 이길 수 있다. 바울의 이런 확신은 자신의 삶이 인간적인 것이 아니라 하나님에게서 비롯되기 때문에 가능하다. 전체적인 내용의 분위기는 죽음과 삶의 경계를 반복하여 말하면서 이것을 넘어서는 힘은 바로 복음이라고 말한다. 인생의 모든 문제는 하나님을 얼마나 신뢰하느냐에 따라서 또 내가 받은 복음이 얼마나 위대한지를 아는 데서 결정된다.

● 하나 된 교회 (빌 1:27-2:18)

지금 빌립보교회의 상황은 심한 고난의 일에 직면하고 있는 것으로 보인다. "대적자들로 인하여 두려워하지 말라"(빌 1:28) "너희에게도 그와 같은 싸움이 있으니"(빌 1:30)의 구절은 지금 빌립보교회 상황을 반영하고 있다. 이런 교회 내의 위기상황을 이기는 길은 27절에서 "한마음과 한뜻으로 복음 신앙을 위하여 서로 협력하는 것"임을 강조한다. 2장 2절의 "마음을 같이하여 같은 사랑을 가지고 한뜻으로 한마음을 품어"라는 구절을 관련하여 보면 바울은 교회를 분리시키는 악의 세력을 이기는 길은 하나 됨인 것을 말하고 있다. 그 하나 됨을 이루는 길은 다른 사람을 더 낮게 여기는 겸손의 자세다. 선한 자세로 악을 이기는 길을 제시하고 있다. 이것을 해결하는 방법은 자신을 비우고 겸손하게 낮아지신 그리스도의 모습을 닮는 것이다.

2장 4~11절은 예수의 모습을 시적으로 표현한 그리스도의 찬가다(이 구절은 초기 기독교 예배에서 형성된 찬가일 가능성이 크다). 그리스도가 낮아짐으로 하나님과 인간을 하나 되게 하신 것처럼 우리도 이미 가장 큰 구원을 받은 하나님의 자녀로서 철저히 낮아짐을 통해 구원을 이루어갈 수 있음을 그리스도와 비교하여 말하고 있다. 원망과 불평을 하지 말고 말씀에 굳게 서서 우리에게 주신 구원을 함께 이루어가는 것이 그리스도인의 삶이다. 그러기 위해서 기뻐하는 삶은 필수적이다(17-18절에서 '기쁨' 단어를 4번을 반복한다). 겸손하게 낮아져 섬길 때 귀신들이 무릎을 꿇게 된다. 특히 바울과 빌립보교회는 서로 같은 상태임을 교차적으로 언급하면서(빌 1:30, 2:17-18) 자신을 모델로 하여 교회를 향하여 기뻐하라고 권면하고 있다.

● **동역자와의 관계 (빌 2:19-30)**

바울의 모든 일은 모두 복음과 관계를 맺고 있다. 바울은 처음 교제를 가진 빌립보교회를 방문하여 만나보고자 소망하지만 지금 갇힌 상태를 아쉬워한다. 그러면서 동역자 디모데를 보내기를 바라지만 그보다 먼저 하나님의 은혜로 병 고침을 받은 에바브로디도를 보내어 빌립보교회가 그를 다시 봄으로 기뻐하고 또한 바울의 근심을 덜고자 했다. 이런 에바브로디도를 바울과 함께한 군사로서 그를 영접하고 존귀하게 여기라고 교회를 향해 특별히 부탁하고 있다. 그는 그리스도의 일을 위하여 죽음을 각오하고 바울을 돌보아 부족함을 채웠던 자라고 칭찬한다. 바울은 주님처럼 자기의 분신과 같은 제자를 잘 양육했고 그를 자신을 대신하여 보내고 있다. 나를 대신하여 목숨을 거는 제자를 양육하여 파송하는 일을 통해 땅끝까지 복음이 전파된다.

● **유대주의 경고 (빌 3:1-4:3)**

바울은 지금 빌립보교회 안의 영적으로 어려운 상황을 이야기한다. "같은 말을 반복한다"(빌 3:1)는 구절의 언급은 바울이 지금 하고자 하는 이야기가 그만큼 중요한 것임을 말한다. 그것은 "개들과 행악자들 삼가라"는 내용이다. 누가 개들이고 행악자들일까? 판단하기는 쉽지 않지만 아마 빌립보교회 속에 분열을 초래한 유대교를 믿는 유대인들로 이해할 수 있다. 바울은 이들에게 자기가 예전에 어떤 사람인지를 말하면서 잘못된 유대주의자를 벗어날 것을 권면한다. 바울 자신도 히브리인 중의 히브리인이요 율법으로는 바리새인이요 열심으로는 교회를 핍박하던 자였다. 하지만 이제는 그리스도를 위하여 모든 것을 배설물로 여기고 그리스도를 아는 지식을 가장 고상한 것으로 여기면서 살아가고 있는 자신을 예로 들면서 빌립보 교인들도 오직 부름의 상을 바라볼 것을 촉구한다. 유대주의자들의 마침은 멸망이기에 더 그들을 따르지 말고 하늘의 소망을 두고 그리스도를 기다리는 삶을 살 것을 권면한다.

● 권면과 감사 (빌 4:4-23)

마지막 권면으로 다시 빌립보서의 주제인 "항상 기뻐하라. 내가 다시 말하노니 기뻐하라"고 말한다. 아무리 힘들어도 주님이 오시는 재림 신앙을 갖고 살면 항상 기뻐하고 감사할 수 있다. 특히 바울은 자족하는 삶을 배울 것을 말한다. 이것은 자기 힘으로는 안 되고 오직 능력 주시는 분의 힘으로 모든 것을 할 수 있다. 하나님은 늘 필요 이상 채워주시는 분이다. 바울은 빌립보 교인들에게 풍성한 하나님의 은혜가 넘치도록 채워주실 것을 기대하며 하나님께 영광을 돌린다.

끝인사는 짧게 마무리한다. 그리스도의 은혜와 평강을 기대하며 주안에 거하는 삶을 소망하고 있다. 특히 황제 가이사의 가족들도 있음을 격려하면서 교회에게 인사한다.

되새김 120일 쉬운 통독 타임라인			
하나님 나라	성경 구조	역사와 시대	성경 각 권 소개
적용	서신서	서신서시대	골로새서, 빌레몬서

>>> 골로새서, 빌레몬서

옥중서신 2

* 통독 포인트

고난 속에서 힘을 얻고 살아갈 수 있는 길은 무엇일까? 그것은 영원한 것을 소유하는 것이다. 왜냐하면 고난은 일시적이기 때문이다. 이 세상에서 영원한 것은 오직 한 분이신 예수님밖에 없다. 내 삶에서 예수님이 얼마나 우월한지를 배우고 믿는다면 고난을 이길 수 있다. 우리가 믿는 예수 안에 있는 보화를 찾고 그것을 누리면서 살아가는 길을 골로새서와 빌레몬서는 제시하고 있다.

[장면 1] 골로새서 : 그리스도로 만족하라

● 그리스도의 우월성을 선포 (골 1장)

바울은 골로새 성도들을 위해 감사를 드린다(골 1:1-2). 그 감사의 내용은 하나님이 예비해두신 복음을 받았기 때문이다. 그 복음의 힘으로 진리를 깨닫고 은혜를 누리고 있고 그 힘으로 하나님이 뜻을 분별하여 영적으로 충만함을 기도하고 있다. 우리는 그 능력을 붙잡을 때 어떤 어려움도 이길 수 있다. 신앙은 그리스도를 얼마나 신뢰하느냐에서 결정된다(골 1:13-23). 이것을 위해서는 그리스도가 누구인지를 알아야 한다. 그리스도는 하나님을 보게 한다. 이 모든 것은 그리스도에 의해, 그리스도를 위해 창조되었다. 세상의 모든 것은 그분에 의해 유지되고 그분을 위해 존재한다. 교회의 머리가 되시고 우리가 하나님께로 나아갈 수 있도록 새로운 길을 열었다. 인간의 몸을 입고 온 것도 모두 그 일을 이루기 위해서였다. 이것이 복음이다.

바울이 받은 사명은 하나님의 말씀을 가감 없이 전하는 것이다(골 1:24-2:7). 그리스도는 하나님이 숨겨둔 비밀이다. 이제 이 그리스도를 어디서나 누구에게든지 전파하는 것이 바울의 사명이다. 그리스도 안에는 모든 지혜와 지식의 보물이 감추어져 있다. 이런 그리스도를 더 깊게 알아 주님의 은혜가 풍성해지는 것이 바울이 갖는 소망이었다.

● 잘못된 가르침의 권면 (골 2장)
그리스도인이 조심해야 할 3가지 영역에 대해서 말하고 있다.

- 이성주의 (골 2:8-10)
헛된 말과 거짓 철학을 조심하라. 그것은 모두 사람의 생각에서 나온 것이다. 이것을 이기는 길은 그리스도 안에서 행하고 성장하며 주님을 중심으로 사는 것이다.

- 율법주의 (골 2:11-17)
그리스도를 믿은 이후에 그리스도인은 손으로 행하는 할례가 아닌 세례를 받음으로 그리스도와 함께 죽고 그리스도와 함께 살아가는 사람이다. 우리는 이미 영적으로 죽었기에 율법을 지키는 문제에서 자유롭게 되었다.

- 금욕주의 (골 2:18-23)
그리스도와 함께 죽은 사람은 세상의 규칙에 대해서도 자유롭게 되었다. 인간이 만든 종교적인 규칙을 지킨다고 해도 거짓된 겸손으로 자기를 괴롭힐 뿐 그것으로 자기 욕망과 죄를 이길 수 없다.

● 그리스도의 우월함을 드러내는 삶 (골 3-4장)
그리스도와 함께 살아난 그리스도인은 하늘에 소망을 두고 사는 존재다. 새사람은 새 삶의 모습이 있다. 하나님의 사랑을 받은 새사람은 그 사랑을 받은 만큼 다른 사람에 대해 너그러움과 친절함과 용서함과 온유함과 겸손함과 인내함으로 삶이 이루어져야 한다.

신앙은 관계로 나타난다. 본문은 그리스도인이 가정과 사회에서 어떤 관계를 형성해야 하는지 말해준다. 아내는 남편에게 복종하고 자녀는 부모에게 순종하고 부모는 자녀를 노엽게 하면 안 된다. 종은 주인에게 복종하고 주인은 종에게 좋은 것으로 베풀고 공평하게 대해야 한다. 서로를 위해 기도하고 감사를 드리며 친절하게 대하는 것이 성도의 삶이다. 바울은 자기와 함께 한 동역자요 형제인 두기고와 오네시모, 아리스다고와 유스도 등 여러 형제에게 안부를 전하면서 골로새서를 마무리한다. 주님의 일은 혼자 하는 것이 아닌 하나님의 동역자와 함께하는 것임을 말해준다.

※ 그리스도인은 주님으로부터 이미 모든 것을 다 받은 최고의 존재

다. 이제는 다른 것에 미혹되면 안 된다. 이미 받은 예수로 만족해야 하는데 그것이 쉽지 않다. 이제 그리스도인은 우리 안에 있는 그리스도를 굳게 믿고 진리의 가르침을 받은 대로 그리스도를 드러내는 삶을 살면 된다. 예수 이외에 다른 것이 첨가되는 것은 복음이 아니다. 이것을 위해 그리스도 속으로 깊게 들어가는 것이 필요하다.

[장면 2] 빌레몬서 : 긍휼과 용서

바울은 빌레몬에게 자신을 갇힌 자라고 말한다. 이런 자기의 상태를 통하여 또 다른 갇힌 자의 이야기를 시작한다. 빌레몬의 이름은 '사랑하다'(필레오)에서 파생된 '사랑을 받는 자'라는 의미다. 그리스도인의 두 가지 기둥이 되는 삶은 은혜와 평강이다. 빌레몬은 좋은 신앙을 가졌다. 바울은 빌레몬에게 있는 신앙의 덕목을 두 가지 면에서 칭찬하고 있다. 그것은 사랑과 믿음이다. 바울은 빌레몬의 좋은 사랑과 은혜를 깨달은 것을 감사드린다.

바울은 이전에 빌레몬에게 쫓겨났던 하인이었고 죄인이었던 오네시모를 다시 받아들이라고 말한다. 바울이 오네시모를 빌레몬에게 추천하면서 그를 용납하기를 소망했다. 오네시모는 바울이 갇힌 중에서 영적으로 낳은 아들이다. 그를 바울이 인정하고 추천한다. 추천할 때 바울은 혹시 그가 잘못하면 자기가 책임지겠다고 말한다. 절대 쉽지 않은 일이다. 그가 전에는 네게 무익했지만 이제는 너와 나 사이에서 유익을 주는 존재라고 말한다. 그러면서 그를 용납했으면 하는 마음을 전했다. 어떤 문제가 해결되려면 서로가 신뢰하는 마음에서 결정된다. 무엇이 믿음의 교제의 모습인가? 그것은 선을 알게 하고 그리스도에게 이르도록 역사하게 한다. 지금 바울은 자기 마음을 전하면서 빌레몬이 자기 마음을 알기 원함을 담고 있다. 그런데도 억지로 강요하지 않는 바울의 모습을 볼 수 있다. 네 승낙 없이는 내가 아무것도 하지 않겠다. 빌레몬이 선한 일을 억지로 하지 않게 하는 바울의 소통 방법은 우리에게 큰 도전이 된다. 동역자로 받아주기를 바라면서 자기에게 하는 것처럼 오네시모를 대해주길 빌레몬에게 부탁하고 있다. 특히 더 감동적인 것은 만약 오네시모가 불의한 일을 하거나 빚진 일이 있으면 그것을 자기 앞으로 계산하라고 말한다. 이런 신뢰감을 전하는 의미에서 친필로 쓴다고 말한다.

특히 마지막에 나는 네가 순종할 것을 확신한다는 메시지는 은연중에 강력한 마음을 전한다. 게다가 내가 말한 것보다 더 행할 줄을 안다고 말한다. 이것은 억지나 행위로 하는 것이 아닌 은혜로 감사하며 자원하는 삶을 말한다. 얼마나 많은 은혜를 받느냐에 따라 어려운 일도 감당할 수 있고 진정한 실천에 이르게 한다. 나이 많은 바울이 빌레몬에게 낮은 자세로 권면하는 모습을 통해서 영적 도전을 준다. 이것은 그리스도인의 용서와 용납은 어떤 원칙에서 시행되어야 하는지 실제적인 방안을 모본으로 보여준다.

■ 성경 각 권 소개

디모데전서

【 디모데전서의 배경 】

디모데가 사역한 에베소는 소아시아 교통의 요지이며 상업, 무역이 활발했고 정치적인 중심지로 소 로마라고 불릴 정도로 로마 사람이 많았다. 이방 종교가 혼합되어 있고 아데미의 큰 신전이 있는 물질적으로 부패하고 타락한 도시다.

디모데전서는 바울이 디모데를 에베소에 남겨두고 떠난 직후에 쓴 것으로 교회 안에 있는 거짓 교훈을 유포하는 주모자들을 출교한 후(딤전 1:19-20) 마게도냐로 선교여행을 계속하고 디모데는 에베소에 남겨두었다. 그리고 바울은 디모데에게 다른 교훈을 가르치지 말라고 특별히 당부하였다(딤전 1:3). 에베소교회는 거짓 교사들(아마 그 지역의 장로들)이 일부 가정 교회들을 미혹시키고 있었다. 특히 젊은 과부들이 그들을 따르고 있었는데 바울은 이들을 제지하고 힘을 실어 주기 위해서 이 편지를 전교회에 경고장과 같은 성격으로 편지를 썼다.

【 특징과 읽기 지침 】

▶ 목적

혼란한 에베소교회의 지도자로 발탁된 젊은 디모데를 격려하고 목회
사역을 잘 감당하게 하려고 기록했다. 특히 에베소교회를 거짓된 가르침
에서 보호하여 말씀으로 잘 양육된 건강한 교회로 성장하게 하려고, 또
영지주의, 유대주의 등 잘못된 가르침을 배격하기 위하여 썼다.

▶ 특징

디모데전서는 바른 교훈을 지키고자 하는 바울의 심정이 강하게 배어
있다. 그런 의미에서 거짓 선생과 그들의 거짓 가르침의 어리석음에 대해
서 많은 내용을 할애하고 있다(딤전 1:4-10,19-20, 4:1-3,7, 6:3-10,20-
21). 그에 따라 디모데가 어떻게 행해야 할 것을 의무와 관련하여 권면하
고 있다. 이것은 디모데전서 마지막 부분인 디모데전서 6장 20~21절에서
결론적으로 말하고 있다. 특히 공동체에 관한 내용이 강조되고 있다. 예를
들면 기도와 가르침을 받기 위한 성도의 모임에 대해서(딤전 2:1-15), 지
도자들의 자격과 그들의 교체에 대한 문제(딤전 3:1-13, 5:17-25), 나이
든 과부들을 돌보는 것과 젊은 과부의 결혼 허용(딤전 5:3-16), 종에 대한
상전의 자세(딤전 6:1-2) 등의 내용이다.

교회를 어지럽게 하는 암적인 존재와 같은 주모자 후메내오와 알렉산
더의 출교에 대한 부분이 강하게 언급되어 있다(딤전 1:19-20, 딤후
2:17-18). 교회 내에 이런 잘못된 장로들이 문제를 일으킬 것을 이미 5년

전의 설교에서(행 20:29-30) 예고했었다. 이런 장로들이 개종한 신자에게 자기 가정을 개방한 일부 젊은 과부를 이용하였다는 점을 언급하고 있다(딤후 3:6-7).

교회 내의 이런 문제들은 결국 진리와의 싸움이다. 자격 없는 장로들을 세움으로써 교회가 잘못된 교훈에 어지럽게 되고 그것으로 많은 사람이 미혹 당하였다. 거짓 교훈은 유대적인 것과 헬라적인 것이 혼합된 구약의 가르침으로 가득 차 있었다. 특별한 사람에게 주어지는 비밀스러운 것처럼 여겨져 매력적인 요소를 지니고 있다(그노시스(영지주의)).

구원은 모든 사람을 위한 보편적인 하나님의 선물이다(딤전 4:10). 결국 이런 가르침은 금욕주의와 변론과 돈을 사랑하는 것으로 나타나 교회를 어지럽게 하였다. 이런 어려운 상황에서 디모데는 많이 힘들었고 그것을 도와주기 위하여 바울은 이 서신을 썼다. 우리는 이 서신을 읽을 때 이런 상황적인 부분을 이해하고 디모데의 특별한 임무를 염두를 두고 공부해야 한다.

【 디모데전서의 내용 구조 】

1) 목회의 원리 설명 (딤전 1-4장)
- 딤전 1장   교회와 목회
- 딤전 2-3장   교회와 구성원들
- 딤전 4장   교회와 목회자(사역자)

2) 목회 현장의 실천적인 권고 (딤전 5-6장)
- 연로한 성도들에 대한 사역

- 과부들에 대한 사역
- 교회 지도자들에 대한 사역
- 종들에 대한 사역
- 문제를 일으키는 사람들에 대한 사역
- 부자들에 대한 사역
- 교육받은 자들에 대한 사역

Bible

■ 성경 각 권 소개

디모데후서

【 디모데후서의 배경 】

목회서신에는 이단 사상에 대한 언급이 특별히 강조되고 있다. 유대적 영지주의로 동양의 이원론이 가미된 것이다. 바울은 이런 거짓 가르침에 대해서 다양한 표현을 사용하고 있다. '다른 교훈'(딤전 1:3), '어리석은 변론'(딤후 2:23, 딛 3:9), '허탄한 이야기'(딤후 4:4, 딛1:14), '유대인의 허탄한 말'(딛 1:10,14), '망령되고 헛된 말과 거짓된 지식'(딤전 6:20), '신화와 족보이야기'(딤전 1:4, 4:7) 등은 물질을 악으로 보는 영지주의를 가르친다고 보아야 한다. 오늘날에도 이런 싸움은 계속되고 있고 마지막이 가까울수록 우리의 싸움은 진리와 비진리의 싸움이다. 이것을 이기고 해결하기 위해서는 진리에 교회를 세워야 한다. 이런 면에서 목회가 성경으로 돌아가야 하고 성경에 더욱 충실해야 한다.

【 특징과 읽기 지침 】

디모데후서는 바울이 디모데 개인적인 면에 치중하면서 바울의 유언과 같은 내용을 담고 있다. 디모데가 지켜야 할 목회 지침은 어릴 때부터 가진 거짓 없는 믿음을 가지고 복음과 함께 고난받는 것이다. 무엇보다도 사역자로서 사명을 자각하여 그리스도 안에 있는 믿음과 사랑으로써 바울에게 들은 바 바른말을 본받아 지키고 성령으로 말미암아 디모데에게 부탁한 아름다운 것을 지키라고 당부한다. 이것을 위해서 디모데는 자기를 깨끗하게 하여 하나님이 귀하게 쓰는 선한 그릇이 되는 것이 필요하다. 특히 성경을 배우고 확신하는 일에 거하며 말씀으로 자신을 하나님의 사람으로 온전하게 만드는 일에 힘써야 한다.

바울은 개인적으로 디모데에게 유언과도 같은 말을 하는데 그것은 말씀을 전파하는 일에 힘쓰는 일이다. 가르침으로 경책하고 경계하며 권하는 일이야말로 지도자가 해야 할 일이다. 앞으로는 사람이 바른 교훈을 받지 않고 자기의 사욕을 좇고 진리에서 돌이켜 허탄한 이야기를 좇는 시대가 될 것이기 때문이다. 이런 면에서 진리를 끝까지 지키는 일과 말씀을 전하고 가르치는 일은 사역자의 가장 중요한 사명이다.

【 디모데후서의 내용 구조 】

1) 딤후 1:1-5   인사말
2) 딤후 1:6-2:13   바울의 호소
3) 딤후 2:14-4:8   거짓교사와 호소
4) 딤후 4:9-18   서신을 쓴 이유

■ 성경 각 권 소개

디도서

【 디도서의 배경 】

이 서신을 쓰고 있는 바울은 지금 죄인의 몸으로 로마에 압송될 때 그레데 섬 근처에 파선되었다. 바울은 디도를 그 섬에 데리고 가서 남겨두었다. 그 섬에서 교회를 세우도록 했다. 바울은 이 섬을 떠난 지 얼마 안 되어 디모데전후서를 쓴 후에 디도에게 편지를 보냈다. 지금 디도가 목회하고 있는 그레데의 상황은 일부 거짓된 교사들이 교회를 어지럽게 하고 있다. 바울은 이것에 대해 성경적인 바른 지침을 제시한다.

【 특징과 읽기 지침 】

하나님의 백성들은 하나님을 배우는 마음으로 선을 행해야 한다. 이것은 지도자들에게 특별히 적용된다. 디도서는 한 제자가 바른 교훈으로 교회를 세워나갈 수 있도록 바른 교훈에 대한 지침을 알려주려고 한다. 디도서는 오늘날에 바른 교육을 통하여 제자로 삼는 일에 좋은 치침이 될 것이다. 무엇이 바른지를 점검하는 것은 영적 성장에서 아주 중요하다. 디도서는 먼저는 지도자들을 권면하고 늙은 남자와 젊은 남자, 늙은 여자와 젊은 여자들을 어떻게 양육해야 하는지 또 노예들을 어떻게 해야 하는지 선을 행하는 관점으로 다루고 있다. 이것은 당시 거짓 선지자들과 구별되는 점에서 의미가 있다. 디도서는 선행에 관한 내용을 강조하는데 이 점을 유의하여 읽으면 유익하다. 은혜와 선한 행위가 균형 잡힌 모습으로 제시되고 있다.

【 디도서의 내용 구조 】

1) 딛 1:1-4   인사말
2) 딛 1:5-9   장로들에 관한 내용
3) 딛 1:10-16   거짓 교사들에 대한 정죄
4) 딛 2:1-10   다양한 사회적 부류들에 대한 선한 삶
5) 딛 2:11-15   경건한 삶의 모습
6) 딛 3:1-11   하나님의 백성들과 거짓교사의 모습
7) 딛 3:12-15   마무리

D·a·y

114

장면통독 가이드

>>> 디모데전후서, 디도서

목회서신

* 통독 포인트

목회서신은 바울이 디모데와 디도에게 목회적인 관점에서 쓴 개인 양육서신이다. 목회서신은 디도서, 디모데전후서이다. 바울은 자신과 동역했던 디도와 디모데에게 자신의 목회 경험을 토대로 교회 목회 속에 나타나는 여러 가지 문제와 사역자의 자질 등을 말하고 있다. 사역자가 어떻게 행동해야 하는지를 자세하게 소개하고 있다. 디모데서는 제자를 훈련하는 교본과도 같다.

[장면 1] 디모데전서

● 목회의 원리 설명 (딤전 1-4장)

목회 원리와 실제적인 내용을 다루고 있다. 바울은 디모데를 영적 아들로 부른다. 디모데를 향한 바울의 가르침은 보통 성도나 제자를 넘어

아들로서 가르치고 권면하는 아버지의 마음이 담겨 있다. 바울은 디모데에게 영적 아들로서 바른 교훈을 따를 것을 강조한다. 거짓 교사들처럼 분노와 다툼에 오염되면 안 된다. 무엇보다도 교회 내의 지도자들을 잘 양육해야 한다. 감독들, 집사들이 대표적인 사람들이다. 당시 교회 안에는 거짓된 교사들이 있었다. 바울은 디모데에게 그들을 경계할 것을 말한다. 그러면서 그것을 이기기 위한 경건 훈련의 필요성을 말한다. 이것을 위한 지침을 제시한 것이 디모데전서다.

바울은 디모데를 에베소교회에 머물게 하면서 여러 가지 주의할 것을 명한다. 그중에서 강조하는 것은 다른 교훈을 가르치지 말고 신화와 끝없는 족보에 괘념치 말고 청결한 마음과 선한 양심을 가지라는 것이다. 감독과 집사의 자격은 한 아내의 남편으로 절제와 근신과 나그네 대접하기를 즐기고 가르치기를 잘하며 술을 즐기지 않고 구타하지 않으며 다투지 않고 돈을 사랑하지 않는 사람을 선택하라고 말한다. 특히 자기 집을 잘 다스리며 깨끗한 양심과 믿음의 비밀을 가진 자를 세우라고 말한다. 그렇게 해야 세상 사람들에게 좋은 증거가 되며 비방과 마귀의 올무에 빠지지 않는다. 구체적인 내용은 다음과 같다.

1장은 그리스도인의 정체성에 대한 언급이다. 이것은 사역하는 데 가장 중요한 요소다. 사역자들과 그리스도인은 날마다 재확인해야 하는 일이 정체성이다. 어떤 것들이 있는가? 첫째, 하나님의 청지기다. 우리는 하나님의 일을 맡은 청지기다. 청지기는 주인의 일에 충성해야 한다. 디모데는 바른 복음을 전하고 가르치는 일이 중요하다(11절). 두 번째, 종이다. 종은 직분을 의미한다. 종은 하나님의 소유다. 종은 주인의 것을 맡은 일에 충성하면 된다. 종은 자기 일이 없다. 셋째, 세상 속에서 군사의 모습이다. 그리스도인은 말씀을 방해하는 세력을 이기기 위해 선한 싸움을 싸워야 한다.

2장에서는 교회에서 기도생활을 말한다. 기도는 필요를 요청하는 간구와 예배와 경배를 의미하는 기도와 다른 사람을 위해 요청하는 도고가 있다. 또한 하나님이 행하신 일을 감사하는 것이다. 기도의 목표는 서로 하나 되는 일이며 서로 평화를 누리는 것이다. 더 나아가 교회에서 여자들의 지위에 대해 말한다. 이상적인 그리스도인 여자들의 특징은 정숙함과 순전함과 근면과 겸손이다.

3장에서는 감독자(목회자)와 집사들의 자격을 언급한다. 감독은 흠이 없어야 한다. 여기서 흠이 없다는 것은 비난받을 일이 없다는 의미다. 그리고 한 아내의 남편이 되어야 한다. 이것은 일반적인 결혼의 기준점을 말하고 있다. 교회 사역자는 먼저 가정에서 자녀와 가족에게 인정을 받아야 한다.

4장은 잘못된 가르침에 대한 권면을 말한다. 거짓 교사들은 양심이 화인을 맞아 마음이 굳어진 사람들이다. 그러다 보니 그들은 외식하며 거짓말로 사람들을 미혹한다. 그중의 하나가 음식 문제다. 그러나 음식 자체가 악한 것이 아니다. 하나님이 지으신 것은 선하기에 감사함으로 받으면 버릴 것이 없다.

● 목회의 실천적 권면 (딤전 5-6장)
디모데가 목회하는 에베소교회에는 부유한 교인들이 있었는데 그들 중에 현재에만 만족하고 재물에 탐욕을 품고 사는 사람들을 경고하며 함께 나누는 삶을 강조했다.

5~6장은 교회 안의 다양한 성도들을 대하는 목회적 태도를 말한다. 목회 현장의 실천적인 모습이다. 모든 것은 관계에서 이루어진다. 예를 들면 다음과 같은 사람들에 관한 내용이다. 이런 사람들을 염두에 두고 5~6장을 읽도록 한다.

1) 연로한 성도들에 대한 사역

2) 과부들에 대한 사역

3) 교회 지도자들에 대한 사역

4) 종들에 대한 사역

5) 문제를 일으키는 사람들에 대한 사역

6) 부자들에 대한 사역

7) 교육받은 자들에 대한 사역

※ 초대교회의 조직은 단순했다. 초대교회는 크게 두 종류였다. 감독과 집사였다. 장로는 감독에 속한 직분이다. 감독은 가르치는 일이 중심이었다. 집사는 봉사하는 일이었다. 사도들은 말씀과 기도에 전념하고 집사(안수집사)들은 교회의 살림을 맡아 교회를 섬겼다. 이들은 교회의 대표적인 지도자들로 이들이 어떤 신앙으로 서느냐가 교회를 좌우한다.

마지막 시대일수록 교회는 진리에 집중해야 한다. 교회가 든든히 서가는 길은 진리에 기초를 두는 것이다. 특히 이단을 조심하며 이단의 잘못된 것을 이기기 위해서는 지도자로서 책임을 감당해야 하는데 말씀과 기도로 무장해야 한다. 경건에 이르기를 연습하며 말씀을 읽고 가르치는 일에 전념해야 한다. 교회 안에는 거짓 교사와 참된 교사가 있다. 이들을 구분하는 것은 진리의 말씀이다. 무엇보다도 다른 교훈을 전하는 자를 조심하고 돈을 사랑하는 것이 일만 악의 뿌리이기에 이것에 빠지지 않도록 해야 한다. 자족하는 마음을 가지고 먹을 것과 입을 것이 있으면 족한 줄로 아는 그런 경건한 지도자가 필요하다. 그 이상이 되면 욕심이 생겨 지도자가 부패하기 쉽다는 것을 경고하고 있다. 누구도 물질과 욕심이 들어가면 변질될 수 있다. 교회는 지도자만큼 성장하고 발전한다. 이런 점에서 지도자의 문제는 중요하다.

[장면 2] 디모데후서

● 첫 번째 호소 (딤후 1장-3:9)

바울은 디모데에게 그리스도와 복음에 초점을 두고 호소한다.

1장에서는 바울이 영적 아들인 디모데에게 자신의 마지막 유언을 전한다. 이것은 예수님이 제자들에게 마지막으로 부탁한 내용, 내가 분부한 모든 것을 가르쳐 지키라고 말한 것과 같다. 먼저 디모데의 순수한 믿음을 칭찬한다. 디모데의 신앙은 하루아침에 생겨난 것이 아니다. 3대에 걸쳐 내려온 뿌리가 있는 가르침을 받은 디모데를 바울이 제자로 삼아 훈련하고 이제 바울이 떠나는 시점에서 복음과 함께 고난을 받으라고 말한다. 그것은 바울이 당한 일과 그대로 연결된다. 복음을 위하여 사도와 교사와 반포자로 세워주셨는데 진리를 전하는 일은 만만치 않다. 여기에 고난이 들어 있다. 세상은 빛을 싫어하기에 당연히 복음을 전하는 자들에게 고난은 필연적이다. 고난을 받되 부끄러워하지 말고 주님이 이루실 줄 믿고 나가는 것이 중요하다. 성령으로 주신 복음을 잘 지켜나가야 한다.

2장에서는 바울이 디모데에게 어떻게 자기 직분을 감당해야 하는지 권면하고 있다. 제자를 삼을 때는 충성된 자를 세워 그에게 말씀을 부탁하면 그가 다른 제자들을 가르치게 된다. 아울러 복음을 가르치는 일을 크게 3가지로 요약하고 있다. 군사와 경기하는 자와 농부의 모습을 상상하며 자신을 점검하도록 제시하고 있다.

복음을 전하는 자가 어디에도 매이지 않고 말씀에 대해 확신하고 어떤 고난이 와도 복음을 전하면서 당하는 고난은 슬픈 일이 아니다. 오히려 내가 복음에 사용된다는 점에서 보람이 있다. 이어서 바울은 영적 지도자로서 믿음을 갖고 성장하고 발전하는 일꾼으로서 필요한 덕목을 제시하고 있다. 그중에서 몇 가지 행해야 할 지침을 소개하고 있다.

첫째, 말다툼하지 말라. 아무런 유익이 없다.
둘째, 진리의 일꾼이 되어라.
셋째, 헛된 말을 사용하지 말라.
넷째, 잘 준비되는 그릇이 되어라.
다섯째, 무식한 변론을 피하라.
여섯째, 가르치는 일을 잘하라.
일곱째, 온유함으로 훈계하라.

● 두 번째 호소 (딤후 3:10-4장)

두 번째 호소에서는 바울 자신의 복음 사역과 디모데의 과거와 디모데가 감당해야 할 사역을 주된 내용으로 담고 있다. 바울은 자신이 그동안 복음 사역을 위해 고난 겪은 일을 디모데가 보고 알았을 것을 전제하고 그것을 본받아 디모데가 계속 이어가길 소망한다. 그것은 경건한 자가 감당해야 할 필연적인 일이다. 그리스도 안에서 경건하게 살고자 하는 자는 박해를 받는다는 내용으로 권면한다. 마지막이 올수록 사람들은 속이고 속는 일이 더 심해질 것이다. 이런 상황에서 디모데가 목회를 감당하기 위해서는 어려서부터 성경으로 무장한 신앙을 무기로 성도들을 온전하게 세우는 데 전심전력하라고 말한다. 마지막이 가까울수록 때와 상관없이 말씀을 전하고 가르치는 일을 계속하라고 당부한다. 마지막이 올수록 허탄한 이야기가 더 많아지고 사람들을 미혹하는 이야기가 교회를 어렵게 하기에 이런 상황을 이기는 길은 진리에 더욱 집중하여 전도자의 일을 끝까지 감당하는 일이다. 바울 자신은 이제 인생을 마무리하는 시점이 되었다. 이런 상황에서 디모데에게 유언과 같은 말씀을 부탁한 것은 오늘 우리 교회가 들어야 할 메시지이기도 하다. 주님 앞에 설 그날에 가장 칭찬받는 일이 바로 이 일임을 바울은 디모데에게 강조하고 있다.

바울은 디모데후서 마무리에서 같이 달려온 사역자 중에 변절한 사람을 소개하고 있다. 알렉산더가 바울을 힘들게 했는데 디모데에게도 주의하라고 당부한다. 복음 사역은 사람들과 함께하지만 좋은 사람들만 있는 것은 아니다. 자기를 대적하는 가룟 유다 같은 사람이 늘 존재한다. 바울의 디모데를 향한 사랑을 엿볼 수 있다.

[장면 3] 디도서

디도서는 에베소에서 목회하는 디도에게 바울이 전하는 개인서신이다. 바울이 디도를 그레데에 남겨둔 이유는 부족한 일을 바로잡고 바울이 명한 대로 각 성의 장로들을 세우기 위함이다. 특히 장로를 세울 때 몇 가지 자격을 말한다. 그것은 책망할 것이 없고 한 아내의 남편이며 방탕하거나 불순종하는 일이 없는 믿는 자녀를 둔 자라야 한다고 말한다. 또한 하나님의 청지기로서 책망할 것이 없고 제 고집대로 하지 아니하며 급히 분내지 않고 술을 즐기지 아니하며 구타하지 않으며 더러운 이를 탐하지 않는 사람을 임명하라고 말한다. 특히 말씀의 가르침대로 사는 사람일 것을 강조하고 있다. 교회 안에 있는 나이 든 사람과 젊은 사람에 대한 지침을 말하고 있다. 예를 들면 술의 종이 되지 말고 가르치는 자들이 되며 남편과 자녀를 사랑하고 근신하며 집안일을 하는 사람이다.

이 서신에는 장로들 임명에 관한 내용과 거짓 선지자들을 따라가는 사람들을 조심하고 용납하지 말기를 부탁한다. 또 바울은 디도에게 이단에 대한 가르침을 말하는데 이단과는 어리석은 변론을 피하고 그들과 다투는 것은 무익하고 헛된 것이라 말한다. 이단에 속한 사람은 한두 번 훈계한 후에 멀리하라고 말한다. 특히 이들은 교회를 오염시키기에 가능한한 멀리해야 한다. 교회는 거룩한 말씀으로 세워가는 공동체다.

※ 디모데전후서, 디도서는 바울의 목회서신이다. 바울 사도가 개인적으로 양육한 내용이 고스란히 담겨 있다. 이것은 바른 지도자 한 사람이 얼마나 중요한지를 보여준다. 마지막에 남는 사람은 제자다. 주님을 따르면서도 주님과 상관없는 삶을 사는 경우가 많다. 결국 세상을 움직이는 것은 말씀으로 무장하여 성실하게 살아가는 그 한 사람이 역사를 일으킨다. 그런 점에서 바울은 죽기까지 말씀을 가르치는 일을 했다. 과연 우리는 복음을 제대로 듣고 말하고 있으며 또 제자 삼는 일에 충성하고 있는가를 돌아보게 된다.

■ 성경 각 권 소개

공동서신

【 공동서신을 이해하는 배경 】

바울서신 이외의 서신을 공동서신이라 부른다. 공동서신은 신약성경 중 야고보서, 베드로전서, 베드로후서, 요한일서, 요한이서, 요한삼서, 유다서 등 일곱 서신을 가리키는 명칭이다. 공동서신은 바울서신 이외의 다른 서신을 가리키는 말로 부르기 시작했는데, 서신들의 특징이 교회 내적으로는 이단을 대적하고 외적으로는 박해 중에서 능히 믿음을 굳건히 하고 이겨 나가라는 공통된 메시지를 담고 있다. 이것은 환난을 겪는 초대교회뿐 아니라 오늘날 우리 교회에도 같이 적용되는 내용이다.

▶ 외부적 박해의 상황 / 히브리서, 베드로전서
교회는 핍박과 고난 속에서 성장했다. 편안한 가운데서는 교회가 부패하고 세속화된다. 신앙은 고난이 필연적이다. 그것은 생명이기 때문이다. 생명은 고난 속에서 자라고 성장한다. 당시 로마 정권하에서 기독교는 날로 어려운 상황에 처했다. 로마 정부는 유대인들을 박해하면서 아울러 기독교인들도 의심했다. 예수 믿는다는 이유로 당시 기독교인들은 로마 정부에게서 체포와 심문당하는 일이 많았고 가택수색과 재산 압수와 투옥 등을 겪었다.

히브리서는 베드로전서와 마찬가지로 이런 박해 때 쓰였다(히 10:35-39). 히브리서 공동체는 고난으로 낙심하고 있었다. 심지어 정말 예수님이 죄를 해결했는가에 대한 의심까지 드는 약한 상황이었다. 히브리서는 네로와 도미티안 황제의 박해 때에 쓰인 것으로 당시 그리스도인은 신앙을 버리도록 유혹받아 배교하는 일들이 일어났다. 또 박해로 인하여 믿음을 저버리고 문란한 생활을 하는 위기의 상황 속에서 쓰였기에 히브리서는 서신이지만 설교적인 형태를 지니고 있다. 주로 권고의 말씀으로 감사나 인사말이 없다. 자꾸 신앙을 버리고 배교의 길로 돌아서는 것은 신앙에 대한 확신이 없고 초보상태이기 때문이었다. 이런 의미에서 히브리서 기자는 초보 신앙을 버리고 성숙의 길로 들어서라고 말하고 있다.

당시 그리스도인은 정말 예수님이 최종적인 말씀인지에 대해서 의심하고 있었다. 그 이유는 믿음을 가지고 살아감에도 고난은 여전히 사라지지 않고 계속되었기 때문이다. 이런 의미에서 히브리서의 내용은 예수 그리스도에 관한 내용이 핵심을 이루고 있다. 특히 구약을 많이 인용하면서 구약에서 말하는 그 구원자가 바로 예수 그리스도요 그 그리스도 안에서 모든 것이 성취되었음을 강조하고 있다. 당장 고난이 해결되지 않아도 그것으로 실망하지 말고 인내를 가지고 믿음의 주요 온전하게 하신 예수 그리스도를 바라보면서 믿음의 경주를 잘 감당하자고 권면하고 있다. 이것을 위해서 히브리서 11장의 믿음의 인물들의 소개는 실제적인 위로가 되는 증거가 되고 있다. 믿음의 인물들이 동일하게 이런 고난을 받았고 바랄 수 없는 소망을 바라보면서 고난을 이겨 나갔음을 강조한다. 무엇보다도 아들이신 그리스도 역시 이런 고난을 잘 참으신 것을 본받아 오늘 우리 그리스도인도 장차 올 하늘의 도성을 바라보면서 잘 이겨 나가자고 권면하고 있다.

▶ 내부적 유대교 상황 / 히브리서

교회는 외적인 문제를 이기는 과제가 있지만 더 중요한 것은 내부적인 위험이다. 그것은 진리가 혼합되는 일이다. 사실 외적인 박해와 고난보다 위험한 것은 내적인 부패다. 본질을 떠나면 교회는 그 순간 위기에 처하게 된다. 어떻게 교회를 진리 위에 세우는가에 따라 교회의 미래는 결정된다. 히브리서는 고난과 박해를 이기는 위로의 서신이기도 하지만 당시 유대교로 돌아가고자 했던 유대인 그리스도인들에 대해서 권면하는 내용을 함께 담고 있다.

초대교회는 구약성경밖에 없었다. 성경으로 믿을 것은 구약성경이 전부였다. 그들은 구약에 기록된 제사장이나 제사나 제물에 관한 내용을 여전히 믿고 있었다. 예를 들면 구약에서 말하는 천사들, 제사 제도, 율법 등에 대해서 여전히 믿음을 가지고 있었다. 그런 이유로 히브리서 독자들은 하나님께 가는 방법으로 구약의 제도와 율법에 의존했고 그것에 가치성을 두면서 자연히 예수 그리스도에 대한 신앙이 약해졌다. 이런 현상은 아직 초보 신앙에 머문 이유 때문이었다. 그리스도에 대한 확실한 믿음을 가지지 못한 관계로 유대교로 돌아가려는 움직임이 있었다.

제사와 절기와 율법 등에 매여 그리스도를 통하여 완성된 은혜를 보지 못하고 자꾸 옛것으로 돌아가려는 것에 대한 저자의 경고 구절이 히브리서에는 많이 나온다. 우리는 그리스도 한 분이면 족하다. 구약의 것들은 모형으로 그리스도가 온 이후로는 더는 우리의 모델이 될 수 없다.

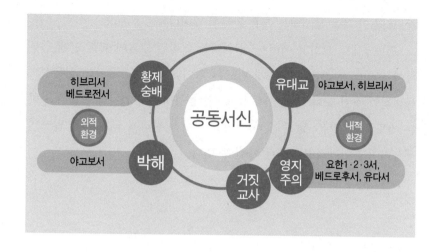

이것은 아직도 그리스도 이외의 것으로 만족하려고 하는 또 그것을 추구하는 오늘날의 성도들에게도 주는 경고와도 같은 말씀이다.

▶ 잘못된 거짓 교훈

교회는 순수함이 지킨다. 복음은 순수함이다. 진실한 교회, 진실한 신앙이 교회를 세운다. 말씀으로 무장하지 않으면 거짓을 이길 수 없다. 그래서 교회는 사람이 지키는 것이 아니라 진리가 지킨다. 초대교회에서 신앙을 지키는 데 어려움을 주었던 요소 가운데 하나는 거짓 교훈이었다. 거짓 교훈은 당시 헬라사상에 기원한 영지주의가 주된 것이었다. 영지주의 사상은 물질적인 것과 영적인 것을 분리하면서 물질적인 것은 악하다고 보는 이원론이었다. 몸을 악하게 보았기에 예수님은 몸을 입은 이유로 천사보다 열등하다고 주장했다. 심지어 어떤 사람은 육신적인 것은 영을 해칠 수 없는 분리된 것이기에 육신의 정욕을 가져도 문제가 없다고 주장했다. 이것은 오늘날에도 여전히 존재하고 있다. 물질적인 것은 악하다고 보면서 비영적으로 치부하는 예가 많다. 영적인 것을 매우 강조하지만 육을 무시하는 것은 잘못된 것이다.

오늘날에도 교회가 어려운 것 하나는 거짓된 교훈이 교회 안에 침투하여 교회의 진리를 오도하게 만드는 일이다. 세상의 욕망과 실용성과 물질적인 것이 교회 안에 들어와 교회를 성공하는 기업처럼 만들려고 하는 것도 이와 같은 것 중의 하나이다. 교회가 진리에 굳게 서지 않으면 세상적이고 이단적인 사상에 빠질 수 있다.

■ 성경 각 권 소개

야고보서

【 야고보서의 배경 】

당시 흩어져 있는 그리스도인은 복음 때문에 여러 가지 어려움에 처해 있었다. 그래서 그런 역경을 참고 연단받아 승리하기를 소원하는 마음으로 기록했다. 아울러 당시 신자들이 믿음으로 구원받는다는 교리를 강조한 나머지 실천을 등한시하는 풍조에 제동을 걸면서 그리스도인의 윤리와 참된 신앙을 강조하고 있다.

성경에는 야고보라는 사람이 셋이다. 세베대의 아들이며 요한의 형제인 야고보와 알패오 아들이며 사도 중 하나인 야고보, 주님의 동생 야고보이다. 야고보서를 쓴 저자는 예수님의 형제인 야고보일 가능성이 크다(마 13:55, 막 6:3). 주님의 형제 야고보는 처음에는 불신자였으나 부활 후에 믿음을 가지게 되었다. 베드로와 야고보는 초대교회의 중요한 두 기둥이다. 베드로가 사라지면서 야고보는 예루살렘의 지도자가 되었다.

사도행전의 15장에 나오는 예루살렘 공회의를 인도했던 사람이 야고보
이다.

문헌(헤게십푸스)에 의하면 야고보는 거룩한 생활을 했다. 독주를 마
시지 아니했고 육식도 멀리했고 평생 면도를 하지 않았고 목욕도 안 했
다. 그는 털옷을 입지 않고 늘 무명옷을 입었고 홀로 성전에 들어가서 백
성들 죄를 위해 비는 습관이 있었고, 그로 인해 그의 무릎은 낙타의 무릎
처럼 되었다고 기록하고 있다. 역사가 요세푸스에 의하면 야고보는 율법
파괴자로 누명을 받아 공회에서 돌에 맞아 죽었다. 임종 시에 주님의 십
자가상의 기도처럼 원수들을 용서해달라고 기도했다고 기록하고 있다.

【 특징과 읽기 지침 】

▶ 기록 목적

야고보서를 받은 공동체는 흩어져 있는 열두 지파다. 이들은 당시 고
난과 시련과 분노와 판단하는 일로 공동체가 분열하는 모습까지 보였
다. 특히 부자들에 의한 가난한 자들 학대, 함부로 사용하는 혀로 인한
피해 등을 지적할 필요가 있었다. 저자는 믿음을 가진 그리스도인의 책
임 있는 삶이 무엇인지를 알게 하고 그것을 실천하게 하려고 본서를 기
록했다.

▶ 중요한 특징

1. 체계 있는 교리서라기보다는 윤리적이며 도덕적인 교훈집이다. 신
   약의 잠언서라고 말한다(구약의 욥기, 잠언, 전도서 등의 지혜문학
   과 상통한다). 복음서의 산상보훈과 비슷한 특징을 가지고 있다.

2. 대화체를 많이 사용한다. 아울러 명령형을 사용하고 있다.

3. 분위기가 유대인의 색채가 강하다. 구약 인용이 많고 회당이라는 말을 사용하고 있다.

▶ 기본적인 주제

1. 외부적으로는 신앙을 가지면서 겪는 박해와 시련을 이기도록 권면하는 내용이다.

2. 내부적으로는 분열과 죄악이 있었고 그런 죄를 자백하면서 하나님과의 관계를 돈독하게 하는 일을 도우려 하였다. 특히 신앙의 온전함과 영적 성숙을 강조하고 있다. 그것은 곧 신앙과 생활이 일치하는 삶을 의미한다.

▶ 읽기 지침

야고보서는 흩어져 있는 그리스도인이 어려운 환경 속에서 살아가는 지혜로운 삶을 말한다. 환난을 이기기 위해서는 지혜가 필요하다. 지혜를 얻기 위해서는 하나님에게 구하는 일이 중요하다. 한마음을 품으면 하나님에게 집중됨으로 하나님이 지혜를 주신다. 참된 지혜는 하늘로부터 오는 지혜이다. 하나님이 주시는 참된 지혜는 성결하고 화평하고 관용하며 양순하고 긍휼과 선한 열매가 가득하고 거짓이 없다. 또 부와 가난에 대해서 교훈하고 있는데 부한 자는 자기의 낮아짐을 자랑하라고 말한다. 모든 것은 풀과 꽃과 같이 지나간다. 또한 하나님은 가난한 자를 택하사 믿음에 부요하게 하시고 자기를 사랑하는 자들에게 약속하신 나라를 유업으로 받게 하신다. 부한 자들에게 경고하는데 땅에서 사치하고 연락하며 사는 것이 헛된 것임을 말한다.

【 야고보서의 내용 구조 】

1) 약 1:1-18   도입과 요약 : 물질과 지혜와 시험
2) 약 1:19-2:26   믿음과 행함 : 믿음의 실천과 참된 경건
3) 약 3:1-5:6   공동체와 삶 : 혀와 지혜와 다툼과 물질
4) 약 5:7-20   결론과 교훈 : 재림과 기도와 구원

■ 성경 각 권 소개

베드로서

【 베드로서의 배경 】

소아시아 북서쪽 다섯 지방으로 흩어진 그리스도인들을 향한 서신이다. 서신의 쓰인 형태가 바울서신의 구조와 비슷하다. 즉 그리스도 로마 수사학의 규범을 따르고 있다. 저작 시기는 주후 64~65년이다(바벨론이란 언급이 나옴(벧전 5:13). 바벨론은 유대인들과 그리스도인들이 로마를 은유적으로 사용한 표현이다). 베드로전서는 당시에 박해 하에 있던 그리스도인을 위로하기 위하여 쓰인 서신이다. 믿음을 지킨다는 이유로 박해당하는 상황에서 믿음으로 이기게 하기 위함이다. 이런 이유로 재림과 종말론을 강조하고 그리스도인은 세상에서 나그네와 같은 존재임을 생각하면서 믿음으로 내세를 바라보게 하기 위해서이다. 당시의 신자들은 무고한 악평으로 생명의 위험을 느끼고 있었다. 네로황제 시에는 그리스도인이라는 이름으로도 사형에 처했다.

베드로서는 소아시아 지역에 흩어져서 핍박받는 사람을 위해 쓴 서신이다. 본도와 갑바도기아, 갈라디아, 아시아, 비두니아 등의 지역에 사는 사람을 위해 쓴 것으로 그들의 박해받는 생활을 격려하고 위로하기 위해서다. 이때는 로마가 기독교를 아주 극심하게 핍박하던 때다. 이들에게 소망은 다른 것이 아닌 하나님의 말씀이었다.

【 특징과 읽기 지침 】

베드로전서는 고난 겪는 그리스도인들을 위로하기 위한 서신으로 고난 속에서도 그리스도인의 정체성을 가지고 살아가는 방법을 교훈하고 있다. 환난과 핍박 가운데서도 어떻게 그리스도인이 부르심에 합당하게 살 수 있는지에 대해서 언급하고 있다.

이 서신을 끝까지 이끄는 중심 주제는 고난이다. 즉 그리스도인의 고난에 대한 자세를 말하고 있다. 그리스도인들은 믿음으로 인하여 정당하지 못한 박해를 받고 산다. 이것은 신자들의 삶에서 필연적인 문제이다. 고난은 하나님의 큰 목적이 담겨 있다. 그리스도인은 이미 십자가와 부활로 최종적인 구원을 보장받았기에 어떤 고난에서도 소망을 두고 살아야 한다는 점을 상기시키고 있다. 문제는 이런 고난에 대해서 어떻게 받아들여야 하는가 하는 것이다. 고난을 이기기 위해서는 일차적으로 그리스도가 우리의 죄를 구원하기 위하여 역시 애매한 고난을 받으셨음을 상기하면서 박해 속에서도 믿음을 끝까지 소망을 가지고 잘 지키는 것을 말한다. 결국 본서는 고난에 대한 격려의 서신이다. 고난 속에서도 하늘에 소망을 두고 고난을 잘 이겨 나가라고 말한다. 즉 부당한 박해 속에서도 그리스도인의 정체성을 지키고 그리스도인의 품위를 유지하는 것이 비방하는 그들에게 그리스도인의 신앙을 전하는 것임을 강조한다(벧전 2:12, 3:1). 세상 사람과 그리스도인이 근본적으로 다른 점을 제시하고 있다. 특히 구약에 대한 연관성을 가지고 있고 삼위일체, 그리스도론, 속죄론, 교회, 창조, 종말론 등 교리에 관한 내용이 많이 나온다. 유대적인 색체가 강한 야고보서와 유사점이 있다.

우리가 고난을 겪을 때는 다른 길이 없다. 돈도 사람도 도움이 소용 없는 때가 있다. 이때는 오직 하나 하나님의 말씀 안에서 위로를 얻어야 한다. 이때 말씀의 위력이 나타난다. 한마디 소망의 말씀이 우리의 어려운 삶을 극복하게 한다. 고난과 어려움을 이기려면 우리는 우리 자신의 정체성을 분명히 알아야 한다. 그러면 힘을 얻을 수 있다. 자기를 돌아보는 그것이 중요하다.

베드로후서를 이끌고 가는 두가지 핵심은 거짓 선생들과 그리스도의 재림에 대한 것을 부인하는 내용이다. 그들에게 하나님의 심판이 임할 것을 경고하면서 그런 미혹에 빠진 이유는 육신에 속한 삶에서 비롯된 것이었다. 베드로는 재림의 확실함을 말씀을 통해 분명히 전하고 있다.

【 베드로전서의 내용 구조 】

1) 벧전 1:1-2   인사말
2) 벧전 1:3-12   하나님에 대한 찬양
3) 벧전 1:13-2:10   거룩한 백성의 삶
4) 벧전 2:11-3:7   다양한 이방 속에서 그리스도인의 소명

5) 벧전 3:8-4:11   고난과 박해 속에서 소명
6) 벧전 4:12-5장   마무리

【 베드로후서의 내용 구조 】

1) 벧후 1:1-2   인사말
2) 벧후 1:3-11   경건한 생활
3) 벧후 1:12-21   베드로의 유언
4) 벧후 2장   거짓 선지자들에 대한 심판과 의인의 구원
5) 벧후 3:1-10   거짓 교훈 – 재림에 대한 부인
6) 벧후 3:11-18   권면과 마무리

D·a·y

115

장면통독 가이드

>>> 야고보서, 베드로전서

공동서신 1

✳ 통독 포인트

서신서는 교회가 당면한 문제를 해결하는 실천적인 내용을 다루고 있다. 초대교회는 외적으로, 내적으로 어려운 상황에서 신앙생활을 하고 있는데 그런 환경에서 믿음을 지킨다는 것이 쉽지 않다. 바울은 이런 교회에게 성경적 지침을 주고 있다. 실제적인 방안을 다루고 있다. 공동서신은 바울서신 이외의 나머지 서신이다. 즉 베드로서신, 요한서신, 유다서, 히브리서 등이다. 공동서신을 이해하기 위해서는 당시 교회와 주변 상황을 이해하는 것이 유익하다.

당시 초대교회는 로마의 압제, 그리고 내부적인 이단 등과 유대교의 문제에 직면하여 많은 혼란을 겪고 있었다. 이런 속에서 사도들은 서신을 통하여 문제를 잘 극복하는 길을 제시했다. 그중에서 야고보서와 베드로전서는 교회의 외적인 환경을 이기는 길로서 그 방안을 제시하고 있다. 특히 신약의 잠언과 같은 야고보서는 전체의 문맥 연결이 잘 안 되는 부분이 있다. 그런 이유로 야고보서 읽기가 생각보다 어렵다. 내용이 단절된 느낌이 있다. 야고보서는 주제를 중심으로 읽으면 이해가 쉽다. 이것을 위해서 간단하게 핵심을 제시하고 그것에 따라 읽도록 구성했다. 야고보서는 실천 매뉴얼을 모아놓은 것이라 보면 된다. 이것을 염두에 두고 야고보서를 읽도록 한다.

[장면 1] 야고보서

● 꼭 알아야 할 삶의 원리 (약 1:1-18)

- 믿음에 대해서 (약 1:1-4)

믿음은 시험을 통하여 인내심이 자란다. 모든 일을 잘 견디면 완전하고 성숙한 사람이 된다.

- 기도에 대해서 (약 1:5-8)

지혜가 부족할 때는 하나님께 기도하면 후하게 주신다. 물론 기도할 때는 믿음을 갖고 구해야 한다. 의심하며 기도하는 것은 마치 바람에 밀려 움직이는 것과 같아 응답받을 수 없다.

- 재물에 대해서 (약 1:9-11)

가난한 사람은 자기를 영적인 부자로 생각하며 자랑스럽게 여기는 것이 필요하다. 만약 부자일 경우는 영적인 부족함을 자랑하라. 재물은 순식간에 사라지기 때문이다.

- 시험에 대해서 (약 1:12-18)

시험이 닥칠 때는 그것을 잘 이겨 믿음을 증명하는 기회로 삼는 것이 중요하다. 혹시라도 시험받을 때는 하나님이 시험하신다고 생각하지 말고 시험은 자신의 욕심 때문에 생긴다는 것을 기억하자.

● 믿음과 행함을 일치하기 (약 1:19-2:26)

- 행함에 대해서 (약 1:19-25)

언어생활의 지침을 말한다. 듣기는 빨리하고 말하는 것은 천천히 하면 화를 절제할 수 있다. 듣기만 하고 행하지 않는 것은 마치 거울을 들여다보고 자기 얼굴을 잊는 것과 같다. 말씀을 듣지만 말고 행할 때 복이 있다.

- 경건에 대해서 (약 1:26-27)

참으로 경건한 삶은 말을 조심하는 것에서 시작된다. 그리고 어려운 과부와 고아들을 돌보고 악에 물들지 않는 것이 순수한 신앙을 갖는 길이다.

- 사랑에 대해서 (약 2:1-13)

사람을 외적인 모습이나 옷차림을 보고 차별하는 것은 악한 일이다. 특히 가난한 사람을 멸시하는 것은 주인이신 주님을 모독하는 것이다. 법 중의 최고의 법은 네 이웃을 네 몸처럼 사랑하는 것이다. 율법을 대할 때는 내가 골라서 어느 하나만 지키는 것이 아니라 모든 법을 지키려는 자세가 중요하다.

- 실천에 대해서 (약 2:14-26)

믿음은 행함까지 이어져야 진정한 믿음이다. 만약 누가 옷이나 먹을
것이 필요한 상황인데 행동하지 않고 말로만 한다면 그것은 믿음이 아니
다. 행함이 따르지 않은 믿음은 죽은 것이다. 아브라함은 아들 이삭을 바
치므로 의롭다 함을 받았고 라합도 정탐꾼을 도와주는 행함이 이어질 때
의롭다 함을 받았다. 이처럼 믿음은 행동까지 이어질 때 의롭다 함을 받
는다.

● 공동체의 문제를 해결하는 실제 매뉴얼 (약 3:1-5:20)

- 혀 (약 3:1-12)

말에 실수가 없으면 그 사람은 온전한 사람이다. 그런 사람은 온몸을
다스릴 수 있다. 하지만 말에 실수가 잦으면 특히 교사로는 합당하지 않
다. 큰 배를 작은 키 하나가 조종하듯이 작은 혀가 몸을 결정한다. 동물
은 길들일 수 있지만 사람의 혀는 길들일 수 없다. 혀를 통해서는 한 가
지 말만 해야 한다. 샘물에서 쓴 것과 단 것이 같이 나올 수 없듯이 우리
입에서 찬송과 저주가 같이 나올 수 없다.

- 지혜 (약 3:13-18)

지혜는 삶으로 나타날 때 비로소 그것이 진실한 지혜가 된다. 마음속
에 시기와 이기심이 있다면 그것을 자랑하는 것은 위험하다. 지혜는 하
늘로부터 오는 것이지 세상으로부터 오는 것이 아니다. 땅의 지혜는 마
귀가 주는 것이다. 하늘로부터 오는 지혜는 성결하고 순결하며 공평하고
정직하다. 그리고 선한 열매를 맺는다.

- 겸손 (약 4:1-10)

공동체 속에서 분열과 다툼이 일어나는 것은 우리 안에 욕심이 있기 때문이다. 또 하나님께 얻지 못하는 것은 구하지 않았기 때문이다. 설사 구했는데 받지 못하는 것은 자기 유익만을 구했기 때문이다. 하나님은 겸손한 자에게 은혜를 주신다. 우리가 마귀를 이기는 길은 자신을 하나님께 먼저 드리고 마귀를 대적하는 것이다. 하나님께 겸손한 자세로 정결한 마음을 품고 나오면 하나님은 우리를 가까이하고 하나님의 때에 높여주신다.

- 판단 (약 4:11-12)

형제를 판단하고 서로 시기하는 것은 곧 율법을 판단하는 것이 된다. 그렇게 하는 것은 우리가 율법을 지키는 것이 아닌 오히려 재판관이 되는 것과 같다. 율법을 만들고 재판하시는 분은 오직 하나님 한 분이다. 우리가 이웃을 판단하는 것은 옳지 않다.

- 물질 (약 4:13-5:6)

물질을 중요시하고 그것에 의존하며 세상에 소망을 두고 사는 사람은 내일 일을 알지 못하는 어리석은 사람이다. 우리는 오늘 하루의 모든 일이 우리 뜻에 따라 이루어지는 것이 아닌 주님 뜻대로 이루어지는 것임을 알아야 한다. 그렇지 않고 행하는 일은 죄다. 특히 부자들이 조심해야 할 일은 재물은 한순간에 사라진다는 것을 아는 일이다.

- 재림 (약 5:7-11)

우리는 주님의 재림을 바라보면서 사는 존재다. 농부가 추수를 기다리듯이 우리는 주님의 재림을 기다리면서 하루를 살아도 희망의 자세가 필요하다. 서로에게 불평하지 말고 잘 참은 선지자들의 삶을 본받아 고난이 끝난 후에 하늘의 복을 주실 선하신 주님을 바라보며 살아가는 것이 그리스도인의 종말론적인 삶의 자세다.

- 언어 (약 5:12)

언어생활을 조심해야 한다. 특히 하늘이나 땅을 증인으로 삼아 자기 말을 증명하려는 것은 어리석은 일이다. 있는 그대로 '예'면 '예'라고 하고 '아니'면 '아니라'고 하면 된다.

- 기도 (약 5:13-18)

고난 겪을 때는 기도하고 즐거운 일이 있다면 찬송하는 것이 그리스도인의 삶이다. 또 병든 자가 있으면 서로 돌보고 중보기도를 하며 서로 죄를 고백하고 병이 낫기를 기도하자. 특히 의로운 사람의 기도는 엘리야의 기도처럼 역사하는 힘이 크다.

- 구원 (약 5:19-20)

그리스도인의 모든 것은 영혼 구원에 초점이 있다. 누가 잘못된 길을 행할 때 다시 돌아보게 하며 영혼 구원을 목표로 모든 일을 행하는 것이 지혜로운 삶이다.

※ 믿음은 명사가 아닌 동사다. 믿음을 삶으로 증명할 때 그것이 살아 있는 믿음이 된다. 성숙한 그리스도인의 삶은 머리와 입으로만 아닌 실천까지 이르는 것이다. 진정한 믿음은 환난과 시련 중에 나타난다. 특히 과부와 고아와 가난한 자들을 대하는 자세를 보면 그의 믿음을 알 수 있다. 또한 혀를 사용하는 모습을 보면 그가 어떤 믿음을 가졌는지 자기 자

신을 스스로 확증할 수 있다. 믿음은 행위와 함께 일하고 행위는 믿음과 같이 일한다. 저자는 이런 것들을 다양한 측면에서 점검하며 믿음을 확인하게 한다.

언제나 믿음은 행함을 동반한다. 행함이 없는 믿음은 죽은 믿음이다. 진정한 믿음이 되기 위해서는 도를 듣기만 하지 말고 행하는 자가 되어야 한다. 행함으로 믿음을 보이는 것이 중요하다. 믿음의 인물들은 모두가 행함으로 믿음을 온전하게 했다. 야고보서는 결론적으로 최고의 법을 제시한다. 그것은 내 이웃을 내 몸처럼 사랑하는 것이다. 이것은 예수님이 복음서에서, 또 바울이 로마서에서 동일하게 말했던 반복된 내용이다. 모든 것은 사랑으로 귀결된다. 사랑하기 위해서 법도 존재하고 믿음도 필요하다. 이웃을 내 몸처럼 사랑하면 그것이 하나님을 보는 것이 된다. 그리고 하나님을 전하는 것이 된다.

[장면 2]   베드로전서

● 박해 속에서 그리스도인의 정체성 (벧전 1:1-3:7)

베드로전서가 처음부터 끝까지 연결해 나가는 핵심 주제는 고난이다. 이 고난은 구원의 동선에서 바라보아야 한다. 그리스도의 구속 사역이 고난을 통해서 주어졌다. 물론 이 고난은 인간의 힘으로 감당하기 어렵다. 오직 성령의 능력을 덧입을 때 고난을 이길 수 있다.

인간은 고난의 문제를 풀어야 비로소 사는 소망이 생긴다. 그리스도인은 여러 가지 시험으로 인하여 잠깐 근심은 되지만 오히려 크게 기뻐하는 삶을 살아야 한다. 이것은 고난 속에서 연단을 받아 그리스도가 나타나실 때 칭찬과 영광과 존귀를 얻게 하기 위해서다. 믿음의 결국은 영혼 구원이기에 우리는 이 세상의 고난에 연연하지 말아야 한다. 그렇다면 이런 고난을 이기기 위해서 그리스도인에게 필요한 것이 무엇인가? 그것은 정체성이다. 베드로는 성도들에게 이것을 굳게 다지라고 말한다. 주신 구원을 확신하기 위해서는 수고와 노력이 필요하다. 그것을 하는 것 자체가 자기를 죽일 때 가능하다. 우리에게 임할 구원에 대해서 예언하던 구약의 선지자들을 연구하고 부지런히 살피고 고난을 이긴 후에 받으실 영광을 미리 증언한 말씀을 묵상하는 일이 중요하다. 그러려면 우리에게 어떻게 임하고 부어주시는지 깊게 묵상하며 상고하는 자세가 중요하다(벧전 1:10-11).

이렇게 하려면 그냥은 안 된다. 하나님은 우리가 허리를 동이고 주님이 주신 은혜를 사모할 때 은혜를 주신다. 이것은 말씀을 가까이할 때 가능하다. 그 말씀을 통하여 우리는 거룩한 자요 하나님의 백성이라는 사실을 재확인한다. 우리를 부르신 거룩하신 주님이 나를 거룩하게 만들기 위해 우리를 의인이라 칭하셨다. 이것이 십자가에서 이루어진 구원이다. 진리에 순종할 때 우리의 영혼이 깨끗하게 된다. 그러다 보면 형제를 진실로 사랑하게 된다. 이것은 새롭게 거듭날 때 가능하다. 그 거듭나는 일은 말씀을 들을 때 일어난다. "내가 거룩하니 너희도 거룩할지어다"(벧전 1:16)라는 말씀은 베드로전서를 이해하는 핵심 구절이다. 행동은 본질에서 나온다. 본질을 명확하게 하면 행동은 저절로 나타난다.

2장에서 이런 그리스도인의 정체성을 정리하고 있다. 우리는 신령한 젖을 먹고 자라는 사람들이다. 이렇게 자라면 우리는 신령한 집이 되고 신령한 제사를 드릴 거룩한 제사장이 된다. 이런 점에서 우리는 택하신 족속이요 왕 같은 제사장들이요 거룩한 나라다. 하나님의 긍휼을 얻은 하나님의 백성이다. 우리는 세상에서 나그네와 같은 존재로 우리 집은 하늘에 있다. 고난을 겪지만 우리는 고난에 지배당하지 않는다. 우리를 위하여 죽으신 주님을 본받아 참고 기다려야 한다. 하나님을 생각하고 참으면 그것은 아름다운 고난이다.

3장에서는 이처럼 주님의 은혜로 살아가는 것을 안다면 우리는 모든 상황에서 거룩한 삶을 살아야 한다는 점을 강조하고 있다. 세상과 같은 모습이 아닌 선을 행하는 삶으로 변화된다. 아내와 남편의 관계도 세상과 구별된 모습을 가져야 한다. 아내들은 남편에게 순종하고 남편은 아내를 생명의 은혜를 함께 이어가는 동반자로 귀하게 여기면서 사랑해야 한다. 이런 삶은 주님 앞에서 우리의 존재가 얼마나 거룩한 백성으로서 감격하고 사느냐에 달려 있다.

● 고난과 박해 속에서 그리스도인의 삶 (벧전 3:8-5장)

그리스도인이 당하는 고난과 세상 사람의 고난은 차이가 있다. 그리스도인의 고난은 선을 위한 것이다. 그런 이유로 악을 악으로 욕을 욕으로 갚으면 안 된다. 선을 행함으로 고난 겪는 것이 하나님의 뜻이다.

그리스도인의 고난이 선을 위한 고난으로 전환되어야 한다. 그리고 오직 하나 하나님의 말씀 안에서 위로를 얻어야 한다. 이때 말씀의 위력이 나타난다. 한마디 소망의 말씀이 우리의 어려운 삶을 극복하게 한다. 고난과 어려움을 이기려면 우리는 자신의 정체성을 분명히 알아야 한다. 그러면 힘을 얻을 수 있다. 자기를 돌아보는 것이 중요하다. 신앙은 고난 속에서 피어난다. 그것은 고난을 이기는 힘이 바로 믿음이라는 점을 말하고 있다.

베드로전서는 로마 사회에서 신자로서 겪고 있는 어려움을 염두에 두면서 그리스도인으로서 바람직한 자세를 말하고 있다. 특히 복음 때문에 고난받고 시련 당하는 성도에게 인내를 가르치고 있다. 고난이 주는 유익에 대해 말하면서 오히려 그 고난을 그리스도의 죽음에 참여하는 기회로 삼으라고 말한다. 4장에서는 그리스도인은 더는 세상의 방탕과 정욕을 따르지 말고 육체의 남은 시간을 하나님의 뜻을 이루는 데 생애를 바쳐야 한다고 말한다.

그리스도인은 그리스도를 위하여 당하는 고난에 즐겁게 참여하고 그리스도의 이름으로 치욕당하는 것이 복 있는 일임을 명심하고 그것을 즐거워하는 것이 주님의 뜻이다. 이런 선한 싸움을 하며 주님이 오실 때까지 믿음에 굳게 서서 모든 염려를 주께 맡기고 사는 것이 필요하다. 여기서 베드로는 인간이 당하는 고난, 특히 그리스도인의 고난을 어떻게 해석하고 적용해야 하는지 잘 설명하고 있다.

※ 그리스도인은 택하신 족속이요 왕 같은 제사장이요 거룩한 나라요 그의 소유된 백성이다. 하나님의 긍휼을 얻은 자이기에 세상의 어떤 어려움도 능히 이길 수 있고 이미 보장된 삶을 사는 것임을 잊어서는 안 될 것이다. 우리가 어려운 것은 이런 그리스도인의 정체성이 흔들렸기 때문이다. 고난을 겪을 때마다 우리는 그리스도인의 모습에 대해서 묵상하고 새롭게 하는 것이 중요하다.

그리스도인은 세상의 권력에 대해서 너무 대항하는 자세를 취하면 안 된다. 세상의 권력은 하나님이 세우신 것이다. 비록 악한 것이라 할지라도 세상의 권세는 하늘로부터 오는 것이다. 그들이 사용을 잘못하면 하나님은 그들에게 징벌을 내리실 것이다. 인간이 세운 모든 제도를 주를 위하여 순종하고 사람을 공경하고 형제를 사랑하며 하나님을 두려워하며 왕을 존대하는 모습이 그리스도인의 삶이다. 그것은 우리는 이미 세상 것보다 더 큰 것을 받았기 때문이다.

죄지은 인간은 죄의 지배를 받게 된다. 세상에서 고난은 피할 수 없다. 그렇다면 고난을 적극적으로 받아들이고 그것을 긍정적으로 대하며 아름다운 고난을 만드는 것이 중요하다. 그리스도인이 사모해야 하는 고난은 무엇일까? 부당하게 고난을 받아도 하나님을 생각하며 참으면 이것은 아름다운 일이다. 선을 행하다가 받는 고난은 의미가 있다. 선을 행하므로 고난받는 것이 악을 행하므로 고난받는 것보다 낫다. 우리의 선행은 나중에 욕하는 자들로 그 비방하는 것에 부끄러움을 당하게 하는 유익이 있다. 인간은 죄악 된 육체를 가졌기에 고난을 통과하지 않고서는 자기를 죽일 수 없고 죄를 이길 수 없다.

■ 성경 각 권 소개

히브리서

【 히브리서의 배경 】

히브리서를 제대로 읽으려면 외부적인 로마의 핍박 상황과 내부적인 유대교 상황을 이해해야 한다. 히브리서는 두 가지 상황 속에서 쓰였다. 외적으로는 로마의 핍박과 고난이 성도들을 힘들게 했다. 내적으로는 유대교로 돌아가고자 하는 이들이 교회 안에 있었다. 이것은 믿음의 성숙을 가로막는 걸림돌로 교회를 어렵게 했다. 아직 바른 믿음 안에 서지 못했기 때문이다. 히브리서 교인들은 영적으로 아이 상태에 머물렀다. 여전히 구약의 유대교 상태에서 벗어나지 못하고 복음이 성숙한 상태에 이르지 못했다. 다시 이전으로 돌아가지 말고 앞으로 믿음의 성장을 향해 나아갈 것을 강조했다.

【 특징과 읽기 지침 】

▶ 특징

히브리서 전체적인 진행방식은 "수필처럼 시작하고 설교처럼 진행하고 편지처럼 끝맺는다"라고 말할 수 있다. 히브리서는 저자의 이름이 없다. 저작연대도 확실하지 않다. 수신자 역시 밝혀진 바 없지만 특정한 유대인 집단일 가능성이 크다. 이런 미상의 특징은 오히려 히브리서의 가장 중요한 관심인 그리스도의 우월성을 높이는 데 역설적 효과를 주고 있다.

히브리서를 받아본 사람들은 영적으로 미성숙한 상태였을 것이다. 이 공동체는 고난으로 인해 낙담하고 있었다(히 10:35-39). 미숙한 상태에 있었고 말씀을 보면서도 말씀을 제대로 믿지 않았다. 말씀을 소홀히 하고 있었으며 하나님으로부터 점점 더 멀어지고 있었다. 더 나은 신앙생활이 어떤 것인지를 저자는 그리스도인들에게 가르쳐 주면서 믿음의 주요 온전하게 하시는 예수님을 바라보면서 신앙의 성숙을 향해 나가라고 말한다.

이들이 겪었던 어려움으로는 그들을 지도하던 인도자들이 세상을 떠나므로 유대교 공세가 심해지면서 그리스도에 대한 믿음이 식었고, 밖에서 오는 박해로 죽음의 일보 직전에 이르렀다(히 2:15, 12:4). 그러다 보니 자연히 그들은 하나님에 대한 신앙을 잃어버렸고(히 3:12) 주의 재림을 믿지 않고(히 9:28, 10:35) 범죄의 위기에 빠졌다(히 10:26).

▶ 강조점

하나님은 아들을 통해 최종적인 말씀을 주셨다. 그리스도를 포기하는 것은 곧 하나님을 저버리는 것이요. 말씀을 저버리는 것은 곧 그리스도를 저버리는 것임을 말하고 있다. 그리스도는 앞에 있는 모세나 여호수아보다도, 전체 제사 제도보다도 우월하다. 무엇보다도 아들이신 대제사장 예수 그리스도에 대한 확신하고 예수 중심으로 살아갈 것을 저자는 강력하게 권면한다. 히브리서 중심 사상은 그리스도다. 또 히브리서는 믿음을 강조한다. 11장은 믿음장으로 유명하고 믿음이란 명사형이 31회, 동사형이 98회나 나온다. 믿음이란 그리스도를 믿는 믿음이고 이 믿음은 이론이 아닌 실천이다.

당시 히브리서 공동체는 고난으로 낙심하고 있었는데 그것을 이기는 길은 예수에 대한 믿음을 확고하게 하는 일이다. 선지자, 천사, 모세보다 우월하고 완전하신 대제사장인 예수를 바라보면서 믿음의 경주를 끝까지 다하는 것이 승리하는 길이다. 이것을 위해 저자는 전체 내용을 그리스도에 대한 더 나은 교훈의 말씀과 그것에 따른 실천적 권면을 번갈아 사용하면서 믿음을 격려하고 경고하는 방식을 사용하고 있다. 구약성경을 인용하면서 말씀을 통한 믿음의 실천을 강조한다.

▶ 히브리서의 다섯 가지 중요한 권면
신자들의 영적생활이 어떻게 파멸되어 가는지 보여주는 경고들이다.
1) 소홀히 함으로 말씀을 떠나감 (히 2:1-4)
2) 마음이 강퍅해짐으로 말씀을 의심함 (히 3:7-4:13)
3) 나태하여 말씀에 대해 무딤 (히 5:11-6:20)
4) 완고하여 말씀을 업신여김 (히 10:26-39)
5) 듣기를 거절함으로써 말씀에 불순종함 (히 12:14-29)

▶ 히브리서를 이해하는 핵심 단어
1) 더욱, 더 좋은 (히 1:4, 6:9, 7:7,19,22, 8:6, 9:23, 10:34, 11:16,35,40,

12:24) : 예수 그리스도

2) 온전한 (히 2:10, 5:9,14, 6:2, 7:11,19,28, 9:9,11, 10:1,14, 11:40,
12:2,23) : 믿음

☞ **되새김 Tip / 히브리서가 어렵게 느껴지는 이유와 쉽게 읽는 방법**

우리가 사물을 인식하는 기본적인 구조, 방법에서 이질적인 저자의
사고체계 때문이다. 그러나 다음의 내용을 파악하고 읽는다면 쉽게 히브
리서를 이해할 수 있다.

1) 모든 만물의 처음과 나중 되시는 예수 그리스도의 저항할 수 없는
위엄을 드러내는 데 전체적인 메시지의 흐름이 있다. 그는 성육신
과 고난을 통하여 완전한 대제사장이 되셨다.

2) 편지의 수신자들이 고난을 통하여 낙심하고 있고 심지어 예수님이
진정으로 하나님의 말씀 그 자체인지를 의심하면서 믿음이 흔들리
고 있었다. 그들의 계속된 고난이 이런 불신앙을 가져오게 했다.

3) 믿음을 회복하고 보다 완전한 데 나아가기 위해서는 예수그리스도
를 계시하는 말씀에 대한 이해가 중요하다. 성경을 어떻게 사용하
고 삶에 적용하는지에 신앙생활의 성패가 달려 있다고 보면서 성
경으로 돌아갈 것을 권면하고 있다.

【 히브리서의 내용 구조 】

1) 서론적 부분 (히 1:1-4:13)

– 서론 : 모든 것은 하나님의 말씀으로 지어졌다. 아들도 말씀이 육신
이 되어 왔다. 말씀으로 만든 사역 7가지를 묘사하며 제시하는 구

조로 이것을 위해 성경적인 논증을 제시한다.

2) 교리적 부분 (히 4:14-10:18)

- 1부 : 아들 예수에 대한 것이다. 인성을 지녔지만 그는 천사들, 모
  세, 여호수아보다 우월하다. 그러므로 그리스도가 아닌 다른 것을
  좇아가면 안 된다.
- 2부 : 완전한 대제사장이신 예수에 관한 내용이다. 대제사장으로서
  모범을 설명하고 언약의 기초 속에 완전한 성소에서 완전한 희생제
  물을 드리셨다.

3) 실천적 부분 (히 10:19-13:25)

- 3부 : 믿음은 인내다. 얼마나 인내를 가지고 고난을 통과하여 그리
  스도를 바라보고 나가는지가 믿음의 핵심이다. 확실한 미래의 소
  망을 품고 온전한 그리스도의 지경까지 나아가는 삶을 권면하고
  있다.

  저자는 이런 논증을 전개하면서 일곱 가지 핵심 주제와 그것에 대한
  구약의 근거를 제시한다. 예를 들면 시편 8편 4~6절(히 2:5-18), 시
  편 95편 7~11절(히 3:7-4:13), 예레미야서 31장 31~34절(히 8:1-
  10:18), 하박국서 2장 3~4절(히 10:32-12:3), 잠언 3장 11~12절(히
  12:4-13), 출애굽기 19장(히 12:18-29) 등이다.

D·a·y

116

장면통독 가이드

>>> 히브리서

공동서신 2,
초보에서 성숙으로

* 통독 포인트

히브리서를 통독하는 것은 다른 성경에 비해 조금 어렵다. 왜냐하면 교리적인 내용과 설교가 함께 포함되었기에 장르가 분명하지 않다. 하지만 다음의 순서를 따라 읽으면 내용의 맥이 잡힌다. 네 개의 핵심 내용을 염두에 두고 읽으면 좋다. (1) 예수가 누구인가?, (2) 대제사장 예수, (3) 멜기세덱과 예수, (4) 믿음과 승리의 삶이다. 이런 과정을 따라 통독하면 쉽게 읽을 수 있다.

[장면 1] 예수 그는 누구인가? (히 1:1-4:13)

● 선지자들보다 우월하신 예수 (히 1:1-4)

히브리서 서론은 다른 서신서와 다르게 인사 없이 바로 핵심 주제를 시작한다. 하나님은 그동안 선지자들을 통해 다양한 방법으로 말씀하셨

지만 이제 마지막 때는 오직 하나님의 아들이신 예수를 통해서 말씀하신
다. 그 아들 예수는 하나님의 본성을 그대로 가진 분으로 세상을 창조하
고 운행하시고 우리 죄를 깨끗하게 하시며 하나님 우편 앉아 계시는 분
이다. 이제 하나님은 그 아들에게 뛰어난 이름을 주시어 그를 통해 모든
일을 이루신다.

● 천사보다 우월하신 예수 (히 1:5-14)

왜 처음부터 예수를 천사와 비교하면서 이야기를 시작할까? 그것은
당시 유대교에서 천사의 위치가 컸고 그것이 예수를 이해하는 데 걸림돌
이 되었던 것 같다. 유대인은 율법이 천사들에 의해 주어진 것으로 생각
했다(갈 3:19). 그런 이유로 저자는 구약성경 구절을 무려 일곱 개나 인용
하면서 예수가 우월하다는 것을 반복하여 논증하고 있다. 예수를 말할
때는 '아들'이라는 표현을 사용하며 오직 하나밖에 없는 유일한 자임을
강조한다. 아들은 아버지의 상속자이다. 그 아들은 하나님이 만드신 모
든 것을 통치하는 권한을 가졌다. 감히 천사들은 그와 비교할 수 없다.
그러면서 천사의 역할에 대해서 분명하게 언급한다. 모든 천사는 예수를
경배하는 존재요 하나님을 섬기며 구원받을 사람들을 섬기는 자들이다.
또 예수가 천사들과 비교할 수 없는 이유는 그는 지금도 왕으로 우편에
앉아 계시고 그는 변함이 없고 영원하기 때문이다.

● 큰 구원을 소중히 여기라 (히 2:1-4)

이렇게 예수를 통해 받은 큰 구원을 안다면 이제 그 구원을 소중히 여
기고 살아야 한다. 자칫하면 정박한 배가 어느 날 떠내려가듯이 들은 말
씀과 믿음이 떠내려갈 수 있다고 경고하고 있다. 천사를 통해 받은 구약
의 말씀을 거역할 때 이스라엘 백성이 보응을 받았듯이 우리도 예수로

받은 큰 구원을 소중히 여기지 못하면 주님이 징계하실 것이다. 주님은 이 구원이 얼마나 놀라운지를 보여주기 위해 표적과 기사와 여러 능력을 통하여 구원을 증언하셨다. 우리는 이렇게 귀한 예수의 말씀을 등한시 여기는 일이 일어나서는 안 된다.

● 천사와 모세보다 우월하신 예수 (히 2:5-3:6)

저자는 1장에 나온 예수가 천사보다 뛰어난 분이라는 논증을 다시 반복하여 강조한다. 천사는 몸을 입지 않은 영적 존재다. 그런데 몸을 입은 예수가 어떻게 천사보다 더 나을 수 있느냐는 질문에 대한 답을 제시한다. 이것은 왜 예수가 인간의 몸을 입고 오셔야 하는지에 대한 답이기도 하다. 예수가 인간의 몸을 입고 온 33년의 삶은 천사보다 잠깐 못한 상태로 있게 했다. 그것은 한 형제인 인간처럼 혈과 육에 속하여 고난을 겪고 죽으시기 위해서였다.

왜 이런 일이 필요한 것일까? 그것은 인간의 죄를 담당하고 죽음으로 죽음의 세력을 멸하기 위해서였다. 평생 죽음의 종노릇에서 해방하기 위함이다. 그것은 신실한 대제사장으로서 백성의 죄를 속량하시는 일이다. 이렇게 모든 사람의 죽음을 맛본 예수는 우리의 고난을 능히 도울 수 있고 인간 스스로 해결할 수 없는 죄를 구원할 수 있다. 천사와 모세가 할 수 없는 일을 예수가 하셨다. 그런 점에서 예수는 그들보다 우월하시다.

● 주님의 말씀에 순종하라 (히 3:7-4:13)

그리스도인은 누구보다 우월한 예수를 믿는 사람들이다. 그렇다면 어떻게 살아야 할까? 그것은 예수의 말씀에 순종하는 일이다. 그럴 때 하나님이 주시는 안식을 누릴 수 있다. 성령님이 주시는 음성은 그의 말씀을 순종하라는 것이다(히 3:7). 그런데 이스라엘의 40년 광야생활을 살펴보면 그들은 하나님의 음성 듣기를 거절하고 완고하며 거역했다. 그 결과 가나안의 안식처에 들어가지 못했다(히 3:18). 안식은 말씀에 순종하는 자에게 주시는 축복이다. 이것을 얻기 위해서는 혼자서 힘들다. 서로 모여 격려하고 말씀에 순종하는 삶을 살아가도록 힘을 쓸 때 가능하다. 특히 죄와 속임수로 마음이 완고해지는 것을 조심해야 한다(히 3:12-13).

죄는 우리를 미혹하여 처음 가진 굳은 믿음을 흔들리게 한다. 하지만 주님의 약속을 끝까지 신뢰하면 그 약속이 하나님의 안식과 복을 우리에게 주신다. 누구든지 말씀에 순종하지 않고 거역한 사람들은 안식을 누리지 못한다. 출애굽을 통하여 구원받은 이스라엘 백성은 불순종으로 약속의 땅에 들어가지 못했다(히 3:14-18). 복음을 들었다면 이제 그 복음을 끝까지 신뢰하고 순종하는 것이 그다음 과제다. 안식은 말씀을 순종하는 사람에게 주어지는 축복이다(히 4:3). 지금 우리는 과거의 불순종했던 사람들처럼 되지 말고 살아 있는 하나님의 말씀을 순종함으로 혼과 영과 관절과 골수를 쪼개는 말씀의 역사를 경험하는 일이 필요하다(히 4:12). 예수가 우리의 삶에서 가장 소중한 분이라는 신실한 믿음이 우리에게 그의 음성을 듣고 순종하게 만든다.

[장면 2] 온전한 대제사장이신 예수 (히 4:14- 6장)

● 큰 대제사장이신 예수 (히 4:14-5:10)

그렇다면 무엇이 말씀을 불순종하게 하는가? 그것은 죄다. 마음에 죄가 자리하고 있으면 말씀에 불순종하게 만든다. 이것을 해결하기 위해 주신 제도가 제사다. 그 임무를 담당하는 사람은 대제사장이다. 대제사장은 레위 지파인 아론의 계열만이 가능하다. 하지만 아론의 대제사장은 인간의 죄를 완전히 용서하게 할 수 없다. 그리고 자신도 죄를 지었기에 자신을 위해서도 제사를 드려야 한다(히 5:2-4). 이런 부족함을 온전하게 하려고 예수가 인간의 몸을 입고 대제사장이 되셨다.

하나님의 아들 예수는 족보가 없는 멜기세덱의 반차를 따르는 영원한 대제사장이시다. 예수께서 우리의 중보자와 대제사장 역할을 감당하심으로 우리가 구원받았다. 인간의 몸을 입고 고난 겪으신 예수는 우리의 연약함을 잘 아시므로 우리의 잘못을 너그럽게 대하실 수 있다. 그리고 하나님의 아들이지만 고난을 통해 스스로 순종하는 법을 배우셨다. 그런 이유로 우리에게 예수는 완전한 대제사장이시고 그를 순종하는 자에게 영원한 구원을 주셨다. 우리가 죗값으로 죽어야 할 것을 자신이 담당함으로 우리가 구원받게 되었다(히 5:9-10). 단번에 자신이 완전한 제물이 되어 죽으심으로 우리는 죄에서 영원히 자유롭게 되었다. 언제라도 그분의 은혜를 받아 하나님의 보좌에 담대하게 나갈 수 있다(히 4:16). 이것은 오직 큰 대제사장인 예수로 인해 주어진 그 큰 은혜다.

● 초보에서 성숙으로 (히 5:11-6장)

믿음을 가진다는 것은 곧 생명을 소유하는 것이다. 생명이 성장하듯이 그리스도인의 믿음도 계속 자라는 것은 당연한 일이다. 그런데 초보 신앙에 머문다면 신앙에 문제가 있다. 하나님의 구원을 경험한 후에 자라지 않고 가만히 있으면 오히려 더 타락하게 된다. 세례와 안수와 부활과 심판과 같은 기본적인 신앙에만 머물러 밥은 거부하고 젖만 먹는 어린아이와 같으면 안 된다. 게으름 피우며 약속을 붙잡지 못하면 신앙은 한순간에 무너진다(히 6:2-8). 한 번 구원을 받으면 이제 그것으로 끝나는 것이 아니고 계속 구원을 붙잡고 전진하는 것이 구원받은 자의 모습이다. 이것이 세상에서 구원을 누리는 삶이다.

아브라함은 인내로 잘 기다린 후에 약속을 받았다(히 6:14-15). 아브라함은 하나님은 절대 변하지 않고 거짓 맹세도 하지 않으신다는 것을 믿었다. 아브라함은 변하지 않는 두 가지 사실을 믿고 소망의 끈을 놓지 않음으로 복을 받았다(히 6:18-19). 하나님의 축복은 믿음의 깊은 바다에 들어갈 때 주어진다. 우리가 주를 받았다면 이제 신앙을 깊게 뿌리를 내려야 한다. 그렇지 않으면 주변의 시련에 흔들리게 된다.

[장면 3] 초보에서 성숙으로
: 멜기세덱의 신비 (히 7장-10:18)

이것을 위해서 빨리 초보를 벗어나 자라가야 한다. 초보에서 성숙으로 나아가는 길은 예수를 깊게 생각하는 것에 달려 있다. 그중에 중요한 것은 멜기세덱의 직분을 이해하는 것이다. 멜기세덱의 내용은 초보 신앙으로는 이해하기 어렵다(히 5:11). 저자는 초보를 벗어나는 신앙의 방법으로 멜기세덱과 예수와의 관계를 무려 4장(히 7-10장)에 걸쳐서 이야기한다. 이것은 그리스도를 이해하는 데 멜기세덱의 대제사장이 그만큼 중요하다는 것을 의미한다. 그것은 시작과 끝과 족보도 없는 예수를 예표하는 것이기에 영적인 깊은 단계에 이르지 못하면 해석하기 어렵다.

● 더 나은 직분 차례 (히 7장)

멜기세덱은 구약성경에서 두 번 나온다(창 14:17-20, 시 110:4). 창세기의 아브라함 이야기 속에 멜기세덱이 등장한다. 그는 왕이며 제사장 직분을 동시에 가진 그리스도의 모형이다(히 3:13). 멜기세덱은 영원히 죽지 않는 제사장이다. 아론의 계열이 아닌 하나님에 속한 자이다. 이처럼 예수도 영원한 제사장으로 유다 지파에 속했다. 아론의 제사장이 쉰다면 멜기세덱의 제사장은 쉬지 않는다. 이러한 멜기세덱은 영원한 제사장인 예수님을 깊게 이해하는 데 좋은 통찰을 준다(히 7:26).

● 더 나은 언약 (히 8장)

우리의 대제사장인 예수는 하늘의 우편에 있다. 그분이 계시는 곳은 사람이 세운 곳이 아닌 하나님이 세우신 거룩한 장막이다. 예수님이 맡은 제사장의 직분은 새 언약이다. 이전의 레위 제사장 직분은 옛 언약이다. 새 언약이 옛 언약보다 나은 이유는 옛 언약은 돌판에 기록되었다면 새 언약은 마음속에 기록되었다는 점이다. 옛 언약은 사람을 죄인으로 정죄하지만 내적인 새 언약은 사람을 변화시키는 능력이 있다(렘 31:31-34).

● 더 나은 성소 (히 9장)

옛 언약의 희생 제사는 내적인 것을 깨끗게 하지 못한다(히 9:9-10). 하지만 새 언약인 예수는 자원하여 인류를 위해 피를 바쳤다. 레위 제사장은 동물의 피로 반복하여 제사를 드렸지만 예수는 자기 자신이 제물이 되어 단번에 영원한 제사를 드렸다. 이 세상의 성소는 하늘의 모형으로 지성소는 대제사장만 들어갈 수 있지만 하늘의 성소는 모든 백성에게 열렸는데 그것이 그리스도를 통해서 이루어졌다.

● 더 나은 제물 (히 10:1-18)

구약에서 동물로 드린 제물은 해마다, 날마다 반복하여 드려진 것으로 죄를 기억나게 했지만 죄를 용서할 수 없다. 그러나 그리스도의 단번에 드린 몸의 제사는 영원히 완전하게 우리 죄를 용서하셨다. 이제는 더 이상의 죄를 위한 동물 제사는 필요 없다. 예수가 우월한 제물이 될 수 있는 것은 짐승이 아닌 하나님의 아들이기 때문이다.

[장면 4] 믿음으로 승리하는 삶의 매뉴얼
(히 10:19-13장)

● 믿음과 사랑과 소망으로 인내하라 (히 10:19-25)

그렇다면 우리를 하늘까지 열어주신 생명의 길이신 예수그리스도에 대한 믿음을 확실하게 갖고 끝까지 인내하며 그 믿음을 지키는 것이 우리가 해야 할 일이다. 이것을 위해 서로 모여서 격려하고 힘을 얻는 일이 중요하다.

● 구원의 길에 끝까지 머물라 (히 10:26-31)

이제 진리를 알았다면 일부러 죄를 지을 수 없다. 이런 예수를 공경하지 않는 것은 새 언약의 피를 무시하는 것이요 성령을 욕되게 하는 일이다. 다시 이전처럼 돌아간다면 더 큰 벌을 받게 된다. 잘못을 한 자는 그 죄대로 갚아주신다는 말씀을 기억하고 하나님의 심판을 무섭게 생각하며 구원에 집중해야 한다.

● 약속을 인내하며 기다리라 (히 10:32-39)

세상에 많은 어려움이 있지만 믿음으로 잘 이겨야 한다. 우리가 가진 것을 빼앗겨도 기뻐해야 하는 이유는 우리에게는 더 좋은 영원한 것이 있기 때문이다. 인내를 가지고 믿음으로 약속하신 것을 받는 존재임을 확신하고, 어떤 경우에도 이제는 뒤로 물러서면 안 된다.

● 선진들의 믿음 이야기 (히 11장)

저자는 하늘의 소망을 갖고 실천적인 삶을 살기 위해 성경에 나오는 믿음의 사람들을 본보기로 제시한다. 믿음은 보이지 않는 실제를 오늘 바라보면서 사는 것이다(히 11:1). 하늘의 소망을 이룰 때까지 끝까지 붙잡고 나가는 것이다. 믿음의 인물들은 약속한 것을 받지 못한 채 죽었지만 이미 그리스도 안에서 성취되었음을 믿고 앞으로 그리스도와 함께 완전해질 그날을 바라보았다. 우리가 완전하신 그리스도를 얻었다면 당연히 믿음을 따라야 하지 않을까?

● 예수처럼 시험을 잘 참아 믿음을 지키라 (히 12-13장)

이제 그리스도인은 어떻게 살아야 할까? 이 세상은 시련이 연속되는 삶이다. 그 속에서 믿음을 가지고 인내하면서 끝까지 믿음의 경주를 감당하는 것이 과제다. 이것을 위해서 필요한 것은 우리처럼 고난 겪으신 예수를 바라보는 것이다. 예수를 기억하며 그분을 통하여 힘을 얻고 세상을 이겨나가는 것이 믿는 자의 모습이다. 이제는 흔들리지 않는 나라를 소유했기에 기뻐하며 경건과 두려움으로 하나님을 예배하며 이웃을 사랑하고 섬기면서 찬송의 제사를 드리며 지도자들에게 복종하는 삶을 살아야 한다.

※ 성경에 나오는 믿음의 사람들은 세상의 고난을 어떻게 이겨냈을까? 믿음의 사람들은 이 세상의 소망이 아니라 하나님 나라를 바라보았다. 하나님이 계획하시고 지으실 터가 있는 성을 바랐다. 그리고 부활을 얻고자 하여 심한 고문을 받되 구차히 풀려나기를 원하지 않았다. 더 나은 본향을 바라보고 돌아갈 그 나라를 사모함으로 세상에서 고난받는 것을 부끄러워하지 않았다. 그들을 위해 한 성을 예비하신 것에 소망을 품

고 살았다. 그것이 그들이 고난을 이긴 원동력이 되었다. 히브리서는 영적으로 미성숙한 상태에 있는 수신자들에게 어떻게 하면 믿음의 성장을 이룰 수 있는지 권면하고 있다. 그 방법은 우리가 소유한 예수 그리스도가 누구인지에 대해서 바르게 깨달을 때 가능하다. 세상의 어떤 것보다 우월하고 완전하신 예수를 믿고 바라보는 삶을 살기 위해 어떻게 믿음을 지켜야 하는지 실천적 지혜를 말하고 있다.

이제 그리스도인은 어떻게 살아야 할까? 이 세상은 시련이 연속되는 삶이다. 그 속에서 믿음을 가지고 인내하면서 끝까지 믿음의 경주를 감당하는 것이 과제다. 이것을 위해서 필요한 것은 우리처럼 고난 겪으신 예수를 바라보는 것이다. 예수를 기억하며 그분을 통하여 힘을 얻고 세상을 이겨나가는 것이 믿는 자의 모습이다. 이제는 흔들리지 않는 나라를 소유했기에 기뻐하며 경건과 두려움으로 하나님을 예배하며 이웃을 사랑하고 섬기면서 찬송의 제사를 드리며 지도자들에게 복종하는 삶을 살아야 한다.

요한일이삼서

【 요한서신서의 배경 】

　　전통적으로 요한서신 저자는 사도 요한이라고 보았다. 특히 요한일서 1장 1~3절과 4장 14절에서 저자는 자신을 소개하기를 예수를 직접 본 목격자요 증인이라고 한다. 요한서신의 종교적 배경은 이 서신들 속에서 구약성경이 직접 한 번만 언급되었기에(요일 3:12), 구약성경과는 거리가 먼 것처럼 생각하기도 한다. 그러나 성경 본문에 구약적인 표현들은 자주 발견되는데, 예를 들면, '미쁘시고 의로우사'(요일 1:9), '하나님을 아는 것'(요일 2:3,4,14 등), '화목 제물'(요일 2:2), '화목제'(요일 4:10), '사망에 이르는 죄'(요일 5:16)란 표현 들이다. 또한 요한일서 전반에 걸쳐 흐르고 있는 '하나님과의 교제' '하나님을 아는 것' 등의 사상은 요한일서에 구약적인 분위기가 나타나고 있음을 보여준다.

　　또한 요한서신은 초기 기독교 전통의 영향을 많이 받은 것처럼 보인다. 왜냐하면 저자는 이 편지를 받는 사람들에게 거듭해서 이미 '들은 것'을 굳게 지키고, 되새기라고 촉구하기 때문이다(요일 1:1,3,5, 2:7,18,24, 3:11, 4:3, 요이 1:6). 때때로 '처음', 곧 처음에 받은 가르침을 상기시키기도 한다(요일 1:1, 2:7,13,14,24, 3:11, 요이 1:5,6).

요한이서와 요한삼서는 그 기록 시기를 추정하기가 요한일서보다 더욱 곤란하다. 요한삼서 9절에 등장하는 "내가 두어 자를 교회에 썼으나"라는 표현을 이전 서신에 대한 언급이라고 생각하고, 그것을 요한이서에 대한 암시로 보기도 한다.

【 특징과 읽기 지침 】

진정한 그리스도인의 삶은 무엇일까? 그것은 서로 사랑하는 일이다. 그것을 위해서 우리는 서로 사랑하는 일을 구체적으로 실천하면서 사랑으로 들어갈 수 있다.

요한서신에서 발견되는 이원론적인 표현들이 있다. 예를 들면 "빛과 어둠"(요일 1:6-7, 2:9-11), "진리의 영과 미혹의 영"(요일 4:6), "진리와 거짓"(요일 2:21,27), "하나님의 자녀들과 마귀의 자녀들"(요일 3:10) 등은 영지주의에 영향을 받은 표현이라기보다는 쿰란 문서에서 발견되는 표현으로 유대교적인 분위기를 반영한다고 할 수 있다. 왜냐하면 요한서신의 표현들은 영지주의 문헌에서 발견되는 형이상학적이고 우주적인 표현이 아니라 도덕적이고 종말론적인 표현이기 때문이며, 더욱이 하나님을 아는 것을 매우 중요하게 다루기 때문이다.

요한서신은 어떤 목적과 동기 속에서 기록되었는가? 요한서신은 서신의 목적과 동기에 대해서 분명히 언급하고 있지 않다. 특히 요한일서와는 달리 요한이서와 요한삼서는 왜 이 서신을 기록했는지 그 이유나 동기가 분명하지 않다. 그렇지만 요한서신에 나타난 수신자들의 상황을 언급한 본문들을 살펴보면 이 서신을 기록한 이유를 어느 정도 짐작할 수 있다.

전체 서신들 속에서 논쟁적인 표현들이 발견되는데, 이것은 이 편지를 받은 사람들이 심각한 위기를 겪었다는 사실을 반영해준다고 할 수 있다. 특히 종교적인 위기를 반영한 표현들은 요한서신들 속에서 자주 발견되는데, 이것은 이 서신을 받는 사람들의 종교적 상황을 잘 드러내 준다고 할 수 있다. 예를 들면 "적그리스도"(요일 2:18,22, 4:3, 요이 1:7), "거짓 선지자"(요일 4:1), "거짓말하는 자"(요일 2:22), "미혹하는 자"(요이 1:7), "그들은 세상에 속한 고로 세상에 속한 말을 하매 세상이 그들의 말을 듣느니라"(요일 4:5), "미혹의 영"(요일 4:6) 등이 종교적 위기 상황을 반영해 준다.

이런 표현들로 미루어 볼 때 당시 이 편지를 받은 수신자들은 종교적 위기에 처해 있고, 그 위험 수위는 매우 염려할 정도라는 것을 짐작할 수 있다. 그러므로 저자는 그리스도인들에게 이런 종교적 위기를 일으킨 '적그리스도' '거짓 선지자' '미혹하는 자' 들을 조심할 것과 그리스도를 믿는 믿음 안에 영생이 있음을 알게 하려고 붓을 든 것을 알 수 있다.

요한일서 5장 13절은 "내가 하나님의 아들의 이름을 믿는 너희에게 이것을 쓰는 것은 너희로 하여금 너희에게 영생이 있음을 알게 하려 함이라"라고 직접 이 서신을 기록한 목적을 어느 정도 밝히고 있다(cf. 요일 1:4, 2:1,12-14). 요한서신의 저자는 앞에서 언급한 이단자들과 논쟁하기보다는 직접 그리스도인들에게 믿음을 통하여 영생이 주어짐을 밝히 드러내려고 이 서신을 쓰고 있음을 알게 한다.

요한복음과의 관계 속에서 요한서신의 기록 시기를 살펴볼 때 특별히 요한일서는 요한복음 이후에 기록되었다는 데 많은 학자가 의견의 일치를 보인다. 그러나 요한복음의 어떤 부분들은 (예를 들면 서론과 21장) 요한일서가 기록된 이후에 쓰였을 가능성이 있다. 요한서신의 전문가들은 요한일서의 기록 시기를 기독교와 유대교가 나누어진 다음인 1세기 말, 즉 주후 85~100년경이라고 추측한다.

▶ 읽기 지침

요한일서는 생각보다 성경을 읽는 일이 쉽지 않다. 요한의 생각 흐름을 따라가는 것이 익숙하지 않다. 우리가 잘 알지 못하는 어떤 사상들과 연관 있어 보이는데 우리는 그 배경을 잘 알지 못한다. 그리고 중요한 주제는 계속 반복하여 강조하고 있다. 특히 서신서에 나오는 서두와 말미의 인사말이 없다는 점도 유의해야 한다. 하나님의 사랑에 대한 언급은 성육신과 연관하여 이해해야 하지만 그것이 보통 사람으로는 쉽지 않다. "어떤 사람이 하나님의 자녀인가?"라는 질문으로 논지가 전개된다. 진정한 그리스도인은 죄짓지 말아야 한다. 하지만 완전히 죄짓지 않는 것은 현실적으로 어렵다. 이것을 요한은 이야기하고 있다.

요한서신 속에 들어 있는 기본적인 정신은 사랑이지만 그것을 실천하기는 쉽지 않다. 요한서신의 전개 방식은 바울이 사용한 논증 방식과 차별이 있다. 요한은 작은 어휘를 갖고 많은 것을 말한다. 그중에서 같은 말을 반복하여 전개하는 것이 자칫 지루할 수도 있다. 성경을 읽는 독자는 이런 요한서신의 특징을 이해하고 요한의 마음을 읽도록 해야 한다. 서로 다른 내용을 하나의 이야기 속에 포함하여 전달하는 요한의 기법을 이해하는 것이 필요하다. 요한서신을 읽을 때는 핵심적인 주제를 설명하는 방향으로 전개된다.

【 요한서신의 내용 구조 】

▶ 요한일서
1) 서론 (요일 1:1-4)
2) 하나님은 빛이시다 (요일 1:5-2:27)
　　– 하나님과 교제 및 죄의 고백 (요일 1:5-2:2)
　　– 하나님과 교제 및 순종 (요일 2:3-11)
　　– 세상을 향한 태도 (요일 2:12-17)
　　– 적그리스도에 대한 경고 (요일 2:18-27)
3) 하나님은 의로우시다 (요일 2:28-4:6)
　　– 하나님의 의로운 자녀들 (요일 2:28-3:10)
　　– 하나님의 자녀들의 신실한 사랑 (요일 3:11-18)
　　– 하나님 앞에서 확신 (요일 3:19-24)
　　– 적그리스도의 영에 대한 경고 (요일 4:1-6)
4) 하나님은 사랑이시다 (요일 4:7-5:13)
　　– 참된 사랑의 성격 (요일 4:7-21)
　　– 그리스도 안에 있는 믿음의 중요성 (요일 5:1-13)

▶ 요한이서
1) 요이 1:1-3　　　　수신자와 인사
2) 요이 1:4-6　　　　사랑과 진리 안에서의 삶
3) 요이 1:7-11　　　 거짓 가르침을 조심하라
4) 요이 1:12-13　　　마지막 당부와 인사

유다서

【 유다서의 역사적 배경 】

유다서가 쓰인 당시에 초대교회 신앙을 위협하는 이단이 있었다. 그것은 헬라철학의 영향을 받은 영지주의였다. 이들은 영과 육을 이원론으로 분리했다. 구원은 영과 관련이 있지 악한 육체와 관련이 없다고 보면서 오히려 육적인 방탕함에 사로잡혔다. 이런 잘못된 가르침은 거짓 교사를 통하여 교회 속에 은밀하게 들어와 신앙을 변질시켰고, 이것에 미혹된 성도들이 나타났다. 교회 공동체 속으로 가만히 교묘하게 들어와 은혜를 방종으로 이끄는 거짓된 당시 순회설교자들에게 미혹당하지 않게 하기 위해 거짓 교사들의 모습과 그들에 대한 경고와 심판을 언급하면서 그들을 본받지 말도록 경고하고 권면한다.

【 특징과 읽기 지침 】

유다서는 예수님의 동생인 유다가 쓴 편지이다. 초대교회 당시에 쓰여졌던 다른 서신과 마찬가지로 유다서 또한 영지주의 이단을 염두에 두고 기록한 서신이다. 거짓 가르침이 교회를 오염시키고 성도들을 미혹시킴으로 방송과 타락을 일삼았던 영지주의 이단에 대한 경고의 내용이 주를 이루었다.

【 유다서의 내용 구조 】

1) 동기 (유 1:1-4)
- 유 1:1-2   인사
- 유 1:3-4   동기

2) 논쟁 : 거짓교사들에 대한 경고와 심판 (유 1:5-16)
- 유 1:5-7   경고 : 구약 인용
- 유 1:8-11   활동 : 구약 인용
- 유 1:12-13   묘사
- 유 1:14-16   거짓교사들에 대한 심판

3) 권면 (유 1:17-25)
- 유 1:17-25   돌이킴과 영적성장과 축도

D·a·y 117

장면통독 가이드

>>> 요한일이삼서, 유다서, 베드로후서

공동서신 3,
진리에 굳게 서라

* **통독 포인트**

교회는 진리의 공동체다. 단순히 크기와 수로 교회가 되는 것이 아니다. 내적으로 거룩성을 지키느냐에 교회의 미래가 달려 있다. 그리스도인과 교회의 위기는 외부적인 어려움도 있지만 내적인 부패도 있다. 이둘을 잘 극복할 때 신앙생활이 자라게 된다. 당시 초대교회는 참된 복음이 아닌 다른 복음이 교회를 어지럽게 했고 내부를 부패하게 했다. 그것은 주변의 다른 종교에서 흡수된 영지주의이다. 영은 선하고 육은 악하다고 말하면서 진리를 변질시키는 영지주의 사상에 그리스도인과 교회가 미혹되곤 했다.

[장면 1] 요한일이삼서 : 진리, 사랑과 거짓 교사

● 요한일서

요한일서는 하나님과 믿음을 상징하는 핵심 단어로 내용을 정리할 수 있다. 이것은 우리에게 그리스도에 대한 바른 믿음으로 안내하는 데 핵심을 제공한다. 크게 세 가지 주제를 통하여 그리스도와의 관계성을 말한다.

- 빛과 진리 (요일 1-2:17)

＊ <u>하나님은 빛이시다</u> : 우리는 빛 가운데로 걸어가고 있는가? 그렇다면 어떻게 행해야 하는가?

하나님은 빛이시다. 그에게는 어둠이 없다. 빛 되신 주님과 교제한다는 것은 거짓말하지 않고 진리 가운데 행하는 것을 말한다. 어둠과 빛이 같이 있을 수 없는 것처럼 진리와 거짓이 함께할 수 없다. 빛과 어둠을 통하여 우리 생활이 죄를 이기는 삶을 제시한다. 우리가 죄를 자백하면 주님은 용서해주신다. 거짓말하는 자는 속에 말씀이 없다는 증거다. 이것을 계명 지키는 것과 연관하여 설명한다. 말씀은 진리요 빛과 같은 것인데 말씀을 지키지 않는다는 것은 그 안에 사랑이 없다는 것이다. 그러나 주님이 우리 안에 거하시면 우리 죄가 사함을 받는다. 이런 사람은 세상의 정욕과 욕심을 자랑하지 않고 하나님을 사랑하게 된다.

- 생명과 예수 (요일 2:18-4:6)

＊ <u>하나님은 생명이시다</u> : 우리는 하나님의 자녀인가? 그렇다면 어떻게 행해야 하는가?

예수 그리스도를 부인하는 자는 적그리스도다. 예수를 부인하는 것은 곧 하나님을 부인하는 것이다. 우리에게 약속하신 것은 영원한 생명이다. 주님 안에 거하면 그것은 영생 안에 있는 것이다. 생명은 예수 그리스도를 통해서 우리에게 주어진 것이요. 이 생명을 받은 사람은 영원히 살게 된다. 우리 안에 생명이 있는 자는 형제를 사랑하게 된다. 가인처럼 아우를 죽이는 사람은 그 안에 생명이 없어서다. 그 형제를 사랑하지 않는 것은 그 안에 생명이 없어서다. 하나님으로부터 난 자는 죄짓지 아니한다. 그런 사람에게는 하나님의 씨가 그의 속에 거하며 그 씨는 우리를 살리는 생명이다. 형제를 사랑하면 사망에서 생명으로 옮겨지고 생명으로 들어가 영생을 알게 된다. 그러나 사랑하지 않으면 그것은 곧 사망에 머물러 있는 것이다(요일 3:14).

그 형제를 미워하는 자마다 살인하는 자요, 살인하는 자는 영생이 그 속에 거하지 아니해서 생기는 결과다. 주님이 우리를 위해 목숨을 버린 것은 우리에게 생명을 주기 위해서다. 우리가 이런 사랑을 안다면 형제를 위하여 목숨을 버리는 것이 마땅하다. 생명을 받은 사람은 하나님의 사랑이 거하므로 말과 혀로만 사랑하는 것이 아닌 진실함으로 사랑하게 된다. 그의 계명을 지키는 자는 그 안에 거하고 주님이 기뻐하시는 일을 행하게 된다. 예수를 시인하는 사람은 예수의 영이 들어와 우리를 살게 하고 죄를 이기는 힘을 준다. 예수 믿는다는 것은 생명을 얻는다는 것을 의미하기 때문이다. 우리는 그리스도를 통하여 받은 그 생명으로 하나님을 보고 하나님을 사랑하게 된다.

- 사랑과 하나님 (요일 4:7-5:21)

＊ 하나님은 사랑이시다 : 우리는 사랑 안에 거하고 있는가? 그렇다면 어떻게 행해야 하는가?

사랑이라는 주제를 믿음과 연결하여 진정한 믿음을 보여준다. 특히 예수 그리스도의 인격과 연관하여 마지막에 사랑의 계명으로 자연스럽게 연결하고 있다. '하나님께로부터 났다'는 반복적인 표현은 당시 이단 사상과 연관하여 하나님께로부터 온 신앙을 구별하여 보여주는 대목이다. 사랑하는 것과 하나님을 아는 것과 긴밀한 연관성이 있다. 사랑과 하나님은 모두 눈에 보이지 않는다. 이것을 서로 비교하는 것은 특별해 보인다. 눈에 보이지 않는 하나님을 볼 수 있는 길은 서로 사랑하는 것이라는 요한의 설명은 매우 타당해 보인다. 이것은 당시 영지주의와 같은 이단 사상을 염두에 둔 내용이라 볼 수 있다. 하나님에 대한 잘못된 인식을 사랑이라는 주제로 연결하고 있다. 하나님의 사랑을 이웃 사랑으로 연결하여 결국 서로 같은 것임을 말한다.

그런데 요한이 말하는 그 사랑은 흔히 말하는 추상적인 사랑이 아닌 그리스도를 통해 우리에게 나타난 하나님의 사랑이다. 하나님의 사랑의 특징은 먼저 사랑하신 것이고 성육신하셔서 화목제물로 그 아들을 세상에 보내신 것이다. 이것이 우리가 본받아야 할 사랑의 모델이다. 이것은 먼저 사랑받은 그리스도인은 서로 마땅히 사랑해야 함을 말한다는 점에서 논증적이며 앞뒤가 맞는다.

※ 왜 "하나님은 사랑이라"고 표현했을까? 이것은 성경 전체가 증언하는 내용이기도 하다는 점에서 적절해 보인다. 또 사랑은 추상적인 것이 아닌 실제적임을 말하는 것이기도 하다. 당시 헬라적인 배경에서 사랑은 추상적이었다. 그러나 적극적인 행동으로 나타나는 능동성을 말하려는 의도에서 사랑이라는 단어를 사용했다고 본다.

특히 하나님이 우리에게 제시한 사랑은 이론이 아닌 실제적이다. 이것은 말이 아닌 행동으로 나타났는데 그것이 예수 그리스도이시다. 이는 하나님 사랑의 표현으로 물질을 주시거나 환경을 좋게 하는 것 이상의 의미가 있다. 자기 독생자 아들을 우리에게 보내주셨다는 것은 그동안 우리가 알고 있던 사랑과 다른 사랑을 보여주는 대목이다. 그 특징으로 먼저 사랑하고 죽음을 통한 사랑이다. 먼저 사랑한다는 것은 아무 대가 없는 사랑을 말한다. 그리고 독생자를 주신 것은 오직 남은 유일한 것을 우리에게 주신 것을 표현한 내용이라 생각된다.

"형제 사랑이 곧 하나님의 사랑이라"는 내용은 쉬운 형제 사랑도 안 되는데 어떻게 어려운 하나님 사랑을 할 수 있느냐는 표현이다. 눈에 보이고 만지는 것을 사랑할 수 없다면 보이지 않는 사랑은 불가능하다. 요한이 왜 이런 표현을 사용했는지 궁금하다. 그것은 아마 입증될 수 없는 하나님에 대한 사랑을 구체적으로 입증할 수 있는 증거를 댄다는 점에서 놀라운 표현이다. 여기서 요한이 이것을 제시한 것은 하나님을 사랑하는 방법을 제시했다기보다는 하나님의 사랑을 구별하는 것을 제시한 것이라 본다.

계명과 사랑의 연결은 성경 전체와 부합된다. 형제를 사랑하는 것과 마찬가지로 성경도 눈으로 볼 수 있는 것이다. 성경을 지키고 말씀을 사랑하는 것이 곧 하나님을 사랑하는 것이라는 요한의 주장은 이것도 추상적인 사랑이 아닌 구체적이고 실제적인 사랑을 말하는 구절이라 생각된다. 말씀을 지키는 것이야말로 사랑을 실천하는 가장 확실한 방법이다. 특히 계명은 사랑의 계명이기에 무거운 것이 아닌 가벼운 것이라고 강조하고 있다. 그리고 이런 일을 통하여 예수 그리스도를 바르게 알고 믿게 된다. 기도 역시 그의 뜻대로 구함으로 바른 기도를 하게 된다.

※ 신앙생활에는 육적인 것만큼 영적으로 다가오는 것을 조심해야 한다. 영적으로 다가오는 유혹은 눈에 보이지 않기에 깨어 있지 않으면 빠지기 쉽다. 그리스도인은 어떤 영을 조심해야 하는가? 모든 영을 다 믿으면 안 된다. 그 영이 하나님에게 속했는지 잘 분별해야 한다. 하나님의

영을 분별하는 길은 예수 그리스도이다. 즉 예수 그리스도가 육체로 오신 것을 시인하는 영은 하나님에게 속한 것이지만 예수가 육체로 오신 것을 시인하지 않으면 그것은 적그리스도의 영이다. 예수를 믿는다고 하지만 잘못 믿는 것이다. 예수를 제대로 믿을 때 우리 안에 영생이 주어지고 그 생명으로 우리는 담대하게 세상을 살아갈 수 있다.

● 요한이서, 요한삼서

요한삼서가 공동체를 향한 것인가? 아니면 개인적인 서신인가? 두 가지 가능성이 있다. 가이오를 통해 가이오가 성도로 있었던 공동체를 향하여 쓴 편지일 가능성이 있다. 아니면 요한 공동체에 있었던 상황을 전체적으로 다시 요약하는 것일 수도 있다.

가이오에게 보내는 편지 내용에서 '강건' 이라는 세속적인 편지들에 나오는 전형이 나온다. 왜 이런 말을 요한이 사용했을까? 아마 가이오 몸이 건강한 상태가 아니었음을 보여준다. 특히 육적인 면을 강조한 것은 당시 이단들의 특징이었던 영과 육의 분리를 염두에 둔 것이 아닐까 생각된다. 영과 육을 하나로 이해하는 히브리적인 사고와 관련이 있다고 본다. 생명과 목숨은 영과 육을 하나로 보는 것으로 생각한다.

가이오가 진리 안에 행한다고 말하는 3절의 내용은 그의 상태를 잘 보여준다. 이 동사가 현재 시제인 점은 지속적인 행동임을 말한다. 진리를 강조하는 점은 교회 공동체 안에 위기가 있었음을 의미한다. 특히 가이오는 나그네를 잘 대접하는 선한 행위를 감당하는 사람이었던 것 같다. 이것은 뒤에 나오는 디오드레베와 비교된다.

왜 가이오가 자기를 찾아온 방문자들에게 환대를 베풀었는지 설명한다. 이 사람들은 당시 순회 선교자들이었던 같다. 이들은 진리 때문에 나간 자들이다. 즉 주의 이름을 위하여 보냄을 받은 자들이다. 여기서 선교사들이 이방인들로부터 아무것도 받지 아니하는 문제가 나온다. 그들은 세상을 향해 도움을 청하지 않는 사람들이다. 그러므로 그들을 도와주는 일은 마땅한 일이다. 요한삼서는 요한이서보다 개인적인 특징이 있다. 한 사람에게 보내었고 또 두 명의 개인적인 이름이 언급된다. 디오드레베와 데메드리오이다. 한 사람은 부정적인 인물이고 한 사람은 긍정적인 인물이다.

디오드레베는 으뜸이 되기를 좋아하는 사람이었다. 이 인물에 대해서 여러 가지 의견이 있다. 디오드레베는 강한 개성을 가진 사람으로 생각된다. 그는 강력한 리더였으며 전문가였던 것 같다. 그는 자만할 뿐 아니라 이단적인 행동에 동참함으로 교회의 분열을 초래하는 인물로 보인다. 당시 가이오 장로는 디오드레베의 영향이 교회에 미치는 것에 대해서 더는 허용되어서는 안 된다는 생각이 강했던 것으로 보인다. 그가 행하는 잘못 가운데 하나는 형제를 접대하지 않는 문제였다. 형제들을 환대하지 않는 것은 교회를 떠난 사람의 특징이다. 그의 사랑 없는 행동은 진리와 모순이 된다. 사랑 없는 진리는 진리가 아니다. 이것은 요한삼서에 흐르는 전반적인 핵심 내용이다. 이웃을 사랑하지 않으면서 진리에 거한다고 하는 것은 거짓말이다. 디오드레베는 네 가지 잘못을 했다. 악한 말을 하고, 접대하지 않고, 접대하고자 하는 자들을 금한다. 반대자를 교회에서 쫓아냈다. 아마 장로는 디오드레베의 영향력이 확산하는 것을 염려했던 것으로 보인다.

반면에 데메드리오는 긍정적으로 묘사한다. 데메드리오는 진리 편에 서고 사랑을 행하는 사람으로 디오드레베와 비교되는 인물이다. 선한 일을 행하는 자는 하나님에게 속하였고 악한 일은 하는 자는 하나님을 떠난 사람이다. 이것은 요한서신에 계속하여 나오는 내용이다. 장로 가이오가 할 일은 선한 일을 본받는 것이었다. 특히 데메드리오는 진리에서 증거를 받았지만 아울러 뭇 사람에게도 증거를 받았다고 말한다. 사람으로 모범을 보여준 내용이다. 이것은 진정한 신앙이 무엇을 말하는지 알려주는 대목이다. 삶으로 실천이 되지 못한 신앙은 진정한 신앙이라 볼 수 없다.

요한삼서는 특별한 상황이 배경이 된 듯하다. 디오드레베와 데메드리오의 모습을 보면 공동체의 위기 징후가 보인다. 이것은 개인적인 문제와 연관이 있는 듯하다. 교회에 갑작스러운 어려움이 닥친 것으로 이해할 수 있다. 아마 하나 됨의 위기가 닥친 것 같다. 공동체가 붕괴하고 있었다고 본다. 이것을 해결하는 방법은 진리와 사랑 안에 거하는 일이다. 진리에 서지 못하면 결국 교회는 분열하게 된다. 그리고 사랑도 파괴된다. 요한삼서에는 진리에 대한 언급이 6번 나온다. 그리고 사랑은 두 번 나온다. 속히 보기를 원하는 요한의 언급은 그리고 면대하여 본다고 말하는 것은 지금 가이오의 상황이 시급함을 보여준다. 아마 디오드레베의 상황이 심각한 위기까지 간 것을 의미한다.

※ 교회 안의 문제는 사랑에 대한 것이다. 하나님은 사랑이시다. 하나님께 속한 자는 사랑하는 것이 당연하다. 아무도 하나님을 보지 못했지만 우리가 서로 사랑하면 하나님이 우리 안에 있음을 확신할 수 있다. 사랑 안에 거하는 자는 하나님 안에 거하고 하나님도 우리 안에 거하게 된다. 사랑을 실천하는 것이 신앙의 핵심임을 말한다. 하나님의 사랑은 추상적인 것이 아닌 실제 삶으로 실천되는 것이다.

이웃을 내 몸처럼 사랑하는 것이 최고의 믿음이다. 그리고 하나님을 사랑하는 것은 하나님의 말씀을 지키고 순종하는 것이다. 그대로 지키고 사는 것이 하나님을 사랑하는 것이다. 말씀을 지키는 것은 하나님에 대한 믿음의 행동이면서 그것이 하나님을 사랑하는 것이 된다. 적그리스도는 그리스도가 육체로 오신 것을 부인하는 자들이며 이들은 하나님을 진정으로 믿는 사람이 아니다. 그들을 집안에 들이지도 말고 인사하지도 말아야 한다. 그들과 교제하는 것은 우리 영혼을 미혹하게 만들 수 있기 때문이다. 디오드레베와 데메드리오는 당시 교회에 있었던 대표적인 사람들이다. 디오드레베는 으뜸이기를 좋아하는 교만한 사람의 대표자이다. 그는 악한 말로 비방하고 형제를 맞아들이지 아니하는 자들로 그들을 본받으면 안 된다. 반면에 데메드리오는 사람들에게 칭찬받은 선한 사람이다. 진리의 증거를 받은 참된 사람의 대표적인 사람이다. 오늘날 교회 안에도 늘 이런 두 종류의 사람이 공존한다. 영적으로 잘 분별하여 악한 자를 멀리하고 선한 자를 따라야 한다.

[장면 2] 유다서 : 거짓 교사 교훈

● 동기 (유 1:1-4)

- 인사 (유 1:1-2)
저자는 주의 형제이지만 자신을 사도가 아닌 종으로 겸손하게 소개한다.

- 동기 (유 1:3-4)
주님이 은혜로 주신 믿음의 도를 굳게 지키는 것을 강조한다. 그것은 당시 가만히 들어온 거짓된 교훈이 배경이 된다. 그들은 예수를 거부하고 은혜를 오히려 죄짓는 데 사용했다.

● 논쟁 : 거짓 교사들에 대한 경고와 심판 (유 1:5-16)

- 경고 : 구약 인용 (유 1:5-7)

구약을 인용하면서 하나님의 심판받은 세 부류를 사례로 들어 경고한다. 그것은 출애굽시대에 이스라엘 백성들, 노아시대 타락한 천사들, 소돔과 고모라 사람들이다. 이것을 예로 든 것은 거짓 교사들에 대한 확실한 심판을 말하면서 아울러 교회에 경각심을 주기 위함이었다.

- 활동 : 구약 인용 (유 1:8-11)

구약시대에 거짓된 삶을 살았던 세 사람의 예를 든다. 가인과 발람, 고라 등이다. 모두 하나님을 거부하고 물질에 눈이 어두워 자기 욕심을 채우는 특징을 갖고 있다. 구약 이외에 주전 1세기 묵시문학인 '모세의 승천' 자료를 인용하고 있다.

- 묘사 (유 1:12-13)

거짓 교사들에 대한 은유적 묘사는 그들이 어떤 사람인지를 분명하게 보여준다. 즉 비 한 방울 내리지 못하는 구름, 뿌리째 뽑히는 나무, 바다의 거친 파도, 하늘에 헤매는 별 등으로 표현하고 있다.

- 거짓 교사들에 대한 심판 (유 1:14-16)

주전 2세기 유대 묵시문학인 '에녹 1서'를 인용하면서 불평과 자기 욕심을 채우고 자기 자랑에 여념이 없는 이들의 모습을 말하고 있다.

● 권면 (유 1:17-25)

- 돌이킴과 영적 성장과 축도 (유 1:17-25)

유다는 마지막으로 성도들의 믿음을 세우기 위한 충고와 아울러 거짓 교사들의 영향을 받은 성도들을 권면하고 자비를 베풀 것을 촉구한다. 그리고 축복기도를 통해 주님이 자기 백성을 도우신다는 사실을 다시 확인한다.

- 말씀에 순종하면 그 말씀이 지켜주신다.

거짓이 난무하는 세상에서 우리 믿음을 지키며 믿음의 선한 싸움을 어떻게 끝까지 감당할 수 있을까? 이것에 대한 해답은 하나님의 말씀에 있다. 우리는 거짓된 교훈으로부터 자기 스스로 지켜나갈 수 없다. 오직 하나님 말씀에 전적으로 순종하고 하나님 사랑 안에 거하면 그다음은 그 말씀이 우리를 지켜주시고 기업이 있게 하신다.

[장면 3] 베드로후서 : 거짓 교사 추방

● 하나님 백성들의 성장을 위한 권면 (벧후 1장)

하나님은 이미 우리에게 신기한 능력과 경건에 속한 모든 것을 주셨다. 다시 말하면 보배로운 큰 약속을 받았다. 이것은 정욕으로 사는 이 세상의 삶에서 벗어나 신의 성품에 참여하게 하려는 것이다. 신의 성품은 믿음에 덕을 세우고 덕을 세우기 위해서는 바른 지식을 배워야 하고 올바른 지식을 위해서는 자기를 절제하며 분수를 알고 자기를 절제하기 위해서는 인내를 배우고 인내를 이루기 위해서는 하나님을 경외하는 경건을 훈련하고 경건 훈련은 형제를 사랑하는 것부터 배우며 형제 우애를 잘하려면 사랑을 풍성하게 하는 일이다. 이런 성품을 이루기 위하여 열심히 주님을 알아가면 때가 되면 열매가 맺히게 된다. 이런 과정을 통하여 우리의 믿음을 굳게 하면 실족하지 않고 하나님의 나라에 들어가는 은혜를 받는다.

세상의 삶은 잠시 거하는 장막 생활이다. 우리는 영원한 나라에 들어가는 것이 소망이다. 이것은 예수님이 말씀하신 내용으로 베드로는 자기가 목격한 변화산 사건을 말하면서 그의 재림을 증거하고 있다. 주님의 변화된 모습을 보고 영광중에 들었던 소리는 하늘에서 들려온 것이다. 이처럼 성령의 감동과 은혜가 임하면서 성경의 뜻이 이해된다. 인간적인 생각으로 성경을 해석하는 것을 조심해야 한다.

● 거짓 선자들과 거짓 교훈 (벧후 2-3장)

베드로서와 유다서는 내용이 매우 흡사하다. 거짓 교사들은 언제나 하나님 말씀을 가지고 다가온다. 그들은 인간적으로 말씀을 이용하는 우를 범한다. 특히 하나님의 말씀을 푸는 데 있어서 조심해야 할 것을 베드로는 말한다. 하나님의 말씀은 자기 유익을 위해 사사로이 풀고 해석하면 안 된다. 하나님의 말씀은 성령의 감동하심을 받아 된 것이기에 성령의 지배를 받아서 해석해야 한다. 그렇지 않으면 인간적인 욕망을 위해 사용될 수 있다. 사탄이 우리에게 다가올 때도 말씀을 가지고 다가온다는 점을 명심한다면 이것이 이해가 될 것이다.

거짓 선지자들은 주님을 부인하고 호색하는 것을 따른다. 탐심으로 말을 지어내고 인간의 이득을 위해서 말씀을 이용한다. 그들은 속임수에 능하고 음심이 가득하며 죄 짓기를 그치지 않는다. 굳세지 못한 영혼들을 유혹하며 탐욕에 연단된 마음을 가진 자들이다(벧후 2:13-14). 그들에게는 소돔과 고모라와 같은 하나님의 심판이 있을 것이다. 교만하여 육체를 따라 더러운 정욕에 사로잡힌 그들을 하나님은 멸망시킬 것이다. 천사들이 그들을 고발하며 하나님이 심판하실 것이다. 그들에게는 캄캄한 어둠이 준비되었다.

또 이들은 주님의 재림에 대해서 더디다고 생각하며 깨어 있는 삶을 살지 못하게 한다. 주님의 날은 천년이 하루 같고 하루가 천년 같다. 하나님의 날은 인간이 생각하는 날과 다르다. 주의 날은 도적같이 임한다. 그러므로 하나님의 날을 바라보면서 그날을 간절히 사모하고 하나님의 약속이 있는 새 하늘과 새 땅을 바라보면서 살아야 한다. 이렇게 베드로가 권면하는 것은 말씀을 억지로 풀다가 그들에게 미혹되지 않게 하기 위해서이다. 무법한 자들에 이끌리어 미혹되지 않기 위해서 그리스도인은 언제나 진리에 굳게 서야 한다.

P / A / R / T

10

하나님 나라가 아브라함과 다윗을 통해 약속되었다면 신약에서 예수님을 통해 성취되었다. 예수님을 통해 이 땅에 성취된 하나님 나라는 요한계시록을 통해 어떻게 완성되는지를 보여준다. 이 땅에 임한 하나님 나라는 여전히 세상 나라와의 긴장 가운데 완성되지 못했다. 하나님 나라가 선포된 교회에서조차 세상 나라가 지배하는 모습을 종종 보곤 한다. 불완전한 하나님 나라를 보면서 사람들은 절망한다. 그것은 인간의 죄악 때문에 일어난 일이지만, 세상 나라가 너무 강해질 때면 하나님 나라가 사라지는 것 같은 생각마저 든다. 그러면서 이런 상태가 계속되는 것은 아닌지 의문이 생기기도 한다. 이것에 대한 하나님 나라의 비전을 제시하는 책이 바로 요한계시록이다.

요한계시록은 어떻게 하나님 나라가 완성되어서 새 하늘과 새 땅이 우리에게 나타날 것인지를 보여준다. 요한계시록은 서신서의 형태이지만 이것은 묵시문학의 형태를 띠는 예언의 말씀이다. 이미 하나님 나라는 왔지만, 아직 하나님 나라가 완성되지 않은 상황에서 미래에 완성될 하나님 나라를 소망하며 이 세상을 살아가야 한다는 믿음을 제시하고 있다. 하나님 나라를 이루기 위해 이 땅에서 어떻게 살아야 하는지 그 실제를 보여주는 것이 요한계시록이다.

하나님 나라

-완성-

[하나님 나라의 완성 : 요한계시록]

역사와 시대

계시록시대

요한계시록시대는 성경의 결론이며 앞으로 다가올 시대를 그리고 있다. 현재 상황에서 과거를 통하여 하나님의 뜻을 찾고 오늘에 적용하며 과거와 오늘의 동선 속에서 미래를 준비하고 바라보는 이야기를 그려나가는 것이 요한계시록이다. 계시록시대는 과거와 현재와 미래를 통합적으로 해석하며 오늘의 위기와 문제를 해결하는 능력을 키우는 의미가 있다. 이렇게 시대를 통합적으로 보려면 인간의 눈으로는 어렵다. 하나님의 계시가 임해야 한다. 이런 점에서 예언을 넘어 묵시가 필요하다.

다니엘과 요한계시록은 묵시서에 해당한다. 예언과 묵시의 차이점은 묵시는 내용을 숨기는 것이다. 계시는 보는 것이라면 예언은 듣는 것이다. 요한계시록은 듣는 것이다. 들을 귀 있는 자만 듣는다. 왜 요한계시록은 묵시문학 방법을 사용하는가? 묵시문학은 주로 환난에 처했을 때 기록된 것이기 때문에 내용을 적에게 숨겨야만 했다. 사용하는 방법은 상징과 암호를 사용한다. 그 방법은 은어를 사용하며 위로를 주기 위함이다.

왜 계시록시대인가? 인간의 경험과 생각과 힘으로 해결할 수 없는 것은 하늘의 계시가 필요하다. 그런 점에서 성경이야말로 최고의 계시를 주는 하늘의 선물이다. 요한계시록은 성경의 결론이다. 대부분 언어는 성경의 내용을 언급한 것으로 간접 인용이며 은유와 메타포를 사용하여 성경을 이야기한다. 직접 인용은 한 번도 없다. 이런 의미에서 요한계시록은 재창조한 책이다. 계시록은 미래적인 것보다 현재를 강조하는 책이다. 과거와 미래 속에서 현재의 메시지를 찾는 것이 중요하다. 계시록은 점치는 도구가 아니다.

계시록을 통하여 오늘날에도 계시록 관점으로 개인과 교회와 시대를 바라보는 것이 핵심이다. 계시록은 이것을 배우게 한다. 계시록은 인생의 세 가지 문제에 대한 해답을 준다.

어떻게 하면 현재를 잘살 수 있는가? 현재가 미래를 결정한다. 이것을 해결하려면 과거에만 매달리거나 현재만 집중하지 말고 종말론적으로 살아야 한다. 과거와 미래의 일을 통해 현재를 보는 책이다. 과거 – 현재 – 미래를 통합적으로 해석해야 한다. 통합적으로 보려면 영적인 시각이 필요하며 삶을 영적으로 바라보아야 한다. 이것이 계시록시대적인 삶이다. 이 세상은 영적 싸움의 삶이다. 교회와 세상의 싸움이다. 아울러 우리의 마지막은 그리스도가 승리하셨다. 그런 점에서 우리는 이미 이긴 싸움에 참여하고 있다.

▶ 깊게 통독하기

요한계시록은 성경에서 가장 읽기가 어려운 책이다. 그래서 보통 요한계시록은 봉인된 것으로 오해하고 자세하게 읽지 못한다. 그러다 보니 이단과 사이비들이 계시록으로 성도들을 미혹하여 교회를 힘들게 했다.

요한계시록에 대한 정리가 부족했기 때문도 한 요인으로 작용했다. 본서는 요한계시록을 바르게 읽기 위해서는 그냥 간단히 스쳐 지나가는 통독으로 한계가 있다고 보고 계시록을 자세히 읽도록 독자들의 이해를 돕는 해설을 넣어 도움을 주고자 했다. 쉽게 요한계시록이 다가오게 되길 소망한다.

Bible

요한계시록

【 요한계시록의 배경 】

요한계시록은 박해의 시기에 기록된 저항 문학이다. 계속되는 순교에 대한 언급이 그것을 잘 보여준다(계 2:13, 6:9, 20:4). 요한계시록에는 이미 멸망한 바벨론의 이름이 반복하여 등장한다. 14장과 16~18장에 걸쳐 바벨론의 멸망을 강조하는데 이것은 로마를 의미한다. 당시 로마의 도미티안 황제는 신의 지위를 누리며 황제 숭배를 강요했다. 가이사는 '주'라는 의미로 자신을 하나님처럼 섬기도록 했다. 이것에 대해 요한계시록 저자는 세상을 주관하는 것은 세상의 왕이 아니고 만왕의 왕으로 오신 예수 그리스도임을 증거하고 있다.

요한계시록의 저술 시기는 AD 90~100년 사이에 기록된 것으로 간주한다. 이 기간은 성전이 로마에 의해 파괴된 시기다. 요한계시록은 성전이 파괴된 정황을 전제로 읽어야 한다. 요한계시록의 저술 의도는 독자들에게 하나님이 혼돈과 악의 세력에 대하여 궁극적인 승리를 거두게 된다는 확신과 현재적으로는 하나님이 역사의 주관자가 되심을 강조함으로써 성도들에게 부조리한 역사의 현실에 대항하여 싸울 것을 격려하고 있다. 불의한 세상에 타협하지 말고 저항하면서 살아갈 것을 권면하고 있다. 저자는 어린 양의 삶의 방식을 따라 사는 믿음 공동체를 추구하고 있다.

【 특징과 읽기 지침 】

요한계시록은 개인을 위한 권면이 아닌 신앙 공동체 전체를 위한 메시지이다. 로마 정권(도미티안 황제)에 저항하면서 현실적 어려움을 인내로써 이겨낼 것을 강조한다. 어린 양의 길은 눈에 보기에는 패배한 것 같지만 궁극적으로는 참된 승리의 길이다.

창세 이후부터 인간은 하나님이 주인 되심을 거절하며 자기가 하나님을 대신하려 했다. 대표적인 예가 세상의 임금들이다. 힘과 권력을 가진 세상의 임금은 자기 스스로 신이라 칭하면서 신의 지위를 누렸다. 그리고 하나님의 백성을 핍박했다. 요한계시록 쓴 당시는 로마가 세계를 지배한 시대였다. 로마 황제(도미티안)는 신이라 칭함을 받으면서 신의 지위를 누렸다. 그 속에서 기독교인들은 고난과 죽임을 당했다. 요한계시록은 이런 상황에서 세상의 중심이 세상의 왕이 아닌 예수 그리스도임을 증거하고 있다. 이런 사실을 전하며 소아시아에 있는 일곱 교회에게 오직 예수 그리스도를 믿고 의지해야 함을 강조하고 있다. "두려워하지 말라. 나는 처음이요 마지막이니"(계 1:17)의 메시지가 핵심을 이루는 구절이다.

▶ 비유와 은유와 상징은 어떻게?

요한계시록은 상징과 비유가 많이 나온다. 비유나 상징은 마음의 상태가 좋은 사람에게는 잘 들리지만 그렇지 못한 사람은 잘 들리지 않는다. 상징과 비유는 그 자체가 이야기적인 특징을 담고 있기에 세부적인 단어와 숫자보다는 성경 전체의 관점에서 이야기의 핵심을 파악하는 것이 중요하다. 요한계시록이 오용되는 이유는 상징과 비유를 자기 욕심을 추구하는 도구로 사용하기 때문이다.

▶ 요한계시록의 저술 방식

요한은 명제적 사고와 내러티브 사고 가운데 후자를 선호하고 있다. 요한계시록에 등장하는 이미지, 상징, 환상, 비유, 묵시적 묘사들은 내러티브의 요소를 갖추고 있다. 직접적인 명제적 선포의 방식보다는 공동체의 상상력에 주의를 상기시키면서 새롭게 세상을 바라보게 하는 데 관심을 두고 있다. 즉 거짓된 현실 세계를 폭로하고 아울러 미래의 새로운 세계의 비전을 내러티브로 제시하고 있다. 특히 믿음의 공동체는 힘이 아닌 예배를 통하여 이루어진다. 요한계시록에 나오는 경배와 찬양과 예배에 대한 것은 세상 제국이 예배의 대상이 될 수 없고 오직 하나님에게만 예배해야 함을 말한다. 요한계시록의 중심 구절은 "두려워 말라. 나는 처음이요 나중이라"(계 1:17, 개역한글)이다. 이것은 계시록의 중심이 그리스도이며 이런 성품의 언급은 처음과 마지막 부분과 중간마다 반복하여 나온다. 특히 요한계시록의 내용 구조는 다른 책과 다르다. 저자는 본문을 나누기보다는 오히려 본문을 통합하여 하나의 예술 작품을 그려내는 내러티브 방식을 따르고 있다. 꼬리를 물면서 이야기 전개가 깊게 들어가는 구조다. 예를 들면 삽입과 확장과 겹치기 기법을 통하여 7재앙 시리즈가 전개된다. 독자들이 이것을 이해하지 못하면 이야기의 흐름을 놓칠

요한계시록의 내용 구조

본문	1-3장		4-16장						17-22장	
본문	1:1-8	1:9-3장	4-5장	6장	7장	8-9장	10-14장	15-16장	17-18장	19-22장
	예수와 7교회		7재앙 시리즈와 삽입						심판과 새창조	
요점	도입 / 말씀(처음)예수	7교회	천상과 예배	7인 / 1/4 심판	삽입 / 교회의 승리와 안전	7나팔 / 1/3 심판	삽입 / 교회의 사명전도 교회전투와 찬양	7대접	바벨론 멸망	새 예루살렘 / 말씀(끝)예수
상징수		7	7 /24	7	144,000	7	666 / 144,000	7	10	1,000
구분	역사		계시와 환상							

수 있다. 삽입을 통하여 드라마처럼 장면 이동이 전개되고 또 이전에 나오는 내용이 후에 반복의 기법을 통하여 핵심 메시지를 드러낸다. 이런 구조를 잘 이해하고 읽으면 요한계시록의 참맛을 볼 수 있다.

▶ 요한계시록 읽기 방식

1. 성도들에게 심판을 통한 두려움을 갖게 하기보다는 오히려 고난 겪는 하나님의 백성들에게 소망과 위로를 주기 위한 책이다.
2. 우주적 종말에 대한 청사진을 제시하려는 것이 아닌 종말이 누구의 손에서 이루어지는가 하는 것에 초점을 두고 읽어야 한다.
3. 복음의 메시지로 읽어야 한다. 예수 그리스도의 죽음과 부활이 요한계시록의 중심 메시지이다. 요한계시록은 종말론에 있기보다는 기독론에 그 중심이 있다.

4. 요한계시록은 하나님이 역사를 통치하시고 예수 그리스도를 통해서 완성하신다는 메시지가 전체에 흐르고 있다. 이렇게 보면 요한계시록은 전체적으로 보면 매우 쉽고 명료하다. 그러나 자세히 보면 내용이 난해하다. 그것은 다양한 해석이 공존하고 그것의 정답은 하나님만이 알 수 있다는 차원에서 보면 요한계시록을 읽는 독자는 늘 겸손한 마음으로 요한계시록을 대하고 거대한 산봉우리를 올라야 한다.

| 되새김 쉬운 통독 Tip |

요한계시록 쉽게 이해하기

요한계시록은 그냥 읽으면 이해가 쉽지 않다. 그런 이유로 요한계시록은 자세하게 설명했다. 가이드 내용을 잘 읽은 후에 전체 그림을 정리하고 읽으면 이해가 쉽다. 마음속에 그림과 진행 방향을 상상하며 읽으면 놀라운 은혜 속으로 들어가게 된다. 지금까지 읽은 65권의 성경을 정리하는 마음을 갖고 요한계시록을 읽도록 한다. 만약 요한계시록을 읽으면서 내용이나 메타포와 은유 단어가 생소하거나 이해가 안 되면 아직 성경을 제대로 공부하고 숙지하지 못한 것이다. 자기 스스로 자가 진단할 수 있다. 요한계시록의 내용은 새로운 단어나 내용을 다루고 있는 것이 아닌 이미 기록된 성경을 특별한 문학 양식으로 총정리한 것이다.

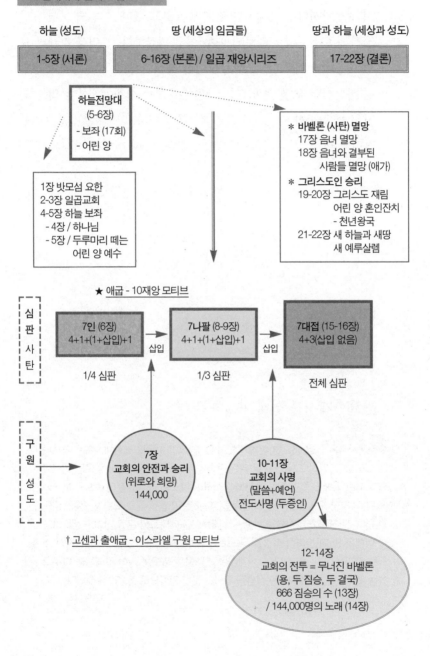

요한계시록 전체 조감도

하늘 (성도)   땅 (세상의 임금들)   땅과 하늘 (세상과 성도)

1-5장 (서론)   6-16장 (본론) / 일곱 재앙시리즈   17-22장 (결론)

하늘전망대
(5-6장)
- 보좌 (17회)
- 어린 양

* 바벨론 (사탄) 멸망
  17장 음녀 멸망
  18장 음녀와 결부된
    사람들 멸망 (애가)
* 그리스도인 승리
  19-20장 그리스도 재림
    어린 양 혼인잔치
    - 천년왕국
  21-22장 새 하늘과 새땅
    새 예루살렘

1장 밧모섬 요한
2-3장 일곱교회
4-5장 하늘 보좌
 - 4장 / 하나님
 - 5장 / 두루마리 떼는
  어린 양 예수

★ 애굽 - 10재앙 모티브

심판사탄

7인 (6장)
4+1+(1+삽입)+1
1/4 심판

삽입

7나팔 (8-9장)
4+1+(1+삽입)+1
1/3 심판

삽입

7대접 (15-16장)
4+3(삽입 없음)
전체 심판

구원성도

7장
교회의 안전과 승리
(위로와 희망)
144,000

10-11장
교회의 사명
(말씀+예언)
전도사명 (두증인)

† 고센과 출애굽 - 이스라엘 구원 모티브

12-14장
교회의 전투 = 무너진 바벨론
(용, 두 짐승, 두 결국)
666 짐승의 수 (13장)
/ 144,000명의 노래 (14장)

D·a·y

118

장면통독 가이드

>>> 요한계시록 1-9장

일곱 교회와 찬양, 그리고 재앙 시리즈 1 : 성경 총정리 1

* 통독 포인트

요한계시록의 핵심은 세상의 역사가 하나님의 절대적인 주권에 의해서 움직임을 강조한다. 아무리 세상이 강력하게 하나님의 백성과 교회를 핍박한다 해도 그것은 한시적이다. 결국 그들에게 하나님의 심판과 재앙이 임하고, 마지막에는 말씀대로 순종하는 자에게 새 하늘과 새 땅의 축복이 주어진다. 그리스도인은 주님이 이미 이루신 완성의 역사를 끝까지 신뢰하며 어떤 상황에서도 어린 양 예수를 경배하며 믿음으로 세상을 이기는 사람이다. 승리하는 믿음에 굳게 서는 소망을 갖고 요한계시록을 읽어나가면 힘과 위로가 주어질 것이다.

[장면 1] 예수와 일곱 교회 (계 1-3장)

일곱 교회 이야기 구조는 교회의 주인이신 그리스도와 연관되어 있

다. 각 교회를 언급할 때 반복되는 그리스도의 모습은 각 교회에 맞는 모습으로 나타나고 있다. 일곱 교회는 긍정과 부정적인 요소를 함께 가지고 있다. 또 교회마다 '이기는 자'에게 다양한 상급을 주시는 내용으로 동일한 형태로 적용되고 있다. 그리고 계시록의 모든 내용은 마지막에 임할 시험의 관점에서 이야기가 전개되고 있음도 주목하자. 일곱 교회 이야기 순서는 소아시아 지도에서 시계방향으로 방문의 순서를 따르고 있다.

• 서론에 해당하는 1장 1~8절의 내용은 요한계시록의 핵심을 말해준다. "예수 그리스도의 계시다"(계 1:1)라는 말씀에서 핵심이 예수 그리스도임을 분명하게 제시한다. 당시 교회가 고난을 이기는 길은 예수 그리스도에 대한 분명한 믿음을 갖는 데 있다. 지금은 교회가 핍박과 고난을 겪지만 결국은 그리스도로 승리하게 될 것이다. "이제도 계시고 전에도 계셨고 장차 오실 이"(계 1:4)인 예수 그리스도는 "알파와 오메가"(계 1:8)이시다. 저자는 계시록을 통하여 예수로 인하여 임하는 평강과 은혜가 있기를 원하고 있다.

이제 요한계시록을 시작하면서 그 당시 속으로 들어간다. 요한계시록은 소아시아에 흩어져 있는 일곱 교회를 향하여 주시는 메시지다. 일곱은 완전수로 오늘날 우리 교회와도 연결된다. 특히 여기서는 예수와 일곱 교회 관계성(계 1:9-20)을 중심으로 각 교회 특징을 말하고 있다. 이것은 다양한 교회의 유형이며 우리 신앙의 모습을 그리고 있다.

교회의 주인은 예수 그리스도다. 예수님의 모습을 이미지로 잘 그리고 있다. 발, 가슴, 머리, 눈, 음성, 오른손과 왼손, 얼굴 등의 이미지는 예수님의 성품을 보여준다. 그 앞에 엎드리어 죽은 자처럼 되어 주님의 음성을 듣는 요한의 모습이 인상적이다. 역시 여기에도 "처음과 마지막"

(계 1:17)이신 주님에 대한 구절이 반복된다.

• 가장 먼저 소개하고 있는 에베소교회는 이방 교회에 중요한 역할을 했기에 첫 번째로 언급했다. 특히 에베소는 아시아에서 가장 큰 도시로 도미티안 황제가 자신을 위해 지은 아데미 신전이 있었다. 서머나는 195년에 처음으로 로마 신전을 건축한 곳으로 황제 숭배를 총괄하는 기능을 가진 도시다. 당시 도시가 경제적으로 발전할 수 있는 요인은 황제 숭배와 연관이 있다. 하지만 그 속에서 서머나교회는 끝까지 믿음으로 충성하여 책망받지 않은 교회였다. 버가모는 당시 황제 숭배지로 잘 알려진 곳으로 다양한 신전이 많은 우상숭배 중심지였다. 사탄의 통치가 강력하게 일어난 곳으로. 이곳을 '사탄의 권좌'가 있는 곳이라 언급했다(계 2:13). 두아디라는 군사적 요충지였다가 후에 상업과 제조업을 중계하는 무역의 통로가 되면서 도시가 경제적으로 부흥했다. 당시 두아디라에는 제우스의 아들 태양신 아폴로 신전이 있었다. 두아디라는 이세벨의 가르침을 따르는 자들과 잘못된 교훈에 빠진 자들 때문에 책망받았지만 그 가운데 거짓된 가르침을 따르지 않은 신실한 자들도 있었다.

사데는 역사상 두 번이나 침략받았지만 안전을 유지했던 곳이다. 아시아에서 가장 찬란한 역사를 지닌 도시였다. 특별히 그곳에서 나는 금은 도시를 부유하게 했다. 하지만 나중에 지진으로 초토화되었다. 사데교회는 겉으로는 살아 있지만 속으로는 신앙이 죽은 교회였다. 빌라델비아는 땅이 비옥한 도시로 많은 신전과 종교 행위가 번성했다. 그 속에서도 빌라델비아교회는 하나님을 배반하지 않고 믿음을 잘 지켜 책망받지 않았다. 라오디게아교회도 경제적으로 부유한 도시였다. 하지만 그것이 라오디게아교회를 미지근한 신앙생활로 이끈 요인이 되었다.

일곱 재앙 시리즈와 삽입 (계 4-9장)

• 요한계시록 6~16장은 일곱 재앙 시리즈로 요한계시록의 중심부를 차지하고 있는 가장 어려운 부분이다. 일곱 인(계 6장-8:5), 일곱 나팔(계 8:6-11:19), 일곱 대접(계 15:5-16:21) 등이 계속 이어진다. 요한계시록 6장 1절에 나오는 두루마리의 개봉은 로마 제국의 멸망을 알리는 것을 의미한다. 첫 번째 일곱 인의 개봉이 나오는데 이것은 그리스도인과 교회를 핍박하던 로마가 결국 멸망하게 되는 것을 상징한다. 그런 와중에도 인침을 받은 144,000명은 구원받는다. 아무리 하나님의 심판이 무서워도 하나님의 선택된 백성은 구원받는 것을 말하고 있다.

두루마리의 개봉은 당시 교회를 핍박하고 있던 로마제국의 멸망이 시작된다는 신호탄이다. 길게는 세상 권세를 잡은 악한 사탄 세력의 심판을 말한다. 요한계시록을 읽으면서 가장 무섭게 생각되는 일곱 재앙 시리즈 내용은 그리스도인에게 주어지는 심판이 아닌 악한 세력을 향한 하나님의 심판이다. 그리스도인은 이 본문을 대하면서 무섭기보다는 오히려 어린 양의 승리를 확신하는 의미가 있고 대적이 무너지는 것을 통해 우리의 신앙을 더 확고하게 하는 결단을 하게 된다. 끝까지 믿음을 지켜 나가는 데 당시 성도들에게도 큰 유익과 위로가 되었을 것이다. 일곱 재앙 시리즈는 시간이 갈수록 점점 더 심판의 강도가 무섭게 나타나는 특징을 갖고 있다.

• 요한계시록을 이해하려면 우리가 요한과 같이 천상으로 올라가는 경험이 필요하다. 마음을 집중하여 말씀으로 들어가 요한이 보았던 천상의 모습에서 요한계시록을 시작해 보자. 어린아이처럼 단순하고 순수하게 말씀을 읽으면 지금도 이런 경험이 가능하다. 요한이 본 요한계시록

4~5장은 하늘 보좌에서 펼쳐지는 장면을 그리고 있다. 이것은 앞으로 전개될 요한계시록의 전망대 역할을 한다. 이것은 당시의 교회와 그리스도인들의 박해 상황 속에서 하늘의 모습을 보면서 승리하게 하는 의도가 있다. 이 부분은 요한계시록 전체를 이해하는 데 중요한 부분이다.

요한은 예언의 말씀을 받기 전에 먼저 천상의 모습을 직접 경험한다. 자신이 먼저 하늘의 환상을 경험한 후에 그것을 기초로 예언의 말씀이 선포되고 있다. 요한이 경험하고 있는 4~5장의 천상 체험은 앞으로 22장까지 전개되는 내용과 깊은 연관이 있다. 요한이 보고 있는 천상의 모습은 예수 그리스도가 구속 사역을 완성하시고 하나님과 함께 계신 모습이다. 특히 24 장로들이 보좌에 앉으신 어린 양 예수께 엎드려 경배하고 있는 모습은 요한계시록의 나오는 여러 환상의 내용을 바르게 해석하는 근거가 된다. "거룩하다. 거룩하다. 거룩하다. 주 하나님 곧 전능하신 이여 전에도 계셨고 이제도 계시고 장차 오실 이시라"(계 4:8). "죽임을 당하신 어린 양은 능력과 부와 지혜와 힘과 존귀와 영광과 찬송을 받으시기에 합당하도다"(계 5:12). 이 두 구절은 앞으로 계시할 내용의 뿌리가 된다. 어린 양 예수가 세상의 모든 권력을 이기시는 분임을 출발점에서 천명하고 있다. 아울러 그분을 경배하고 예배하는 자녀들도 세상의 악을 이기는 힘을 부여받게 될 것을 암시한다.

● 일곱 재앙 시리즈 : 인 재앙과 삽입 (계 6-7장)

천상에서 하나님이 보여준 장면은 아주 생동감이 있다. 첫 번째 일곱 인의 개봉은 그리스도인과 교회를 핍박하며 불의를 행한 로마가 결국 하나님의 심판을 받게 되는 신호탄이다. 여섯 번째까지 천사가 인을 떼면서 심판의 강도는 점점 강해진다. 일곱째 인을 떼기 전에 중간 부분인 삽입 내용이 등장한다. 잠시 장면을 이동하여 성도들의 모습을 클로즈업한다.

끝까지 믿음을 지키고 구원받은 144,000명(하나님의 인을 맞은 사람)은 "셀 수 없는 큰 무리"(계 7:9)와 연결된 것으로 구원받은 성도를 의미한다. 이것은 다시 어린 양의 피로 씻은 "흰옷을 입은 자들"(계 7:14)과 연결된다. 이런 언급은 하나님의 심판이 임하는 순간에도 하나님의 백성은 구원받는다는 점을 보여준다. 마치 애굽의 10재앙 심판 속에서도 고센의 이스라엘은 구원받은 것과 같다. 특히 순교자들의 기도 응답으로 하나님의 심판이 악한 세력에 임하게 된다. 성도들이 복음을 전하다가 죽는 것 같지만 오히려 그것이 대적자에게는 심판의 이유가 된다. 드디어 일곱째 인을 뗄 때 성도들의 기도가 응답된다. 하나님의 공의로운 심판이 악한 자들에게 땅에 우레와 지진처럼 쏟아진다. 이것을 통해 믿음을 지킨 성도들의 기도가 승리하게 됨을 보여준다.

● 일곱 나팔 재앙 시리즈 (계 8-9장)

나팔 재앙은 자연 재앙의 내용을 담고 있다. 인류의 재앙은 자연 재앙으로부터 시작된다. 물론 이런 재앙은 부분적이고 일시적인 재앙이다. 재앙의 내용은 조금씩 범위가 커지고 심해진다. 이것은 구약의 애굽에게 임한 10재앙의 내용을 모티브로 한다. 우박과 강에 임했던 재앙은 자연을 통한 재앙을 인용한 것으로 보인다. 하지만 이런 재앙을 받으면서도 사람들은 좀처럼 회개하지 않는다. 이것은 애굽에 자연 재앙이 임할 때 바로가 회개하지 않은 것과 같다. 우주를 만드신 하나님이 자연을 통해 재앙을 내리시는 것은 그것을 통해 하나님의 주권을 인정하는 데 목적이 있다. 그러나 세상은 재앙을 당하면서도 그것을 의도적으로 거부한다. 지금도 이것은 그대로 일어나고 있다. 계속 임하는 나팔 재앙은 갈수록 심해지면서 철저한 하나님의 심판과 재앙의 무서움을 만방에 선포한다. 이것을 통해 하나님의 심판이 얼마나 무섭게 임하는지 알 수 있다.

여기서 무서운 황충이 나오는데 하나님의 인침을 받지 않은 사람만 해하라는 명령을 받는다. 황충에게 해를 받은 사람들은 죽고 싶어도 죽지 못하는 고통을 당하게 된다. 우리는 하나님의 인을 받은 사람들이다. 이런 사람들은 더는 짐승의 표를 두려워해서는 안 된다. 황충은 잠깐 사람을 괴롭히지만 우리에게는 믿음을 시험하는 시간이다. 예수 그리스도로 인하여 구원받은 그리스도인은 사망에서 생명으로 옮겨졌다. 이제는 하나님의 심판을 두려워하지 말고 구원을 즐기면서 구원을 이루어 가는 삶을 살아야 함을 말한다. 그리스도 안에 있는 모든 자는 결코 정죄함이 없다. 오히려 이처럼 무서운 심판을 보면서 역설적으로 우리가 영광스러운 하나님의 자녀가 되었다는 것을 재확인하는 의미가 있다.

※ 그리스도인은 이 세상이 아닌 하나님의 나라를 바라보고 살아가는 사람이다. 그리스도인은 세상의 성공보다는 하나님 나라에서 성공을 원한다. 믿음의 사람의 관심은 늘 하나님 나라였다. 그런 소망을 뒀기에 세상에서 고난을 능히 이길 수 있었다. 초대교회와 초대 그리스도인은 세상 나라가 아닌 하나님 나라를 소망했던 사람들이다. 우리의 희망은 세상이 아닌 하나님 나라다. 얼마나 하나님 나라를 품고 사느냐에 따라 이 세상의 삶을 긍정적으로 살 수 있는가가 보인다. 진정한 긍정은 하나님 나라를 바라보는 데서 온다. 비록 암울한 세상이지만 세상에서 좌절하지 않고 사는 것은 하나님 나라에 대한 꿈이 있기 때문이다. 하나님 나라를 보면 이 세상의 고난은 아주 작게 보인다. 그러나 하나님 나라를 바라보지 못하면 세상에서 당하는 고난은 아주 크게 보인다.

D·a·y

119

장면통독 가이드

되새김 120일 쉬운 통독 타임라인			
하나님 나라	성경 구조	역사와 시대	성경 각 권 소개
완성	해결책	계시록시대	요한계시록

>>> 요한계시록 10-16장

재앙 시리즈 2, 구원과 심판
: 성경 총정리 2

* 통독 포인트

요한계시록에서 가장 읽기 힘든 부분인 재앙 시리즈의 마지막 모습이다. 재앙 시리즈인 일곱 인(계 6장-8:5), 일곱 나팔(계 8:6-11:19)이 이제 일곱 대접(계 15:5-16:21)으로 계속 이어진다. 점점 재앙이 심해진다. 이제 일곱 재앙 시리즈(계 6-16장)의 마지막 대접 재앙 시리즈가 나온다. 이 부분은 요한계시록의 중심부를 차지하고 있는 가장 어려운 내용이다. 부분에 매이지 말고 전체적인 이미지와 사건에서 하나님이 말씀하시고자 하는 핵심을 찾아가는 것이 요한계시록을 읽는 데 도움이 된다.

[장면 1] 삽입 : 두루마리와 두 증인 (계 10-11장)

요한계시록을 읽으면서 어렵게 느껴지는 것은 재앙 시리즈 속에 중간 삽입 형태로 들어간 내용이다. 이를 구분하지 못하면 내용 전개에 혼동이 일어나게 된다. 삽입장은 7장, 10~11장, 12~14장이다. 삽입장은 하나님의 심판과 재앙 속에서 구원을 입은 성도들은 어떤 상태인지를 보여주는 것으로 요한계시록을 읽을 때 이 부분을 주의해 보아야 메시지를 찾을 수 있다. 10~11장은 교회가 악이 번성하는 시기에 어떻게 믿음을 지켜나가는지를 보여준다. 세상과 타협하지 않고 복음 전파를 위해 수고를 다하는 것이 이미 구원받은 자의 삶의 모습이다. 이것을 위해 고난과 고통을 통과하는 일은 필수다.

교회의 사명은 악이 번성해도 끝까지 하나님 나라와 복음을 전하는 일이다. 세상을 창조하신 이가 "지체하지 아니하리니"(계 10:6)라고 선언한 이유는 "하나님의 그 비밀이 이루어지는 일"과 관련 있다(계 10:7). 이것은 복음 전파하는 일과 약속이 성취되는 것을 말한다. 복음은 멸망하는 자에게는 무서운 심판이지만, 구원 얻는 자에게는 영원한 생명을 얻는 순간이다. 이때 전해준 두루마리가 입에서 달지만 배에서는 쓰다고 말한 것은 단 말씀을 경험한 사람은 이제 복음을 전하는 고난을 감당해야 함을 표현했다고 볼 수 있다. 11절에 "다시 예언한다"라는 구절은 그리스도인이 항상 복음을 전파하는 것이 그리스도인의 사명임을 재차 강조하고 있다.

11장은 고난 속에서 복음을 전하는 그리스도인의 사명을 이야기한다. 11장에는 '두 증인'이 나오는데 이것은 예수님의 복음 사역을 본받아 교회가 남은 주님의 고난을 채우는 것을 말한다. 예수님이 승천하시기 전에 제자들에게 주신 마지막 부탁은 땅끝까지 이르러 예수 증인이 되는 것이다. 말씀을 예언하고 전하는 사명의 중요성을 특별히 강조한다. 하나님은 이런 자들을 지켜주시고, 복음 전하는 증인들을 해하고자 하면 하나님이 대신 처리하신다. 복음 사역자들에게 권능을 주어 하늘을 열고 닫는 기적을 베푸시며 삶을 책임져주신다.

[장면 2] 삽입 : 용의 도전과 교회의 응전 (계 12-14장)

10~11장의 삽입 내용은 증인으로서 교회의 사명을 다루었다면 12~14장은 교회가 감당해야 할 영적 전투에 대해서 말한다. 이 세상에서 삶은 마지막 순간까지 영적 전투의 긴장을 쉬지 않는다. 하루를 사는 것이 영적 전투 중임을 안다면 매 순간 무장해야 하고 그것을 위해 매 순간 준비해야 한다. 구체적으로 어떤 방법으로 준비해야 하는지 12장에서 자세하게 그리고 있다. 사탄으로 상징되는 용의 도전과 그것에 대응하는 교회의 모습을 상상하면서 내용을 읽으면 중심 메시지를 찾을 수 있다. 용은 사탄을 의미하며 사탄이 가진 일곱 머리와 일곱 면류관은 하나님을 패러디한 것으로 사람을 미혹하는 데 사용하고 있다. 사탄은 하나님께 쫓겨난 타락한 천사요 패배한 존재다. 잠시 사람들을 괴롭히지만 이미 거룩한 전쟁에서 패배했다. 그리스도인은 이 사실을 아는 것만으로도 이미 승리한 것이다. 사탄은 이 사실을 계속 숨기고 불신하도록 미혹한다. 하지만 우리는 말씀을 통해 이미 승리한 우리 자신을 바르게 인식하고 담대하게 사탄과 정면 대결해야 한다.

11절은 교회가 사탄을 이기는 방법 3가지를 제시한다. 첫째, 어린 양 예수를 의지한다. 둘째, 항상 복음을 전하면서 산다. 셋째, 죽기까지 사탄과 전쟁을 각오한다. 물론 이것은 인간의 힘으로는 불가능하다. 하지만 이미 사탄은 패배했음을 믿는 믿음으로 나가면 가능하다. 사탄은 예수님을 평생 괴롭힌 것처럼 주님의 자녀들도 늘 표적이 된다. 그리스도와 우리는 하나이기에 사탄은 끝까지 우리를 괴롭힌다. 매 순간 근신하여 말씀과 기도로 무장하여 항상 깨어 있는 것이 그리스도인의 모습이다.

● 666 숫자의 비밀 : 사탄의 수 (계 13장)

13장은 12장에 이어 연결된 이야기다. 용의 하수인인 바다에서 올라온 짐승과 땅에서 올라온 두 짐승의 도전과 거기에 대한 교회의 응전 상황을 그리고 있다. 이것은 사탄의 부하들과 하나님의 자녀인 교회와 그리스도인의 전투를 말하고 있다. 세상에서 다가오는 이런 사탄과의 싸움에서 승리하는 비결은 무엇인지 그것에 대해 요한은 방법을 제시하고 있다. 그 싸움은 말을 조심하고 권세와 물질에 이끌리지 않는 일이다. 이것을 위해서 말씀으로 무장하는 일이 중요하다. 요한은 영적 분별력을 가지고 사탄의 숫자인 666을 깨달으라고 말한다. 6은 사람의 숫자다. 완전수 7에서 하나 부족한 것으로 속임수로 다가오는 거짓 선지자를 상징한다.

짐승은 요한계시록에서 적그리스도와 거짓 선지자 등으로 이해할 수 있다. 이들은 표적과 이적으로 사람을 미혹하여 사람을 자기의 하수인으로 삼는다. 요한계시록 7장은 하나님의 백성이 인침을 받는 장면이 나온다. 그 숫자는 144,000명이다. 요한계시록 13장에서는 짐승의 수인 666이 나온다. 이것은 서로 대적관계다. 하나님의 백성에 대한 도전으로 짐승의 숫자가 등장하는 구조로 보면 되겠다. 여기서 666이나 144,000의 숫자를 암호 풀이로 이해하는 것은 바람직하지 않다. 상징적인 숫자로 일종의 은어라고 보면 된다. 6은 사람의 수라고 말할 수 있다. 반면에 7은 하나님의 숫자다. 하나님의 숫자인 7에 하나 부족한 숫자가 6이다. 7은 완전하지만 6은 불완전을 상징한다. 666은 실패를 상징하는 숫자다.

666의 짐승의 숫자를 두려워할 숫자가 아니다. 그들은 이미 실패한 존재다. 그리스도인은 그들을 두려워해서는 안 된다. 하나님의 인친 것을 확신하며 끝까지 믿음으로 인내하는 것이 중요하다. 그리스도인은 분별력을 가지고 더는 허상에 속지 말아야 한다. 오늘날에도 666과 같은 짐승의 수가 얼마나 많이 있는가? 그럴듯한 모습으로 현대인에게 매력을

끌게 하며 자기들의 종으로 삼고자 하는 세상의 풍조와 유행과 권력과
재물 등이 오늘날의 666일 수 있다. 그것을 좇는 사람은 결국은 허망하
게 사라지고 실패하게 될 것이다.

● 144,000 숫자 : 성도들의 수 (계 14장)

14장은 요한계시록의 핵심장이다. 하나는 어린 양에 속한, 144,000
에 속한 그리스도인의 승리와 용과 짐승을 향한 무서운 심판을 그리고
있다. 이 싸움에서 결국 하나님의 백성이 승리하는 것으로 마무리된다.
요한은 이것을 통해 그리스도인이 믿음을 갖고 인내하면 결국 승리한다
는 당시 초대교회를 향한 격려와 희망의 메시지를 전하고자 했다. 믿음
으로 구원받은 사람이 곧 144,000명으로 이 숫자는 사람이 셀 수 없는
많은 수를 뜻한다. 이단들은 이 숫자를 자기들이 구원받은 숫자로 한정
한다. 하지만 12×12(완전수)×1000=144,000이다. 12는 완전수로
144,000은 예수 믿는 많은 사람을 상징한다. 이것은 사탄의 인침을 받은
666 숫자와 대조를 이루고 있다. 전체의 문맥을 따라 읽으면 144,000이
라는 숫자의 의미는 더욱더 분명하다.

※ 이 세상의 삶을 보면 이해 못 하는 것이 많다. 예를 들면 악한 사람
이 부유하고 강성해지는 일이다. 또 악한 사람이 선한 사람을 핍박하고
고통을 주는 일도 많다. 이런 때마다 우리는 하나님이 안 계시는가 하는
의문을 갖게 된다. 그러나 그렇지 않다. 인간의 눈으로 보기에는 악이 번
성하는 것 같아도 결국 악은 패망한다. 이것은 하나님이 살아 계신다는
증거다. 다만 인간의 때가 아닌 하나님의 때에 이루어지기에 인간이 그
것을 보지 못할 뿐이다.

하나님의 자녀는 이미 하나님이 구원하셨기에 사탄이 멸망시킬 수 없

다. 그리스도의 피를 믿는 사람은 누구든지 영원한 생명을 얻게 된다. 그런 사람에게는 이미 그리스도의 피가 인쳤기에 누구도 그를 해할 수 없다. 요한계시록에 나오는 144,000명의 숫자는 완전수로서 이스라엘 백성을 의미한다. 로마제국은 멸망하고 결국 유대인은 구원을 받는다는 것을 하나님이 보여주는 상징적인 의미다. 종종 144,000명을 특별한 숫자로 생각하여 자기들의 집단에만 적용하는 예가 있다. 이단이나 사이비들이 주장하는 내용이다. 자기들의 집단에 들어와야만 구원을 받는다고 하며 그 증거로 144,000명을 사용한다. 그러나 이것은 잘못된 해석이다. 성경은 이스라엘 사람들만을 위해 기록된 책은 아니다. 이스라엘을 모델로 하여 아브라함과 함께 의롭게 된 모든 그리스도인도 해당한다. 144,000명도 이렇게 보는 것이 합당하다. 나는 하나님의 인침을 받은 영생을 얻은 자녀임을 확신하는가?

[장면 3] 일곱 대접 재앙 시리즈 (계 15-16장)

일곱 재앙 시리즈 마지막 단계인 대접 재앙이다. 일곱 대접 재앙의 내용은 거듭되는 하나님의 경고와 징계를 받으면서도 끝까지 거부하는 사람들에게 임하는 하나님의 공의로운 심판이다. 역사의 주관자인 하나님께 예배하기를 거부하는 자에게는 재앙이 임하지만 핍박을 인내로 이긴 하나님의 백성은 어린 양을 노래하는 천상의 예배에 참여하는 내용이 소개된다. 15장은 서론적으로 재앙을 소개하고 16장에서 본격적인 하나님의 재앙이 나온다. 서론적인 내용으로 시작되는 재앙은 재앙이 크고 마지막이 가까웠다는 것을 의미한다. 여기는 교회를 향한 삽입 내용이 없다. 대접 재앙의 1막은 4개의 자연계 재앙을 통한 하나님의 공의로운 심판을 다룬다. 2막은 그동안 세상에서 악을 행했던 사탄의 보좌에 임하는 재앙이다. 대접 재앙이 지나면 계시록 마지막 부분으로 악의 도성인 바벨론의 멸망과 아울러 어린 양의 신부인 예루살렘의 완성으로 마무리된다. 일곱 대접 재앙 시리즈는 악한 자들에 대한 하나님의 심판이 얼마나 무서운지를 분명하게 보여준다. 그런데도 세상 사람들은 하나님을 거역하고 죄를 끝까지 회개하지 않는다. 오히려 곧 있으면 멸망할 이 세상의 왕을 섬기는 어리석음을 끝까지 행한다.

   ※ 우리는 여기서 악한 사람은 멸망하고 성도는 승리한다는 것을 다시 한번 확인할 수 있다. 이것은 아무리 힘들어도 선이 승리함을 믿고 악을 좇아가지 말고 선을 따라가야 함을 말하고 있다. 하나님이 함께하시는 사람이 궁극적으로는 승리한다. 요한계시록의 메시지는 교회와 그리스도인은 결국 승리한다는 메시지이다. 이 말씀을 믿고 끝까지 견디는 자가 구원을 얻는다. 아무리 힘들어도 우리는 악에 속하지 말고 선을 따라 행하는 사람이 되어야 한다. 이것이 그리스도인이 걸어가야 할 삶이다. 주님이 걸어가셨듯이 그 뒤를 따라가는 제자들이 늘 마음속에 품고 그려야 할 십자가의 모습이다.

D·a·y 120

장면통독 가이드

>>> 요한계시록 17-22장

승리와 하나님 나라의 복음
: 성경 총정리 3

* 통독 포인트

요한계시록은 성경을 총정리하는 책이다. 특히 마지막에 일어날 일을 보여줌으로 지금 성도들에게 신앙생활을 어떻게 해야 할지 분명하게 보여준다. 마지막 반전은 악한 대적에 대한 무서운 심판과 성도들을 구원하는 이야기로 극적인 효과를 더하고 있다. 그리스도인은 이미 이긴 자로서 하나님 나라 회복과 그리스도의 주인 됨을 선포하는 삶을 사는 존재다.

[장면 1] 바벨론 멸망 (계 17-18장)

요한계시록 17~18장은 바벨론(로마)의 멸망에 대해서 다루고 있다. 17장은 음녀로서 바벨론의 파괴적인 모습이 다루어져 있다면 18장은 도시로서의 바벨론에 초점을 맞추어 바벨론이 멸망한 원인과 결과와 그것

에 대한 바벨론 애가를 다루고 있다. 하나님의 백성을 괴롭게 했던 바벨
론의 통곡 소리를 듣게 된다.

바벨론 로마를 상징적으로 그리고 있으며 이것은 악한 세력, 즉 사탄
이 어떻게 멸망하고 있는가를 그리고 있다. 큰 성 바벨론은 하나님에게
비참하게 심판을 당한다. 그리고 결코 다시는 보이지 않게 된다. 완전히
멸망하는 모습이 환상으로 소개된다. 선이 승리하고 악이 멸망하는 순간
이다. 그들은 흰 보좌 심판대 앞에 서서 하나님의 엄한 심판을 받는다.
사망과 음부 곧 불못에 던져지게 된다. 이것을 둘째 사망이라고 말한다.
이들은 생명책에 기록되지 못한 사람들이다. 둘째 사망에 이른다는 것은
영원한 심판에 이르게 됨을 말한다. 그리스도인은 첫째 사망(육신적인
일시적인 죽음)은 당하지만 둘째 사망은 당하지 않는다.

당시 성도들이 이것을 들었을 때 얼마나 즐거워하며 승리의 찬가를 불
렀을지 짐작이 간다. 오늘도 우리는 죽어도 영원히 살며 둘째 사망에 이
르지 않는 사실에 감사하며 세상에서 승리하는 삶을 살아야 할 것이다.

● 재앙의 결론 : 무너지는 바벨론 (계 17장)

일곱 재앙 시리즈가 끝나면서 이제는 결론적인 메시지가 전해진다.
바벨론은 그동안 교회를 핍박했던 악의 세력 중의 첫 번째 대상이다. 17
장은 바벨론의 숨은 정체는 무엇이며 그 큰 바벨론이 어떻게 멸망하는지
를 보여준다. 바벨론의 멸망은 이미 서론적으로 1장에 언급되었는데 17
장에 다시 구체적으로 등장한다. 반복적으로 등장하는 큰 음녀(1절), 큰
바벨론(5절), 큰 성(18절) 등은 외적으로 화려함을 추구하는 당시 로마를
상징하고 오늘날 화려함과 크기와 부귀를 자랑하는 세상 나라를 의미하
고 있다. 외적인 화려함에 매료되는 세상의 마지막의 모습이 어떠한지
분명하게 보여주는 환상이다.

※ 인생을 살면서 한 가지 우리가 알아야 할 중요한 진리가 있다. 이것을 깨닫지 못하면 아무리 공부를 잘한다 해도 헛것이다. 가장 큰 공부는 이런 지혜를 알고 그것을 실천하는 것이다. 그것은 하나님 없는 세상의 운명은 마지막에 파멸이라는 것이다. 요한계시록 18장에 나오는 바벨론은 세상을 상징한다. 요한계시록을 쓴 당시는 로마를 상징하고 오늘날은 세상의 권력과 명예와 재물을 의미한다. 고대의 바벨론은 대단한 나라였다. 그 크기와 위용은 엄청났다. 우리 눈에 비치는 세상의 모습과도 같은 것이다. 외적인 화려함, 영광스러움, 찬란함, 눈부심, 성공 등의 모습은 현대인들이 꿈꾸는 일이다.

남을 죽이고 올라서는 경쟁의 시대에 우리는 큰 것에 대한 갈망이 있다. 크면 모든 것이 다 좋다는 생각으로 우리는 크고 멋있는 화려함을 자행한다. 신앙도 이와 비슷하다. 하나님이 세운 화려함이 아닌 인공적으로 만든 아름다움은 오래 가지 못한다. 자연을 보면 얼마나 멋있을까? 그것은 하나님이 만드신 작품이다. 그러나 세상의 크고 화려한 집과 도시는 인간들이 만든 조각품과 같은 것이다. 이런 것에 매료되어 인생을 바치는 사람이 있다. 그러나 그것은 다 무너진다. 이것이 성경이 우리에게 가르쳐주는 지혜다. 허망한 무너질 것을 좇지 말고 영원한 하나님을 바라보는 사람이 지혜로운 사람이다.

● 바벨론 애가 (계 18장)

18장 1~8절은 바벨론의 멸망을 비중 있게 다룬다. 오래전에 멸망한 바벨론이 다시 등장하는 것은 당시 로마를 상징한다. 18장은 17장의 바벨론의 멸망에 대한 연속장으로 애가가 주된 내용이다. 특히 요한계시록의 마지막에 바벨론에 대한 장송가를 배치함으로 바벨론의 멸망을 기정사실로 하고 있다. 그동안 누렸던 바벨론의 화려함과 거대함이 얼마나 허무한지를 애가를 통해서 확인한다. 특히 바벨론과 함께한 사람들(통치자들과 상인들)도 같이 파멸을 맞이한다. 이것은 바벨론의 멸망은 그동안 바벨론을 의지하여 부유와 권세와 안락을 누렸던 사람들도 함께 멸망함을 보여준다. 그렇게 강하게 보였던 로마 제국은 "큰 성, 견고한 성 바벨론"(10절)이 무너지는 것처럼 "하루 동안"(8절)의 재앙과 "부와 화려함이 한 시간에 망하는"(10,17,19절) 모습을 애가를 통해 이야기하고 있다. 아무리 부와 영광이 크고 화려하다 해도 망할 때는 하루 만에 혹은 단 한 시간 동안에 허무하게 사라진다는 강력한 메시지로 당시 고난 겪는 성도들을 위로하고 있다. 특히 저주 선언이 반복하여 나오고 있다는 점이 특별하다. "화 있도다. 화 있도다"(10,16,19절)의 저주는 두 번 반복법과 세 번에 걸친 강조로 이 부분에 대한 중요성이 더 드러나고 있다. 아울러 바벨론의 애가에서 나오는 울고 애통하는 구절이 9절, 11절, 15절, 19절에 반복되면서 당시 로마제국이 패망하게 될 것을 분명하게 전하고 있다.

※ 성도들의 마지막이 찬송이라면 악의 세력의 마지막은 슬피 울며 이를 갈 것이라는 애가의 비교는 절묘한 조화를 이루고 있다. 천상에서 천사들과 함께 부르는 찬송과 달리 영원한 지옥에서 슬피 울며 애가를 부르는 불신자들을 비교하고 있다. 이것을 통해 당시 성도의 고난은 슬픈 것이 아님을 증명해준다는 점에서 이런 내용은 큰 위로가 되었을 것이다. 특별히 유의할 대목은 바벨론이 멸망한 것은 성도들이 흘린 피 때문이었다는 점이다. 그들은 진리를 지키기 위해 끝까지 싸운 어린 양을 따르는 사람들이었다. 성도들의 피를 흘리게 한 바벨론이 결국 그 순교자들의 피로 인해 멸망하는 아이러니를 보여주고 있다.

● 어린 양의 혼인 잔치와 죽음의 잔치 (계 19장)

요한계시록 마지막은 반전으로 극적인 드라마와 같다. 18장이 슬픈 애가였다면 19장은 기쁜 할렐루야의 찬양으로 구성되었다. 17~18장에서 소개된 바벨론의 멸망과 저주를 보고 승리의 찬가를 부르는 이 모습은 어떤 권세도 교회를 이길 수 없음을 강조한다. 특히 할렐루야 합창으로 어린 양의 혼인 잔치를 비유한다. 이것은 그동안 성도들을 힘들게 한 거대한 바벨론의 세력이 한순간에 멸망하고 이제 하나님의 통치가 실현된다는 의미에서 승리의 찬양이다. 이것은 마지막에 승리하는 그리스도인의 모습을 보여준다. 19장은 하늘의 환상에 대해서 듣고 보는 형태로 구성되었다.

요한이 들은 소리는 무엇일까?(1-10절). 요한이 들은 첫 번째 모습은 그리스도인이 끝까지 배교하지 않고 승리한 것에 대해 천상에 있는 믿음의 성도들이 찬양하는 내용이다. 마지막 혼인 잔치에서 찬양하는 소리를 요한이 듣고 소개하고 있다. 당시 로마 황제 숭배를 거부하다가 순교하고 죽임을 당한 경우가 많았다. 끝까지 하나님에게만 경배하는 사람들에게는 어린 양의 혼인 잔치에 참여하는 특권을 준다. 이것은 앞으로 믿음의 성도들이 갈 천국 잔치를 미리 보여줌으로 지금의 어려움을 잘 극복하게 하는 의도가 담겨 있다.

요한이 본 두 번째 모습(11-21절)은 그동안 하나님을 거역하고 교회를 핍박했던 적대세력인 짐승이 잡혀 산 채로 유황불에 들어가는 모습이다. 적대세력은 하늘에서 어린 양과 백마 탄 자가 와서 모두 물리치는데 이때, 짐승의 표를 받고 우상에게 경배하던 자와 표적으로 미혹하던 자들이 산채로 유황불에 던져진다. 전반부에 등장하는 천상의 '어린 양의

혼인 잔치'와 후반부에 등장하는 '두 짐승의 죽음의 잔치' 두 개를 비교
하면서 오직 하나님만 신뢰하라는 강력한 메시지를 전한다.

● 찬송과 백보좌 심판

이 내용은 요한계시록의 절정이다. 그동안 성도를 괴롭히던 사탄의
결말을 말하고 있다. 요한계시록의 유익은 대적의 미래를 그림 언어로
정확하게 알려주고 있다는 것이다. 12~17장에서 악한 사탄이 나온다. 용
(12장), 짐승과 거짓 선지자(13장), 음녀로 상징되는 바벨론 등이 대적이
열거되고 있다. 그들이 멸망하는 순서는 가장 먼저 큰 바벨론 성(18장)이
나오고, 짐승과 거짓 선지자(19장), 20장에서는 악의 실체인 우두머리 용
이 등장한다. 성도들을 끝까지 괴롭혔던 악의 세력의 수장인 사탄(용)이
멸망한다. 용의 결박은 예수님의 사역과 죽으심과 부활을 통해 이루어졌
다(마 12:29, 눅 10:17-19). 악의 세력은 잠시 번성하는 것 같지만 한순
간에 무너지는 사탄의 실체를 분명하게 제시한다는 점에서 요한계시록
의 가치는 크다. 승리한 그리스도인은 천년 동안 왕 노릇 하며 지낸다.

※ 그리스도인이 세상에서 살아가기가 참으로 어렵다는 말을 많이 한
다. 세상은 빛보다 어둠이 많기에 빛으로 산다는 것은 그리 쉽지 않다.
어떻게 믿음으로 살 수 있는가? 세상의 불의와 타협하지 않고 올바른 길
을 가는 것은 그 자체가 고난이요 힘든 길이다. 어쩌면 즉시 불이익을 당
할 수 있다. 세상의 방법을 좇지 않고 살면 세상 사람들에게 무시당할 수
있다. 그래서 혹자는 세상과 적당히 타협하고 살아가는 것이 필요하다고
말한다. 그렇지 않으면 세상의 경쟁에서 이길 수 없다고 생각한다. 과연
그럴까? 세상을 보면 악랄한 사람이 승리하는 것처럼 보인다. 진실하게
살면 손해가 온다. 그 속에서 믿음을 지키는 것은 정말 어렵다. 그러나

믿음의 사람은 인내하면서 살아갈 수밖에 없다. 그 이유는 결국은 선과 하나님이 승리하게 하실 것이기 때문이다. 하늘의 백마 탄 자가 와서 악을 완전히 멸하는 그날이 올 것이다. 이때는 세상의 악을 심판하고 모든 사람이 하나님에게 경배하는 어린 양의 혼인 잔치가 이루어질 것이다. 그때 신실하게 믿음을 지킨 그리스도인은 초대를 받고 칭찬과 복을 받을 것이다. 우리는 어린 양의 신부들이다. 비록 이 세상에서 신부수업이 고달프다 할지라도 인내하면서 나가면 하나님의 큰 잔치에 참여하는 복을 누리게 될 것이다.

● 다시 풀려난 사탄 (계 20장)

본문에서 언급된 '천년'의 기간(계 20:6-7)은 성도와 사탄에게 모두 해당한다. '천년'과 "잠시 놓이게 된다"는 구절은 다양한 해석이 있다(사 24:21-22 참조). 천년에 대한 해석은 크게 세 입장이 있다. 이것을 토대로 전천년설(주님의 재림이 먼저 있고 천년왕국이 문자적으로 온다고 보는 견해). 후천년설(천년왕국이 이후에 주님이 재림한다는 견해). 무천년설(천년을 예수님의 초림과 재림의 시기로 보는 견해)가 있다. 셋 중에 가장 많은 지지를 받는 해석은 그리스도의 초림과 재림 사이의 시기로 무천년설이다.

여기서 중요한 것은 시기보다 교회와 성도들이 예수 그리스도를 통해서 이미 사탄과 싸움에서 그리스도가 이기셨다는 점이다. 천년이 끝나는 무렵에 용이 잠시 풀려 나와서 모든 힘을 모아서 전쟁을 벌이게 되므로 자칫 혼동을 가져올 수 있지만 이것은 우리의 믿음을 굳게 하는 데 목적이 있다. 사탄은 이 싸움에서 패배했다. 그리스도인이 이것을 분명히 알면 사탄은 더는 우리를 넘보지 못한다. 하지만 이런 사실을 알지 못하는 사람은 사탄에게 미혹당한다. 8절의 곡과 마곡 전쟁의 이야기는 에스겔

38~39장을 배경으로 한 최후전쟁 이야기다.

악이 멸망하는 순서는 바벨론(18장), 짐승과 거짓 선지자(19장), 20장에서는 마지막으로 남는 악의 실체인 용이 나온다. 끝까지 괴롭히는 악의 세력 용이 결국은 멸망한다. 여기서 용은 사탄을 의미한다. 사탄의 운명이 어떻게 되는지 본문은 자세하게 밝혀준다. 사탄은 결국 패망한다. 잠깐 하나님의 백성들을 괴롭히지만 결국은 유황못에 던져지게 된다. 사탄의 앞으로의 일에 대해서 미리 바라보는 것은 우리가 환난을 이기는 데 큰 힘과 위로를 준다.

시험 정답을 알고 문제를 푸는 것은 그리 어렵지 않다. 우리는 세상에서 닥치는 여러 문제에 대한 숙제를 풀려고 노력한다. 세상을 살다 보면 쉽게 풀리지 않는 문제가 많다. 그러나 우리는 이미 승리가 보장된 삶을 살고 있다. 미래에 나타날 희망을 보면 현재의 고난이 작게 보인다. 사탄은 최종적인 멸망에 이르기 전에 잠시 풀려나와 우리를 괴롭힌다.

세상에서 악과 전쟁과 고난은 사탄이 주관하고 있다. 그것으로 인간들을 괴롭힌다. 너무 힘들면 사탄과 타협한다. 그러나 사탄이 이렇게 세상에서 득세하는 것은 하나님이 허락한 동안만 행하는 것이다. 잠깐 득세하고 활개를 치는 것으로 생각한다면 그것에 타협하는 것은 어리석은 일이고 함께 멸망하는 것이다.

※ 그리스도인은 누구인가? 영원히 사는 존재다. 우리는 그리스도를 믿음으로 영생하는 하나님의 자녀가 되었다. 그런 이유로 사탄은 우리를 죽일 수 없다. 우리는 죽음을 두려워하지 말아야 한다. 그리스도인이 된 이후에는 한 번도 죽은 적이 없다. 그 속임수에 넘어가면 안 된다. 순교자들이 죽은 것은 죽은 것이 아니라 하늘에서 살아 있는 것이다. 영적으로 살아서 천년 동안 통치하는 것이 바로 첫째 부활이다. 첫째 부활은 몸

의 부활이 아니라 중생을 의미한다. 이런 사람은 둘째 사망에 참예하지 않는다. 우리 인생의 최고의 복은 우리가 둘째 사망을 피하고 주님을 믿어 살아난 것이다. 첫째 부활을 경험한 사람은 지금도 살아 있고 영원히 살아 있는 것이다. 이런 면에서 우리는 지금 천년을 사는 것이다. 천년왕국을 누리고 있는 것이다. 즉 영원한 삶을 사는 것을 말한다. 앞으로 천년왕국이 온다기보다는 이미 우리는 천국 백성이 되어서 천년왕국을 경험하고 살고 있다. 아직 완전한 경험이 없다 할지라도 이미 하나님의 나라는 우리 안에 있고 시작되었다. 주님이 오시는 그때는 온전한 천국을 경험하면서 세세 무궁토록 주님과 영원히 살게 될 것이다. 사탄은 우리를 이길 수 없다는 것을 알고 괴롭힌다. 이것을 안다면 우리는 사탄의 계략에 넘어가지 않을 것이다. 기억하라. 사탄이 인간에게 주는 핍박과 괴로움은 하나님이 허락하시는 동안만이다. 참고 인내하면 승리의 날은 올 것이다.

[장면 3] 새 하늘과 새 땅 (계 21-22장)

계시록은 성경의 시작과 마지막을 하나로 통합하는 거대한 하나님의 이야기다. 하나의 이야기로 읽어야 감동의 메시지로 다가온다. 21~22장은 믿음을 가진 그리스도인이 후에 어디로 초대되는지 보여주는 대목이다. 주님의 찬란한 새 예루살렘성의 모습은 마지막에 완성될 교회의 모습을 그리고 있다. 그리스도인의 삶은 영광스러운 삶으로 마친다. 인생의 끝을 알면 우리가 살아가는 것은 어렵지 않다. 우리에게 나타날 찬란한 영광을 본문은 보여주고 있다.

※ 성도들이 들어갈 새 하늘과 새 땅의 모습을 그리고 있다. 이곳은 영원한 나라로 우리가 소망하는 곳이다. 새 하늘과 새 땅은 우리가 사는 세상과는 다르다. 하나님과 영원히 함께하는 곳이다. 눈물이 없고 애통하는 것이나 곡하는 것이 없다. 하나님의 상속을 받은 자들이 하나님과 영원히 함께하며 사는 곳이다. 우리는 미래에 완성될 하나님 나라를 기다리지만 오늘 현재에도 이미 하나님 나라가 임했다. 오늘도 우리가 주님과 하나 되면 내 안에 곧 성전이 존재한다. 이런 측면에서 보면 요한계시록은 미래적인 내용이지만 오히려 신앙을 굳게 붙잡는 지금의 요한계시록 의미가 크다.

그렇다면 어떤 사람이 새 하늘과 새 땅인 거룩한 성에 참여하는 자가 되는가? 이곳은 지금까지 소개된 큰 성 바벨론과 비교된다. 하나님의 말씀을 듣고 지키는 자이다. 어린 양 예수 그리스도에게 속한 자들이다. 생명책에 기록된 자들이다.

오늘 우리는 하나님의 생명책에 기록된 축복을 새롭게 감사하며 하나님을 찬양하며 살아야 할 것이다. 죽음을 두려워하지 말고 새 하늘과 새 땅인 죽음이 없는 하나님 나라를 바라보면서 믿음의 승리를 경주해야 한다. 악한 세력과 타협하지 말고 진리를 따라 사는 삶이 되어야 한다. 비록 좁은 길이고 고난을 겪는 길이라 할지라도 진리의 길을 끝까지 달려가는 그리스도인이 되어야 한다.

[장면 4] 새 하늘과 새 땅, 그리고 새 예루살렘 (계 21장)

● 새 하늘과 새 땅 이야기 (계 21:1-8)

요한계시록 21장은 그동안 성경에 소개된 표상들이 완성되는 구조로 이야기가 진행된다. '새 하늘과 새 땅'은 이미 이사야 65장 17~19절에 예언한 내용으로 앞으로 완성될 하나님 나라의 모습이다. 하나님은 마지막에 악한 것은 불로 소멸하시고 선한 것은 보존하고 회복하실 것이다.

● 새 예루살렘성 (계 21:9-21)

거룩한 성 새 예루살렘의 성경적 의미는 무엇일까? 11절에 하나님의 영광, 열두 문, 열두 지파, 열두 기초석, 열두 이름(12-14절, 성벽 높이(144규빗(70미터) 12×12), 정사각형(16절), 보석들(18-21절)은 성전의 모습을 의미한다. 에덴동산의 모습과 성경의 내용과 연결하면 어린 양의 신부인 교회 공동체의 모습으로 이해할 수 있다. 이것은 마지막에 완성될 교회의 모습이다. 새 예루살렘성으로 비유하고 있는데, 그것은 앞으로 이루어질 교회의 모습이다. 종말론적인 성전을 그리고 있는 에스겔의 환상(겔 40:1-43:12)의 내용을 반영하고 있다. 건물의 교회가 아닌 성도들의 지위와 모습을 교회의 완성으로 표현한다.

하나님의 성인 새 예루살렘이 이제 하늘에서 내려오는 것을 묘사한다. 본문 구조로 볼 때 21장 1~8절의 내용은 믿는 자와 믿지 않는 자의 마지막 결말의 모습을 그리고 있다. 둘째 사망을 통해 영원히 멸망에 이르는 불신자의 모습을 미리 제시하면서 우리에게 신앙의 결단을 요구하고 있다.

● 하나님 나라 (계 21:22-27)

하나님 나라는 주님이 함께하심으로 주님이 통치하는 곳이다. 하나님 나라는 보이는 물질이나 건물과 공간의 개념이 아닌 관계성과 연관이 있다. 천국은 하나님이 함께하는 것이다. 주님이 주인이 되고 그분이 통치하는 그 영역이, 주님이 우리와 함께하시는 임마누엘의 역사가 일어나는 그곳이 하나님 나라다. 새 예루살렘 안에는 더는 성전이 없다. 주님이 곧 성전이다. 주님과 교회가 완전히 하나로 결합하면 이제는 성전의 의미가 없어진다. 하나님과 그리스도 자신이 곧 성전이 된다(요 2:19-21). 우리가 미래에 완성될 하나님 나라를 기다리지만 오늘 현재 속에도 이미 하나님 나라가 임했다. 오늘도 우리가 주님과 하나 되면 내 안에 곧 성전이 존재한다. 이런 측면에서 보면 요한계시록은 미래적인 내용이지만 오히려 신앙을 굳게 붙잡는 오늘날의 의미가 크다.

[장면 5] 주 예수여 오시옵소서 (계 22장)

드디어 창세기의 언약이 계시록에서 성취된다. 요한계시록 22장은 믿음을 가진 그리스도인이 종말 이후에 어떻게 되는지 실상을 보여준다. 찬란한 새 예루살렘성의 모습은 우리가 바라볼 마지막에 완성될 교회의 모습이다. 성전 자체이신 예수 그리스도의 몸인 온전한 교회의 모습을 그리고 있다. 처음 에덴동산이 죄로 인하여 파괴됨으로 인간이 더는 들어갈 수 없었다. 하지만 이제 치료됨으로 하나님이 만드신 에덴동산의 회복이 이루어진다. 이 동산은 이제 다시는 저주가 없는 어린 양 예수를 통해서 주어지는 완성된 하나님 나라다. 특히 생명수의 강줄기를 따라 좌우에 있는 생명나무의 반복된 언급은 에덴동산의 멈추었던 생명수가 다시 흐르는 장면으로 독자에게 강한 인식의 효과를 보여주고 있다(2,14,19절).

여기서 생명나무와 생명수는 같은 의미로 사용된다. 이것은 거룩한 성 새 예루살렘의 교회 공동체를 상징한다. 그동안 인간의 타락으로 에덴동산의 생명나무에 이르지 못했다. 하지만 이것을 다시 회복하여 생명나무 열두 가지 열매를 맺고 그 잎사귀를 통해 만국을 치료하는 것은 교회가 세상을 구원하는 역할을 선포하고 있다. 아담과 하와는 에덴동산에서 하나님과 대면하여 보았다. 하지만 타락하여 여호와의 낯을 피하여 하나님의 얼굴을 볼 수 없었다. 이제 그리스도를 통해서 우리는 하나님을 볼 수 있게 되었다(요 1:18). 이것은 하나님과 교회의 올바른 관계의 회복이 이루어질 것을 말한다. 더 나아가 교회가 세세토록 왕 노릇 한다는 것은 이 땅에서 누리는 교회의 하나님 통치를 의미한다.

※ 강줄기에 있는 생명나무의 잎사귀들은 만국을 치료한다고 했는데 만국을 치료한다는 것은 하나님이 만드신 에덴동산의 회복을 의미한다. 이제 더는 저주가 없는 세상이 우리에게 다가온다. 그것은 어린 양 예수를 통해서 주어지는 하나님의 나라의 모습이다. 우리는 그리스도를 통하여 죄악을 치유하는 일을 해야 한다. 주님은 분명히 다시 오신다. 우리가 늘 바라는 기도는 "주 예수여 오시옵소서"이다.

※ 66권 성경의 결론 : 오직 말씀이다

요한이 요한계시록을 마무리하면서 특별히 강조하는 것은 말씀이다. 예언의 말씀을 지키는 자가 복이 있다는 구절이 요한계시록의 처음과 마지막에 같이 언급되고 있는 것은 성경 전체의 결론을 말하고 있다. 말씀을 듣지만 말고 이제 기록한 것을 지키는 자가 복 있다고 한 내용은 실천에 대한 강조다. 이것은 요한계시록이 미래를 아는 책이라기보다는 오히려 깨달은 말씀을 실천하는 책으로 이해할 수 있다. 또 말씀을 지키는 것과 관련하여 '복이 있다'라는 구절(14절)도 요한계시록 전체에서 7번 나온다(계 1:3, 14:13, 16:15, 19:9, 20:6, 22:7, 22:14). 이렇게 복이라는 구절이 요한계시록에 7번 사용되는 것은 전체 구조를 7이라는 숫자를 통하여 정리한 것이라 볼 수 있다. 이것은 요한계시록이 우리에게 복을 주는 책으로 이 복은 말씀을 지키는 자에게 주시는 주님의 선물이다.

주님의 재림을 바라보는 사람은 먼 미래만 꿈꾸는 것이 아니다. 그날이 다가올 줄을 믿고 오늘을 최선을 다해 살아야 한다. 아무리 힘든 일이 있어도 포기하지 말고 악한 것이 잘되는 것을 부러워하지 말고 생명 주신 주님에게 감사하면서 사는 것이다. 주님이 오시는 그날은 생명이 회복되는 때이다. 요한계시록 22장 1~19절에 나오는 생명나무와 생명수의 이야기는 에덴동산의 회복을 그려주고 있다. 우리가 모두 에덴동산에 참여하여 죽음이 없는 영원한 삶을 살기 위해서는 모두가 그리스도를 믿어야 한다. 예수 생명을 얻은 자만이 이런 풍성함에 동참할 수 있다. 이런 환상이 그려진다면 이 세상에서 생명을 구하는 일이야말로 가장 귀한 일이다. 한 사람을 구원하여 하나님의 동산에 초대하는 일이야말로 우리가 계속해야 할 주님이 원하는 지상 명령이다. 이미 생명을 얻은 그리스도인은 주님이 오시는 그날까지 생명을 구하고 영혼을 살리는 일에 매진하고 그 일에 전심전력해야 한다. 그것이 주님의 재림을 바라는 사람에게 주시는 주님의 뜻이다. 잠시 있다 사라질 이 세상의 욕망과 영화를 좇지 말고 하나님만 경배하는 신실한 주님의 제자가 되는 것이야말로 주님이 오시는 그날까지 해야 할 우리들의 마땅한 사명이다.

● **장면 1** : 구약성경 이야기는 하나님이 이스라엘 백성을 통하여 품었던 하나님 나라의 건설이 실패로 돌아간 이야기로 마무리된다. 바벨론 포로에서 돌아온 이스라엘은 하나님의 언약을 지키지 못한 대가로 다시 헬라와 로마에게 지배당하는 수모를 겪게 된다. 400년간 침묵시대가 계속되면서 하나님 나라가 사라진 듯했다. 인간이 볼 때는 보이는 세상 나라가 득세하여 보이지 않는 하나님 나라를 이긴 것처럼 보였다. 하지만 그 속에서도 거룩한 그루터기의 경건한 남은 사람들이 약속을 믿고 하나님 나라의 임재를 기다리고 있었다. 그중에서 요셉과 마리아가 대표적인 인물이다. 두 사람이 만나는 이야기와 족보가 요셉은 마태복음에 마리아는 누가복음에 기록되었다. 그런 사람들을 통해 하나님의 아들이신 예수님은 이 세상에 오셨다. 예수님이 이 세상에 오신 것은 단순히 한 사람이 태어난 것이 아니라 하나님 나라가 이 땅에 임한 것이다. 예수님의 첫 공생애 때 하신 "천국이 가까이 왔느니라"는 말씀은 이것을 의미한다.

인간의 몸을 입고 성육신하신 예수님은 인간의 눈으로 보면 보통 사람이다. 하지만 그분은 하나님의 아들이셨다. 다시 말하면 인간을 만드신 창조주 하나님이셨다. 친히 인간의 몸을 입고 세상에 오신 하나님을 사람들은 알아보지 못했다. 가족과 고향 사람들은 더욱더 예수님을 핍박하고 무시했다. 예수님은 열두 명의 제자를 선택하여 그들과 3년 동안 동고동락하셨다. 예수님은 많은 사람의 병을 고치고, 귀신을 쫓아내고, 기적을 행하셨다. 그것을 통해 예수님은 단순한 인간이 아닌 하나님의 아들이심을 증거하셨다. 하지만 사람들은 그런 예수님을 구원자 그리스도로 받아들이지 않고, 오직 정치적인 메시아로 이해했다. 로마제국의 식민지에서 건져낼 사람으로 오해한 것이다. 심지어 제자들조차도 예수님을 그렇게 생각하며 3년을 따라다녔다. 예수님이 그렇게 반복하여 자신이 하나님의 아들임을 말씀하셨어도 제자들은 알아듣지 못하고, 결국 십자가에서 죽으실 때 모두 도망치고 말았다.

● 장면 2 : 예수님은 이 땅에 하나님 나라를 건설하기 위해서 오셨다. 정치적인 힘과 정복이 아니라 이사야 선지자가 예언한 것처럼 고난 겪는 종으로서 인간의 죄를 대신해서 죽으심으로써 하나님 나라를 완성하기 위해 오셨다. 당시 로마는 세상 나라의 대표적인 모습이었다. 세상 나라의 왕인 빌라도는 하나님 나라의 왕이신 그분을 고난을 겪는 예수님을 이해할 수 없었고, 결국 세상 나라의 왕이 하나님 나라의 왕을 죽이는 아이러니한 상황이 발생했다. 예수님은 자기 죄를 알지 못하는 인간을 위해 오히려 용서해달라고 하나님께 간구하셨다. 아무런 죄도 없이 십자가에서 죽으신 예수님은 사흘 만에 부활하셨다. 그것을 통해 예수님은 곧 하나님의 아들이심을 증명하셨다. 그리고 승천하시면서 다시 오실 것을 약속하셨다.

복음은 예수님이 세상에 오셔서 인간의 죄를 담당하여 대신 십자가에서 죽으시고 부활하신 사건을 말한다. 예수 믿는 자는 누구나 예수님과 함께 십자가에 장사지냈고, 예수님과 함께 부활할 것이다. 이제부터 예수님이 나의 죄 때문에 죽으셨음을 믿으면 죄를 용서받고 누구든지 부활의 소망을 선물로 얻게 되고, 영원히 하나님 나라에 거하는 약속을 받게 되었다. 그동안 인간을 지배한 죽음은 끝이 나고, 이제 영원한 길이 열렸다.

● 장면 3 : 제자들은 성령강림으로 예수님이 전하신 복음을 이해하고 하나님 나라를 경험하게 된다. 각자에게 임한 방언을 통하여 하나님 나라가 그들 속에 초자연적으로 임하였음을 증거했다. 하나님 나라를 소유한 제자들은 그 능력으로 예루살렘과 유대와 사마리아와 땅끝까지 복음 전하는 일을 했다.

그중의 대표적인 인물이 바울이다. 사도행전에는 바울의 행적이 자세히 기록되어 있다. 바울은 3차에 걸친 선교여행을 통하여 아시아와 유럽에 복음을 전파했다. 가는 곳마다 교회를 세우고 제자들을 양육했다. 예수님의 열두 제자와 사도 바울은 예수님이 명령하신 복음 전파와 제자 삼는 사역을 죽는 순간까지 헌신했다. 사도행전과 바울서신은 소아시아와 로마와 유럽에 복음이 전파된 일을 생생하게 기록한 증언서이다. 제자들은 인간적인 힘이 아닌 성령의 충만함으로 하나님 나라를 확장하는 일에 목숨을 바쳤다. 이것은 사람을 도구로 사용한 하나님이 이루신 역사였다.

● 장면 4 : 바울서신서와 공동서신서는 바울과 다른 제자들의 복음 사역을 기록한 책이다. 이 책들은 교회를 위해 기록한 것이다. 서신서는 각 교회의 상황과 문제를 언급하면서 그것에 대한 해결책을 제시하는 내용으로 구성되었다. 당시 교회들은 교회를 어지럽히는 유대교와 이단들, 로마 정부의 핍박으로부터 교회를 지켜야 할 과제가 있었다. 제자들은

서신서를 통해 이런 문제를 해결을 위한 구체적인 방법을 제시했다. 제자들에게 있어 교회를 든든히 세우는 일은 그 무엇보다도 중요한 일이었다. 교회를 통해서 복음이 온 인류에게 전파되기 때문이다. 주님의 제자들은 한결같이 말씀에 사로잡힌 자들이었다. 그들은 기도에 힘쓰며 하나님 나라를 전파하고, 하나님 나라를 이 세상에 세우는 일을 감당했다. 이것은 당시 교회뿐 아니라 오늘날의 교회에게도 복음의 삶을 어떻게 살아야 하는지 구체적으로 제시하고 있다. 진리인 말씀으로 교회를 세우는 것이 이 세상에서 하나님 나라를 세우는 확실한 길이다.

● **장면 5** : 하나님 나라가 이 땅에 임하는 일은 주님이 간절히 원하셨던 주기도문의 내용이었다. 그리고 제자들이 소원했던 것이다. 제자들은 하나님 나라의 건설을 위해 예수님처럼 모든 힘을 쏟았다. 그 결과 세상에 하나님 나라의 복음이 전파되었고, 지금도 그 역사는 계속되고 있다. 이미 천국을 얻은 제자들은 그 무엇도 두렵지 않았다. 심지어 죽음까지도 즐겁게 감당하며 목숨 걸고 복음을 전했다. 그런 이유로 사도 요한을 제외한 모든 제자가 순교 당했다. 한결같이 스승인 예수님처럼 산 것이었다.

하지만 우리가 사는 세상은 여전히 악으로 가득하다. 세상과 사람들은 하나님 나라를 소유한 교회를 핍박하며 복음 전파를 방해한다. 요한계시록은 그런 초대교회의 상황을 잘 묘사하고 있다. 핍박과 고난 가운데서 교회가 어떻게 신앙을 지키고, 주님을 믿어야 하는지 자세히 기록하고 있다. 비록 이 세상 나라가 지배할지라도 그런 나라는 잠시뿐임을 성경은 강조한다. 특히 요한계시록에 나오는 일곱 인, 일곱 나팔, 일곱 대접의 재앙 시리즈는 악이 지배하는 이 세상 나라는 결국 파괴되고 하나님의 저주를 받는다는 사실을 여실히 보여주며 경고한다.

요한은 영원한 하나님 나라의 모습을 보여주면서 모든 교회와 그리스도인은 주님이 오시는 그날을 사모하며 이미 이긴 자로서 구별된 백성과 거룩한 나라의 삶을 살 것을 권면하고 있다. 오늘날 우리도 초대교회처럼 "아멘. 주 예수여 오시옵소서!"라고 기도하면서, 완성될 하나님 나라를 소망하며, 이 땅에서 말씀을 지키는 삶을 충성스럽게 살아가야 할 것이다. 어떤 어려움이 온다고 할지라도, 산이 흔들려 요동할지라도 주님으로 인하여 기뻐하며 살아가야 할 것이다.

01

되새김 120일
쉬운 통독 읽기표

〈되새김 120일 쉬운 통독표〉는 120일 동안 성경 66권을 일독할 수 있도록 구성된 읽기표다. 하루에 10장 내외를 읽으면 성경 전체를 120일에 일독할 수 있으며, 1년 동안 반복해서 세 번을 읽을 수 있다. 또한 이 책 〈부록 2〉로 특별수록 된 〈나의 통독 히스토리 노트〉에 그때마다 성령께서 감동으로 주신 말씀을 필사하여 묵상하며 다시 한번 되새김하는 시간을 갖는다면 더 큰 유익이 될 것이다.

중요한 점은 일정한 시간과 일정한 공간을 정해서 그 시간을 지키는 것이다. 그렇지 않으면 실천이 어렵다. 거룩한 습관인 성경 통독은 구별된 시간을 바침으로 가능하다. 그럴 때 성령께서 인도해주신다. 성경 통독을 우리 몸을 거룩한 산제사로 드리는 시간으로 인식하고, 그 무엇보다 우선순위에 두는 것이 중요하다. 그럴 때 그 시간이 기다려지고 꿀보다 더 달콤한 은혜의 시간이 된다.

▶ 되새김 120일 쉬운 통독표 사용 방법

1. 매일 일정한 시간에 일정한 장소에서 정해진 범위의 성경을 읽는다.
2. 말씀을 읽다가 성령께서 감동을 주신 구절을 〈나의 통독 히스토리 노트〉(부록 2)에 적는다. 단, 여기서 중요한 점은 성경 전체의 맥을 놓칠 수 있으니 일단 성경 구절만 적는다는 것이다.

3. 성경 읽기가 끝난 후 〈되새김 120일 쉬운 통독 읽기표〉 '말씀 이해도 체크' 란에 표시를 한다. 그날 읽은 범위의 말씀을 완전히 이해했으면 '완전 이해' 에, 어느 정도 이해했으면 '보통 이해' 에, 그리고 잘 이해가 되지 않거나 다시 읽어야 할 필요가 있는 경우에는 '다시 읽기' 란에 표시한다.

4. 통독이 끝난 후 말씀을 읽다가 〈나의 통독 히스토리 노트〉에 기록한 구절을 찾아 필사를 한다. 필사하며 그 날 읽을 말씀을 다시 한 번 되새기며 묵상하고, 말씀 분류란에 나만의 바이블 히스토리 관련 분류를 적는다(〈나의 통독 히스토리 노트〉 사용에 관한 자세한 내용은 〈부록 2〉를 참조하라).

5. '말씀 이해도 체크' 란에 '다시 읽기' 로 표시된 말씀은 성경 각 책을 다 읽은 후 다시 읽는다. 그러면 성경 각 책의 전체 내용을 알 수 있기에 이해하는 데 어려움이 없을 것이다.

[되새김 120일 쉬운 통독 읽기표]

일자	시대	성경책	읽기 범위	말씀 이해도 체크		
				완전 이해	보통 이해	다시 읽기
93일	중간시대					
94일		마태복음	마 1-10장			
95일		마태복음	마 11-20장			
96일			마 21-28장			
97일		마가복음	막 1장-8:26			
98일	복음서시대	마가복음	막 8:27-16장			
99일		누가복음	눅 1장-9:50			
100일		누가복음	눅 9:51-19:44			
101일			눅 19:45-24장			
102일		요한복음	요 1-12장			
103일		요한복음	요 13-21장			
104일	사도행전과 서신서시대	사도행전, 갈라디아서	행 1-12장			
105일			행 13-15장, 갈라디아서			

[되새김 120일 쉬운 통독 읽기표]

일자	시대	성경책	읽기 범위	말씀 이해도 체크		
				완전 이해	보통 이해	다시 읽기
106일		사도행전 데살로니가전후서	행 16-18장, 데살로니가전후서			
107일		사도행전, 고린도전서	행 19장, 고린도전서			
108일		사도행전, 고린도후서	행 20:1-3, 고린도후서			
109일		로마서	롬 1-8장			
110일		로마서, 사도행전	롬 9-16장, 행 20:4-21:16			
111일	사도행전과 서신서시대	사도행전	행 21:17-28장			
112일		에베소서, 빌립보서	에베소서, 빌립보서			
113일		골로새서, 빌레몬서	골로새서, 빌레몬서			
114일		디모데전후서, 디도서	디모데전후서, 디도서			
115일		야고보서, 베드로전서	야고보서, 베드로전서			
116일		히브리서	히브리서			

[되새김 120일 쉬운 통독 읽기표]

일자	시대	성경책	읽기 범위	말씀 이해도 체크		
				완전 이해	보통 이해	다시 읽기
117일	사도행전과 서신서시대	요한일이삼서, 유다서, 베드로후서	요한일이삼서, 유다서, 베드로후서			
118일			계 1-9장			
119일	계시록시대	요한계시록	계 10-16장			
120일			계 17-22장			

02

나의 통독
히스토리 노트

〈나의 히스토리 통독 노트〉는 계속 반복해서 말씀을 읽도록 구성되어 있다. 예를 들면 120일 동안 성경 66권을 읽는다면, 성경 전체가 1189장이니까 하루에 약 10장 남짓 읽으면 된다. 이렇게 읽으면 4개월이면 성경을 일독할 수 있으며, 1년에 3번을 통독할 수 있다. 물론 이것이 말처럼 쉽지는 않다. 말씀을 읽는 것은 영적 싸움이다. 그런 이유로 성경 통독은 인간의 힘으로 되는 게 아니라 성령께서 도와주셔야 한다. 그래서 통독 전후에 꼭 기도가 필요한 이유이기도 하다. 성령님이 도와주시도록 간구하는 시간이 뒤따를 때 성경 통독이 원활하게 이루어질 수 있다.

그렇다면 〈나의 히스토리 통독 노트〉를 어떻게 구체적으로 성경 통독에 유용하게 사용할 수 있을까? 히스토리 노트의 가장 큰 목적은 나에게 주신 말씀을 기록하는 데 있다. 성경을 통독하다 보면 생각보다 마음에 감동을 주는 구절이 많다. 그리고 읽을 때의 영적 상태에 따라 영감을 주는 말씀도 그때그때 다르게 나타난다. 더 중요한 것은 성경을 읽는 가운데 성령의 감동을 느끼는 경우가 잦다는 것이다. 성령의 역사는 말씀을 읽는 중에 나타난다. 그런 이유로 성경을 읽는 자에게 복이 임한다고 성경은 말씀한다.

▶ 〈나의 히스토리 통독 노트〉 활용법

1. 매일 이 책에서 제시한 〈되새김 120일 쉬운 통독 읽기표〉에 정해진 범위만큼 통독한다.
2. 통독 중에 성령께서 감동을 주시는 성경 구절을 〈나의 히스토리 통독 노트〉에 적는다.
3. 구절을 적을 때 중요한 점은 성경 통독의 목적이 성경 전체의 맥을 잡

아가면서 읽는 것이기에 통독에 방해되지 않도록 감동받은 구절 말씀을 노트에 바로 필사하는 게 아니라 일단 구절만 적어놓는다는 것이다. (예, 창 1:1, 창 1:22, 창 2:7 등)

4. 오늘 분량을 통독한 후 〈나의 히스토리 통독 노트〉에 적어놓은 구절을 다시 말씀을 찾아 필사한다. 필사하면서 오늘 통독 말씀을 되새기며 하나님의 은혜를 묵상한다.

5. 필사를 마친 후 '분류' 란에 나만의 바이블 히스토리 관련 분류를 적는다. 오직 내 마음대로 나만의 말씀 분류를 하는 것이다. 이렇게 분류된 구절들은 필요할 때 즉각적으로 말씀을 찾을 수 있다는 장점과 더불어 다시 한번 하나님의 말씀을 되새기며 은혜를 묵상하는 유익을 누릴 수 있다. (예, 하나님, 성령님, 예수님, 믿음, 기도, 사랑, 은혜, 복음, 전도, 구원 등)

6. 통독 시 성경 각 권을 마무리할 때마다 〈나의 히스토리 통독 노트〉에 필사된 말씀을 다시 한번 되새기는 시간을 갖는다. 되새김은 하나님의 은혜를 배가 시켜줄 것이다.

7. 성경 통독을 일독하고 나서 다시 통독에 들어갈 때는 〈나의 히스토리 통독 노트〉를 새 것으로 바꾸어 새롭게 나만의 '바이블 히스토리' 를 만들어간다. 나의 영적 상태와 주변 상황에 따라 성령께서 감동을 주시는 구절이 매번 다를 수 있다. 이 점이 더욱 큰 은혜가 된다.

8. 〈나의 히스토리 통독 노트〉는 다른 사람과 나누거나 복음을 전할 때 함께 읽으면서 대화를 하는 등 실생활에서 쉽게 적용할 수 있다.

※ 〈나의 통독 히스토리 노트〉 사용 예.

1. 통독 중 : 성경 구절만 기록하기

날짜	성경 구절	오늘 나에게 주신 말씀	말씀 분류
2022년 1월 1일	창 1:1		

2. 통독 후 : 구절을 찾아 말씀을 필사하기

날짜	성경 구절	오늘 나에게 주신 말씀	말씀 분류
2022년 1월 1일	창 1:1	태초에 하나님이 천지를 창조하시니라	

3. 말씀 분류 : 필사 후 나만의 말씀 분류하기

날짜	성경 구절	오늘 나에게 주신 말씀	말씀 분류
2022년 1월 1일	창 1:1	태초에 하나님이 천지를 창조하시니라	창조주 하나님

[되새김 120일 쉬운 통독 읽기표]

날짜	성경 구절	오늘 나에게 주신 말씀	말씀 분류

[되새김 120일 쉬운 통독 읽기표]

날짜	성경 구절	오늘 나에게 주신 말씀	말씀 분류

[되새김 120일 쉬운 통독 읽기표]

날짜	성경 구절	오늘 나에게 주신 말씀	말씀 분류

[되새김 120일 쉬운 통독 읽기표]

날짜	성경 구절	오늘 나에게 주신 말씀	말씀 분류

[되새김 120일 쉬운 통독 읽기표]

날짜	성경 구절	오늘 나에게 주신 말씀	말씀 분류

날짜	성경 구절	오늘 나에게 주신 말씀	말씀 분류